海峡国家から列島国家へ

君主国・倭国・日本国

中村隆之
Nakamura Takayuki

海鳥社

はじめに

『日本書紀』が編纂され、養老四年（七二〇年）五月二十一日に奏上されてから、一三〇〇周年になる。その『日本書紀』に記述された諸事について一番の問題点は何か。それは「年月日、特に紀年が正しく編纂されていないのではないか」ということである。なぜなら、上古の天皇の年齢などが極端に長いからである。

それぞれの天皇紀の記事は、その年の大歳《たいさい》が干支で記述されている。『日本書紀』の編纂者は干支年で編年を整理し、最終的に解釈した年を編纂時に干支で記述しているのである。

その干支年の記述に基づき、現在の研究者は紀年問題を解こうとしてきた。もともとの『日本書紀』の編纂者が間違えて解釈した干支年をいくら弄ったとしても正しい答えは出ないだろう。

『日本書紀』には、この干支年のほかに十倍も数十倍も、月日を示す干支が記述されている。月を示す朔干支と日付干支がセットとなっている。この干支は当時使用されていた暦法に基づく日付表示である。『日本書紀』の編纂者は、諸事とこの日付干支を用いて、紀年を儀鳳暦《ぎほうれき》と元嘉暦《げんかれき》に基づき整理して編纂したにすぎない。

しかし、私は当時使用された暦法は月読暦と元嘉暦であり、紀年はこの朔干支に照合すれば、『日本書紀』の諸事の日付が示す本来の年月日を解き明かせると確信している。元嘉暦よりも前に精度の高い儀鳳暦が使用されることは決してあり得る訳がない。また、儀鳳暦に基づき、後世にでたらめな日付を偽造したなどと、そんな面倒なことをするはずもなく、編纂者がそこまで不誠実であるはずがないのである。

巻末に月読暦の朔干支に西暦年と月の序数を加えた一覧表を添付した。『日本書紀』の編纂者が編年を誤っているのではないのかという紀年問題は、この朔干支の暦順に基づき再整理して、『日本書紀』の年月日の誤った部分を正すべきだと思う。

巻末の月読暦には当時の暦法で使用された朔日の日付干支に、西暦年と十七年七閏法の月の序数を加えて、暦日を一倍暦に整理した。これを元に新たな紀年の解釈をした。これに基づいて、『日本書紀』の諸事を年月日順にたどって、その記述されている歴史を再確認したのが本著である。

また、国内外の歴史文献には地理情報が多く記述されている割には、その地理的な場所が特定されるに至っていない。そのいい例が邪馬台国はどこにあったのか、古代朝鮮がどこにあったのかである。邪馬台国論はその地理情報を直行方式に読んでしまったために、無駄な百年論争に終始してきた。また、古代朝鮮の地理情報も朝鮮半島には合致しない。

私は、時代ごとにその地名はどこに位置づけるべきか、できるだけ現在の行政地名を付記した。どこの出来事かを時代ごとに特定した。倭人は縄文以来、日本列島から朝鮮半島の大部分に進出するとともに、その西側沿岸においては遼東半島沿岸部にまで進出し大きな影響を及ぼしていた。そして倭国や日本国の中央政権は、二〇〇〇年前頃から白村江の戦いまでの間に、その朝鮮半島の統治領域から次第に撤退して海峡国家から列島国家に移行する歴史が読み取れる。

さらに、その歴史の主体となっているのが皇統の系譜である。それは国家形成の二七五〇年の歩みとなって現在に至っている。その皇統は天御中主尊《あめのみなかぬしのみこと》の皇統である。この皇統の尊称は「天御中主尊」、「天照大神」、「天子」、「天皇」と受け継がれてきた。「天御中主尊」は二七五〇年前の君主国建国から伊弉諾尊《いざなぎのみこと》まで二十八世八十一代ほどの統治であった。伊弉諾尊は倭国の大乱を境に「天照大神」を呼称し、月読尊血統が倭の五王の代まで続いた。

これを継承したのは「天子」を呼称した代々の筑紫君である。西暦七〇〇年に筑紫君の血統が途絶えて、天御中主尊の皇統は四十二代文武天皇の父方の血統が分岐した伊弉諾尊まで遡り、皇統を継承したのである。その皇統を初代天照大神（伊弉諾尊）から受け継いだ瓊瓊杵尊《ににぎのみこと》の子孫の神武天皇が橿原宮《かしはらのみや》で即位した日付は、月読暦の庚辰朔であり、西暦二六〇年閏十月一日（ユリウス暦では二六〇年十一月二十日）にあたる。その二六〇年の初代神武天皇即位年から今上天皇即位年二〇一九年までは一七五九年間一二六代の父方の系譜である。この一二六代の系譜は人間本来の寿命、親子の年齢など生体上の制約があることから、年代補正に重要な役割を果たすことができる。

「天皇」の正式の呼称は七〇一年の大和朝廷が成立してからであり、漢風諡号の天皇名は『日本書紀』完成後しばらく経ってから付け加えられたものである。しかし、本著では七〇〇年以前には使用されていないにもかかわらず、初代から四十一代までの「天皇」呼称やその漢風諡号の天皇名を簡明便利であるので、多用していることを容赦してもらいたい。

およそ二七五〇年前から天御中主尊皇統（王朝）によって海峡を跨いで古代の統一国家は成立している。『漢書』には、その統一国家は百余国で構成されていたとある。『魏志』に記述された君主国内の百余国のうち三十余国の王は、「天御中主尊」によって皇統の皇族が封じられたものである。そのいくつかは、時々国替えがあったものの、西暦紀元前後になると三十余国の王は世襲化していた。その後、奴国朝の倭国時代は韓国の南半分と西日本の地域が、三十余国で構成された封建統一国家に成長していた。その後、「天照大神」、「天子」が統一国家を継承し、西暦七〇一年から天御中主尊皇統は「天皇」の尊称を用い、大和朝廷により名実ともにその統一国家を継承し統治するようになった。

年代をたどって記述する際に、他に複数の説も考えられたが、それらを記述すると複雑さが増し混乱するため、これらを排除し、私が最も可能性が高いと考えるものに厳選した。努めて大きな矛盾がないように整理したが十分とは言えない。これに反論する人々、賛同する人々、なんらかの手がかりを得た人々によって、さらにもっともな説が出現し、本来の史実が充実・発展することを願う次第である。

令和元年五月吉日

中村隆之

皇統

Ⅱ 倭国時代（一世紀～四世紀中頃）

第一次倭国時代 一〇年代～一八〇年頃 奴国朝（奴国＝福岡・大分県）

第二次倭国時代　一八〇年頃～三六三年　邪馬台国朝（邪馬台国＝福岡・大分・熊本・長崎県）

Ⅲ
日本国時代（四世紀中頃〜）

第一次日本国時代前期　三六四〜四二〇年　貴国朝前期（貴国＝福岡・大分・熊本・長崎県）

第一次日本国時代後期 四二〇～五二一年 貴国朝後期（貴国＝福岡・大分・熊本・長崎県）

第二次日本国時代前期 五二二～六一八年 筑紫国朝前期（筑紫国＝福岡・大分・熊本県）

第二次日本国時代後期　六一九〜七〇〇年　筑紫国朝後期（筑紫国＝福岡・大分・熊本県）

第三次日本国時代 七〇一〜一八六七年 近畿朝（近畿＝奈良県、京都府）

＊

資料

I

君主国時代

（BC七〜BC一世紀）

地理的範囲

君主国

千年あるいは二千年前の古代地名が現在に至るまで同一地点付近に存続していることは珍しいことではないが、その地名の郡名や県名など当時の行政範囲や一定の地域、一定の期間の変遷までを明らかにできることは珍しいことである。記録があればある程度明らかにできるが、記録があっても断片的になり、連続的に明らかにするのは容易なことではない。特に民族移動の激しい地域などで、統治者が代わり、地名変更やその地名の範囲を変更するとややこしくなる。例えば、民族移動、居住民の移動などの原因によって、統治者が移動元と同じ地名を移動先の県名や郡名に命名する場合も多いからである。郡県制度下にあった秦漢時代に限っても、漢の領域拡大に伴って県名や郡名が遠方に移動し、また帯方《たいほう》県などのように県名が郡名になることなどもあった。

ここでは、その時代の地名が現在の行政区のどこにあたるのかをできるだけ時代別に、詳細に特定していきたい。それにより史実にある地名によってはとんでもない位置に解釈されていることを認識することができると思っている。

歴史的地名の解釈が何百kmも離れた場合、その認識の差異を無視してしまえばどうなるのか。たとえば、その地名が中国内か朝鮮半島内か解釈が分かれてしまえば、地理的に中国で起きた出来事を、現在の認識では朝鮮半島で起きた出来事と理解してしまうことになる。あるいは中国内の解釈の違いでも、河北省の地で起きたことが遼寧省の地で起きたこととして理解される事態に陥ってしまうことになる。

したがって、これまでの地理的認識の差が原因で、歴史解釈が大きく左右させられていることを自覚しなければならない。それを踏まえて君主《くんしゅ》国当時の隣接国地名は、現在の行政区地名のどこに位置しているのかをその時代ごとに記述するように努めつつ、できるだけその解釈の理由を付記していきたいと思う。

BC十世紀以降、すなわち縄文晩期に、日本列島だけでなく、人口希薄な朝鮮半島にも縄文人が進出するようになった。弥生時代になると西日本に統一した国家が誕生した。君主国と呼ばれるその統一国家の建国はBC七三〇年頃のことである。筑前地域を拠点に九州、中国、四国の領域が統治されるようになったのである。遠賀式土器も領域中に広まっている。

君主国の建国当初、周王に遣使しており、その時期は周初の頃である。君主国の王は「天御中主尊《あめのみなかぬしのみこと》」と呼称している。筑前地方（日向国）に二五〇年頃、封じられていた彦瀲《ひこなぎさ》王（彦波瀲尊）を基準にすれば、君主国建国の初代王から最後の王まで何代続いたか推定できる。皇統は彦瀲王までで三十二世である。瓊瓊杵尊《ににぎのみこと》を日向国に封じたのは「天御中主尊」の末代となる伊弉諾尊《いざなぎのみこと》である。彦波瀲尊は伊弉諾尊の四世孫（伊弉諾尊、天忍穂《あめのおしほ》耳命《みみのみこと》、瓊瓊杵尊、彦火火出見尊《ひこほほでみのみこと》、彦波瀲尊の系譜）であり、瓊瓊杵尊は伊弉諾尊の皇孫である。中国の世襲王の在位年（平均十・三年、後述）を参考にすると、末代の「天御中主尊」である伊弉諾尊までは代々二十八世八十一代相当が存続したことになる。

BC五五〇年頃からBC四世紀中頃までには君主国の統治領域が周辺に拡大し、北西は韓国の南半分まで、西南は先島諸島まで、東は近畿・北陸まで拡大した。朝鮮半島において、戦国時代にはさらに蓋《がい》国（遼寧《りようねい》・吉林《きつりん》省、平安道《へいあんどう》）と君主国とが朝鮮半島の北緯三九度線付近で国境を接するまでに至った。

君主国末期までに、すなわち前漢が朝鮮（遼寧・吉林省）に四郡を設置して以来前漢末期までに、前漢の郡県支配による圧政などから多くの濊貊《わいばく》住民（旧辰国《しんこく》人、旧蓋国人）が逃れて、倭人が居住している朝鮮半島中央部に次々と難民となって流入してきた。それによって倭人地域の統治が不安定化するようになった。朝鮮半島の政治不安は列島内の政情にも波及し、国外から君主国と呼ばれ、自らはずっとヤマトと呼称していた海峡国家の君主国の中央政権は、混沌の状態に陥った。

後漢時代になると、朝鮮半島中央部では、居住していた倭人と流入してきた濊貊人の混血により韓族となった。それまで朝鮮半島中央部に及んでいた君主国統治の国域は、朝鮮半島の南部のみに縮小せざるを得なくなった。この縮小・再編によって、ヤマトの統治領域は朝鮮半島南部と西日本領域となった。この地域では国外から倭国と呼ばれる政権によって、安定的な統治がはじまることとなった。

中国歴代王朝は、この倭国以前のこの地域を語る時に漢字の「君主国」の名称をほとんど使おうとしない。中華蛮夷の世界観で自国を持ち上げ周辺国をおとしめるような国名を使用することが通常であるため、倭、倭人という言葉を君主国の代わりに使用している。

言い替えれば、それは倭国とそれ以前の君主国と民族に変化がないためである。倭、倭人と呼称するようになった時代より、もっと古い時代についても同じ呼称を用いるのに違和感がなかったのであろう。君主国の名称は、倭国よりも古い前政権を語る時は併用されていたのであろう。しかし、孔子も行ってみたいと思った君主国は、その後にその名称を使用する頻度が極端に少なくなったのであろう。

■図1　西周時代（BC672～BC548年、通説：BC1027～BC771年）
［西周、越裳、君主国］

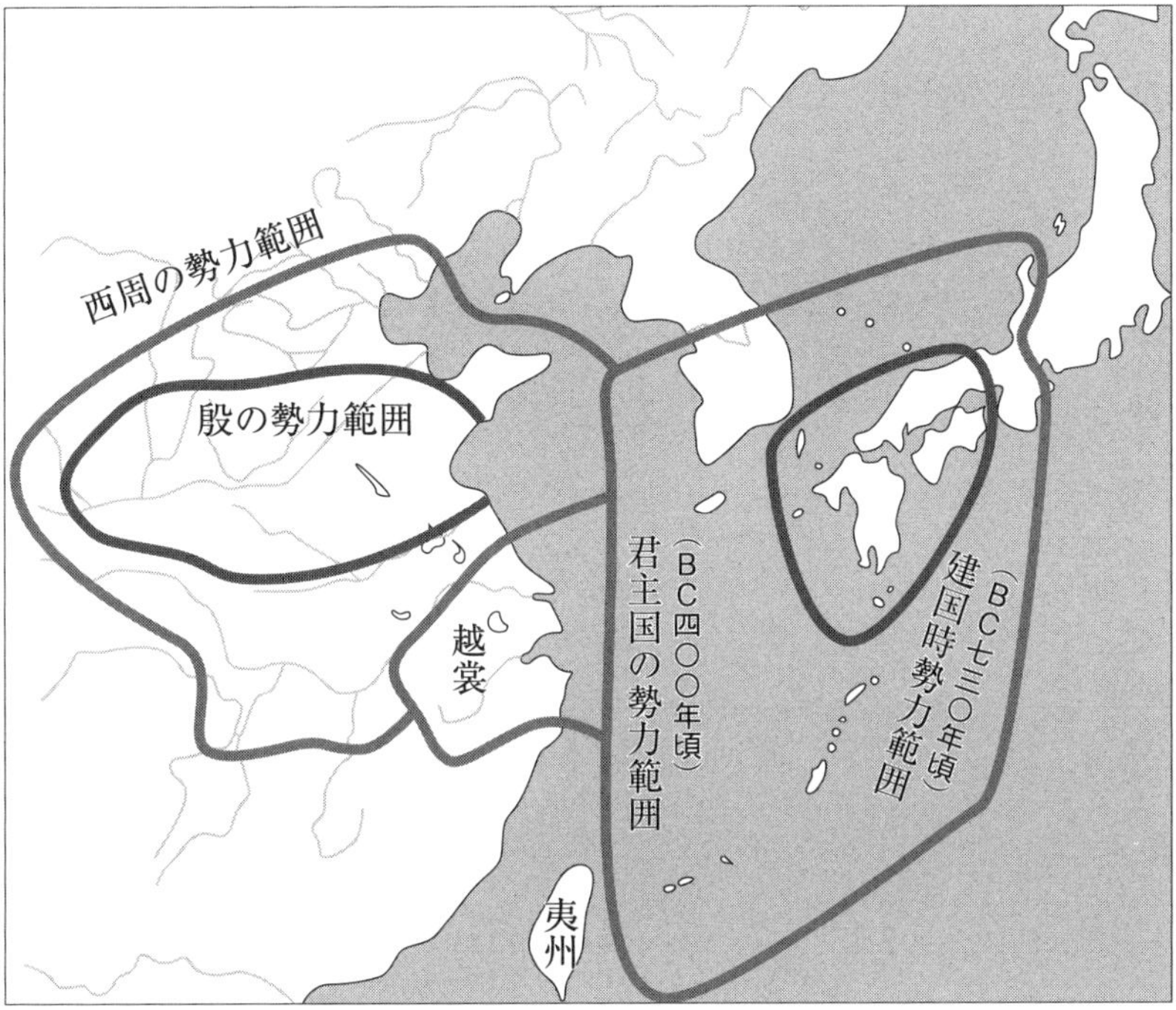

その倭人の存在を最も古くまで遡って確認できる中国の歴史書は『論衡《ろんこう》』である。この書は、後漢時代に王充《おうじゅう》（二七～一〇〇年頃）によって編纂された。

これには、「（訳文）成王《せいおう》の時、越裳《えつしょう》は雉を献じ、倭人は暢《ちょう》を貢ぐ」とある。

越裳は地域名、倭人は民族名で記されている。この成王は、周王朝の二代目である。成王の治世時期については、通説ではBC一〇二五～BC一〇〇五年である。君主国王はこの周王と同時期から存在しているのである。ただ中国の古代年代では二倍暦の期間があると考えられるので、年代の表記についてここでは「通説の」、「通説では」と修飾語を必ず付加することにする。

この越裳は、周の統治が及ぶ外の東南部沿岸地帯（浙江省）にあった。

成王の頃までの最大遠征先である揚子江の対岸には、周によって拠点都市（江蘇《こうそ》省

■図2　春秋時代前期（BC547 ～ BC400 年、通説：BC770 ～ BC474 年）
［東周、呉、越、君主国］

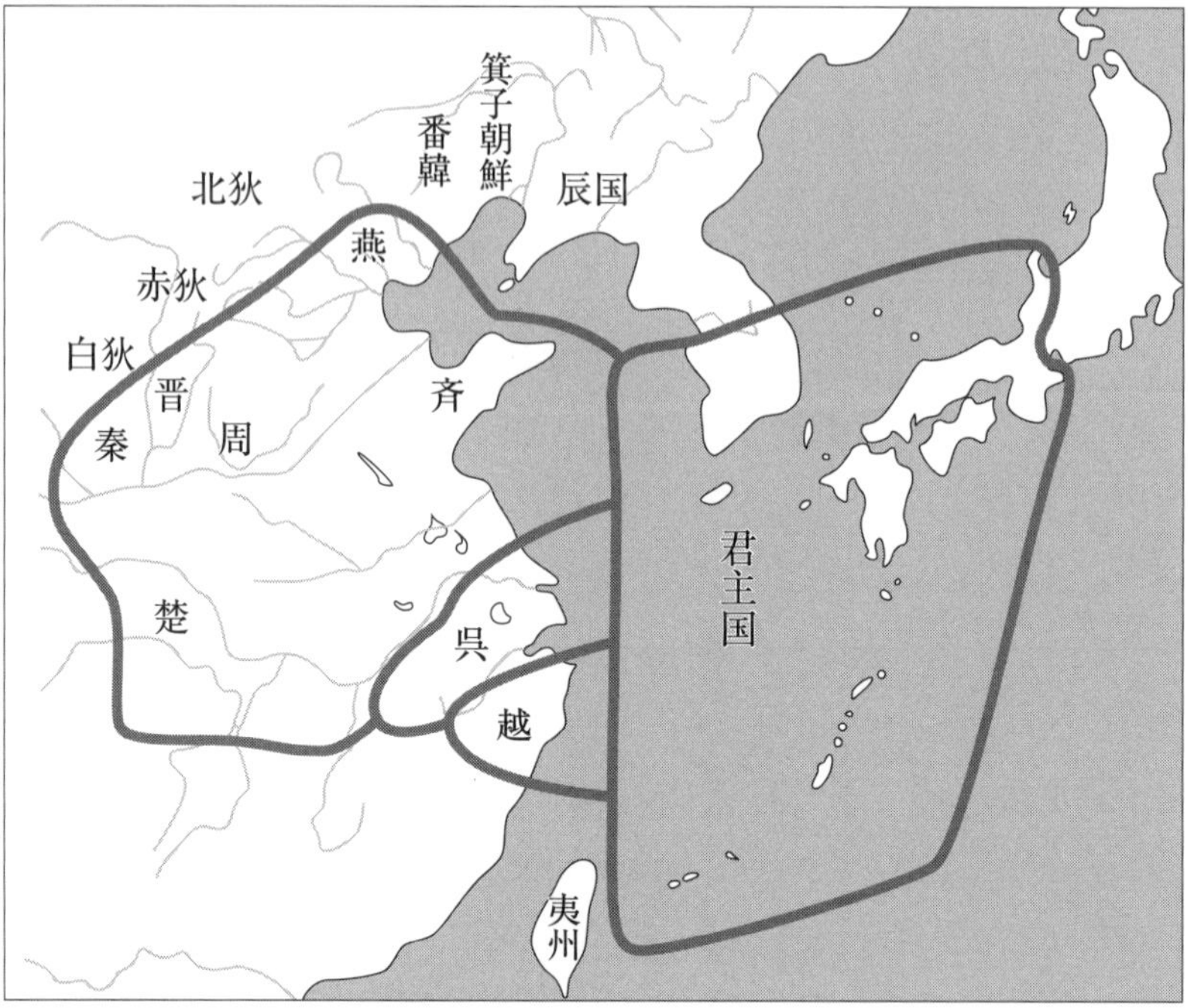

この時代の孔子は君主国で理想とする政治が行われており、訪問を欲する詩を詠んだ

鎮江《ちんこう》市丹徒《たんと》区、南京市東四〇㎞付近）が設けられたとされるので、この付近が当時の周と越裳の両勢力圏の境界となる。

この越裳側の地ではその後、呉が通説のBC五八五年に建国され、続いて越が通説のBC五一〇年に建国された。越で勾践《こうせん》が立つと通説のBC四七三年に隣国の呉を滅ぼした。すなわち、越裳の滅んだあと、越裳のいた地では、呉越の戦いで有名となる呉と越が誕生する。周の春秋諸国とは異なり、呉越はそれぞれ独自の文化を歩んできたのである。越は現在の浙江省の紹興《しょうこう》を中心に建国され、その北には呉が現在の江蘇省域に建国されたのである。

『史記』の「十二諸侯年表」は、周のほかに魯以下十三諸侯が記載されている。名称が「十二諸侯」であるにもかかわらず、十三番目に呉が取りあげられている。呉越が夷狄《いてき》の地であり、一段蔑まれていたため、

■図3　春秋時代後期（BC399～BC364年、通説：BC473～BC404年）
［東周、越、君主国、番韓、箕子朝鮮、辰国］

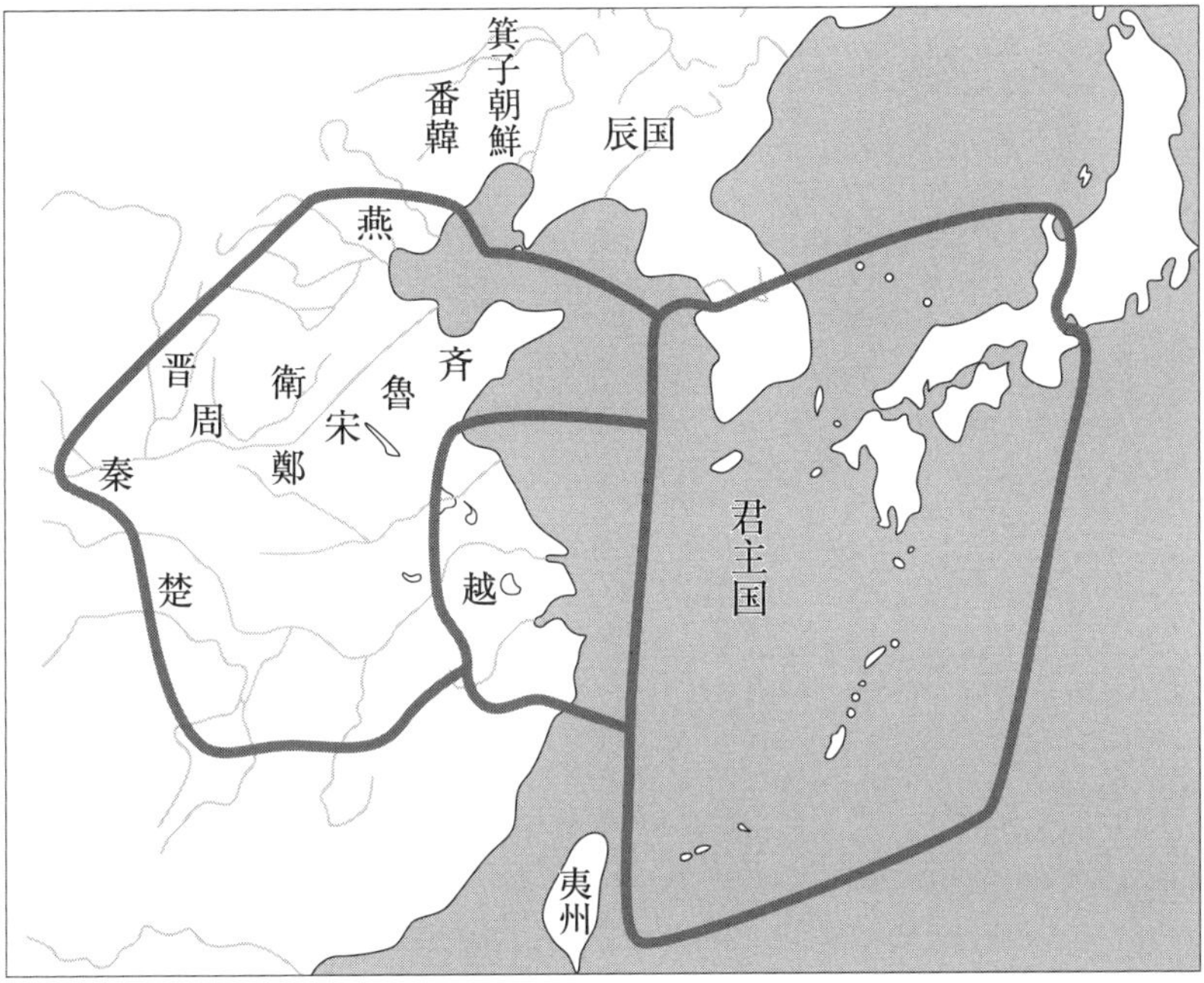

越が呉を滅ぼし、覇者となる。大陸のO3系（後述）が朝鮮半島と日本列島に流出、以降倭人が半島中央部へと領域を拡大する

十二の数には数えなかったとする説まである。中原に進出した中では呉が最後尾の勢力であったためであろうか。越は十三の数にも数えられず、その表に記載されていない。

通説のBC四七三年に越が呉を滅ぼしたあと、越は都を江蘇省連雲港《れんうんこう》もしくは山東《さんとう》省瑯邪《ろうや》に遷し、中原の覇者になった。しかし、通説ではBC三三四年に、楚の威王《いおう》が遠征して越王は処刑され、BC三〇六年までに越国は滅ぼされたという。

その頃、倭人は日本列島と朝鮮半島の広範囲に居住していた。暘とは人参のことで、その特産地は倭人が居住する朝鮮半島である。その後、中世に高麗《こうらい》がこの地を統治するようになってからは高麗の特産物となり、現代でも高麗人参として知られ有名である。

私は、この倭人は西周時代から周との交流があっただけでなく、周が東の洛陽《らくよう》に遷都した春秋時代にはすでに西日本から朝鮮半島までの広範囲な君主国を統治していたために、その活躍が歴史に記録されたのだと思っている。さらに倭人は黄海・東シナ海を挟んで西周時代に越裳と、春秋時代には呉・越と交流があったのではないかと思う。

倭の地理的な位置を記述している最も古い歴史書は、『山海経』である。現行本は、晋の郭璞《かくはく》（二七六～三二四年）が注を入れたもので五部十八巻あるという。その『山海経』の海内北経（西北の隅から東の様子）では、倭の位置について、「（訳文）蓋国は鉅燕《きょえん》の南、倭の北にあり、倭は燕に属す」とある。

燕の王都は薊《けい》（北京市房山区）に位置し、その支配下の城壁都市群はその河北省南部に広がっている。春秋時代の燕は、河北省内に築かれた長城付近の域を出ていないが、燕の東北国境は戦国時代の全盛期を除いてほぼ現在の河北《かほく》省内にあった。

ここでは鉅燕とあるので全盛期の燕のこと、すなわち、燕が最大領域になった時のことを示している。その全盛期とは燕の昭王《しょうおう》（ＢＣ三一二～ＢＣ二八〇年在位）の時である。その鉅燕が渤海《ぼっかい》湾沿岸及び大凌《だいりょう》河沿いに東に拡大し、大凌河下流まで至った。この時、東には番朝鮮《ばんちょうせん》が、南には遼東半島を含む遼寧省東南部から吉林省南部にかけて蓋国が存在し、大同江《だいどう》のその南には君主国（漢の人は君主国と呼ばず倭・倭人を用いている）が存在した。しかし、再び番朝鮮の勢力が強くなり、燕の版図はしばらくすると河北省内に築城した長城まで退き、さらに沿岸部では長城の線で持ちこたえることができず、その後方の灤《らん》河まで退くこととなった。

したがって、河北省内に燕の領域が収まるほど小さくなった時を基準に、倭が燕の南、すなわち河北省の南付近にあった訳でない。遼寧省の渤海北岸まで東に拡大した大きい（鉅）燕を基準として、その南に存在する遼東半島を含む領域を占める蓋国があって、その南、すなわち、現在の朝鮮半島以南に倭が存在していると記述されているのだ。戦国時代の燕の昭王の時には、倭（君主国）が蓋国と領域が接するほどに大きな国になっているこ

■図4　戦国時代（BC363～BC221年、通説：BC403～BC221年）
［戦国七国、番朝鮮、蓋国、大人国、労、君主国］

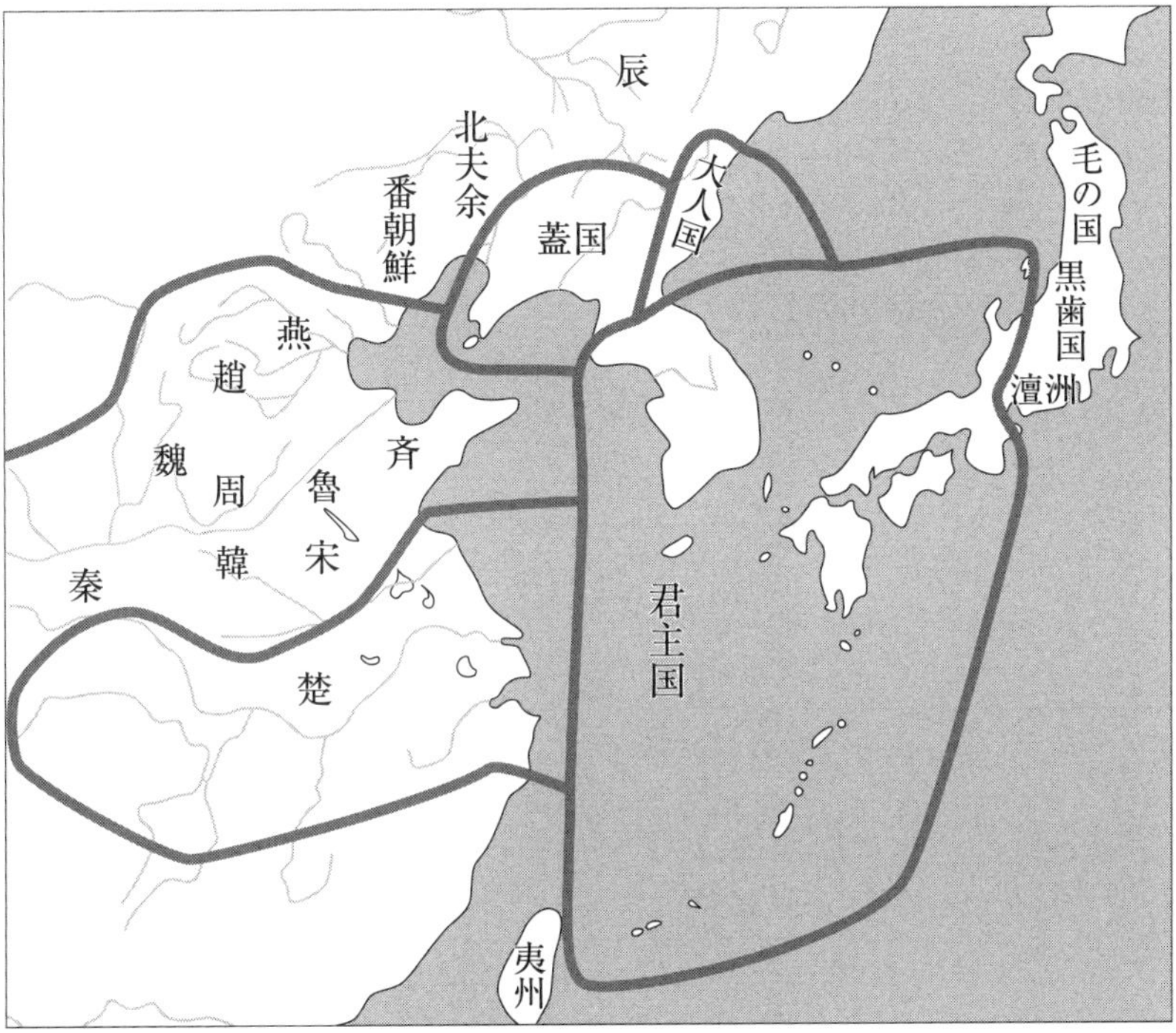

番朝鮮（BC323年）：箕子朝鮮に番韓が併合され、番朝鮮になる
鉅燕時期（BC312～BC280）：辰国が消滅するのは蓋国の一部になったか、域外に逃げたのだろう
番朝鮮（BC284）：番朝鮮は燕に追われて医巫閭山に逃げてきた
北夫余（BC239）：解慕漱が熊心山で北夫余を建国
『淮南子』七民：大人国、君主国、国歯国、玄股の国、毛の国、労の国、裸国

とを窺い知ることができる。

また、この蓋国は辰《しん》と夫余《ふよ》が華北沿岸から遼寧・吉林省地域に移動してきた過程で誕生している。辰は東表（山東・江蘇省付近）にいて、殷や周の影響力が拡大したことにより東夷の東表地域にいた民が沿岸を北上、東進せざるを得なくなったのである。夫余は呉の夫概《ふがい》（ＢＣ五世紀後半の人）の後裔であるらしい。夫余も辰と同様の道を進み、辰を追いかける形になった。吉林省東部まで行き着いたのが辰である。遼河《りょう》を渡ってその東部で辰は辰国を造り、それを追い出して蓋国がＢＣ四世紀前半に建国された。鴨《おう》

緑《りょく》江流域で辰と夫余が混ざったのが卒本夫余の濊貊であろう。遼河の西では、ＢＣ三二三年に箕子《きし》朝鮮に番韓が併合され番朝鮮が誕生した。ＢＣ二三九年に番朝鮮に追われた夫余の地（番朝鮮の東北）では北夫余国が生まれた。その番朝鮮はＢＣ一九四年以降、衛氏《えいし》朝鮮によって伐たれ亡び、北夫余国は玄股《げんこ》（開原《かいげん》・四平《しへい》市）の地へ追われた。その夫余は漢の昭帝《しょうてい》（ＢＣ八七～ＢＣ七五年）の時に、さらに北へ追いやられて東夫余国（王都＝長春《ちょうしゅん》市）を建国したのであろう。この時、東へは卒本夫余へ、西へは加葉原夫余（葫蘆島《ころとう》市西部）に流れて行った者もあった。このように西南から次々に圧迫され、番朝鮮は滅ぼされ、夫余は三方へ追い出されることになったのである。

　ところで、戦国・秦漢時代東夷諸国などを知る上で参考になるのが、『淮南子《えなんじ》』である。この『淮南子』は前漢の武帝の頃、劉安《りゅうあん》（ＢＣ一七九～ＢＣ一二二年）によって作成された。

　その『淮南子』の地形訓に海外三十六カ国が記述されているが、「東南方から東北方にかけて（の六民）」が記述されている。大人《おおど》国、君主国、国歯《こくし》の民、玄股の民、毛の民、労《ろう》の民がそれである。それぞれどの地域かを特定すると、大人国が北朝鮮の咸鏡道《かんきょうどう》・両江道《りょうこうどう》。君主国が黄海道《こうかいどう》から京畿道《けいきどう》・江原道《こうげんどう》を含む地域以南の朝鮮半島及び西日本地域。国歯の民が新潟・長野県域。玄股の民（一時期北夫余国）が吉林省域。毛の民が東日本地域。最後に労の民が黒竜江省域であろう。また、「西方から東南方にかけて（の十三民）」には十三民の一つに裸国（先島諸島）が記述されている。

　この合わせて七民は戦国時代から劉安の頃に知られていたのであろう。詳細は後世の資料と併せて後の項で述べていこうと思う。

秦の万里の長城

秦国・趙国・燕国の長城が築かれた時のことについては、『史記』匈奴《きょうど》列伝に書かれている。

秦の統一時以前に三国で築かれたそれぞれの長城を利用して、一つに連ねたのが秦の万里の長城である。それは匈奴などと境界を接してそれらの脅威に備えていた。この三国の長城（秦の万里の長城）の両端は「臨洮《りんとう》より遼東に至る」と書かれている。その中で、燕一国の長城部分については「造陽より襄平《じょうへい》に至る」とある。その築かれた時の様子は次の通りである。

「（概訳）燕国は将軍秦開《しんかい》を胡《こ》へ人質に出す。胡族は秦開を甚だ信じたという。ところが秦開は燕に帰ると東胡《とうこ》を襲い敗走させる。東胡は千余里（朝鮮の一里＝一〇〇歩＝一四五ｍか）退く。燕もまた長城を築き、造陽から襄平に至る。上谷《じょうこく》・漁陽《ぎょよう》・右北平《ゆうほくへい》・遼西《りょうせい》・遼東郡を置き、もって胡を防ぐ」

ここで言う胡とは主に東胡《とうこ》、林胡《りんこ》、楼煩《ろうはん》のことである。東胡とは匈奴の東にいた民族を指し、箕子朝鮮もその一つ。箕子朝鮮はＢＣ三二三年に番韓を併せて拡大してできた番朝鮮のことである。灤河（遼水）流域を含む河北省の北部に居住していた。当時、燕とこの番朝鮮は河北省を二分するほどの勢力で、番朝鮮はさらに遼寧省西部まで勢力圏があったのだ。その頃、燕は番朝鮮に人質を出さなければならないほど弱体であった。燕の強敵東胡とは拡大した番朝鮮（のちに真番朝鮮、一般に朝鮮と呼称）のことであり、灤河を挟んで秦皇島《しんこうとう》市や唐山市にいた番朝鮮を東（遼寧省）へと追い出し、長城を築いた。築城の目的は朝鮮の反撃に備えるためでもあった。鉅燕と呼ばれるまで勢いを増したのである。燕の長城を築いた時の燕王は昭王であり、燕の全盛期、すなわち鉅燕の時期である。

燕の長城の完成時期はBC二八四年前後である。造陽は河北省張家口市《ちょうかこう》(万全県《ばんぜん》)、襄陽は秦皇島市であろう。燕は番朝鮮を追い出した長城の南に五郡を設置した。それは上谷・漁陽・右北平・遼西・遼東の五郡である。上谷は現在の行政地名では河北省張家口市(宣化《せんか》盆地、軍都《ぐんと》山以西)、漁陽は北京市(延慶《えんけい》県・懐柔《かいじゅう》区・密雲《みつうん》県の長城の南)、右北平は天津《てんしん》市(市北部、薊州《けいしゅう》区付近)、遼西は唐山《とうざん》市(遵化《じゅんか》市・遷西《せんせい》県)、遼東は秦皇島市にあたる。

万里の長城の東端は、市の東端の山海関にある。その西南に碣石《かっせき》山がある。はじめ燕によって築城された長城は、始皇帝が秦の万里の長城として用い、明時代も修復して使われ現在に至っている訳である。

「朝鮮」という地名

「朝鮮」という地名は、周初に箕子が朝鮮に封じられる以前から河北省に存在していたという。また、真偽のほどはわからないが、『三国遺事』には、『魏書』からの引用で「壇君《だんくん》が朝鮮という地名をつけた」とある。その壇君は、箕子が朝鮮に封じられた時、朝鮮から逃げて蔵唐京に移ったとある。

殷の第二十八代文丁の子である箕子は、紂王《ちゅうおう》の暴政を諫めた賢人であったという。殷の滅亡後、その箕子は殷の遺民を率いて河北省の南部付近からその東北部の朝鮮に移ったのである。

周の武王は箕子を崇めて家臣とせず、朝鮮に封じたが、その後、隣接する南部の燕が強くなって河北省東北部の朝鮮の人々を追い出したのである。

『呂氏春秋』の註に、「(訳文)朝鮮の楽浪《らくろう》県、箕子の封じられた所、東海に濱す」とある。『呂氏春秋』は秦の呂不韋《りょふい》が食客を集めて共同編纂させた書物で、BC二三九年に完成したという。朝鮮とは灤河中下流域の唐山・秦皇島・承徳《しょうとく》市などを指し、その国都は東海に濱しているという。東海とは今の渤海のことである。朝鮮の勢力は、燕と堂々と対峙し、どちらかと言えば朝鮮が優勢であった。それが燕に騙され、朝鮮の人々は追われることになった。ところが鉅燕が衰退し燕に縮小すると、朝鮮の人々は勢力を回復して再び朝鮮の地に戻ってきて、楽浪県(秦皇島市)の地域に居住するようになった。

その回復後の居住状況を受けて書かれたためか、周初に箕子が封じられたのは楽浪県だけであるかのように記載されているようだ。鉅燕の前の朝鮮は灤河の西の遼西地域にも居住していたが、鉅燕が縮小しても灤河の西にある遼西地域には戻らなかったので、朝鮮と燕の境界は灤河となっている。

そして、秦の統治時代もまた燕の時と同様に、戻ってきていた楽浪県周辺の朝鮮の人々を再び追い出すことになった。『史記』蒙恬列伝註には「(訳文)遼東郡は遼水の東にあり、始皇帝の長城は東、遼水に至る」とある。これは秦・漢初の頃の地名で書かれている。遼水は灤河を指し、遼東郡とは、その灤河、長城及び渤海に囲まれた地域を示している。

次に、『説文解字《せつもんかいじ》』には、「東海に碣石山有り」とあり、また同じく「(訳文)地理志にいう、楽浪・遂城《すいじょう》県は碣石山あり。長城の起こる所」とある。

『説文解字』は後漢の許慎《きょしん》の作でAD一〇〇年に成立した。東海すなわち渤海に面して碣石山はある。秦皇島市にある標高六九五mの碣石山である。

これらは秦・漢初の頃の行政地名で、遼東郡の楽浪県、遂城県にまたがって碣石山があるという意味であろう。碣石山の東北には長城が起きて、それが西へ連なっていることを述べている。

秦・前漢の統一とその東北境界

燕の太子丹《たん》は秦の人質となっていたが、BC二三二年、燕の王都薊に逃げ帰った。BC二二八年、丹は荊軻《けいか》を遣わし秦王を襲わせたため、翌年秦は王翦《おうせん》と辛勝を遣わし燕を攻めた。燕と代《だい》(河北省張家口市蔚《うつ》県)は兵を発し秦を撃つも、秦軍は燕を易水《えきすい》(大清河上流の一支流)の西に破った。

BC二二六年、秦軍は王都の薊を攻め、燕の太子の軍を破り、薊城を取り、さらに燕王が差し出した太子の首を得た。そこで燕王は東に逃げ朝鮮が治める遼東を収め、その遼東で王となった。それまで燕は灤河以東の遼東を統治していた訳でない。勢力を取り戻した朝鮮が西に戻ってきてその遼東を支配していたのである。そこに燕王が軍とともに逃げ込んできて、その遼東の地を手に入れ、そこで王になったのである。

しかし、BC二二二年、秦は遼東を攻め、燕王喜《き》を捕虜とし、ついに燕は滅びた。

その後、秦の始皇帝は全土を統一し、その偉業を天下に示すために燕と朝鮮の東北境界に近い遼東の碣石山に登り、石にその辞を刻んだという。秦は、燕の王都のあった薊を広陽郡とし、燕の時代に置いた五郡と併せて六郡を長城の南に置いた。秦の東北境界は碣石山のある遼東となった。

隆盛期の燕に追われて以来、番朝鮮は再び秦によって長城外に追われ流民となった。すなわち、秦代において番朝鮮の人々は河北省の地を追われ、遼寧省の地のみで広く居住するようになった。その本拠地は医巫閭《いふりょ》山の麓と言われている。秦代以降、朝鮮の地名も朝鮮の人々も河北省から遼寧省の地へと移ることになった。

秦はこの遼寧省の地域にいる朝鮮を統治することはできなかった。河北省との境界付近から遼寧省西部沿岸地域の民を蜘蛛の子を散らすかのように小凌《しょうりょう》河まで追討した。そこに拠点となる城郭都市を複数設けたにもかか

■図5　秦時代（BC221～BC206年）［秦、番朝鮮、蓋国、大人国、労、君主国］

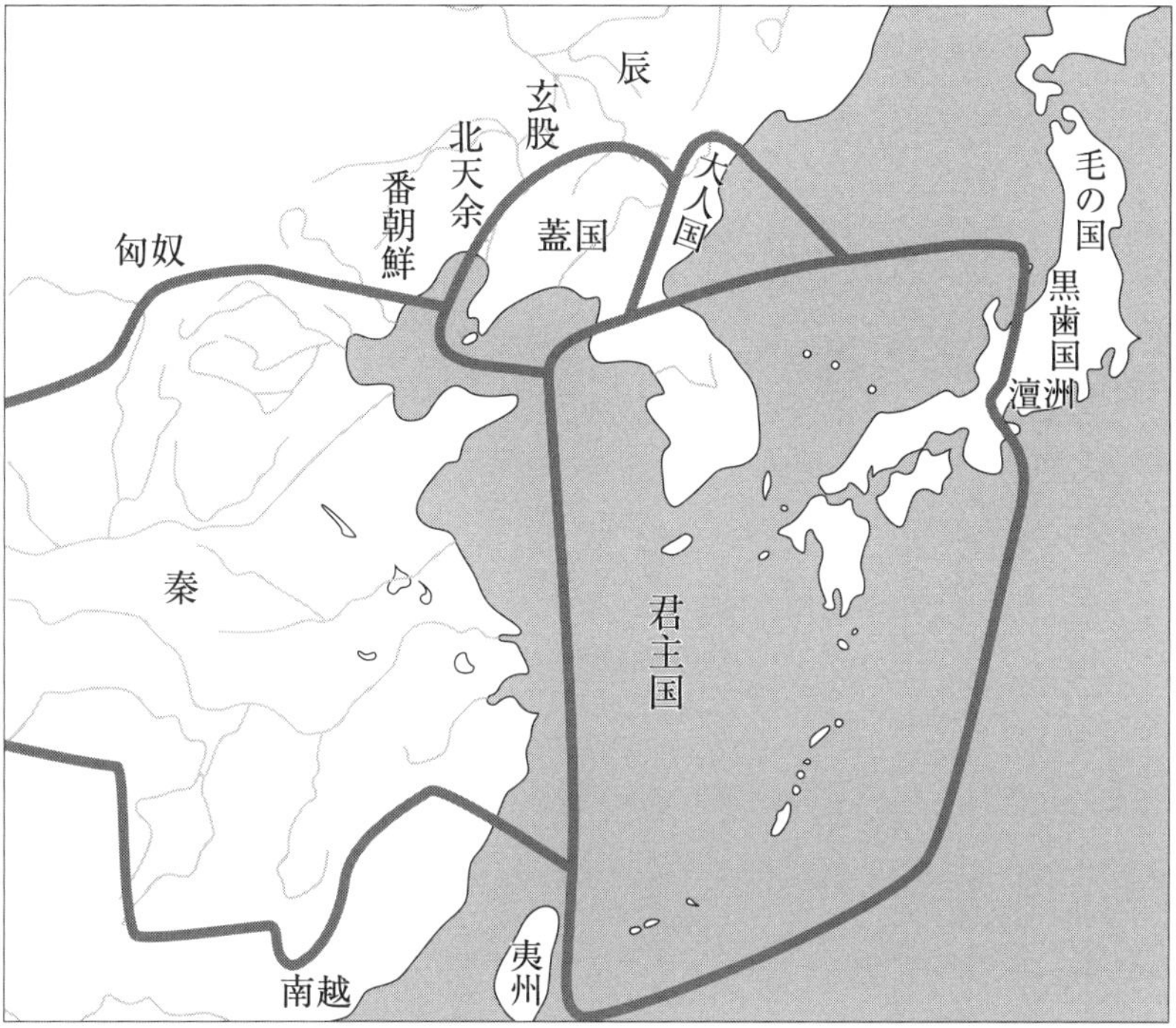

馬韓人：蓋国に倭人が進出。数世代後、遼東半島沿岸に混血の馬韓人が誕生する
北夫余・辰国：蓋国の北部に北夫余、辰国が建国される

わらず、すぐに略奪され、この地域は秦と朝鮮の双方とが碣石山と小凌河との間で綱引きするかのように争奪しあう領地となった。この中間地には王険《おうけん》城があるものの、双方の争奪の地では根を張った統治ができるはずもなかった。

『史記』朝鮮列伝には遼寧省地域で、漢初の燕人衛満《えいまん》が朝鮮王になった経緯が書かれている。

それを概略すると、秦が燕を滅ぼした時、番朝鮮の地は遼東の国境外にあった。漢が興り、その漢が燕の隆盛期であった時の領域（小凌河）までを拡大して統治するには、軍事的にその地が遠く守り難くなると判断している。それでも、遼東の古い城塞を修復し、その先の浿水《ばいすい》（興《こう》城《じょう》河）までを境界とすれば、漢は長城から浿水までの領域を統治する意図と能力は有していた。しかし、実際の漢統治下の燕はそれどころではなく、任命される燕王の入れ替わりがつづき、混乱しているのがわかる。

結局、ＢＣ一九五年、燕王盧綰《ろわん》は漢に謀反の嫌疑をかけられ漢軍の討伐を受け匈奴に逃げた。一方、衛満は千余人を集め蛮夷の服装で東へと亡命した。長城を出て浿水を渡り、秦の統治の及ばなかった地に居住することを選んだ。衛満は浿水から大凌河までの渤海沿岸の番朝鮮、燕・斉の亡命者らを支配し、ここに王となり、王険（興城市《こうじょうし》）を王都としたとある。衛満は番朝鮮と漢を騙して衛氏朝鮮を立ち上げた。

武帝期の領域拡大

武帝の在位期間はＢＣ一四一年からＢＣ八七年である。この間、漢は幾度となく匈奴を打ち破り西域を漢の影響下に入れた。さらに、ＢＣ一一〇年、南越国《なんえつこく》（広東省、広西壮族自治区《こうせいチワンぞくじちく》）に遠征し、その旧領に九郡を設置した。また衛氏朝鮮を滅ぼし、その旧領に四郡を設置した。そのため、秦の頃の統一領域よりも前漢の領域はさらに拡大した。

その武帝が朝鮮四郡を設置した時期については、ＢＣ一〇八年、ＢＣ一〇七年のことである。その後、昭帝の代になって、ＢＣ八二年、ＢＣ七五年と郡は再編され、それに伴ってその郡治（郡統治の中心地）の位置も変遷していく。この郡治名・県名の変遷と地理的な変化を確認することは重要である。文献の解釈次第でイメージが大きく異なってくるのではないかと思うので、年代順にたどっていきたいと思う。

衛氏朝鮮の都である王険城は、『史記』の註に、「（訳文）王険城は楽浪の浿水の東にある」とある。浿水は渤海沿岸に流れ出る興城河（遼寧省葫蘆島《ころとう》市西部境界付近を流れる川）であり、その川の東に王険城が

■図 6　衛満時代（BC195 〜 BC180 年）
［前漢、衛氏朝鮮、北夫余（開原）、蓋国、辰国、大人国、君主国］

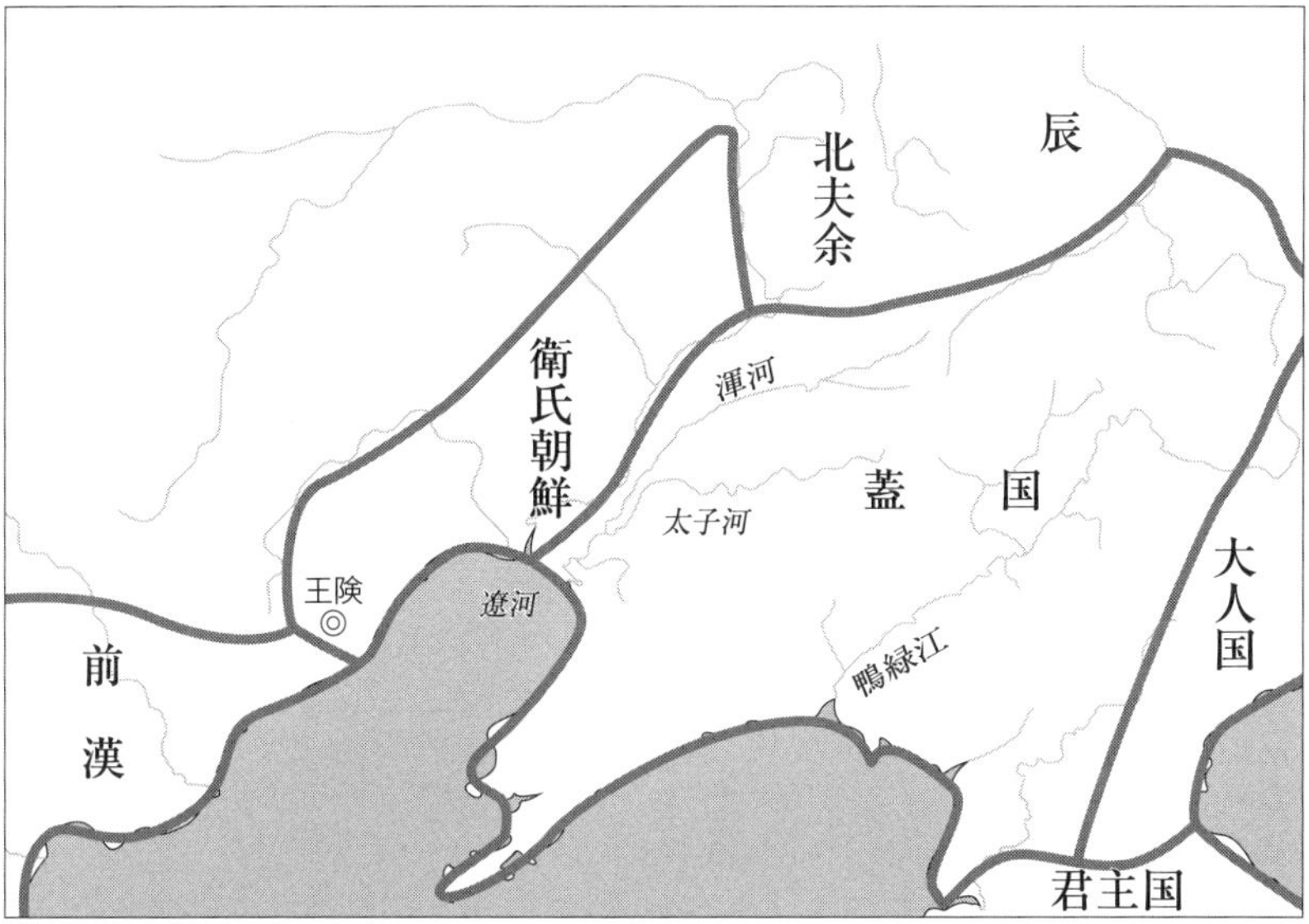

■図 7　衛右渠時代（BC120 〜 BC108 年）
［前漢、衛氏朝鮮、北夫余（開原）、辰国、大人国、君主国］

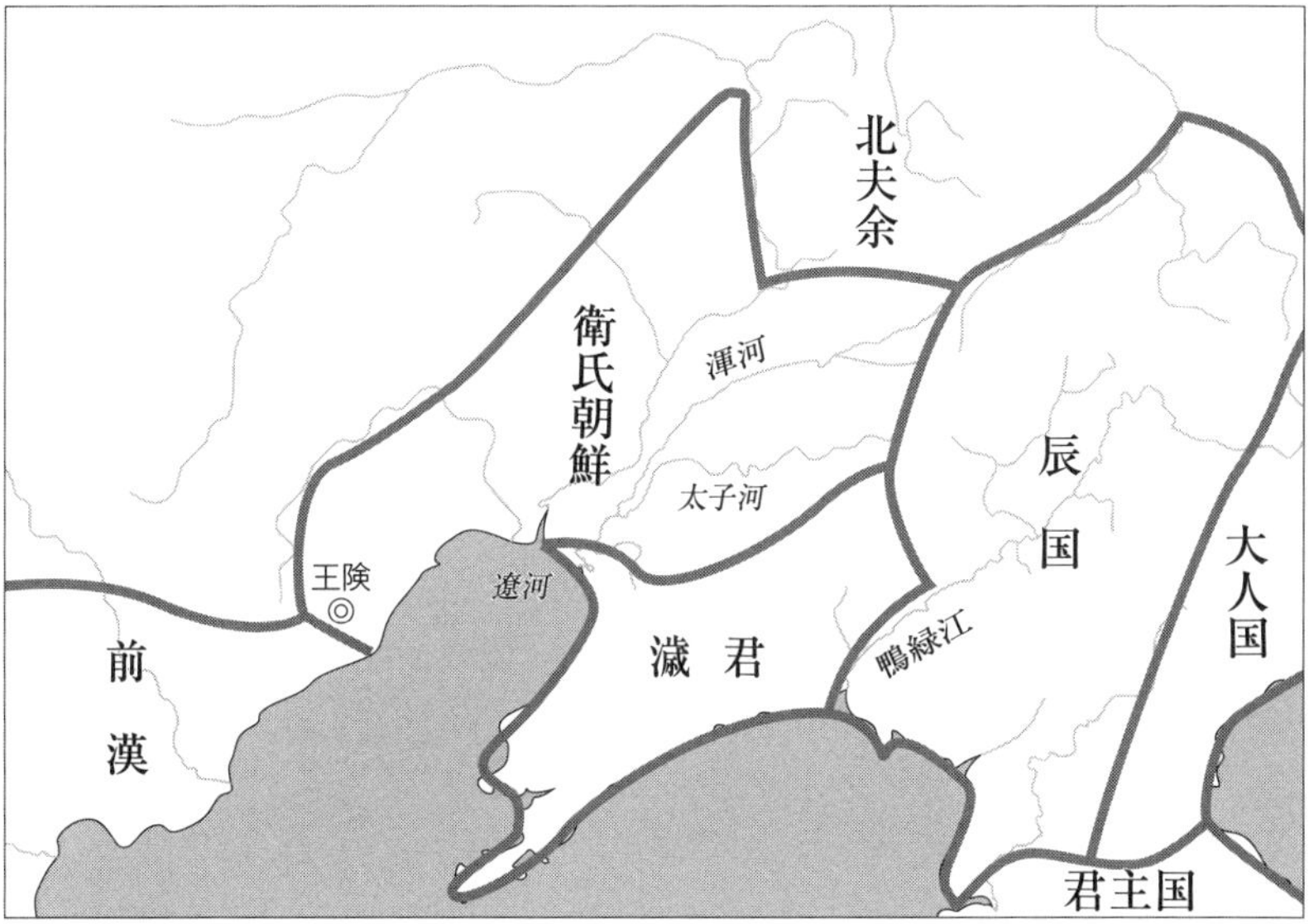

あった。加えて、河北省秦皇島市の碣石山付近にあった楽浪県は興城河の東に移っている。この註の記事は楽浪郡が置かれたBC一〇八年以降、BC七五年以前の視点で記述されたものであろう。

『史記』朝鮮列伝に、BC一〇九年、漢が渉何を右渠《うきょ》（衛満の孫）の下に遣わした時、渉何が朝鮮を去ろうとして国境の浿水に望んで、見送りにきた朝鮮の副王長を刺し殺して、ただちに浿水を渡り、遼東の長城の内側に馬で駆け込んでいる。これが朝鮮半島からであれば、ただちに逃げ込むことができる距離ではない。浿水を大同江に比定する説もあるが、下流は東ではなく西に流れている大河なので、この時点で楽浪（郡）の位置を朝鮮半島に特定するのは誤りである。

衛氏朝鮮は、漢の渉何に対して恨みを抱き、遼東の東部都尉《とい》に任じられていた渉何を殺した。

この一件は漢が衛氏朝鮮を討伐する時の口実になった。BC一〇九年、楼船《ろうせん》将軍の楊僕《ようぼく》が五万の兵を率い、山東半島から渤海湾を渡り海路で朝鮮の浿水（興城河）に向かった。また漢の左将軍荀彘《じゅんてい》は陸路を遼東（秦皇島市）から衛氏朝鮮（葫蘆島市）に攻め込んだ。海路・陸路の両軍とも、その戦闘結果は攻めあぐねるどころか失敗に等しかった。

その後、内応者が出て朝鮮の大臣や将軍があいついで漢に降り、BC一〇八年、右渠は内応した大臣参の家臣に殺された。なお大臣成巳《せいし》は王城を死守していたが、彼もまた内応者に殺害され、その結果、漢が衛氏朝鮮を支配することになった。漢は郡県体制を整備する間、内応者などを功臣として利用し、支配体制が完成すると、彼らの官位を当然のように奪った。

衛氏朝鮮の支配地及び影響を及ぼそうとした地は、朝鮮の人々が主に河北省から流民となって行った先、すなわち、ほぼ遼寧省の全域である。

『説文解字』には「(訳文) 浿水は楽浪郡鏤方《ろうほう》県から流れでて、その下流では東に流れ渤海にいる」とある。鏤

■図８　武帝の朝鮮四郡設置（BC108 ～ BC107 年）
［楽浪郡、真番郡、臨屯郡、玄菟郡、北夫余、辰国、濊、労の民、大人国、毛の民、玄菟の民、黒歯の民、君主国］

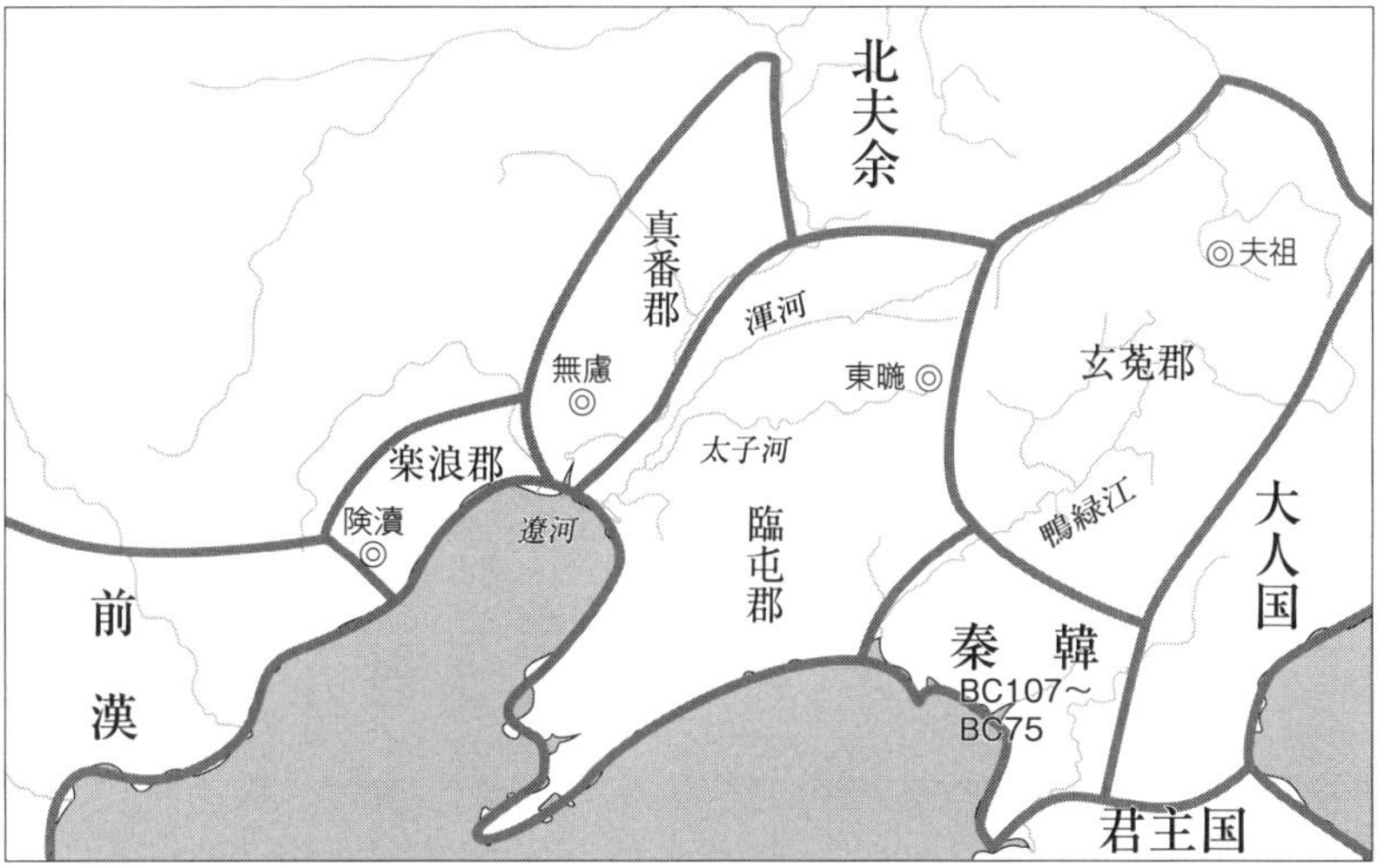

方県に興城河の水源があるか、もしくはその上流となっていて、河は楽浪県の西を流れ、渤海に流れでている。

衛満が国を建てる母体となった地域は、浿水から小凌河の間の地域であり、ここにはＢＣ一〇八年に楽浪郡が置かれることとなった。また、真番郡となる地域は、遼河の西部（小凌河から医巫閭山を含む遼河まで）がそれまで番朝鮮または真番国と呼ばれていた。この真番国の東北部にいた夫余は解慕漱によって北夫余が建国された。その北夫余は真番国が衛氏朝鮮に滅ぼされたのちに追われて、遼河の東部の開原や四平付近の玄股に北夫余を再建していた。その後、真番国の支配者は衛氏朝鮮から漢へと移り、漢の武帝によってここに真番郡が置かれた。

北が渾《こん》河・太子《たいし》河流域から南が遼東半島まで、及び西が遼河から東が鴨緑江流域までの地域は、もと蓋国の領域であり、この国は濊貊（辰・夫余族系）の民で構成されていた。ここにも衛氏朝鮮に追われた真番国（番朝鮮・夫余族系）の民が流入していた。ＢＣ一二八年には、その蓋国内の混乱と衛氏朝鮮との対立が影響したためか、濊君《わいくん》南閭《なろ》等《と》が二十八万人を率いて漢の遼東郡に降ってきたとある。こ

■図9　真番・臨屯郡の廃止（BC82年）
［真番・臨屯郡の廃止、楽浪郡、玄菟郡、東夫余（長春）、辰国、濊、君主国］

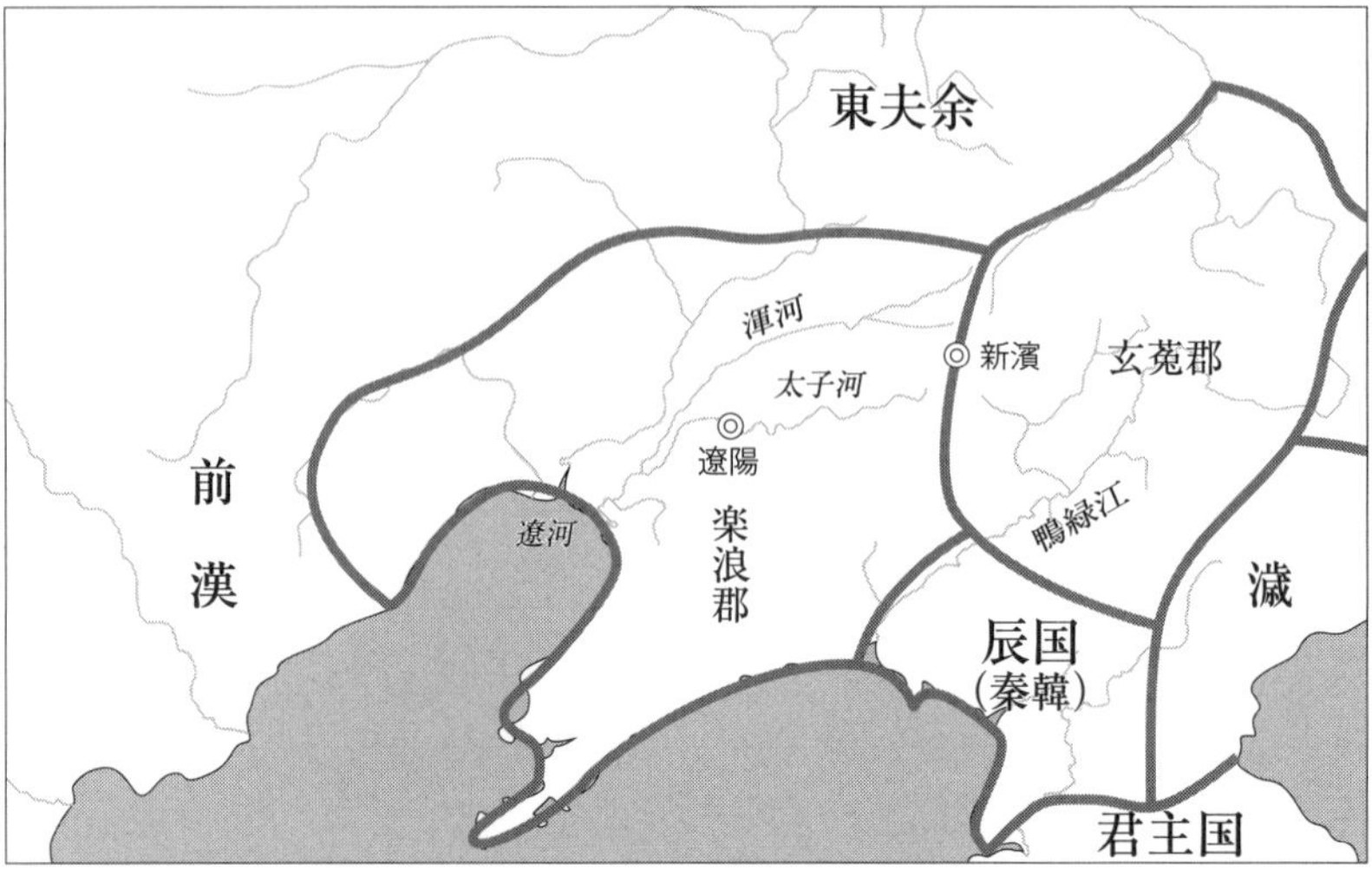

れは漢の武帝が何らかの策を巡らし、蒼海郡《そうかい》を置こうとしてＢＣ一二六年には廃止され、失敗したとされる事案である。

この頃から蓋国の名前が消えている。蓋国に地殻変動にも似た劇的な政変が起きたのであろう。蓋馬大山《がいまたい》とは、長白山《ちょうはく》地から遼東半島までの標高五〇〇m以上の地域のことであり、その西部は遼河から鴨緑江までの遼東半島を含む地域を指し、濊君南閭等の勢力範囲であったのであろう。蓋馬大山の西部と東部の境界となるのは、分黎山《ぶんれい》（平頂山《へいちょう》）であろう。東部蓋馬大山、すなわち嶺東地域は、卒本川流域以東を指し、主に吉林省の長白山地を含む地域である。西部蓋馬大山は主に遼寧省の遼東半島を含む地域である。その西部の彼らが蓋国を裏切り漢に奔ったのであろう。この直後、衛氏右渠はこの失態に乗じて西部蓋馬大山地域のうち海城市以北、渾河流域までを支配地として奪取したのであろう。また、蓋馬大山の東部及び朝鮮半島側の慈江道《じこうどう》・平安道は、蓋国の旧勢力であった辰国がその領域を奪ったのであろう。この頃の記述に関連して、『漢書』には「右渠の時代に至って誘われてくる漢の亡人は益々多くなる。また、真番・辰国が上書して天子に謁見しようとしてもこれを抑えて通さない」とある。ここには大国のはずの蓋国の名が消えて辰国の名が記述されるようになっている。

結局、ＢＣ一〇八年、漢は衛氏朝鮮を滅ぼした勢いで、旧蓋国の沿岸領域に臨屯《りんとん》郡を設置することができた。鴨緑江の支流の渾《こん》江流域及び第二松花江《しょうかこう》上流域の沃沮《よくそ》を含む内陸地域、すなわち、平安道や慈江道を除く蓋馬大山の東部地域には、ほかの沿岸を有する三郡とは一年遅れて、ＢＣ一〇七年に玄菟《げんと》郡が設置された。漢の武帝が朝鮮に設置したとされる四郡は、現在の遼寧省及び吉林省地域内のことである。

その後、ＢＣ八二年に、真番・臨屯郡の二郡は廃止され、その地域は玄菟・楽浪郡の二郡に吸収された。遼河以東の渾河流域は玄菟郡に加えられたか、楽浪郡に加えられたかは不明であるが、恐らく楽浪郡に加えられたあと玄菟郡に変更されたのではないだろうか。玄菟郡の郡治は沃沮から新濱に移されている。

この時の再編は沿岸部の楽浪郡と内陸部の玄菟郡の二郡へと再編されている。沿岸部の楽浪郡の郡治は興城市付近から遼陽《りょうよう》市付近にＢＣ八二年か、ＢＣ七五年に移されたのであろう。

ＢＣ七五年には、遼河以西が遼東郡にさらに吸収された。遼河以東は沿岸部と嶺東七県の地域が楽浪郡に再編され、その楽浪郡の郡治は最終的に遼陽市に置かれた。また、その北部内陸の玄菟郡は北夫余を追い出し上殷台《じょういんだい》（開原市）、西蓋馬《せいがいば》（四平市）県を組み入れて、郡治は高句麗県（撫順《ぶじゅん》市）に置かれた。

漢の長城

『漢書』昭帝紀に「（訳文）元鳳三年（ＢＣ七八年）冬、遼東烏桓《うがん》が背いたので中郎将の范明友《はんめいゆう》を度遼《とりょう》将軍と為し、北辺の七郡を将いて之を撃つ」とある。

度遼とは遼水を渡るという意味で、この遼水は灤河のことである。BC七八年に、灤河を渡って敵を討つという意味の「遼度将軍」がはじめて設置された。烏桓がいる所は内蒙古自治区の東側であり、西遼《せいりょう》河上流の西拉木倫《シラムレン》河、老哈《ラオハー》河、教来《チャオライ》河の流域及びその北部である。その烏桓を遼東烏桓と呼んでいる。またBC七五年正月には遼東城（長城）と玄菟城を築いたとある。遼東城が完成した直後の二月に度遼将軍范明友《はんめいゆう》は烏桓を撃ったとある。匈奴と烏桓が戦い、その烏桓が敗戦し疲弊した状態に乗じて度遼将軍らが進撃し大きな戦果を得た。

この漢の遼東城は、遼東烏桓の南下（侵入）を防ぐために、あるいはここを国境とするために遼寧省西北で内蒙古自治区と接する省境付近に南北二本の長城が築かれている。二本の長城の間は四〇～五〇kmであるという。大凌河の支流である牤牛《ひんぎゅう》河から北緯四二度線を挟んで省の外の西まで延びて、それぞれ喀喇沁《ハルチンー》旗、赤峰《チーフォン》市まで遺跡があるらしい。また内蒙古自治区の牤牛河の源流付近から東に延びる一本の長城が存在し、それは遼寧省との省境まで至り、その遺跡が確認されている。

これら遼東城と玄菟城は漢の昭帝の時に築いた「漢の長城」である。この漢の長城は秦の長城の北側（秦皇島市の北約二〇〇～三〇〇km）に位置している。

漢はBC七五年に長城付近の烏桓を撃つことができたので、遼寧省北西部の遼東城（北緯四二度付近の長城）の南が安定し、河北省内にあった遼東郡、遼西郡、右北平郡の拡大再編が行われた。右北平郡は大凌河の左岸すなわち遼東城と大凌河（北票《ほくひょう》市から上流）の間の地域に拡大した。遼西郡も河北省の長城を越えて青龍河上流域、遼寧省の大凌河と小凌河の間に拡大した。遼東郡は渤海沿岸、遼河以西大凌河（北票市から下流）以東の地域へと拡大した。

玄菟郡の郡治はBC一〇七年に最も奥地の沃沮城（第二松花江の上流）に置かれた。原住民の侵攻を受けてその玄菟郡の郡治はBC八二年に別種高句麗地域の西北（新濱県）に移さざるを得なかったのであろう。沃沮の統

■図 10　玄菟郡・楽浪郡・遼東郡の再編（BC75 年）
［遼東郡、玄菟郡、楽浪郡、東夫余国、濊、君主国］

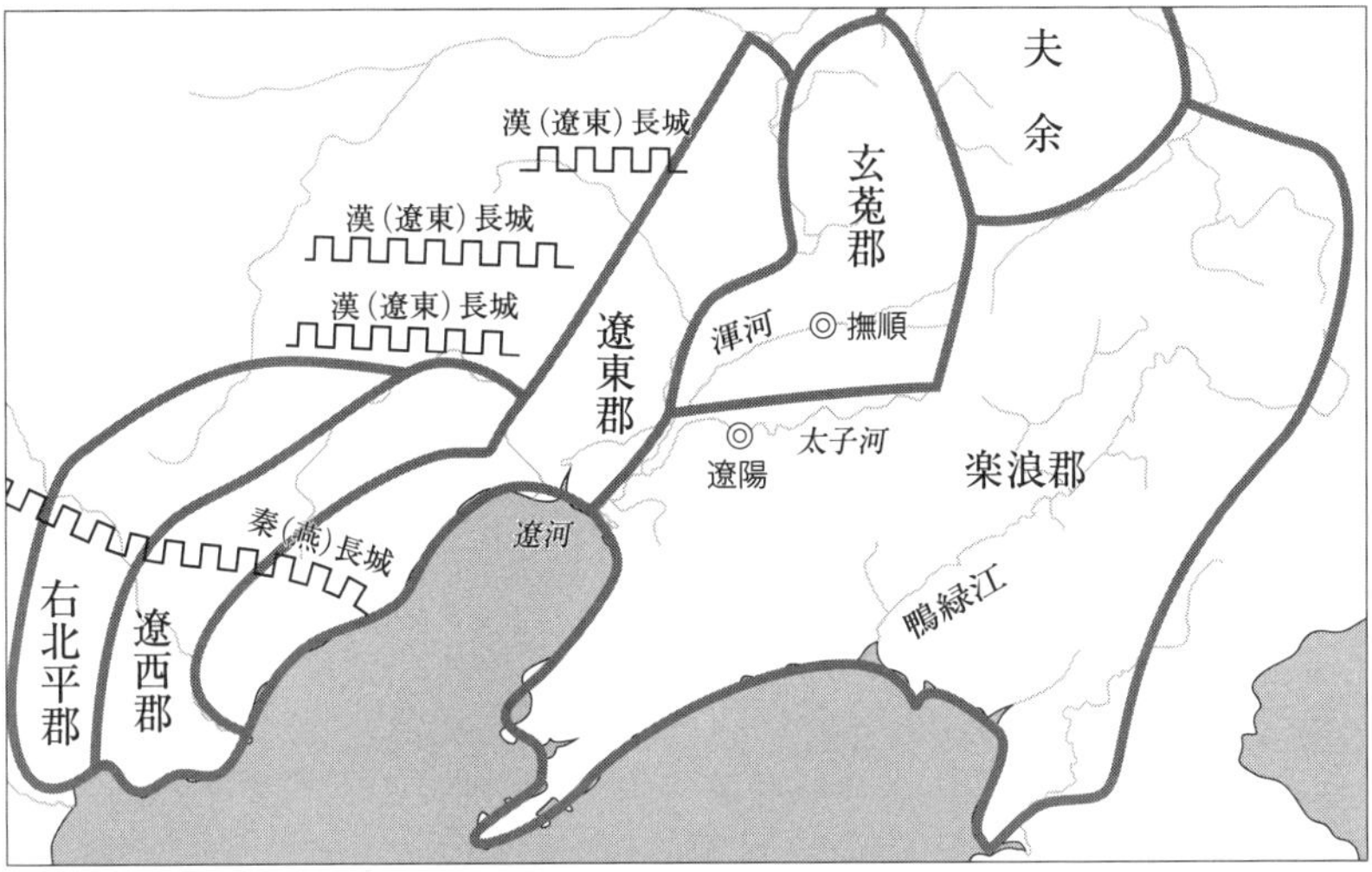

治は、不耐《ふじ》城（白山《はくさん》市）に東部都尉を置きこれに治めさせるとある。ところで、松花江流域から玄菟郡の防衛強化のため、BC七五年頃に築いたとされる玄菟城の位置は、現在の東《とう》遼《りょう》河水域（遼寧省）と伊通《いつう》河水域（吉林省）の分水嶺付近かもしれない。

医巫閭山の麓を中心とする地域にいた番朝鮮の近くには夫余もいた。番朝鮮は、その地の東北で解慕漱が北夫余を統治することを認めている。すなわち、番朝鮮が衛満に滅ぼされるよりも前に北夫余は建国されていた。衛氏朝鮮が番朝鮮を滅ぼした頃に北夫余は遼河を渡った地域（開原市）に再建された。漢はBC七五年にそれまでの玄菟郡を楽浪郡に編入し、楽浪郡の北部にあった高句麗県に加えて、その北部の北夫余を追い出して上殷台県（開原市）、西蓋馬県（四平市）を併せて、三県を玄菟郡として再編した。

北夫余の民はBC八七年に漢の影響下にあった高句麗族によってその東北（吉林省）に追いやられた。そこに解夫婁《かいふる》により東夫余（王都＝長春市）が建国された。漢は追いやった夫余勢力によって玄菟郡の旧領域を奪還されるのを恐れた。これが玄菟城（長城）を築いた目的ではないかと思う。

このようにBC七五年の郡の再編では中国東北部が秦漢史上の最大版図となる行政区を設置することに至り、それは『漢書』地理志に反映されている。

朝鮮の四郡地域再々編

『漢書』地理志では、武帝の時に置かれた朝鮮四郡は再々編された状態で記録されている。BC一〇八年に楽浪・真番・臨屯郡が置かれ、翌年、玄菟郡が置かれた。BC八二年に真番郡と臨屯郡が廃止され、玄菟郡と楽浪郡に吸収された。この時の再編では、玄菟郡の郡治が最も遠い夫祖県（撫松《ぶしょう》県）から東暆《とうい》（新濱県）に移った。それとともに、遼河以東の北部三県（西蓋馬・上殷台・高句麗県）は、玄菟郡に編入されたのであろう。真番郡の遼河以西と臨屯郡の鴨緑江以北が楽浪郡に吸収されたと考えられる。

BC七五年には遼東郡領域が拡大した。その新たに遼東郡に加えられた領域は、BC一〇八年設置当初の楽浪郡の全県と真番郡の遼河以西の全県である。新たに再編された楽浪郡の郡治は旧臨屯郡の太子河流域の朝鮮県（遼陽市）に定められた。その楽浪郡の統治領域は、旧臨屯郡の全県及び新たに拡大した平安道の秦韓地域三県と玄菟郡に属していた領東七県を合計した二十五県で編成されることになった。

このBC七五年の状態が『漢書』地理志に細部にわたって記録されている。この記録されている地名、河川名などが現在のどの行政区にあたるのか、ある程度判定していくことができる。この「地理志」の地名判定はその地域の歴史を考察していく上で基準となるほど重要なものである。その記述に基づき補足したいと思う。

遼東郡（灤河流域から遼河流域まで渤海湾岸に沿って東へ拡大）

大遼水（遼河）の支流（西拉木倫河・西遼河など）は塞外（漢の遼東長城の北）を源流としている［この源流付近では、灤河の支流と大遼水の支流である西拉木倫河の上流とが最も近くなり、その距離が数kmほどになる（河北省と内モンゴル自治区の省境付近）］。

大遼水は塩難水《えんなんすい》（東遼河）と合流して、遼河となり南流する。安市《あんし》県（新民市《しんみん》）から海に入るまでの距離は一二五〇里（一五〇～一六〇km）とある［朝鮮の一里は約一二五mとなる］。

大梁水《たいりょう》（渾河）は西南流して遼陽県（遼中市《りょうちゅう》）に至って遼河（遼河）と合流する。

宝偽山は宝偽水（女児河《じょに》）の出る所で北流して襄平（錦州市《きんしゅう》）に至って梁水（小凌水）に合流する。沛水《はい》（青龍河）は塞（燕の長城）外より西南流して海に入る。

各県：襄平（錦州市）、新昌（盤山県《ばんさん》）、無慮《むりょ》（北鎮市《ほくちん》）、望平（双遼市《そうりょう》）、房（石山鎮）、候城（瀋陽市《しんよう》）、遼《りょう》隊《すい》（法庫県《ほうこ》）、遼陽（遼中区）、険瀆《けんとく》（興城市）、居就（建昌県《けんしょう》）、高顕（鉄嶺市《てつれい》）、武次（彰武県《しょうぶ》）、西安平（康《こう》平《へい》県）、安市（新民市《しんみん》）、平郭（台安県《たいあん》）、文（綏中県《すいちゅう》）、沓氏《とうし》（昌黎県《しょうれい》）。

玄菟郡（遼河以東の三県）

遼山（大黒山《だいこく》・二龍山《にりゅう》）は遼水（招蘇台河）の出る所、西南流して遼隊県（法庫県）に至って大遼水（遼河）と合流する。南蘇水が西北流して二龍山の塞外を経る。馬訾水《ばしすい》（東遼河の支流）は西北流して塩難水（東遼河）に入り、西南流して西安平（康平県）に至る。ここから郡（郡治）を過ぎること二（玄菟郡治のある高句麗県と楽浪郡治のある朝鮮県）。またここから二一〇〇里（西安平県から海に至る二五二km）を行く。

各県：高句麗（撫順市）、上殷台（開原市）、西蓋馬（昌図県《しょうず》）

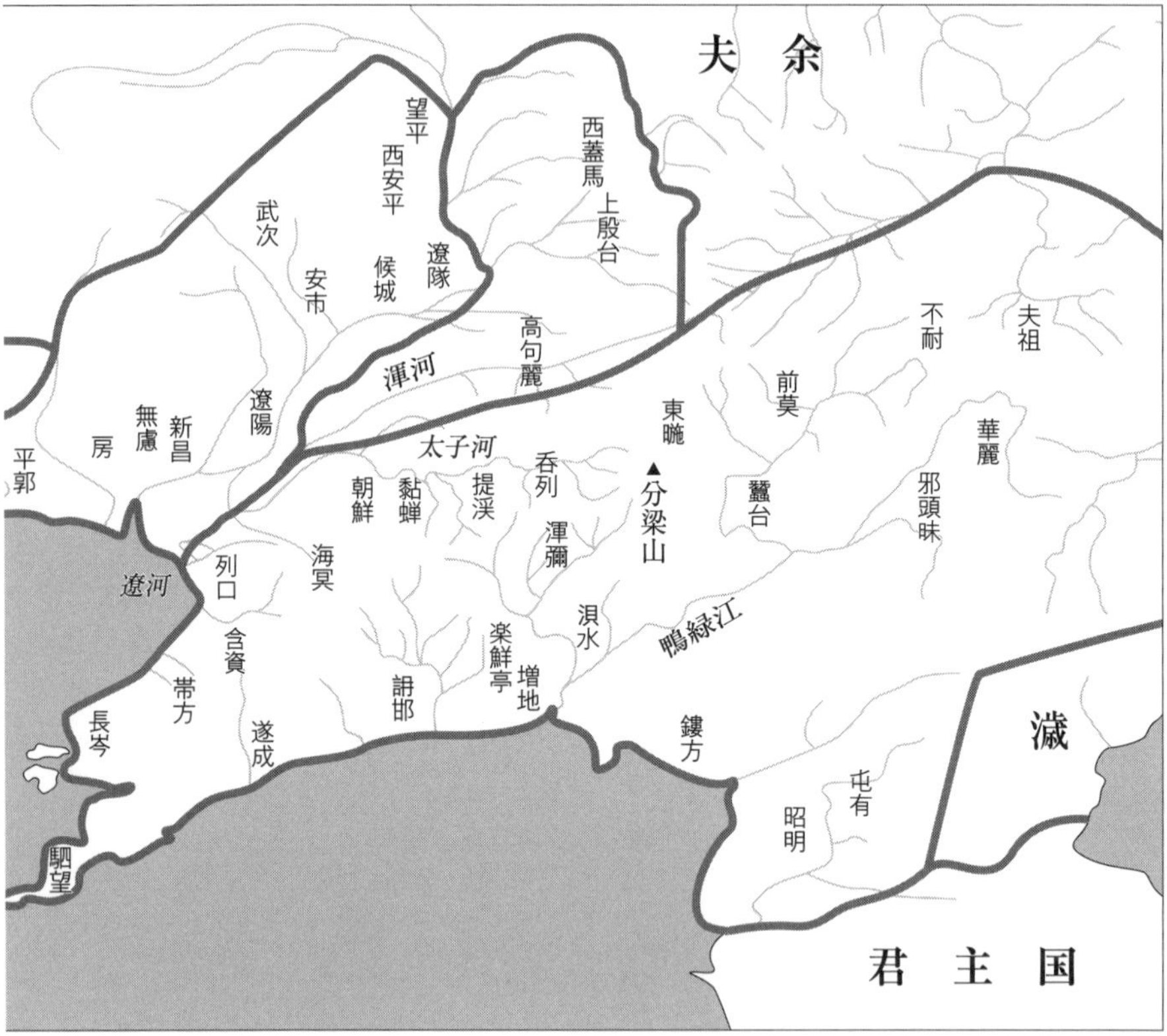

■楽浪郡■（遼河以東の二十五県）

浿水（鴨緑江）は西流して増地（丹東《たんとう》市）に至って海に入る。帯水は西流して帯方（熊岳《ゆうかく》城）に至って海に入る。分黎山（平頂山）は列水（太子河）の出る所、西流して黏蟬《ねんてい》に至って海に入る。黏蟬から海まで八二〇里（九八・四㎞）。

各県：朝鮮（遼陽市）、誹邯《なんかん》（荘《しょう》河《が》市）、浿水（寛田県）王莽《おうもう》の時楽鮮亭、含資（蓋州《がいしゅう》市）、黏蟬（弓《きゅう》長嶺《ちょうれい》区）、遂成（普蘭店《ふらんてん》区）、増地（丹東市）、帯方（熊岳城）、駟望《しぼう》（大連市）、海冥《かいめい》（海城市）、列口（営口《えいこう》市）、長岑《ちょうしん》（復州河流域）、屯《とん》有《ゆう》（平安南道順川《へいあんなんどうスンチョン》市）、昭明（平壌《ピョンヤン》市）、鏤方（平安北道亀城）、提奚《ていけい》（本渓《ほんけい》市）渾彌《こんび》（鳳城《ほうじょう》市）、呑列《とんれつ》（本渓上流）、東暆（新賓《しんぴん》県）、不耐《ふじ》

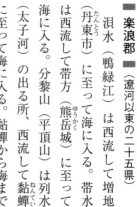

■図11　右北平・遼西・玄菟・楽浪・遼東郡内の県城
［右北平・遼西・玄菟・楽浪・遼東郡の再編］（BC75年）

（白山市渾江区）、蠶台（桓仁《かんじん》県）、華麗（臨江《りんこう》市）、邪頭昧《じゃとうまい》（集安《しゅうあん》市）、前莫《ぜんぼ》（通化《つうか》県）、夫祖（撫松県）

BC七五年の再編で、遼東郡の襄平の地名（県名）が河北省から遼寧省に移されている。また、楽浪郡治は興城市から遼陽市に移され郡治の県名は朝鮮となっている。遼河以西にいた番朝鮮や燕などから強制的に連れてこられた移民も多かったのであろう。それは旧蓋国の力を弱めながら、新たな漢の支配力を強めようとしたのであろう。この時、鴨緑江以南の地域にも平安北道に一県、平安南道に屯有県、昭明県の二県が設置された。吉林省側に置かれた邪頭昧県や華麗県から慈江道や両江道の鴨緑江中上流域にも漢の支配が及ぶ

■図12　前漢末の楽浪郡・濊・君主国（BC50年）

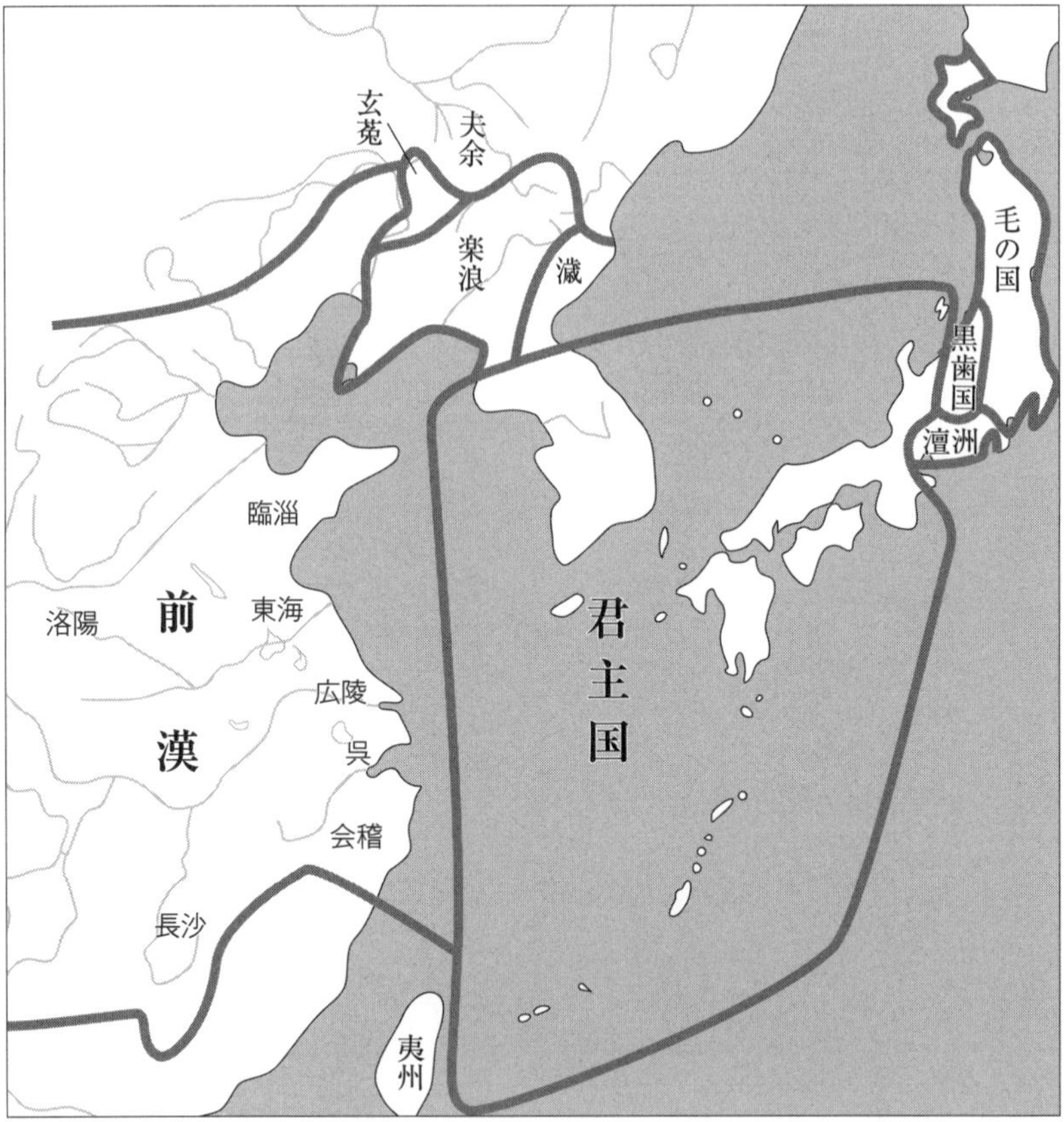

ようになった。ＢＣ一〇八年に興城河の流域にあった鏤方県はこのＢＣ七五年の再編で平安北道に地名が遷っている。

　この再編強化の影響によって、漢の圧政から逃れて流出する濊貊・辰の移民が多くなった。大人国の北部（咸鏡北道《かんきょうほくどう》）は沃沮色が強まり、南部（咸鏡南道《かんきょうなんどう》）にはその後に濊国が誕生する。

　漢の圧政から逃れる濊貊などの移民はその後も続き、黄海道・京畿道・江原道にいた倭人との混血が進み第二次韓族が誕生する。東部の辰韓地域は濊貊に加えて辰国色が強かった。しかし、自立して辰韓十二カ国を取りまとめるほどの力もなく、濊貊と倭人の混血による第二次韓族は崩壊した辰国の王族を王に立てて辰韓や馬韓を支配する体制ができていたのであろう。辰韓ではその辰国の王族が絶えたので、馬韓の辰国の王族から自国の王に擁立したのであろう。辰王は月支国を治むとあり、月支国は辰韓の江原道中北部を支配するのにも便利なソウル付近に存在したと類推できる。ただ、これは辰韓や馬韓がそれぞれ統一される以前の状態と考えられる。これは暗に倭人からの統治を逃れるための防護策、あるいは倭人よりも優位に立つための対抗策だったのではないかと思う。

暦法と実年代

殷周年代は二倍暦使用の可能性も

中国の古代年代はどこからが実年代であるのか。中国に世襲王朝が誕生して以降、その古い時代の各王朝の統治期間に疑問はないのか。その後、代々の王朝が誕生して統計的推計も可能になってくると、より古い時代である殷周王朝の統治期間に当然疑問が出てくる。それは古い時代の統治期間が世襲王の数に比して長すぎると感じるからである。その原因は何か。追究する必要がある。

当時使用されていた暦法はどのようなものか。また、それに基づいて編纂された記述を後世の人が誤って解釈してきたのではないか。孔子の『春秋』はその後の史書編纂に多大な影響を与えているが、最初の段階で二倍暦が使用されていて、その暦法に基づき書かれていたのではないのか。その後一倍暦が使用されるようになり、二倍暦で編纂の『春秋』が一倍暦で解釈されるようになっていったのではないのか。司馬遷は、その二倍暦の『春秋』をそのまま一倍暦として解釈し編纂したのではないのか。

殷周時代の王の一代あたり在位期間と、秦漢時代以降の王の一代あたりの在位期間とを比較すると、古い時代は新しい時代に比べて二倍ほど長いことに気づく。それで、殷周の時代は実際の年代よりも古い年代に推計されてしまっているのではないかと疑問を持ったしだいである。

司馬遷《しばせん》は自らが編纂した『史記』の中で、共和元年（通説ではBC八四一年）から十二諸侯の年表を作り、年代を明確にしている。共和以前の紀年は、これをもとに司馬遷以降の人々が遺物、そのほか天体観測による成果などによって推定した年代である。共和以前の年代については、その推定された多数の説が存在している状態である。しかし、共和以降の年代が変われば、それらの推定年代は自動的に変化すべきものである。

共和元年以降は二倍暦の使用が疑われるにもかかわらず、司馬遷は一倍暦使用を前提に年表を作成して年代が編纂されている。その戦国時代中頃から漢の時代まで長い期間一倍暦が使用されていたために、殷・西周時代から春秋戦国時代までもずっと一倍暦が使用されていたと、司馬遷をはじめ漢時代以降の人々の思い込みがあったのではないだろうか。さらに、その誤った解釈のものを現代人が西暦に換算しているのではないだろうか。実際に、一倍暦が使用されはじめたのは、後述する通り、周王朝の末期、戦国時代の中頃（BC三二四年頃）からであろう。

いずれにせよ、共和以前のことは詳細にわかる訳ではないが、世襲王朝であることを考えると、現代の視点からある程度のことを推定できるのではないだろうか。

殷王朝は、初代成湯《せいとう》（大乙《だいいつ》）から三十代帝辛《ていしん》（紂《ちゅう》）まで十七世三十代の世襲王朝である。

殷墟から出土した亀甲や獣骨に刻まれた文字を甲骨文字と呼ぶが、殷王朝の後期のものとされるその甲骨文字が刻まれた骨が多数発見された。その内容は卜占《ぼくせん》の記録である。甲骨文字で記された王名を照らし合わせると、殷の系譜については『史記』に記された殷の帝系譜とほぼ一致することがわかっている。

ところで、殷以前の夏王朝は既に世襲による統治である。その系譜に新時代から唐時代の平均在位期間十・三

■表1　王朝別統治期間と1代平均在位年

王朝	代数	通説年紀（推定年紀）	統治期間	1代平均在位年
夏	17	（BC1156 ~ 981）	（175）	（10.3）
殷	30	BC1600~1027 （BC981~672）	573 （309）	19.1 （10.3）
西周	12	BC 1027 ~ 771 （BC 672 ~ 548）	257 （124）	21.4 （10.3）
東周	25	BC 770 ~ 256 （BC 547 ~ 256）	514 （291）	20.6 （11.6）
秦	5	BC 256 ~ 206	50	10.1
前漢	15	BC 202 ~ AD 8	210	14.1
新	2	AD 8 ~ 24	16	8
後漢	14	25 ~ 220	196	14
魏	5	220 ~ 265	46	9.2
西晋	4	265 ~ 316	52	13
東晋	11	317 ~ 419	103	9.4
宋	8	420 ~ 478	59	7.4
斉	5	479 ~ 501	23	4.6
梁	5	501 ~ 556	55	11
陳	4	557 ~ 581	25	6.3
隋	4	581 ~ 618	37	9.3
唐	24	618 ~ 907	289	12.4
新～唐	86	25 ~ 907	883	10.3

1）東周時代はBC324年以降が1倍暦、それ以前が2倍暦を使用したものとして換算する。（　）内は2倍年暦を使用した場合の推定年である
2）夏・殷及び西周王朝の1代平均は、新から唐時代の10.3年を準用する
3）（　）内は1代平均在位年10.3年によって修正した推定年である

年をあてはめると、夏代の統治はほぼ一七五年間となる。殷代も世襲による統治なので、同じ平均在位年数を準用しそれを掛け合わせると、その統治期間は十・三年×三十（代）＝三〇九年と容易に出てくる。概略の年代はわかるが、殷の実年代の特定はどこまで可能なのか。殷の前期は年代情報が少なく、その特定は無理であろう。しかし、後期は日付の遺物によってある程度のことを知ることができる。

殷の前期が十干で暦日を表示する時代としたら、殷の後期は六十干支で暦日を表記している時代であると区分できる。その殷の後期には、どのような暦法が用いられていたのか。わからないことが多いが、できる限り推察してみたい。

殷の後期、日付は甲子《かっし》から癸亥《きがい》までの六十干支が使用された。六十日が過ぎると、また甲子からはじまり癸亥

で終わる。これを繰り返す日付のつけ方が定着したのであろう。殷代の風習として十日ごとに次の十日までを占う卜占の記録がそれを裏付けている。

その殷時代の後期の暦法を推定すると、一カ月は十五日、一太陽年の半年が十二カ月（一八〇日）、もしくは十三カ月（一九五日）となる。この十三カ月目は太陰暦の閏月《うるうづき》なのか、太陽暦の閏月なのかを考えると、六十干支を中心に十日ごとの占いに便利な暦法が求められているはずだ。それを追究すると、この暦法は、冬至から夏至、夏至から冬至の半年間に六十干支が通常三巡することとなる。言い替えれば、この三巡一八〇日は十二分割すると、一カ月が十五日の暦法となる。閏月の月も十五日であれば太陽暦では二十年単位七閏月を含む二四七カ月の暦法ができあがる。月数は平年が十二カ月の数値で数え、閏年が十三カ月で数える。それらの月数単位で王年数を数値で数えることになる。十三カ月の閏月のある年は、その閏月が年末に置かれ一九五日となる。二十太陽年七三〇五日の一王年ごとの日数の一例を明示すれば、表二の通りになる。四十太陽年では三六五・二五日×四十（年）＝一四六一〇日、一四六一旬となる。

このような二倍暦が導きだせる。一王年は平年が十二カ月（月十五日）、閏年が十三カ月となる。一王年が一八〇日もしくは一九五日の暦である。そのような暦を一太陽年と誤って編纂したとしたら、全体の年紀が二倍に長くなってしまう。殷代後期の一王年の中にいくつかの干支記録が存続しているが、その中に干支が三巡の一八〇日を超えて、さらに一九五日を超える例は存在しない。一王年が一太陽年の半分にすぎないものを一年三六五日ほどの記録に解釈しているのではないかと思わざるをえない。

董作賓《とうさくひん》は殷暦譜を作成し、殷の成立をBC一七五一年、その滅亡の年をBC一一一一年、統治期間が六四〇年ほどと推定している。これも王の祭祀期間を半年が単位となっているのを一太陽年の単位に近いもので推定しているため、二倍ほどの長期間になってしまったのではないだろうか。

■表2　殷後期暦法（20太陽年の王年別月数）

王年	月数	日数	王年	月数	日数
1	12	180	21	12	180
2	12	180	22	12	180
3	12	180	23	12	180
4	12	180	24	13	195
5	12	180	25	12	180
6	13	195	26	12	180
7	12	180	27	12	180
8	12	180	28	12	180
9	12	180	29	12	180
10	12	180	30	13	195
11	12	180	31	12	180
12	13	195	32	12	180
13	12	180	33	12	180
14	12	180	34	12	180
15	12	180	35	13	195
16	12	180	36	12	180
17	12	180	37	12	180
18	13	195	38	12	180
19	12	180	39	12	180
20	12	180	40	13	195

1）1カ月が15日、日付は六十干支を使用、平均は180日、閏年は195日
2）10太陽年では20王年、20太陽年では40王年となる

十九代盤庚《ばんこう》即位から三十代紂の殷滅亡までの殷代後期を二百数十年としている説もあるが、その期間は十二代一二〇年ほどにすぎないのではないだろうか。二十八代文丁《ぶんちょう》から三十代紂の期間は、月次、干支、祭祀の種類・対象など甲骨文字の遺物も多く、暦法復元の可能性が高いとされる。この時期になると、記録上閏月が消滅しているが、閏年の閏月十五日が、前月次と併合して三十日となって変形しているにすぎないのではないだろうか。

殷の年代特定に重要な役割を果たしているのが周祭の解釈である。周祭とは、彡・翌・祭・劦・丮など五種類の祭祀を先王の即位順に従って行うもの。殷代末期の二十九代帝乙《ていいつ》、三十代紂の各祭祀の順序は、各祭祀十二旬が一旬ずつずらして行われ、これらの祭祀が周祭として半年（約十八旬）ごとに行われたと解釈するべきと考える。これら二王の統治期間は合わせても二十三～二十四年ほどである。二王だけの平均統治期間は十一・五～十二年ほどとなる。殷の統治期間は、王莽の新から唐時代の一代あたりの平均在位期間を準用して、十・三年×三十（代）＝三〇九年ほどが妥当な、目安となる統治期間であろうと私は思う。

しかし、先達はこれを各祭祀がなるべく重ならないように一周祭が約三十六旬ほどで行われたと解釈している。

そのため、二十九代帝乙・三十代紂王時期の暦を復元すれば、在位期間はそれぞれ二十一年間が多数意見となり、殷王朝の統治期間を五百年間ほどに解釈しているのである。また、董作賓も各祭祀がなるべく重ならない、一太陽年三十六旬ほどの法則の中で月次、年次を考証しているのである。

その結果、殷王朝の統治期間は、長い説が七〇一年間、短い説が三八〇年間ほどである。いずれも一倍暦で推定した説であるが、殷の統治時期はこの間だけでも多数の説が存在することとなる。この中には『竹書紀年《ちくしょきねん》』(伝説時代から魏の襄王《じょうおう》に至るまでの編年体の歴史書。『春秋』に先行して作られた)によるとその統治期間が四九六年間、「三統暦」(太初暦が増補されて名を改めた)によるとそれが六二九年間となる説が含まれる。

しかし、これらが二倍暦の時代であったと証明できれば、その半分の期間にすぎないことになる。

西周暦の発展

西周時代の暦日は、干支日付、月次に加え、月相の記録が所々に記録されている。この時代の暦法は太陽暦から太陰太陽暦への移行なのか、太陽暦がそのまま継続して、太陰暦が補完的に使用されているのかわからない。しかし、徐々に朔日、望日の干支日情報も多くなり、月の運行に基づく干支日情報が暦法に取り入れられ、次の春秋時代には太陰太陽暦法へと発展していったのであろう。

それでは、この西周時代の暦法はどのようなものだろうか。六十干支はそのまま日付に引き継がれ、月数は一カ月単位が十五日の基本は変わらない。しかし、月相に合致させるためには、時々一カ月単位十四日の場合が出現せざるをえない。既生覇《きせいは》十五日、既死覇《きしは》十四日の繰り返しを基本とすることになる。

これを月ごとに具体的に月相を併記して見ていけば、一月、二月、三月、四月は、順に【十五日（既生覇十五日）、十五日（既望《きぼう》一日、既死覇十四日）、十五日（既生覇十五日）、十四日（既死覇十四日）の場合】と【十五日（既生覇十五日）、十五日（既望一日、既死覇十四日）、十五日（既生覇十五日）、十五日（既望一日、既死覇十四日）の場合】が存在することになる。

前者のみの繰り返しでは平均朔望月《さくぼうげつ》二十九・五日しか対応できない。最も進化した場合、前者を十五回繰り返すごとに後者を一回用いると平均朔望月二十九・五三一二五日に対応できる。月相に合致させるには既生覇をいつの場合でも十五日間とすれば、次の月は既死覇の十四日のみの場合か、既死覇十四日の前後に一日を加えた十五日の場合のいずれかになる。その一日加えるのは、満月（既望）の一日か、晦日（初吉）の一日である。

これによって、暦法は殷代の太陽暦のままでなく、六十干支、月数、月相が深く結びつく太陰太陽暦への発展へと向かうようになって、いくらか後世に出現する十五連月や十七連月の数値に近づいたのではないだろうか。

この西周の時代もまた二倍暦の可能性のある時代であり、太陽暦と太陰太陽暦のどちらが使用されていたのかわからないが、太陰太陽暦である場合、平年は十二カ月（一カ月が十五日もしくは十四日）六朔、一七七日または一七八日、閏年には十四カ月（一カ月が十五日もしくは十四日）七朔、二〇六日または二〇七日となる。一太陽年の半年ほどが十二カ月の単位年となる暦法であろう。

この暦法を検証するには、青銅器などに刻まれた金石文が文書記録として少しずつ増しているので、これを信頼して再検証するほかにない。年代を古く解釈しているのに対して現段階では若干の疑問を挟まざるをえない。

新から唐代までの一代平均在位期間十・三年を準用して西周時代の統治期間を推定すると、十・三年×十二（代）＝一二三・六年となる。周の初代武王から十二代幽王《ゆうおう》が殺されるまで、西周の統治期間は一二四年ほどにすぎないのであろう。

春秋時代の暦法

二倍暦が使用されていたのではないかと提起したところで、東周時代には文献の情報も増すのでこれに対する反論も多くなると思うが、あえて従来の紀年に対して疑問を投げかけていこうと思う。

東周時代とは、十三代平王《へいおう》が通説のBC七七一年に即位し洛陽に遷都したあと、通説のBC七七〇年から秦が統一されるBC二二一年までのことであり、春秋戦国時代とも呼ばれる。厳密に言えば、東周時代はBC二五六年三十七代報王の時の周滅亡までである。

春秋時代の名称のもととなった魯国の年代記『春秋』は、魯国に生まれた孔子が編集したと伝えられる。その『春秋』は、魯の隠公《いんこう》元年から哀公《あいこう》十四年まで、通説のBC七二二〜BC四八一年の二四二年ほどのことが記述されている。これは暦法が二倍暦の時代に孔子が編纂していたものが元資料であろう。あらためて、一倍暦時代の戦国時代に再編纂されたのではないかと思う。司馬遷はその再編纂された孔子の『春秋』などをもとに、さらに遡って西周時代の共和元年から、哀公のあとの数年間までの年代を十二諸侯年表を作って明らかにしたのではないだろうか。

しかし、これらの資料はもともと二倍暦時代の資料をもとに編纂されているので、その編纂は実際よりもおよそ二倍に古い時代に引き延ばされているはずである。

『春秋』や『史記』の「十二諸侯年表」は、二倍暦及び一倍暦によって、実年代を復元する必要がある。一倍暦の部分においても、もともと『春秋』は立年称元法《りつねんしょうげんほう》（君主在位の元年を称する方法の一つ。代替わりの同年の改元法）で書かれたものを、戦国時代の後世の人が踰年称元法《ゆねんしょうげんほう》（即位翌年に改元すること。越年称元法《えつねんしょうげんほう》）に書き換え整理するとともに、二倍暦の十二カ月に対しては四季が新たに書き加えられたのではないかと思う。一太陽年の半年の十二カ月の月次に四季が付記され、次の半年にも四季が付記され一太陽年に二回分の四季が付記されたことになる。天文観測記録も存在していることから、これらを復元するには現在知りうる当時の天文位置などを照合する必要も出てくる。

これらの復元作業をするのは大変なので、この春秋時代にどんな暦法が存在するのかまず考えてみたい。太陰暦の朔望月の精度は、その後の暦法の発展段階を考えると、十五連月に近いものを用いるようになっているはずだ。平均朔望月二十九・五三三三日（平均一カ月の日数が十四・七六六日）。また、その置閏法《ちじゅんほう》はＢＣ八世紀頃に作られたギリシャ暦の八年法に近いものであろう。そのギリシャ暦の置閏法とは、八年九十六カ月に対して季節と調整するため三つの閏月を置く方法である。

それを二倍暦法が使用されていたものとして具体化すると、その暦法は日付の六十干支が定着し、月相と密接に結びつき、その一カ月は十四日もしくは十五日からなる。一王年は十二カ月が基本となる。置閏法の八年法は八年一九二カ月に六つの閏月を置く。

八年は三六五・二五日×八＝二九二二日。一九八カ月は十四・七六六×一九八＝二九二三・六六八日。

八年で一・六六八日のずれが生じるが、八年を八巡すると、一・六六八×八＝十三・三四四である。六十四年目に置くべき閏月を一つなくすと季節との再調整ができる。

これによって、次の干支日に月相がどうなるのか、次の月はじめの六十干支が何であるか、予想がつくようになり、暦としても通用できるようになったのであろう。

このような暦があったことを証明できるのだろうか。歴史編纂が後世に二倍暦を一倍暦に解釈して修正がなされたものとしても、原型に加筆しない限り、起こりえないことがある。各月の干支日は十五日以内であること、一王年の干支も一八〇日（閏王年は一九五日）の日数を超えることがないことである。

春秋時代が二倍暦であれば、その春秋時代が通説のＢＣ七七〇～ＢＣ四五三年とされているものは、後述する一倍暦開始年ＢＣ三三四年を基準に、一倍暦に換算すると、ＢＣ五四七～ＢＣ三八九年となる。

同様に、『春秋』の隠公元年から哀公十四年までは、ＢＣ五二三～ＢＣ四〇三年の一二一年間のことにすぎない。十二諸侯年表の通説ＢＣ八四一～ＢＣ四七七年は共和元年ＢＣ五八三～ＢＣ四〇一年までの記録にすぎないことになる。

『春秋』の編纂の史料の元となる記録は、魯国の史官が、他国からの正式通告など簡策に記した文字である。もし、二倍暦が使用されていたとしたら、孔子が編纂した『春秋』には春夏秋冬の四季の記録は書かれていなかったはずである。孔子の編纂時には、王年数、月次、六十干支によって、年月日が記されていたと推察できる。

戦国時代、秦漢時代の後世に使用されるようになった暦法によって、一カ月が三十日と二十九日の一倍暦で遡って何度も再編纂され、春夏秋冬の四季も月次に基づき挿入されたのではないだろうか。この結果、『春秋』の編纂期間は年代が二倍に古く記録されるようになったのであろう。

戦国時代前半まで二倍暦を使用

戦国時代前半には、干支日を使用した太陰暦の観測も蓄積し、朔望月の観測精度も高まってきたものと考えられる。その発展段階からこの頃の朔望月精度は、十五連月と十七連月との組み合わせによって、二十九・五三一二五日までに高まっていると推定される。

置閏法は十九年に七つの閏月を置くメトン法に近いものが使用されるようになった。メトン法とはアテネの学者メトンがBC五世紀に発見したものである。十九年（三六五・二五×十九＝六九三九・七五日）に七つの閏月を置くと、その間の朔望月の総日数は、二十九・五三一二五×（十二×十九＋七）＝六九三九・八四日である。しかし、戦国時代になっても、二倍暦は継続していたと考えられるので、一カ月は十五日もしくは十四日であり、一王年は一太陽年の半分ほどであろう。

ところで、一王年の日付において、その期間中の日干支が一九五日を超える年がみられるのは、BC三一七年の楚国の例がある。

湖北省荊門包山《けいもんほうざん》二号墓出土の楚簡《そかん》の暦日である。そこには六十干支が正月癸丑にはじまって、十一月癸丑で五巡し、さらに丙辰までの記載があり、この年に三〇四日の日付が存在していたことを示している。

したがって、この年以降は明らかに一倍暦が使用されていたと言える。

この年の少し前、秦国で恵文王《けいぶんおう》（BC三二四～BC三一二年在位）が改めて王年代の元年としたBC三二四年あたりからが暦法上、二倍暦から一倍暦に転換した年であろうと推定する。

司馬遷は六国年表で各国の王年代を明らかにしている。彼はその開始から最終までのすべてを一倍暦と解釈しているが、実際はその途中で暦法は二倍暦から一倍暦に変化していると思う。六国年表は通説ではBC四七六年からBC二二一年までの二五五年間のこととされているが、BC三二四年頃に暦法が変化しているのを勘案すれば、六国年表はBC四〇〇年からBC二二一年までの一八〇年間のこととなる。また、戦国時代の前半が二倍暦であれば、その通説でBC四五三年からBC三二四年までは、一倍暦に換算すると、BC三八九年からBC三二四年までにあたる。

戦国時代前半の二倍暦と後半の一倍暦の大きな違いは、一カ月が十四日もしくは十五日とするか、一カ月が二十九日もしくは三十日とするかの違いである。朔望月の精度は、一カ月二十九日もしくは三十日の組み合わせの枠組みにしたがって十四日もしくは十五日に二分したにすぎない。そのため、枠組み、法則は同じで、十四日、十五日の単位に変換して季節とのずれを小幅に調整できるかの違いがある。

顓頊暦以降は一倍暦を使用

「六国年表」の中で、ＢＣ三一八年に五カ国がともに秦を撃ち、勝たずに帰ったと記述されている。この頃には六カ国すべての国で、一カ月が二十九日と三十日の暦法である一倍暦を使用している。楚の遺物が存在しているのでその確実性は高い。さらに六カ国もそれ以前に一倍暦を使用している可能性がある。楚の懐王《かいおう》がほかの五カ国に数年先行的に使用している可能性を否定はしないが、秦の恵文王をはじめとする各国が、一倍暦を使用するようになったのは、ＢＣ三二四年頃であると推定される。

各国の一倍暦の使用開始時期は、ＢＣ三二四年を基準にその前後数年の開きがあったと考えられる。その新たな一倍暦の暦法は同一でなく、朔望月の精度、正月の開始時期などが各国で異なっていた。

一倍暦の各国の開始時期は、王年との関わりから王を称した時期と関係が深いものと思う。周の王と同様に、王を称し暦法を制定する時期は、楚の懐王がＢＣ三二八年（懐王槐《かいおうかい》元年）、秦の恵文王がＢＣ三二四年（恵文王元年）、魏の衛嗣君《えいしくん》（襄王）がＢＣ三二四年（衛嗣君元年）、韓の宣恵王《せんけいおう》がＢＣ三二三年（君、王と為る）、趙の武霊王《ぶれいおう》がＢＣ三二四年（武霊王元年）、燕の易王《えきおう》がＢＣ三二三年（君、王と為る）、斉の威王《いおう》がＢＣ三二三年（湣《びん》王地《おうち》元年）と各国で異なる。

司馬遷が「六国年表」を作成する時、各国で一倍暦と二倍暦の使用時期が異なると、当然王年のずれが生じているはずである。また、王年の数え方で秦の恵文王以前は立年称元法を用いていたが、その後踰年称元法を用いている。これを立年称元法の時期も踰年称元法に整理して編纂され、その資料が『史記』編纂の時に伝えられていたとも言われている。これらの違いによっても当然代替わりの度に王の即位年のずれが生じる。その王年のずれを司馬遷はどうしただろうかと考えれば、一部の年代を削って矛盾を解消して年表が作成されていることは容易に想像がつく。

各国の一倍暦による暦法の中で、秦の暦法は、他国に比して精度が高いと伝えられ、顓頊暦《せんぎょくれき》と呼ばれている。その朔望月平均は時代とともに精度を増しているので、それは太初暦の朔望月の平均の二十九・五三〇八六四二日よりも精度が粗いはずである。また、それは戦国前半期の十七連月×一、十五連月×一の組み合わせである三十二カ月の朔望月平均の二十九・五三一二五日よりも精度が高いはずである。

暦法の発展段階から考えられるのは、太初暦が十七連月と十五連月の組み合わせを二巡するごとに十七連月を挿入し、八十一カ月で構成されているので、それよりも顓頊暦は精度が落ちるはずである。「十七連月と十五連月の組み合わせを三巡するごとに十七連月を挿入した暦法」が顓頊暦と呼ばれている暦法の諸元ではないかと思う。その平均朔望月は二十九・五三〇九七三日となる。この暦法は次に示すものであろう。

顓頊暦は四分暦でもあると言われているので、一太陽年が三六五・二五日×十九（年）×四＝二万七七五九日、一朔望月が二十九・五三〇九七三日×二三五（月）×四＝二万七七五九・一一四六日である。七十六年間で、〇・一一四六日のずれ、一五二年間で〇・二三日、二二八年間では〇・三四日ほどのずれが生じ、整数を用いる暦日では朔日に晦日がくるようなことが頻繁に起こるようになってきて、次の太初暦への改暦の必要性が高まってくるのである。

顓頊暦を分数で表示すると、（五〇二×四＋四四三×三）日／（十七×四＋十五×三）＝三三三七日／一一三（月）＝二十九・五三〇九七三日である。

戦国時代から前漢代半ばまで各国で使用されていた同類の暦法は、四分暦とも呼ばれ、皇帝暦、顓頊暦、夏暦、殷暦、周暦、魯暦の六暦であったとされる。このうち五暦は、三十二カ月の平均朔望月は二十九・五三一二五日に類する暦であろう。顓頊暦はほかの五暦に比して精度が高いとされた。それは一一三カ月の平均朔望月が二十九・五三〇九七三日で、より天象に近いため精度が高いとされる理由である。六暦はその後も各国で使用はされているが、秦の統一によって、顓頊暦は唯一共通の暦法になっていくことになる。この暦は、次の太初暦の創作導入へと進むのに大きな影響を与えた。

太初暦の使用

太初暦は、ＢＣ一〇五年十二月（冬至）からＢＣ八五年一月まで使用された。この暦は、前漢末に劉歆《りゅうきん》の手で増補されて、名称を三統暦《さんとうれき》と改めている。この暦を分数で表すと、

（五〇二×三＋四四三×二）日／（十七×三＋十五×二）（朔）＝二三九二日／八十一（朔）

となり、その朔望月の値は二十九・五三〇八六日となる。

この暦法では朔日となる干支の順序は一二一五朔で一巡する。この暦順は暦法使用期間中に一二一五朔の干支順序を二巡している。

1王年と置閏法		備考　（　）内は使用期間	
平年	閏　年		
12カ月 180日	13カ月 195日 （40太陽年に14回）	2倍暦	（殷の後期）

1王年と置閏法		備考（　）内は使用期間	
平年	閏　年		
12カ月177日または178日 6朔	14カ月206日または207日 7朔 ＊8年法（8年3閏月） 96朔+3朔（閏月）＝ 192カ月+6カ月（閏月）	2倍暦	1カ月が15日もしくは14日 日付に月相を示す用語が付く （西周時代）
			1カ月が15日もしくは14日 15連月を使用 （春秋時代）
			1カ月が15日もしくは14日 15連月、17連月を使用 （戦国時代）
12カ月354日または355日 12朔	13カ月 383日または384日 13朔 ＊メトン法（19年7閏月） 228朔+7朔（閏月）＝ 228カ月+7カ月（閏月）	1倍暦	1カ月が30日もしくは29日 15連月、17連月を使用 （戦国時代～BC105年）
			1カ月が30日もしくは29日 15連月、17連月を使用 （顓頊暦：BC324年～BC105年） （太初暦：BC105年～AD85年）

八十一朔（十七連月×二、十五連月×一、十七連月×一、十五連月×一）の月頭暦の干支の順序で、これを十五巡すると、この干支の順列は一二一五朔で一巡する。甲子朔からはじまり、一朔から一二一五朔までの干支順序と一二一六朔から二四三〇朔の干支の順序は全く同じ順序で繰り返される。

二四三〇朔望月の天象日数は、二十九・五三〇五八九日×二四三〇＝七万一七五九・三日。

二四三〇朔望月の暦法日数は、二三九二日×二四三〇／八十一＝七万一七六〇

■表3　中国古代暦の使用状況

＜紀元前の中国太陽暦法＞

暦　名	1カ月の暦法	
	整数分解による暦の構成	補足
殷の祭祀 (60干支)	1カ月はすべて15日 祭祀は10日ごと	40太陽年 1万4610日＝1461旬 日付は六十干支を用いることがはじまる (それ以前十干を使用)

＜紀元前の中国太陰太陽暦法＞

暦　名	平均朔望月	
	整数分解による暦の構成	朔望月日数、17連月と15連月の比
西周暦	$\frac{59\times14+60}{30}=\frac{886}{30}$	29. 533333 日付は六十干支を使用　(以降同じ) 日付干支に朔、望、晦日など月相を付記
春秋暦	$\frac{443}{15}$	29. 533333 15連月を朔、望に分割使用
皇帝暦、夏暦 殷暦、周暦 魯暦	$\frac{502\times1+443\times1}{17\times1+15\times1}=\frac{945}{32}$	29. 531250　1：1 (月頭干支一巡　128朔) 15、17連月を朔、望に分割使用
顓頊暦	$\frac{502\times4+443\times3}{17\times4+15\times3}=\frac{3337}{113}$	29. 530973　4：3 月頭干支は朔日を表示
楚暦	同上	同上
太初暦	$\frac{502\times3+443\times2}{17\times3+15\times2}=\frac{2392}{81}$	29. 530864　3：2 (月頭干支一巡 1215朔)

日。

　二四三〇朔望月が経過すると、この暦法と天象の差は〇・七日となり、暦法上の朔日よりも、天象の新月が若干（〇・七日）早く訪れ、自ずとずれが生じる。

　『漢書』に記述された暦日は、当時使用されていた太初暦の暦日であると思っていたが、その通りではないようだ。太初暦の暦日とは異なる干支朔が多数見受けられる。『漢書』は、班《はん》固《こ》（三二～九二年）が死んで、その著が未完のままであったので、班昭《はんしょう》（四五～一一七年）がそれを完成させた。後漢の章《しょう》帝（七五～

八八年在位）の時、編纂が命ぜられ、その完成時期は安帝《あん》の永初年間（一〇七～一一三年）もしくは班昭の生前の頃とされている。この間、八五年に元和暦が完成している。

『漢書』を編纂する際には、当時太初暦で記述されていた史料を、元和暦法を遡って適用し、この暦法に修正された。言い替えれば、旧暦時代の歴史を旧暦で記述せず、新暦で置き換えて読ませていることになる。これは何のためかと考えれば、そんなに効果があるとは思えないが、新たな元和暦を『漢書』の書物によっても、併せて国内に広めようとしているのではないだろうか。元和暦の暦元がＢＣ一六一年にしているのを考えると、さらに顓頊暦の使用時代についても元和暦によって修正が行われた可能性がある。

皇統

天御中主尊の皇統

日本の皇統を遡れば周初の頃に至る。倭人が周と交流をはじめたのは成王の時である。その周の成王の治世は通説ではBC一〇二五～BC一〇〇五年のこととされてきた。しかし、中原に割拠する諸国がBC三二四年頃まで二倍暦を使用していたとしたら、その本来の成王の治世はBC六七五～BC六六五年となる。

すなわち、日本の皇統がはじまった頃に周の成王と日本の使節との接触があり、君主国と周の使節の交流の時期は現在からおよそ二六九〇年前（BC六七〇年頃）に遡ることになる。さらに呉の太伯の世代（成王の父である武王の祖父季歴《きれき》の世代）までは六十年ほど遡ることになる。これを通説の一倍暦の暦法で解釈すれば、およそ三〇四〇年前に遡ることになる。倭人が周以前に接触した時期については後述する。

日本の皇統の元祖が九州北部に誕生して、彼らを中核とする支配層によって国が建国（BC七三〇年頃）された。今から二七五〇年前である。その後、約六十年後に周と接触することになる。孔子（通説BC五五二～BC四七九年、二倍暦換算でBC四三八～BC四〇二年）がこの君主国の統治にあこがれて、「いかだをこいで行ってみたい」と言ったその頃、君主国の統治領域は九州・中国・四国となり、慶尚道《けいしょうどう》・全羅道《ぜんらどう》地域や近畿・北陸地域に拡大した。

　周王朝の戦国各国が一倍暦を使用しはじめたBC三二四年からしばらく過ぎた頃、すなわち鉅燕の昭王の領域拡大期になると、君主国と蓋国との領域は、北朝鮮の平安道と黄海道の道境界付近で国境を接するまでに到り、君主国の交易範囲もさらに拡大していった。また蓋国の東南部に位置する大人国と君主国とは、北朝鮮の咸鏡道と江原道の道境界付近で国境を接していたと推定される。この頃の君主国は朝鮮半島中南部から西日本地域を版図とする、まさしく海峡国家に成長していったのである。

　春秋時代は、君主国が朝鮮半島の中北部へと拡大・成長する過程であり、君主国の国境と濊貊（鴨緑江以北に居住）や濊（のちに咸鏡南道で濊国を作る）との間は人口が少なく、まだ互いに統治領域が接近していなかった時期である。

　皇統の最初の頃について、記紀にどう書かれているかといえば、『古事記』では、「天地の初発《はじめ》の時、高天《たかま》の原に成りませる神の名は、天之御中主神《あめのみなかぬしのかみ》。次に高御産巣日神《たかみむすびのかみ》。次に神産巣日神《かみむすびのかみ》」とあり、『日本書紀』には、「天地開闢《かいびゃく》の時生まれたのが、国常立尊《くにとこたちのみこと》である」と記されている。

『古事記』に記載されている最も古い神は「天之御中主神」である。君主国時代はBC七三〇年からAD一〇年頃までおよそ七四〇年間存続している。これに新時代から唐時代の平均在位期間十・三年をあてはめて、存続期間を平均在位期間で割ると、およそ七十一代の王が皇位を継承していることになる。

　君主国の皇位は七十一代ほど続いたと考えられ、その代々の君主は「天之御中主神」と呼ばれた。すなわち、代々の複数の君主のことが「天之御中主神」と呼ばれ、『日本書紀』では「天御中主尊」と記述されている。それは一人一代だけの神（尊）を指している訳ではない。「天御中主尊」は代々王が引き継ぐ「称号」である。

そして、君主国の政権が衰え、混沌となって以降、君主国の皇統を嗣いで国を再建したのが国常立尊である。国常立尊は「称号」である「天之御中主神（天御中主尊）」を継承したのである。国常立尊を含む兄弟三人もしくは親族三人が天之御中主神、高御産巣日神（高皇産霊尊）、神産巣日神（神皇産霊尊《かむみむすびのみこと》）の三神である。国常立尊から伊弉諾尊までの十代も称号は「天之御中主神」である。国常立尊の代に、その兄弟もしくは親族の中から新たな高御産巣日神、神産巣日神が元祖として誕生し、このあと「天之御中主神」を補佐しているのである。「天御中主神」の呼称は、その後も伊弉諾尊まで十代続き、合わせると八十一代ほど継続したことになる。

君主国の政権がＢＣ一世紀末までに衰え、末端の国まで統治が行き届かなくなった主な原因は、漢の朝鮮四郡の設置に伴い濊貊族が追い出されるように朝鮮半島北部及び中部へ流入するようになって、次第に混乱したためである。また、社会情勢の不安定さに、気候変動による農作物の不作による各国の地方政権の混乱が加わっている。

『新唐書』日本伝には、「彦瀲《ひこなぎさ》に至るまでおよそ三十二世」とある。皇統の初代から伊弉諾尊までが八十一代目ほどである。天忍穂耳尊以降、瓊瓊杵尊、彦火火出見尊、彦瀲までは伊弉諾尊の時に分岐して傍系（分家）となり、この四代は「天之御中主神（天御中主尊）」の地位に即位している訳ではないが、もしその地位についていたら、彦瀲は「天之御中主尊」の何代目に相当するか。彦瀲は皇統のはじめから数えて三十二世、八十五代相当になる。したがって、神武天皇から今上天皇までは一二六代なので、天御中主尊の皇統は今上天皇まで、平均在位年数を前提とした計算上では二一一代相当になる。

ところが、君主国の皇統はその後、倭国政権下で中核を担いながら九州で長らく存続し、大和朝廷の政権下では近畿で、明治維新後は東京で、日本国の天皇として現在に至る道をたどった。君主国から倭国への転換期には、「天之御中主神」の直系である国常立尊がその本家を嗣いだ。政権を立て直す時は、この直系に二つの分家を加えた御三家によって全国を統治する体勢を整え、安定したものになった。その直後に新たに興った後漢と交流している。この変換期の倭国の体制がこのあとも皇統と統治の安定を保つことにもなったのではないかと思う。

すなわち、御三家とは天之御中主神、高御産巣日神、神産巣日神であり、これらの神々は「天御中主尊（天之御中主神）」の皇統を引き継いでいる。分家筋の高御産巣日神、神産巣日神の神々は、それぞれこの時に始祖となるとともに、その後の代々の継承者を指している。いずれの神も単独の人物を指すものではない。天之御中主神の本家筋では国常立尊が皇統を嗣ぎ、新たに政権を立てて倭国を再興した。高御産巣日神、神産巣日神の協力によって倭国を統治する態勢を整えたのである。

君主国は天之御中主尊の七十一代によって七三〇年間統治され、一時混乱するものの倭国が再興され、引き続き天之御中主尊の国常立尊から伊弉諾尊の十代によって一七〇年間の統治が継承されるのである。

これ以後、『古事記』と『日本書紀』で名称が異なるので、『日本書紀』の名称で記述したい（天御中主尊の皇統など）。ここからは天御中主尊に至る人集団についてさらに遡ってみたい。

現生人類の移動と日本列島への到着

現生人類は発祥したアフリカから全世界に広がった。現生人類がいつ頃生まれたかについては、その一説として、DNA多型分析（Y染色体亜型分析）から九万年ほど前と推定されているらしい。この分野は私にとって雲をつかむような問題なので、崎谷満氏の分析を私なりに勝手に解釈してみた。

人間の男性はX染色体とY染色体の二つの遺伝子を持っている。父系で遺伝するY染色体は突然変異により分岐し、新たな人集団を形成する。この遺伝様式を追跡することによって、最新の人類の移動の歴史が再現されつつある。

現生人類のY染色体は大きく分けてAからRまでの十八の系統に分けられる。さらにこれはA系統・B系統（A・B系統いずれもアフリカに固有）・C系統・DE系統・FR系統の五つのグループに分けられる。CR系はアフリカで六万八五〇〇年前に分岐した。その後、三大グループのC系統が二万七五〇〇年前に、DE系統が三万八三〇〇年前に、FR系統が五万三千年前にアフリカから出て行った。

このアフリカを出た人集団がそれぞれ移動しY染色体の分岐を経つつ、日本列島にもいくつかの人集団が渡来してきた。その人集団は、C・D・N・O系の四つの主要グループに分けられる。これをさらに亜系に細分した中で、日本列島に到達したのは、C1・C3・D2・N1・O2b・O3系の主要六系統である。

C系統は、東アフリカ（アフリカの角）からアラビア半島、C祖型が見つかったインドを経て、スンダランドに到った。スンダランドとは、最終氷河期の頃、海面が今から一〇〇mほど低い時に東南アジアにあった陸地のこと。海水面の上昇により、マレー半島・インドシナ半島・インドネシアなどに分かれた。C系統はこの地域にいた頃のおよそ二万七五〇〇年前以降に、亜系C1・C2・C3系統に分岐した。その中のC1・C3系統が日本に到った。

DE系統は、DE祖型がアフリカで見つかっている。その分岐の時期は六万九千年前以降あるいは三万八千年前以降である。三万八三〇〇年前に東アフリカを出てアラビア半島を経て、インド洋に浮かぶアンダマン諸島でD祖型が見つかっている。そのベンガル湾東部のミャンマー及びタイランド湾もスンダランドの一部であった。その地域に居住していた頃、すなわち、D祖型は一万三千年前以降に、亜系のD2・D1系に分岐している。

FR系統（F祖型）が五万三千年前に分岐し、この頃東アフリカを出た。さらに、KR系統（K祖型）が三万五六〇〇年前に分岐し、K祖型から直接NO祖型が分岐した。ところで、N系統は、NO祖型からN祖型・N1系統・N2系統・N3系統へと分岐する。N系統の分岐の年代は、インドシナ半島北部に居住していた頃の八八三〇年前あるいは六九〇〇年前と推定される。このN系統・N1系統は、その後大陸を北上し、華北、朝鮮半島を経て日本に達した。またO系統は、NO祖型からインドシナ半島北部付近で一万七五〇〇年前に分岐した。

さて、これら人集団の主要系統を日本に到着した順に並べると、C祖型（D祖型）・C3・C1・D2・N1・O2b・O3の系統となる。さらに、これらを到着した順に大きくグループ分けすると、三大グループに分けられる。

最初に日本列島に到着した第一グループは、後期旧石器時代（後期更新世、三万六千年前〜一万七千年前）に船を作り、スンダランドから船を操って渡ってきたC祖型（D祖型）と、ユーラシア大陸東部を北上したC3系統である。五万年前から二万五千年前の日本列島は、現在よりも海水面が四〇m低い状態からさらに八〇mほど低い状態へ低下していく時期だが、津軽海峡や対馬海峡は既に形成されていた。この時、瀬戸内海などが陸地となり、九州・四国・本州は一つながりになって古本州島となっている。

スンダランドから第一グループの先行組のC祖型が大陸東部沿岸地域を北上し、対馬から古本州島へ上陸。また、D祖型が南シナ海に面したスンダランド北岸からボルネオ島西岸、パラワン島、ルソン島を北上し、沖縄へ上陸したと考えられる。三万七千年前以降と判定されている本州島の人骨はC祖型、三万二千年前頃と判定されている沖縄の人骨はD祖型ではないかと思う。それは沖縄にC系統の痕跡がなく、朝鮮半島にD系統の痕跡がないからである。

さらに、海水面が最大の一四〇mほど低下した時、対馬・津軽海峡は、それぞれ幅一〇㎞ほどの陸橋が数カ所ずつ形成されている。シベリアを経由したC3系は対馬海峡を渡って九州まで達した。また、その一部は樺太を経由して北海道へ到着した。

　姶良《あいら》カルデラ噴火（二万五千年前）、桜島噴火（二万年前）では九州の住民社会が壊滅し、その直後の九州は住みにくくなったとは思うが、日本列島の後期旧石器後半（二万五千年前〜一万五千年前）の文化を築いたのは主にC3系統の人集団であろう。

　到着の第二グループはC1系統・D2系統・N1系統であり、新石器時代（縄文時代、BC一万四〇〇〇年〜BC一〇〇〇年、一万六千年前〜三千年前）にC3系と合流した。一万九千年前以降、海水面は現在よりも一三〇m低い水準から次第に上昇に転じて現在に至る。

■図13　Y染色体の亜系分化

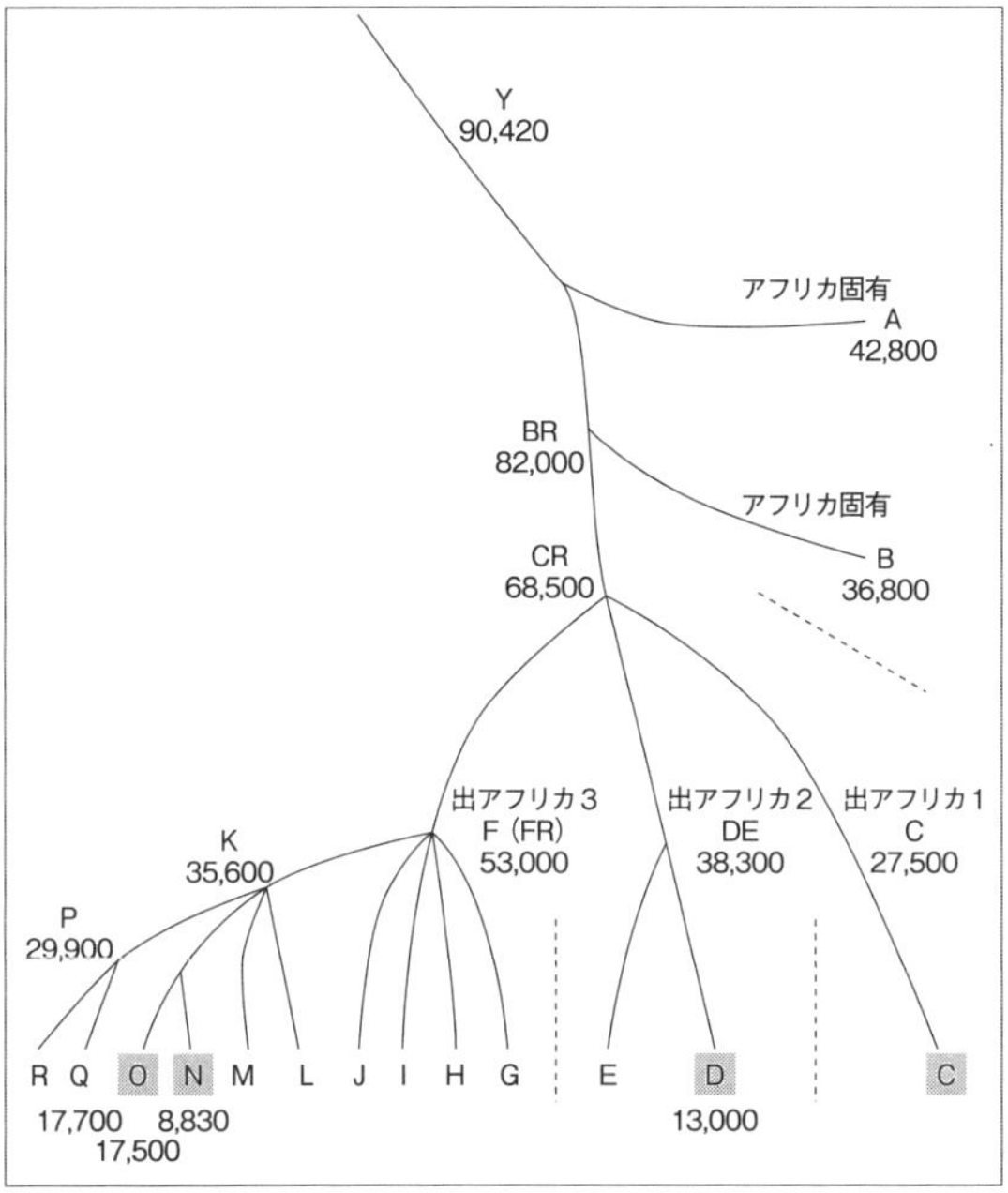

Yは現生人類の祖形を、AからRは亜系の大分類を示す。亜型に付加されている数字は分岐推定年代を表す。アフリカを出た現生人類は3つのグループ（C、DE、FR）に分かれる。日本列島までたどり着いた主な亜系はC、D、N、Oである（崎山満『DNAが解き明かす日本人の系譜』より）

　C1系統は航海術など海洋性を帯びてインドシナ半島から大陸沿岸を北上し、数千年、何代にもわたって波状的に到着した。

　一万六千年前から一万三千年前、スンダランド付近にいたD2系が、縄文時代の長期にわたる海面上昇で大きな影響を受け続けて徐々に北の新天地に移動した。彼らもまたC1系統と同様に海洋性を帯びて、また温暖化の影響を受けながら、バシー海峡・台湾東部付近までは、ベトナム・中国の東沿岸とフィリピン西岸の二つの経路を北上し、さらに中国東部沿岸と南西諸島から古本州島に渡り、日本列島で新たな文化を創造していったのであろう。

また、N1・NO・N1C系などを含むN系統は、対馬海峡が古本州島から分離されていた八八〇〇年前頃は、単独に大陸から日本列島に渡ることはできなかったと思われるが、海洋性のC1系・D2系統に合流して、朝鮮半島方面から古本州島に渡ったのであろう。

次に到着の第三グループであるO系統が二八〇〇年ほど前に動きはじめ、日本列島に到着したと分析しているが、実態は朝鮮半島や日本列島へは三千年前から動きはじめ、先行組のほかの二グループとともに弥生時代の文化形成に寄与したのではないだろうか。

そもそもO系統はインドシナ半島から雲南・揚子江中流域方面へ移動して留まっていたと推測される。O系統は揚子江中流域でO1系（その後台湾・フィリピン方面に）、O2系（分岐・移動・定着後に揚子江文明を築く）、O3系（分岐・移動・定着後に黄河文明を築く）に分岐した。その時期は一万七五〇〇年前あるいは一万七〇〇〇年前と推定され、インドシナ半島からの移動時期は八一〇〇年前と推定されているらしい。

さらにO2系がO2b系統に分岐する時期は三三〇〇年前、そしてその日本列島への移動開始の時期は二八〇〇年前らしい。しかし、O2b系統は長江下流域から東シナ海沿岸にかけて発祥し、これを日本列島や朝鮮半島で広域的に活動する縄文人が三千年前から列島内へ導き入れはじめたのであろう。

O3系は北へ移動して中原勢力となり、その膨張に伴い沿岸部のO2bを日本列島へと追いやるとともに、大陸沿岸部に達したO3系自身も中原で互いに覇権争いがあり、その後大陸沿岸からその一部が日本列島へも断続的に到達している。

朝鮮半島及び日本列島に縄文・弥生文化を築いた人集団

C祖型、次に分化したC３系は、陸伝いに樺太を経由して北方から北海道に到った。彼らがこの地域で築いた後期旧石器時代後半、細石刃文化の基層文化（二万年前～一万三千年前）の上に、Ｄ２系の小集団が数千年の間にその南方である本州から次々に渡ってきて、北海道新石器文化（一万三千年前～二三〇〇年前）が形成された。その末期には北海道のＣ３系とＤ２系の比率が一対三ほどになる。アイヌ（北海道縄文人、アイヌには十三世紀以降、樺太からの渡来人説も）の人集団の比率ではＤ２系が大変に多くなっているのである。東北地方で絶滅していく獲物が北海道には豊富に存在していたため、それを求めてＤ２系は津軽海峡を東北から北海道へと渡って行ったのであろう。それまでＣ３系の北海道縄文人の基層文化の上に、長年かけて南から渡ってきたＤ２系が次第にその文化に融合していったのであろう。

縄文時代は、北海道から沖縄に至るまで日本列島でＤ２系の比率が次第に高くなっていく過程でもある。また、縄文時代草創期、地理的には海水面が現在よりも一〇〇ｍ低い水準から七〇ｍ低い水準へと移行する時期である。陸地部分になっていた現在の大陸棚が海面上昇とともに水没し黄海及び朝鮮半島が形成され、日本海にも暖流が再び流れ込んでいった。この時期、日本列島は温暖な環境へと変化する時期でもある。

東日本及び西日本（九州を除く）においては、先行のＣ１系の基層の上に次の人集団が加わるのだが、Ｃ１系はその勢力が少なく、文化は同じ海洋族のＤ２系の進出の程度に影響されながら、やがてＤ２系が優位を占めていくことになる。その差が縄文時代草創期（一万五千年前～一万二千年前）を特徴づける尖底や丸底の隆起線文土器は、それぞれの地域に先行する無文器文化の影響を受けているという。

九州では姶良カルデラ噴火、桜島噴火、鬼界カルデラ噴火などでＣ１系が何度も壊滅的な被害を受けている。Ｃ１系も含めてＤ２系・Ｃ３系の３系統のいずれか、もしくは混成で九州隆起線文土器文化が形成された。九州南部では大噴火のあと、Ｄ２系の文化がほぼ単独で発展したため、南九州独特の貝文文化が栄えている。九州中北部ではＤ２系・Ｃ３系が隆起線文土器と細石刃石器をもたらした。沖縄は西日本とほぼ同じであるが、Ｃ３系は存在しない。また、このＤ２系の関わりで縄文土器文化及び原日本語が形成されたのであろう。

Ｄ２系は、縄文時代早期（一万二千年前～七千年前）に日本列島各地で、それに先行するＣ１・Ｃ３系の人集団とその比率が逆転するようになり、各地域の土器文化圏がそれぞれ進展している。縄文時代早期末になると、陸地であった現在の大陸棚がほぼ水没し、海面水準が今よりも五ｍほど低いだけの水準となっている。

その後、縄文時代の前期、中期、後期、晩期においてもＤ２系の人集団の構成比はますます高くなり、日本列島それぞれの地域で、その文化は到着した人集団の融合とともにますます進展した。

人集団の構成比要因と環境変動などの要因も相まって朝鮮半島北部では平底櫛目文土器が、南部では尖底や丸底の櫛目文土器が使用されている。日本列島では、縄文の基層文化が次の弥生時代に影響を与えていくことになる。縄文前期（六千年前～五千年前）、海水面が現在よりも二～四ｍ高くなった（縄文海進）時代になると、農耕、特に陸稲稲作が行われている。それは岡山朝寝鼻貝塚から稲のプラントオパール（主に熱帯ジャポニカ米に含まれるケイ酸が化石化したもの）が出土し、稲作の痕跡が発見されていることからわかる。この陸稲稲作をもたらしたのは、長江下流域で稲作の影響を受けたＤ２系の人集団か、あるいはＯ２祖型の人集団であろう。Ｏ２祖型の場合、Ｏ２祖型がこの時期にＤ２系に混じって日本列島に移動し、西日本の稲作普及の原動力になったことになる。

陸稲稲作の痕跡となるプラントオパールをさらに遡れば、縄文時代早期の一万二千年前の鹿児島でもその存在が確認されている。D2系が九州南部に到達した頃から縄文の陸稲稲作は行われていたことになる。さらに、BC八〇〇年頃以降、本格的に水稲稲作（温帯ジャポニカ米）を日本列島の広範囲にもたらしたのはO2b系であり、それを促進させたのはそれまでに列島で培われてきた基層文化があったからである。縄文土器を作ってきた職人らも稲作及びその生活に適した弥生土器を作るようになり、弥生時代の文化が形成されていったと考えられる。

■表4　人集団の比率（%）

人集団	C3	D2	O2b	O3
アイヌ	13	88	0	0
青森	0	39		15
東京	2	40	26	14
静岡	2	33		20
徳島	3	26		21
九州	8	28		26
北琉球	0	39	30	16
南琉球		4	67	
朝鮮	12	0	51	38
華北	5	0	0	66

（崎山満『DNAが解き明かす日本人の系譜』より）

ところで、朝鮮半島と北部九州では、互いに海峡を渡ってC3系とO2祖型とみられる縄文人が両地域を広範囲に出入りしていたと考えられる。朝鮮半島においても縄文土器や伊万里の腰岳黒曜石などが発見されており、その交易の痕跡が読み取れる。このことから、朝鮮半島に陸稲を普及させたのはO2祖型であり、水稲についてはO2b系であろう。

稲作を視点に日本列島への伝播経路を眺めてみると、熱帯ジャポニカの陸稲はD2系が直接南方から持ち込んだものであり、温帯ジャポニカは、長江下流域から朝鮮半島経由のa種と、朝鮮半島にはみられないb種が長江下流域から九州西岸に海路を直接渡ってきた。これら水稲はいずれもO2b系によりもたらされたものである。

このようにD2系やO2b系の人集団は、日本列島に大陸沿岸から海を渡って直接、もしくは朝鮮半島西岸南岸を経て流入し、それ以前の人集団に加わって縄文文化や弥生文化を築いている。

君主国の建国へ

弥生時代は、水稲栽培がはじまり、古代国家が形成されていく時期である。その弥生時代は、BC一〇〇〇年頃からAD二五〇年頃とされる。この期間を時代区分するのに各説があるが、ここでは早期（BC一〇〇〇〜BC八〇〇年頃）、前期（BC八〇〇〜BC四〇〇年頃）、中期（BC四〇〇〜BC一年）、後期（AD一〜AD二五〇年）と、近年の新説を寄せ集めしてこの概略の時代区分とする。

その弥生時代早期（BC一〇〇〇〜BC八〇〇年頃）には、九州北部の菜畑《なばたけ》遺跡、板付《いたづけ》遺跡で水田稲作がはじまっていたことが解明された。菜畑遺跡の水田遺構は放射性炭素14の校正年代でBC九三〇年頃とされる。

板付遺跡でも水田遺構が出土している。この遺跡は治水工事を伴い、南側の河川から幅二m、深さ一m、断面U字形の人工の大水路を引き、灌漑農耕を行っている。その長さは一km以上に及ぶ。堰を作り水位を高めて田に導水し、高度な灌漑農業が営まれていた。このような工事にはいくつもの環濠集落が関わるような大規模な労力と種々の土木工具が使用されたのであろう。

O2b系によって長江流域にあったとされる温帯ジャポニカa種〜h種の八種のうち、九州西岸に直接もたらされたのは、a種とb種である。これらの品種が九州北部経由で日本列島に次第に広まっていった。同時期の弥生土器としては突帯文土器（夜臼《ゆうす》Ⅰ・夜臼Ⅱa）が西日本に及んでいる。

ところで、同じ頃Ｏ２ｂ系人集団によって、朝鮮半島にも温帯ジャポニカ米が長江流域から逐次渡ったと考えられるが、ｂ種は朝鮮半島には存在しない。朝鮮半島に根づいた品種のうちで日本と共通するものは温帯ジャポニカ米のａ種のみである。

また、この時期朝鮮半島とは交易の機会が多くなり、縄文人がこの地域に及ぼす影響も強くなった。九州北部の人集団は、海運力や武力も伴って、次第にその影響力を増していくことになる。このことで、朝鮮半島南部でも原日本語が多く使われるようになったと考えられる。

弥生時代前期（ＢＣ八〇〇～ＢＣ四〇〇年頃）になると、その初期に九州北部に原古代国家が誕生する。筑前・筑後領域での国の誕生が、ＢＣ七三〇年頃（現在から二七五〇年前）の君主国の建国へと発展する基礎となっている。玄界灘、響灘及び有明海の沿岸部を拠点に漁業・海運がその発展を支えている。領域内の水耕農業では水利工事を加え、福岡平野、直方平野及び筑紫平野部での各河川流域が開発され、国力が次第に強まっている。居住者の比較的多い山裾部を結ぶ古道及び那珂川・御笠川沿いの古道、河川交通が整備され、人の行き来も利便性を増し、博多湾岸と有明海までの主に福岡・筑紫両平野部の地域は君主国の中核を担うに足る地理的優位性を持っていた。

この地域が「葦原《あしはら》の中《なか》つ国《くに》」であり、君主国の中核をなす国でもある。また「葦原の中つ国」の政治の中枢地域は「高天が原」と呼称される。朝鮮半島で蓋国と国境を接する頃には、この「葦原の中つ国」に豊の国が加わって「豊葦原《とよあしはら》の中つ国」と呼称された。この地は現在の福岡県、大分県両地域にあたる。

九州・山口に君主国が誕生し、その君主国の拡大に伴って、その中核をなす国も筑前地方、筑紫国、筑紫・豊国と拡大している。

この原古代国家を建国した立役者によって君主国・倭国・日本国へと続く皇統がはじまる。周の成王の治世

（二倍暦の換算でＢＣ六七五～ＢＣ六六五年在位）に倭人が朝貢した記録がある。周が殷を倒したことを受けて、君主国は使を周に遣わしたのであろう。その時に既に君主国は建国されている。さらに君主国の建国は呉の建国（ＢＣ七三五年頃）の直後である。その呉は成王の系譜を遡る周文王の叔父太伯が建国したとあり、呉の建国から成王の即位までは三世（三代）、六十年間ほどの隔たりがある。成王の即位がＢＣ六七五年、その周と倭が接触したのがＢＣ六七〇年頃。それより六十年遡ると、君主国の建国はＢＣ七三〇年頃である。二〇二〇年現在から数えると二七五〇年前頃となる。

『魏略』に倭人は呉の太伯の後裔であると記述されているが、太伯には子がいなかったので、倭人の使が単に呉の出身であり、帰化して君主国の役人となったにすぎないのではないかと思う。

同じ頃、長江下流域では、長江文明の影響を受けた越裳国が存在している。この国の人集団はＯ２系から分岐しているが、Ｏ２ａ系かＯ２ｂ系かまではわからない。しかし、越裳国の建国前の混乱期にＯ２ｂ系が海路で浙江省付近から日本列島に渡来し、陸路では江蘇省、山東省及び朝鮮半島へと流出したと推定される。その後この沿岸地域は、呉、越の争いなどで混乱が続き、Ｏ２系の人集団が周辺の地域にも継続的に流出したのであろう。通説でＢＣ四七三年とされる時期は二倍暦使用に換算するとＢＣ三九九年にあたるが、この年に越王勾践《こうせん》は呉を滅ぼして覇者となっているので、大陸沿岸から朝鮮半島や西日本地域に難民の流出の影響があったのではないかと考えられる。

ところで、越の建国に関して『魏略』の伝承の一文に、「夏后少康《かこうしょうこう》の子が会稽《かいけい》に封じられた時、断髪し、文身し、蛟や龍の害を避けた」とある。これは、戦国時代に夏王朝との関係を強調するために越が創作的な話を取り入れ、自国が夏を正統に受け継ぐと主張するためであろう。夏王朝が存在したとしても、その支配地域は黄河流域の中原地域に限られていたはずであり、仮に長江流域や浙江省、江蘇省の沿岸地域と交流があったとしてもその支配は会稽まで及んでいない。越裳と越の系譜はわからないが、越国王允常《いんじょう》が死亡し、子の勾践が在位したのは通説BC四九六～BC四六五年（二倍暦の換算でBC四一〇～BC三九五年）である。一方、呉は十九代寿夢《じゅぼう》（通説BC五八五～BC五六一年在位、二倍暦修正でBC四五五～BC四四三年在位）になって急に強盛となっている。

君主国建国以後、すなわち、弥生前期（BC八〇〇～BC四〇〇年）までには、九州北部からはじまった水田稲作が西日本一帯まで伝播した。同時期に遠賀川式土器（夜臼Ⅱb、板付Ⅰ・Ⅱa・Ⅱb・Ⅱc）が西日本に広がっている。水田稲作や土器の広がりを追いかけるように君主国の領域も東へ、北へ、南へと拡大していった。海峡を隔てて北へは、九州北部から朝鮮半島の慶尚道や全羅道・忠清道へとその君主国の領域は広がっていった。その物証の一つが、慶尚北道金海邑会峴里《きんかいかいけんり》の甕棺墓が北部九州と同類であることである。

君主国の領域拡大とO3系

弥生時代中期の前半期（BC四〇〇～BC二〇一年）には、君主国の領域がさらに拡大していくことになる。この国は、建国以降C1・C3・D2・O2b系などの人集団で構成されて文化的に融合一体化されていたが、BC四世紀以降、さらにO3系の流入が加わりつつ、君主国の領域が拡大した。列島では九州・中国・四国から北陸・近畿へ、半島では慶州道・全羅道・忠清道から江原道・京畿道・黄海道へ、南西諸島では九州から奄美・沖縄へと君主国の領域は拡大していった。その朝鮮半島ではC3系・O2b系を中心に倭人文化（縄文・弥生文化）が形成されていたが、中国沿岸から半島西南岸に渡海してきたO3系が加わり朝鮮半島の中北部に領域を拡大していった。この拡張期に細形銅剣が多数使用された。その結果、この海峡国家である君主国は、朝鮮半島の北部では北西部で蓋国と、東北部で大人国と、それぞれ陸地で境界を接するようになった。

一方、中国大陸沿岸部では、越が呉を滅ぼしたあとに北進し、通説ではＢＣ四六八年（二倍暦の換算でＢＣ三九六年）に青島に近い瑯邪に遷都した。この時以降、Ｏ２ｂ系だけでなくＯ３系の難民が朝鮮半島や西日本へと流出しはじめた。越は通説のＢＣ三七九年（二倍暦の換算でＢＣ三五二年）にはその勢いが弱まって今の蘇州に戻ってしまう。

ＢＣ四世紀以降、君主国は、蓋国や越国との交易もあり、遼寧式青銅器文化や越の銅剣などの青銅器文化を域内にもたらしたのかもしれない。青銅器が最初に九州に流入した痕跡は、武器の一部となる銅ぞく（ヤジリ）と道具の一つである銅のみ（ノミ）で、福岡県福津市津屋崎の今川遺跡から板付Ｉ式土器とともに発見されている。この遺跡はＢＣ五世紀の頃のものと考えられるが、九州には代替となる黒曜石などが豊富にあったためか、ＢＣ五世紀の百年ほどの間に青銅器文化は急速には育たなかったようだ。しかし、朝鮮半島の倭人はその北部への拡張期（ＢＣ四～ＢＣ三世紀）に遼寧式青銅器などの青銅器文化を域外から取り入れている。また、君主国は北陸への領域拡大期に青銅器などが必要となり、ＢＣ三世紀頃になると九州でも製作されるようになったのであろう。荒神谷《こうじんだに》遺跡の青銅器は、九州かもしくは荒神谷に近い現地でこの頃に製作されたものであろう。領域拡張の目的に使用される予定だったものが必要とされなくなって、ＢＣ二〇〇年頃には埋められたのではないだろうか。

ところで、通説のＢＣ三五六年（二倍暦の換算でＢＣ三四〇年）、斉の政権を奪った田斉《でんせい》の威王が国王に即位し、急速にその勢力が強大になった。その斉の威王が燕を攻めて一時これを征服するに至った。しかし、ＢＣ三三〇年頃から魏を挟んで東方の斉と西方の秦が対立する情勢が半世紀続く。この頃、Ｏ３系が山東省周辺の沿岸から君主国へも流出している。

人集団が大陸から一方的に流出してくるだけでなく、九州から海北への進出も活発になり、君主国の朝鮮半島の支配領域は黄海道まで拡大した。その活動領域は次第に君主国領域を越えて蓋国に及び、燕だけでなく山東半島の斉などの沿岸地域とも活発に交易するような国際環境にあったため、銅矛《どうほこ》・銅戈《どうか》などの青銅器や鉄器文化が広範囲にもたらされるようになったのであろう。

燕の昭王が統治していた時期の燕は鉅燕と呼ばれた。この燕が東方へと進出し鉅燕の国境が現在の秦皇市から錦州市付近へとせり出してきたために、燕と蓋国とは南北に近い位置関係となった。また、蓋国と君主国とはほぼ南北関係の位置である。その蓋国と君主国とは交易があって蓋国の主要港や沿岸部、離島部に倭人が多数居住するようにもなっていた。この蓋国側に住み着いた倭人と現地の濊貊族との混血が進み、それが数代経ると韓族（馬韓人、秦韓人）と呼ばれるようになる。蓋国や前漢時代の楽浪郡に居住するこのような韓族を第一次（第一種）韓族と呼ぶことにする。

戦国列強国が統一された秦の時代（BC二二一～BC二〇六年）になると、秦統一の前後から域外への住民流出も多くなった。渡来については具体的に徐福の説話があり、君主国だけでなく、その東の澶洲《せんしゆう》（東海地方）や関東（神奈川県）までO3系が渡来している。徐福の一行は日本列島に多くの伝説を残したが、分散して遠くは関東・東海地方にまで到っている。

この澶洲は君主国と対比される国である。その位置は諸説あるが、黒潮の影響を受け、かつ君主国の東隣となる東海地方が有力である。ほかにもその位置を沖縄や種子島、済州島とする説があるが、これらの地域に比定される場合は君主国に行くよりも近くになるため、澶洲が「所在が絶縁にして滅多に行ける所でない」という『後漢書』の記述に合致しにくくなる。

君主国が近畿地方に領域拡大する時期に、澶洲は近畿の有力勢力に軍事支援を行っていたので、君主国とはほぼ敵対関係にあった。秦の統一時代には君主国が近畿地方まで領域を拡大し、君主国と澶洲とは岐阜県と滋賀・福井・石川・富山県の県境付近で陸接し、三重県と愛知県とは海・川を隔てて隣接するようになっていた。

蓋国など周辺国の弱体化と武帝の朝鮮四郡設置の影響

弥生時代中期の後半（BC二〇〇～BC一年）のはじめに、君主国の北部国境は大人国と蓋国に陸接していた。その蓋国の北は遼河を挟んで真番朝鮮があり、その真番朝鮮と前漢の間（現在の遼寧省内）は居住者が流動的に変化していた。燕や秦の時代に医巫閭山の麓から遼河付近にいた番朝鮮（真番国）は、前漢時代前半には真番朝鮮と呼ばれた。この真番朝鮮の西部に衛満が拠点を構えて次第に衛満に押され全域が支配される領域となったが、これを前漢の武帝が滅ぼすと、この領域は楽浪郡、真番郡として統治されることになる。当然、時代とともに統治領域名（行政地域名）もその領域も変化するので、その認識は重要である。

BC一九五年、前漢の燕の衛満が東へ亡命し、長城（山海関）を出て浿水（興城河）を渡った。衛満は、この流域にある王険城を拠点に浿水から大凌河の間の領域を支配し、前漢と真番朝鮮との間を巧妙に立ち回るようになった。また、その前漢の東南部では南越国（BC二〇三～BC一一一年）、閩越国《びんえつ》（通説のBC三三三～BC一一〇年）などが存続していた。

君主国の中心地である九州では、王墓クラスの甕棺の中に大陸の蓋国・前漢（BC二〇二～AD八年）・南越国などから持ち込まれた青銅器などに加えて、君主国内で製造された青銅器などの副葬品が出土している。君主国内では中細形の銅剣・銅矛・銅戈が弥生中期前半頃から既に生産されるようになっていた。後半になると、これらを副葬することも慣習化されていた。

遼寧式青銅器は、蓋国に進出した倭人によって半島及び九州へともたらされ、君主国内でも製造されるようになっていったのである。その鋳型が今川遺跡で近年出土している。

前漢の斉地域、会稽・東海地域などからもたらされた鏡などの副葬品が、君主国王墓と思われる須玖《すぐ》岡本《おかもと》（福岡県春日市）・三雲《みくも》（福岡県糸島市）・吉武《よしたけ》遺跡（福岡県福岡市）などから副葬品として出土している。

南越国からもたらされたのは、宮崎県串間市で出土した直径三三㎜、重量一六〇ｇの玉璧《ぎょくへき》が貴重である。これは南部九州の有力王墓から出土している。これとほぼ意匠とサイズの同じものが南越王墓から出土している。南越国は、秦の滅亡期に広東・江西省一帯を統治していた武将趙佗《ちょうだ》がＢＣ二〇三年に建国した国であり、最盛期には領域を北ベトナムまで拡大している。この南越国と九州南部で同じ玉璧が出土したことは、交易があったことを物語っている。南越国まで行くには大陸沿岸を南下したと考えられ、帰る時には南越国から台湾とルソン島の間のバシー海峡を通り台湾の東を北上する航路を利用していたのであろう。

筑前地方を中心とする九州北部にあった君主国の王墓クラスの特異事項は、青銅器などの副葬品のほかに支石《しせき》墓《ぼ》の存在がある。その普及の範囲は九州北部を中心に、南は熊本県、東は愛媛県、北は朝鮮半島に広がって分布する。君主国の領域拡大期以降、九州南部も九州北部の支配下に入り、その王は君主国の皇統の皇族が封建され、このあとに君主国の中核となる統治領域が拡大した。

この君主国に武帝の朝鮮四郡設置の影響が及んでくると、朝鮮半島の政治の安定が損なわれるようになって、中央政権にも政情の混乱を招く情勢になった。これ以前に蓋国の主要な勢力である濊君南閭《わいくんなろと》等が、ＢＣ一二八年、二十八万人を率いて漢の遼東郡（郡境界が興城河）に降伏し、衛氏朝鮮は別経由で漢に直接降服した。しかし、漢の武帝は蓋国の西部沿岸部に蒼海郡を置いてこの地を支配しようとしたが失敗に終わった。

武帝はＢＣ一〇九年に衛氏朝鮮を討ち、ＢＣ一〇八年に遼寧省地域に楽浪郡、真番郡、臨屯郡（旧蓋国西部）の三郡を置き、翌年には吉林省南部及び東部地域に玄菟郡（旧蓋国東部）を置いた。この朝鮮四郡設置によって、遼寧省、吉林省地域の濊貊族が郡県の支配を嫌って南方の君主国北部（朝鮮半島中部地域）へと多くの避難民が発生した。これが百年余り続いて朝鮮半島中部地域において倭人と濊貊族の混血が進み、第二次の韓族が後漢時代に誕生することになる。この間、半島の倭人社会は不安定状態に陥ったのであろう。これ以降のことを記紀では「水母《くらげ》なす漂へる時代」、「混沌時代」ととらえている。

ＢＣ七五年、前漢は楽浪郡統治下の四県を鴨緑江以南の平安道に三県、慈江道に一県を置いた。これによってこの平安道地域の濊貊はさらに南の黄海道、京畿道へと移動している。また吉林省・慈江道付近から咸鏡南道への流民によって濊国の原型が形成されつつあったが、多くの流民はこの地域をも通過してさらに南の江原道へと移動している。

八年、王莽が前漢を倒し、新国を建てると、玄菟郡の高句麗（王都＝撫順市）は夫余（王都＝長春市）とともに、外臣の印綬を与えられその独立が承認されている。前漢の度量衡が廃され、旧蓋国・旧辰国で使用されていたものが復活し、暦法も二倍暦に復することになったのであろう。

皇統二七五〇年

君主国の統治者は誰か。『日本書紀』によれば、天地開闢のはじめに生まれたのは国常立尊であると記されているが、『日本書紀』の主要な記述対象は君主国のあとの倭国からである。天御中主尊は国常立尊よりもずっと前に存在していた。『日本書紀』別伝一書（第四の一書）に天御中主尊であると記述されている。本文と一書のどちらも正しいとすれば、国常立尊が天御中主尊の一人であると考えればすべて納得できる。それ以前の統治者が君主国で「天御中主尊」と呼称されていたから、別伝の一書に記述されたのであろう。

国常立尊の時から本家である「天御中主尊」に加えて、新たに高皇産霊尊、神皇産霊尊の分家が存在するようになって倭国は御三家による統治となった。すなわち、国常立尊以降は御三家統治の倭国時代である。

『古事記』でも倭国からが主要な記述対象であり、天地のはじめの神が天之御中主神、高御産巣日神、神産巣日神と記述され、『日本書紀』の一書とほぼ一致する。倭国時代以降において、この天御中主尊、高皇産霊尊、神皇産霊尊は抽象的で具体性のない神々である。それはこの天御中主尊などが個人名でなく、一二六代までの「天皇」と同じように統治者の称号だからである。君主国から倭国の初期にかけて天御中主尊は、伊弉諾尊まで二十八世八十一代ほどが代々継承されてきた。

すなわち、記紀の記述から判断して、君主国の代々の統治者は「天御中主尊」である。日本の皇統のはじめはこの天御中主尊であり、男系男子で引き継がれた皇統は現在の天皇に連なっている。日本の歴史はこの天御中主尊の皇統が二七五〇年続くことで形成されてきたと言っても過言ではない。

中国の歴史書では我が国を君主国（ＢＣ八世紀～ＢＣ一世紀）、倭国（ＡＤ一世紀～七世紀）、日本国（ＡＤ八世紀以降）と呼称している。この名称の異なる三つの統一国はそれぞれ多くの国で構成され、その統一国の最高位の統治者はその盟主国の統治も兼ねているか、もしくは近親者に委ねている。その盟主国の中心地は統一国の都でもある。この統一国の皇統の系譜をたどりつつ、その盟主国の地域のどこに統一国の都があったのか区分できる。筑前国朝と奴国朝は筑前の各地、邪馬台国朝は甘木・久留米・熊本・行橋・八代市など、貴国朝は筑後、肥後の各地、筑紫国朝は福岡市三宅や太宰府及び筑後の各地、近畿朝は平城京、平安京など、東京朝は東京などに大別できる。その最高統治者の称号も「天御中主尊」、「天照大神」、「天子」、「天皇」と時代とともに変化している。

時代が下るほど記録も多くなり、その時期、場所、誰がどのように行動しているのか記述内容が詳細になってくる。実際に、記紀ではＡＤ一世紀の国常立尊以降の記述が多くなっている。しかし、記紀の記述要領は中国の正史の記述要領とは大きく異なる。中国正史は前王朝の出来事をのちの王朝が記述している。これに比べて、日本では一つの天御中主尊が治める皇統による王朝がずっと継続しているので、その機会がこなかった。ところが、七〇〇年に本家の皇統が途絶えたために、分家の皇統が本家の皇統の歴史を記述する機会が訪れた。しかし、記紀の編纂者は本家と分岐した頃から分家自らの歴史を中心に記述したのである。記紀には分岐以後の本家の記述内容がほとんど欠けているのである。その記述要領は本家が統治者であった時の内外情勢が遺され、この記述に加えて、分家の継承者が地方の国に封じられ統治してきた内容が併せて記述されているので、その記紀の記述はあたかも分家が統一国家をはじめから統治してきたかのような錯覚を抱いてしまうほどである。結局、記紀の記述内容は分家の正統性を主張しているのに等しい。もし、記紀が本家やほかの分家の歴史も並列して記述していれば、日本の歴史書も中国以上に充実していたであろうと思うしだいである。

ところで、この天御中主尊の皇統は男系男子で継承する伝統があったことによって、この建国者の天御中主尊と今上天皇のＤＮＡは同じＹ染色体を保有している。天御中主尊の皇統がどのＤＮＡの系統であるのかは今上天皇のＤＮＡのＹ染色体を調べればわかることである。しかしながら今上天皇のＤＮＡが何系であるか、その公表はされていないようである。

皇統のＤＮＡは人間集団の移動の歴史から主要なＣ３・Ｃ１・Ｄ２・Ｎ１・Ｏ２ｂ・Ｏ３系統のいずれかであろう。最も多い人集団がＤ２であるので、この系統の可能性が最も高い。ＢＣ７世紀の建国の経緯から稲作をもたらしたO2b系統の可能性も高い。いずれにせよ君主国建国時の建国者のDNAは六種の主要人間集団のいずれかの系統を持つ。その皇統によって日本の統治やその権威が委ねられ、歴史が形成されてきたのである。

ご本家の皇統は倭国時代もしばらく天御中主尊である国常立尊から伊弉諾尊へと継承されるが、倭国の乱（皇位継承戦争）を経てご本家の伊弉諾尊は最高権威・権力者の呼称を「天御中主尊」から「天照大神」に代えた。数百年後には「天子」を呼称し、八世紀からは「天皇」を呼称するようになった。

国常立尊以降の三神及び神世七代は、西暦一～二世紀の歴史であるとみることができる。初代天照大神から皇孫の瓊瓊杵尊へと分岐した日向四代から神武天皇に続く皇統は、七世紀までは地方の分家の地位と地方統治の役割にあった。天皇の家系は伊弉諾尊・瓊瓊杵尊以来、「天照大神」、「天子」の時代はその臣下となって日本国の統治を支えていたのである。

君主国の歴史は中国の歴史書から断片的に知ることができるだけであり、倭国の歴史は前漢末の同時期に君主国の社会情勢がさらに混沌となる中からはじまる。その日本の天地開闢の説話は、BC八世紀からAD二世紀までの君主国建国以来の歴史が転化され、まとめられた記述となっている。特に西暦一、二世紀に登場する歴史上の人物（国常立尊から伊弉諾・伊奘冉尊）の話に集約され、展開している。ここからは、後漢時代以降を記述する中国の歴史書だけでなく、記紀の記述も豊富になっているのである。

改めて、記紀の記述に敬意を払いつつ、三神（三尊）をはじめその系譜に沿って歴史を再確認する意義は大きい。

Ⅱ

倭国時代

（一世紀～四世紀中頃）

第一次倭国時代

一〇年代～一八〇年頃
奴国朝（奴国＝福岡・大分県）

倭国と奴国の領域

前漢ではその末期になると、外戚《がいせき》・宦官《かんがん》が力を持つようになって国内は混乱した。王莽《おうもう》は平帝《へいてい》を帝位につけ、対立者を退けて西暦九年には漢を倒し、自ら帝位についた。戦乱・食料不足・人口急減に陥っている。その頃、君主国も混沌とした統治状態になりつつあった。

後漢時代がはじまると、君主国隆盛期以来その盟主国となっていた「豊葦原《とよあしはら》の中《なか》つ国《くに》（奴国）」の内外では、古い時代に封じられていた君主国の各国の王が世襲化していてその統治が緩慢となり、世相は混沌としていた。国常立尊《くにとこたちのみこと》の皇位継承を機会に近親の皇族を各国の王、補佐役などに封じることで、君主国は新たな政権で、倭国として奴国中央政権が再興された。この時の倭国もまた海峡国家である。

ここで、倭国の境界について確認していきたい。倭国西北の国境は朝鮮半島にあった。その国境に関しては手がかりとなる記述が中国正史の中にいくつかある。その一つである『後漢書』倭伝に「（訳文）楽浪《らくろう》郡の徼（南部都尉《とい》のあった昭明県《しょうめいけん》城、現平壌《ピョンヤン》市）は、その国（邪馬台国の直轄地である加耶《かや》）の境界を去ること万二千里。

またその倭国西北界の（国である）狗邪韓国《くやかん》の王都（主要港）から（南部都尉）まで七千余里なり」とある。

後漢時代において楽浪郡の南は馬韓《ばかん》と接している。平安南道《へいあんなんどう》の大同江《だいどう》流域にはその中流に屯有《とんゆう》県（順川《スンチョン》市）が、その下流に昭明県（平壌市）が置かれていた。その楽浪郡の徼からその国（邪馬台国の直轄地である加耶）の境界まで一万二千里（約九〇〇㎞）離れている。また、倭国の西北に位置する狗邪韓国の領域は全羅道《ぜんらどう》と忠清《ちゅうせい》南道《なんどう》の地域であるが、その狗邪韓国の王都から南部都尉が置かれた昭明県の平壌市までが七千余里（約五二五㎞）となる。

『魏志』倭人伝には「（訳文）帯方郡より倭に至るには、海岸にしたがいて水行し、諸韓国をへて、たちまち南し、たちまち東し、その（狗邪韓国の王都の）北岸に到る七千余里。［中略］帯方郡より女王国に至るまで一万二千余里なり」とある。公孫康《こうそんこう》によって屯有県以南の楽浪郡に帯方郡《たいほう》（郡治の帯方県城は旧昭明県城、現平壌市）六県が設置され、しばらくして黄海北道《こうかいほくどう》に新たな一県（南新県城は沙里院《サリウオン》市）が設置されている。黄海南道の南岸地域及び黄海北道の東部地域を除いて黄海道のほとんどが帯方郡支配地となったので、馬韓との境界は最終的にほぼ長山串《ちょうざんかん》の北部付近まで南下している。しかし、距離の基準点は郡治の県城となっており、一方の狗邪韓国側の基準点も王都になっている。『後漢書』と『魏志』の楽浪郡徼及び帯方郡治と狗邪韓国の王都の距離がいずれも七千余里となっている。したがって、いずれも平壌市から群山《クンサン》市までの距離五二五㎞を指していると考えられる。

ここで、もし狗邪韓国の王都に行くため、最寄りの主要港から王都までの距離が離れていれば、その記述方法は「郡治から狗邪韓国の主要港に至るまでが水行七千里、ここから狗邪韓国の王都（全羅道群山市）に到るまでが陸行〇〇里」と区別して記述されるのであろうが、地理的に狗邪韓国の王都と主要港は近く、その王都の北岸に到ることが記述されている。それは王都までの記述が略されて「その北岸狗邪韓国（王都）に到る七千余里」

となっているのであろう。

　また、韓国の面積は方四千里とあり、面積を正方形に換算しているので、一辺は四千里相当である。この約七千里のうち四千里ほどは韓国の海岸線の距離でもある。実際に南北四千里ある訳ではないが、白紙的に四千里とする。帯方郡治から郡境までが一五〇〇里（百十数㎞）、ここが帯方郡と馬韓の境界である。同じく狗邪韓国の国境から王都までが一五〇〇里なのであろう。忠清南道と京畿道《けいきどう》の道境界が倭国の北部境界である。

　また加耶地方（慶尚道《けいしょうどう》）は、一世紀の後漢時代においては奴国の直轄地であり、三世紀の倭国大乱後においても邪馬台国の直轄地である。この地は、邪馬台国の補佐国でもある伊都国の一大卒《いちだいそつ》が現在の唐津市久里《くり》・双水《そうずい》に置かれ、ここが直接統治していた。一方、狗邪韓国も倭国の統治下の国である。

　また、郡治（平壌市）から七千余里及び万二千里となる倭国側の基準点はどこか。それは狗邪韓国の王都から五千里地点であり、かつ加耶と狗邪韓国の国境にある慶尚南道の南海《ナメ》島付近がその基準地点となっていることがわかる。また、伽耶地方と弁韓との境界は慶尚道と江原道・忠清北道の道境界付近である。

　それでは倭国の東及び南の境界はどうなっているのか。

『後漢書』倭伝には、「（訳文）女王国より東のかた海を渡ること千余里にして狗奴《くな》国に至る。狗奴国の人は皆倭種なりといえども女王に属せず。女王国より南のかた四千里にして侏儒《しゅじゅ》国に至る。［中略］侏儒国より東南のかた、船を行くること一年にして裸《ら》国・黒歯《こくし》国に至る。使駅の伝うる所、ここに極まる。会稽の海外に東鯷人《とうていじん》有り、分かれて二十余国と為る。また、夷洲《いしゅう》（台湾、裸国の南、倭国の南）、澶洲《せんしゅう》（倭国の東）有り」とある。

　この女王国とは、霊帝《れいてい》の光和年間（一七八〜一八四年）の末に卑弥呼を共立した二十九カ国の諸国をさす。この時代から倭国は奴国を盟主とする政権から、奴国が再編されてできた邪馬台国を盟主とする政権の第二次倭国時代に突入する。この女王共立時期に倭国東端付近の狗奴国は倭国の皇位継承において卑弥呼を共立しなかった。

この狗奴国は、淡路島から千里（六〇㎞）の距離にある大阪府・奈良県・三重県の地域である。倭王に即位した直後に、卑弥呼は狗奴国東部の伊勢（三重県）の付近に猿田彦を封じ、狗奴国には瓊瓊杵尊《ににぎのみこと》の弟である饒速日命《にぎはやひのみこと》を封じている。

さらに伊勢の東、すなわち倭国の東には、澶洲（岐阜・愛知・静岡県）があった。またその隣の関東以北の東日本には、二十余国で構成されている東鯷国《とうていこく》があった。

女王諸国の南端に位置する国が投馬国《とうま》である。君主国時代から南部九州の日南地方に王都が置かれていて、邪馬台国の国力に近い大国であった。その国は海神国とも呼ばれている。この海神国領域の南端は種子島・屋久島である。その南には黒潮の通路になっているトカラ海峡がある。種子島・屋久島から南四千里（二四〇㎞）に奄美諸島・沖縄本島があり、ここが侏儒国と呼ばれた。侏儒国の王都は喜界島にあったと考えられる。その南に裸国（沖縄県先島諸島）がある。

訳文では東南方向に裸国と黒歯国（長野・新潟県）が存在しているような書き方である。これは倭国の端から端までの地理を説明する時、すなわち倭国東端の黒歯国から南端の裸国までの距離が海路一年（二倍暦か三倍暦で六カ月もしくは四、五カ月）かかることを明示されていたものが、いつのまにか、倭国の東端、南端の両端の方向が東南方向に解釈されるようになったのであろう。国名を裸国・黒歯国と一緒にまとめたために東南方向、一年の距離に両端の二カ国があるように記述された。なんらかの錯誤で方向明示が誤った方向へ変化してしまったのではないだろうか。

倭国諸国の中で南の果てから東の果てまで使駅（言葉・交易・統治）が伝わることを説明している。倭国構成国のうち女王国（卑弥呼を共立した国々）に属していないのは西北端の狗邪韓国、東端付近の狗奴国、南端付近の侏儒国・裸国の四カ国である。さらに黒歯国・裸国について、この文だけではこの両国が倭国の統治下にあるのかないのか詳細はわからない。単に倭国の隣国であることにすぎないのかもしれない。ただ新潟・長野県及び沖縄県・先島諸島では、西日本の地名や古語において、倭《やまと》の方言の核心を理解すればするほど、同一性がみられる。このことから歴史的にかなり深い関係にあったことがわかる。

次に、君主国や第一次倭国の盟主国であった奴国とはどのような地理的変遷をたどってきたのか。

君主国の建国時からその盟主国の領域にあった筑前地域は、二百〜三百年経つと、その領域は南に拡大して筑前、筑後を併せた筑紫国領域が奴国と呼ばれるようになる。君主国の盟主国である奴国も拡大していった。また、奴国は「葦原の中つ国」とも呼ばれ、君主国の都は奴国の中心地にあって、ここが「高天《たかま》が原《はら》」と呼ばれていた。「高天が原」は政権の中枢のことを指す場合もある。君主国の拡大期には、盟主国である筑紫国に豊国が加わって「豊葦原の中つ国」と呼ばれた。すなわち、福岡県・大分県地域が奴国と呼ばれるようになり、この拡大した奴国が君主国の盟主国となった。第一次倭国の時代にも、引き続きこの奴国が倭国の盟主国となり、その政権基盤を支えていた。『日本書紀』国生み一書（第一の一書）には、この盟主国について、「豊葦原の千五百秋《ちいおあき》の瑞穂《みずほ》の地」と記されている。

この奴国政権は近隣の九州北部のみでなく、南部九州と四国にも皇族の近親者を封建し、これらの国々が直接盟主国を支えている。それだけでなく、山陰・越に封じられた神産巣神《かみむすびかみ》は狗邪韓国をも間接支配するようになり、また、伊都国（佐賀県）に封じられた高御産巣神《たかみむすび》は一大卒を通じて加耶国を間接支配している。国常立尊以来、この強固な二勢力が天之御中主神《あめのみなかぬしのかみ》の奴国政権をさらに支えていた。このような政権基盤の上で西暦一世紀から二世紀にかけて国常立尊から伊弉諾尊《いざなぎのみこと》までの王権が次々と継承されていった。

ところで、第一次倭国の領域区分について『日本書紀』国生みの本文には、伊弉諾尊、伊弉冉尊《いざなみのみこと》が磤馭慮嶋《おのごろしま》の国の御柱で出会って磤馭慮嶋を胎盤として次々に国を生み出していることが記されている。それらは、淡路洲

（淡路島）、豊秋津洲《とよあきつしま》（近畿地方、八世紀の視点では関東地方まで、一般的には本州）、伊予二名洲《いよのふたなのしま》（四国）、筑紫洲（九州）、億岐洲《おきのしま》（隠岐島）、佐度洲（佐渡島）、越洲《こしのしま》（北陸地方）、大洲《おおしま》（山口・島根・鳥取県、安芸地方）、吉備子洲《きびのこしま》（吉備地方）とある。

ところが、ここには編纂上の大きな問題が存在する。大八州《おおやしま》国に小島の淡路洲、億岐洲、佐度洲が三つ含まれている。これは八世紀初頭の編纂時期の視点である。伊弉諾尊の時代の視点では、大きな洲が八つあった。次に記された木の祖先である句句廼馳《くくのち》（狗邪韓国）であり、草の祖先である草野姫《かやのひめ》（別名野槌、加耶）である。この二州が海北の朝鮮半島南部にあり、六州が西日本にあって、これらを合わせたものがもともとの倭国（ヤマト）大八州である。この大八洲で構成されているのが海峡国家の第一次倭国の領域である。これが八世紀の視点では、狗邪韓国と加耶の二州が州の区分から山川草木の概念区分に転じているのである。それは、海峡国家から列島国家に転じたからである。

すなわち、豊秋津洲・伊予二名洲・筑紫洲・越洲・大洲・吉備子洲・句句廼馳・草野姫の八州が五、六世紀以前においては、本来の大八州国の領域である。

この大八洲国は、伊弉諾尊の時には太平洋側の東端が四国・淡路洲であった。その後、これを胎盤として大阪府・奈良県・三重県の地域が再度なのか新たになのかはわからないが、倭国の領域に加わり近親の皇族が封建された。東端の位置がさらに（再度）東の伊勢に移動したのである。

この新たな（再度の）領域の狗奴国は、卑弥呼政権末期に次期皇位継承戦に斯馬《しま》国の大国主《おおくにぬし》を擁立し、卑弥呼勢力の反対勢力として立ちはだかることになるのである。

朝鮮半島中北部

後漢時代においても朝鮮半島の陸上部分では韓（馬韓《ばかん》・辰韓《しんかん》・弁韓《べんかん》）と倭とが国境を接していた。ここで倭国との境界以北の朝鮮半島の地理情報について具体的にみていきたい。

狗邪韓国と馬韓の境界は今の忠清南道と京畿道の道境である。狗邪韓国と弁韓は錦《きん》江流域と南漢《なんかん》江流域との分水嶺付近が境界であろう。弁韓と加耶の境界は南漢江水域と洛東《らくとう》江水域との分水嶺である小白山地及び江原道と慶尚道との道境である。

『後漢書』馬韓伝では、「（訳文）韓は三種ある。一は馬韓といい、二は辰韓といい、三は弁辰という。馬韓は西にあり、五十四カ国。その北は楽浪と接し、南は倭と接す。辰韓は東にあり、十二カ国。その北は濊貊《わいばく》と接す。弁辰は辰韓の南にあり、また十二カ国。その南はまた倭と接している。すべてで七十八カ国。伯済《はくさい》はその一国である。大国は万余戸、小国は数千戸で、それぞれ山や海の間にある。土地は合わせて平方四千余里。東西は海をもって限りとなす。皆、古の辰《しん》国（旧蓋国）である。馬韓が最大。その種族の者を共立して辰王となし、月支国に都を置いている。三韓の地の大王とする。その諸王の祖先はみな馬韓の種族になった」とある。それまで君主国の時代に倭人の中小国家で統治されていた朝鮮半島中央部（黄海道・京畿道・江原道・忠清北道）に北から移民として多くの濊貊が流れてきた。それ以前、蓋国が成立した時に辰国は主に北に追われていた。その遺民が蓋国滅亡とともに旧蓋国内で復活したものの、夫余《ふよ》や漢の統治領域から再び追われ、倭人地域に南下してきた。その中に辰国の王族（遺民）が含まれていたのであろう。

馬韓の領域は、黄海道（一万六七〇〇㎢）と京畿道（一万二二〇〇㎢）及び平安南道東部（六二〇〇㎢）の地域。

辰韓の領域は、江原道（二万六〇〇〇㎢）の中北部地域。弁韓領域は、江原道南部地域及び忠清北道の南漢江流域（忠清北道の北部三七〇〇㎢）。この三韓領域の面積の合計がおよそ五万七四〇〇㎢である。四千余里四方が（六〇〇m×四千里）×（六〇〇m×四千里）＝二四〇㎞×二四〇㎞＝五万七六〇〇㎢である。

楽浪郡の屯有県、昭明県が平安南道の西部地域にあり、馬韓と楽浪郡は大同江付近で接している。また、馬韓の西には洲胡《しゆうこ》と呼ばれる大島がある。江華島《こうかとう》のことと考えられ、倭人と鮮卑《せんぴ》が混ざり合った文化を呈している。江華島は漢江下流域の便利な位置にあったので、倭国時代の倭人もここをいくつかある海陸の中継拠点の一つとして馬韓諸国と市買《しばい》ができたのであろう。

ところで、三韓（馬韓・辰韓・弁韓）の七十八カ国の基礎は君主国の拡大時期に形成されたものである。その頃君主国の領域は、朝鮮半島と西日本を跨ぐ海峡国家であり、その構成国は百余国あったが、BC七五年の時期以降、濊貊の移民や辰国（濊）王族の遺民が半島の君主国北部に南下したため、この中小七十八カ国地域では倭人との混血が進み第二次韓族が誕生した。特に辰韓地域は南下してきた諸国で辰国王族が共立させられたのであろう。しかし、その王族が絶え馬韓の月支国にいた辰国王族の者を連れてきて辰王として共立するようになったのであろう。君主国拡大期に倭人によって形成された七十八カ国は次第に韓族の国に移行していった。その最も南に位置する国が弁韓瀆盧国《とくろ》（忠洲市《チユンジユ》）であろう。

『後漢書』韓伝には、蓋国の時代から楽浪郡内にいた遼東半島や平安道地域の第一次韓族の記述内容が含まれ、半島中央部の第二次韓族（三韓諸国）と混同している。次のような秦人に関する記述内容がある。

『後漢書』辰韓伝に、「(訳文) 辰韓の古老は、苦役を避けて韓国にたどり着いた秦の逃亡者に、馬韓（遼東半島）がその東の外れの地（平安道）を与えたという。［中略］秦語に似た所があり、ゆえにこれを秦韓とすることもある」とある。最初、遼東半島の沿岸地域や島嶼《とうしよ》には馬韓がおり、平安道には辰韓（秦韓）と呼ばれる韓族がいた。秦からの逃亡者とは、秦による統治がはじまり、秦から追われた燕《えん》や山東半島の人々ではないかと思う。その第一次韓族の「辰韓」に逃れてきた秦人などが加わり「秦韓」と呼ばれるようになったのであろう。この秦人の中には、秦の統治時代に燕地域や斉地域の郡県の官憲となった者が、漢の統治時代になると官職を追われてその南方の平安道に逃げてきて住み着いた者もいたのであろう。

本当に秦語を話す秦人（陝西省《せんせい》の人）であれば後者であろうが、そんなに多数の秦人がいたとは思えない。大多数は秦の統治時代に平安道に逃れてきた燕人や斉人であろう。漢の統治時代に秦の郡県を統治していた官憲らが、漢に追われて平安道で現地化した人がいたから秦韓と呼んでいるのではないのかと思う。この平安道地域はBC七五年に新たな楽浪郡の鏤方《ろうほう》・屯有・昭明の三県が設置され、この地の濊貊はその圧政から南下する移民もいたが、「秦からの逃亡者」は再び南下せず留まったので、後漢時代の秦韓のことが記録に残ったのであろうと思う。

後漢時代の二つの高句麗と玄菟郡・楽浪郡

二つの高句麗とは、玄菟《げんと》郡（撫順《ぶじゅん》市）内にあった高句麗（下句麗）と、楽浪郡の嶺東《れいとう》地方（渾《こん》江流域）にあった別種高句麗のことである。『後漢書』高句麗伝に、「（訳文）高句麗は遼東の東千里にあり、南は朝鮮、濊貊、東は沃沮《よくそ》、北は夫余と接している。土地は方二千里。［中略］本は涓奴《けんど》部から王を出したが、徐々に微弱となり、後に桂婁《けいる》部がこれに代わった。［中略］武帝が朝鮮を滅ぼして、高句麗県とし、玄菟郡に帰属させた。［中略］沃沮、東濊は皆、高句麗に従属している」とある。

BC七五年に再編された玄菟郡と楽浪郡も前漢末になると、これらの地域に対する漢の統治力は急激におとろえていた。前漢は遼《りょう》河以西の遼東郡を統治するのがやっとのことで、遼河以東の玄菟郡では二つの高句麗が自立しはじめていた。

この高句麗伝の高句麗の対象地域にはBC七五年に三県で編成された玄菟郡領域にいた高句麗族のことが記載されている。郡治は今の撫順市に高句麗県が置かれていた。郡の三県は遼河の東の地域に高句麗県（撫順市）、上殷台《じょういんだい》県（開原《かいげん》市）、西蓋馬《せいがいま》県（昌図《しょうず》県）と北へ順に並んでいた。

南に朝鮮、濊貊とあるのは楽浪郡のことである。南の朝鮮県（遼陽《りょうよう》市）には楽浪郡治が置かれていた。南東の濊貊とは楽浪郡の嶺東七県と呼ばれている地域である。このうち沃沮は濊貊の東に位置している。夫余（中心が長春《ちょうしゅん》市）は高句麗（下句麗）の北とあるが正確には北北東にあたる。土地は方二千（一二〇km×一二〇km＝一万四四〇〇㎢）であり、あとに登場する鴨緑《おうりょく》江支流の渾江流域にいた卒本夫余の別種高句麗（濊貊地域）とはほぼ同じ広さである。嶺東七県のうち卒本夫余には五県が置かれ、別種高句麗は基本的に涓奴部や桂婁部などの五族（五部）に分かれていた。元の蓋国の卒本地方の行政区分は五族の行政区分に基づいていたので、漢の行政もそこに五県が置かれたとも考えられる。残りの二県の夫祖県（撫松《ぶしょう》県）と華麗県（臨江《りんこう》市）はその後、沃沮、南沃沮と呼ばれている。

「高句麗は遼東の東千里に在り」とは、前漢時代に玄菟郡の郡治であった高句麗県（撫順市）がその中心であり、遼河から玄菟郡治の高句麗県まで千里（六〇km）の距離にある。高句麗県の南には楽浪郡治の朝鮮県（遼陽市）があり、朝鮮と呼称しているのは楽浪郡の西部十八県である。楽浪郡治の東には嶺東七県に含まれる鴨緑江流域の別種高句麗（濊貊地域）が存在する。その別種高句麗の東は沃沮（中心が撫松県）、その高句麗の北は夫余がある。

『三国志』高句麗伝にはこれに加えて、「(訳文) また小水貊あり。句麗(撫順市)、国を作るには、大水(大《たい》梁《りょう》水、渾河)によりて居む。西安平県の北に小水(招蘇台河)あり、南流して海に入る。句麗の別種(卒本夫余)は小水(渾江)によりて国を作り、よってこれに名づけて小水貊となす」とある。

小水貊とは鴨緑江の支流である渾江流域の卒本夫余のことで、句麗とは別種であるとある。句麗の方は大水(渾河)に国を作って高句麗県に中心がある。遼源の二龍山付近から西安平県(鉄嶺県西北部)の北に流れ込む小水(招蘇台河)が遼河に合流し、その遼河が南流して海に入るとある。

すなわち、句麗は大水(渾河)、小水(招蘇台河)などの旧玄菟郡三県の地域である。そして句麗の別種は小水貊と呼称し、旧楽浪郡嶺東七県から夫祖県と華麗県二県を除く渾江流域などの卒本夫余五県地域のことである。

『後漢書』や『三国志』の高句麗伝は玄菟郡(撫順市)の句麗が中心に記述されている。

また、『後漢書』高句麗伝に、「(訳文) 王莽のはじめ(十二年)、匈奴《きょうど》の討伐に高句麗兵を徴発したが、彼らは行きたがらないので、強迫して派遣したが、全員が長城を逃げ出して強盗となった。遼西大尹《だいいん》の田譚《でんたん》がこれを追撃したが戦死した。王莽は将軍の厳尤《げんゆう》に命じてこれを攻撃、高句麗侯の騶《すう》を長城内に誘い入れ斬殺し、その首を長安に届けた。王莽は大いに喜び、高句麗王を下句麗侯と改名したが、このことで貊人の辺境での略奪が益々甚だしくなった」とある。

王莽はかつての玄菟郡を直接統治せず、高句麗侯国(撫順市)として自立させ間接的に統治している。この騶《すう》は『三国史記』の東明王《とうめいおう》とは別人であり、別時代、別地域の人である。

『後漢書』高句麗伝には、三二年に光武帝《こうぶてい》が高句麗(撫順市)の王号を復活させたとある。しかし、四九年に高句麗は右北平《ゆうほくへい》・漁陽《ぎょよう》・上谷《じょうこく》・太原に侵攻している。河北省の長城から遼寧省の遼河までの間は、後漢と高句麗との間で再び争奪の場となっている。新や後漢時代になると、玄菟郡や楽浪郡では郡内の各種族が郡県支配から

■図 14　57 年頃の倭国周辺の版図

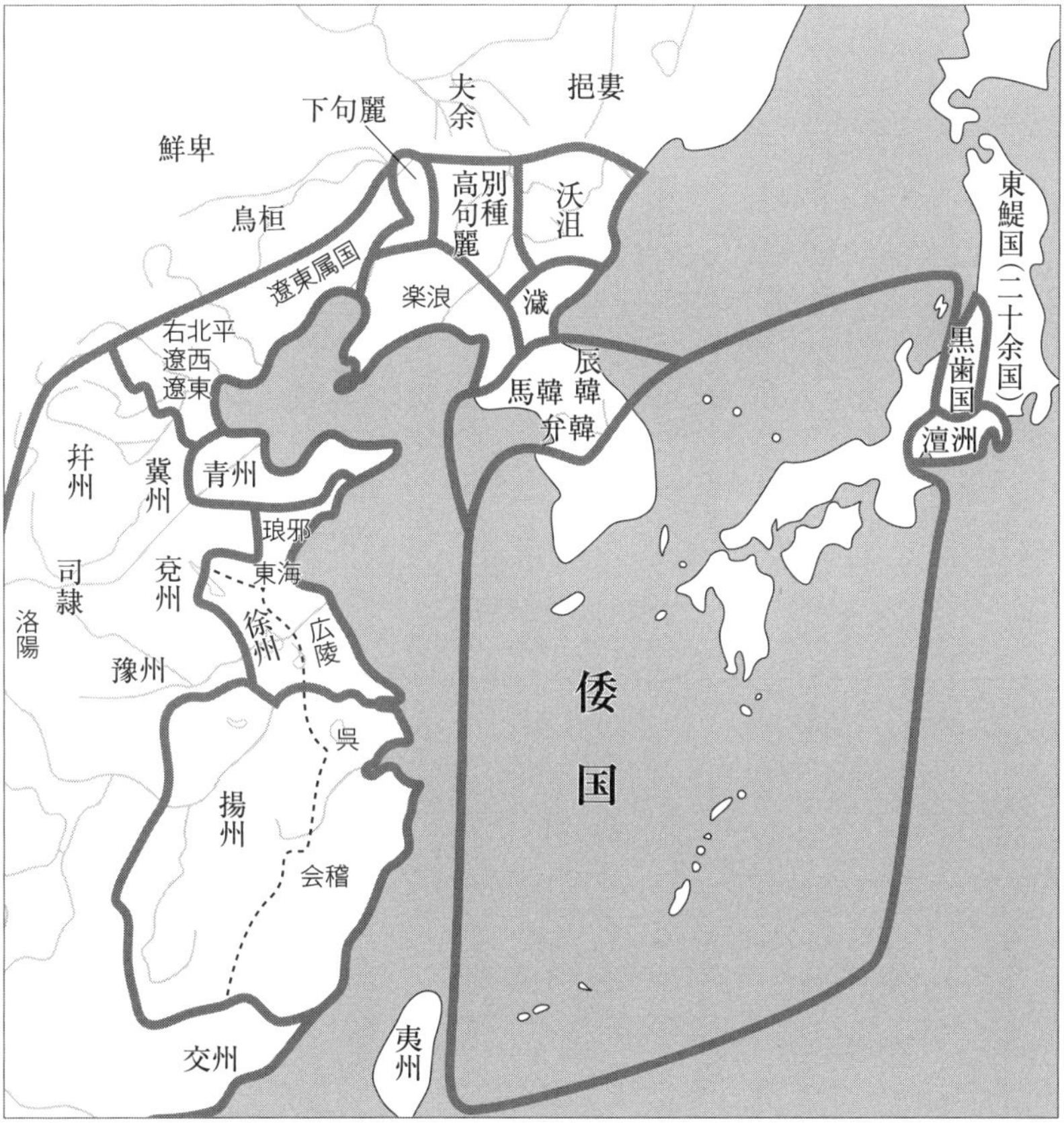

脱しようとしていた。その後漢の支配が断続的に及んでいたのは遼東郡と興城《こうじょう》河以東の遼東属国（五〇年頃〜一九〇年頃）である。遼東郡は次第に縮小し、後漢末にその地域は西の万里の長城や灤《らん》河から興城河までとなった。この長城や灤河から遼河までの地域では、西の後漢勢力、東の高句麗勢力、北の鮮卑勢力が三つ巴で相争う状態にあった。

一〇五年春にも高句麗王の宮《きゅう》は遼東に侵入し、六県（遼東郡の中央部に遼東属国が位置し、鮮卑を引き入れて統治しているので遼東郡は東西に分離、その東部六県が大梁河と遼河の間）で略奪を働いたとある。

安帝《あんてい》の時代（一〇七〜一二四年

在位）には高句麗王の記録が多い。「一一一年、宮は遣使をもって貢献し、玄菟郡への帰属を求めた」とあるが、この頃、後漢による玄菟郡への支配は及んでいないので、玄菟郡の直接支配を求めているのは後漢の方である。この頃から遼河を挟んで後漢と高句麗勢力が対峙し、これに北から遼東郡に対して鮮卑勢力が影響を強めてくる。一一八年に玄菟郡内の高句麗勢力（王は宮）は、卒本夫余の濊貊（別種高句麗）と連携して、玄菟郡内の後漢勢力を一掃した。それと同時期に卒本夫余の濊貊は、南下した辰とともに東の華麗《かれい》城（鴨緑江上流地域）を攻撃したのではないだろうか。高句麗と卒本夫余の濊貊（別種高句麗）との盟約で互いの目的を達成している。

「（訳文）一二一年春には、玄菟太守に任ぜられた姚光《ちようこう》は、遼東太守蔡諷《さいふう》らと河北省の長城を出て玄菟郡（撫順市）の高句麗を討ち、濊貊の渠帥《きよすい》（首長）を捕まえて斬り、兵馬や財物を獲得したとある。宮はその嗣子の遂成《すいせい》に二千余人の兵を引き連れて姚光らを出迎えさせ、降伏を偽る使者を送った。姚光らがこれを信じ、遂成は危険な大軍の進撃を抑える責任を果たす。而して密かに三千人を派遣して玄菟、遼東を攻め、城郭を焼き、二千余人を殺傷した」とある。玄菟郡内の高句麗は侵攻してきた後漢勢力を殺傷するとともに、大凌河《だいりよう》付近の遼東属国境界まで追撃し東部遼東郡六県を略奪しているのである。

「（訳文）一二二年夏、再び遼東に鮮卑八千余人が侵攻し、遼隊県《りようすい》（瀋陽《しんよう》市法庫《ほうこ》県）の官吏や民を殺して略奪した。蔡諷は追撃したが、新昌（盤山《ばんさん》県）において戦死。［中略］秋、宮と遂成が馬韓（第一次韓族）と濊貊の数千騎で玄菟郡治を囲んだ。夫余王は尉仇台《いきゆうだい》を派遣し、二万余の兵を率いて州都の軍を合力させ、これを討ち破り、斬首五百余級を挙げた」とある。

この頃、後漢と高句麗の戦いに鮮卑が加入し三つ巴となった。玄菟郡にいた高句麗は、楽浪郡内にいた遼東半島の馬韓と嶺東にいた卒本夫余の濊貊も巻き込み味方につけた。さらには夫余が後漢と合流して遼河及び東遼河付近で高句麗・鮮卑と対峙し、遼東郡地域で三つ巴の戦いとなっている。

対鮮卑のために後漢は夫余と同盟を結んだのであろうが、高句麗にとって厳しい結果になった。結局、遂成は玄菟郡の支配下に入ることになった。後漢も対鮮卑のためには玄菟郡地域が高句麗国との二重統治となることを承諾したのであろう。その後、遂成が死に、子の伯固《はくこ》が立ち、しばらく玄菟郡は小康状態となった。

この時点で、『三国史記』に登場する百済や高句麗（別種高句麗）では、国内で用いられた暦法が異なっていたと考えられるため、まだ一世紀や二世紀前半には存在していない。中国史に登場する高句麗は後漢時代に玄菟郡から自立した高句麗（撫順市）のことである。一二一年には宮が死んで遂成が立ち、翌年遂成は玄菟郡に詣でて降伏している。

順帝《じゅんてい》の時（一三二年）、後漢は玄菟郡に屯田六部を置く。質帝《しってい》と桓帝《かんてい》の間（一四五～一六七年）、玄菟郡の高句麗が嶺東の別種地高句麗勢力を伴い、後漢遼東郡の西安平（康平市）を侵犯し、そこに避難していた帯方県令を殺害し、楽浪太守の妻子を誘拐している。

これに対して、一六九年、玄菟郡太守耿臨がこれを討ち、斬首は数百級。伯固は降伏し、玄菟郡に帰属を乞うた。この時点で最終的に玄菟郡内の高句麗は後漢の支配下に入って、再び、遼河の東では後漢が玄菟郡三県の安定した統治を復活させたと考えられる。

天御中主尊・奴国王・金印

『後漢書』倭伝に、「（訳文）建武中元二年（五七年）、倭の奴国、貢を捧げて朝賀す。使人は自ら大夫と称《とな》う。倭国の極まり南界なり。光武《こうぶ》は賜うにを以てす」とある。

これは、歴史書の記載内容によって年代の五七年と場所の奴国が明示され、さらに現物の金印がその地で発見された珍しい事例である。

それまで筑紫国（福岡県）あるいは豊葦原の中つ国（福岡・大分県）を君主国の盟主国として、「天御中主尊の皇統」が、七十一代ほど、七四〇年余り統治してきた。西暦紀元後の時代になると、この君主国から倭国へと政権基盤が転換した。その盟主国の領域が引き続き福岡県全域と大分県域を中核に倭国政権として再興された。この和名が「豊葦原の中つ国」であり、地域は奴国とも呼ばれている。この政権では、統治者が「天御中主尊の皇統」を継承するとともに、佐賀県域など伊都国を基盤とする高皇産霊尊《たかみむすびのみこと》、島根・鳥取県など山陰を基盤とする神皇産霊尊《かむみむすびのみこと》らが中央の皇統を側面から支える体制ができていた。このように「天御中主尊の皇統」を引き継いだ国常立尊以降の何代目かの「天御中主尊」が倭国王として後漢の洛陽に遣いを送ったのである。

この奴国に倭国の都を置いて、「天御中主尊」を継承したのは次の十代である。

①国常立尊、②国狭槌尊《くにのさつちのみこと》、③豊斟渟尊《とよくむぬのみこと》、④埿土煮尊《ういじにのみこと》、⑤沙土煮尊《すひじにのみこと》、⑥大戸之道尊《おおとのじのみこと》、⑦大苫辺尊《おおとまべのみこと》、⑧面足尊《おもだるのみこと》、⑨惶根尊《かしこねのみこと》、⑩伊弉諾尊

天地開闢の三柱は親子継承であり、それ以降は男神と女神（高皇産霊尊もしくは神皇産霊尊の娘が皇后となった）の継承である。男神が崩じて喪に服する期間皇后が継承しているか、子が若く継承した時は皇后が後見人となっている。

国常立尊から数えて、初代から七代までの一世紀における倭国の都（高天原《たかまがはら》）は、那珂川、御笠川流域に置かれていると考えられる。ここで、一〇七年に後漢に遣いを送った倭王は誰か。これを八代の面足尊（九八～一〇七年在位）だと仮定して、一代平均在位年数を単純に十年とすると、三代目の豊斟渟尊が四八年～五七年在位となる。

すると、確率的に五七年に後漢に遣いを送った倭王は③豊斟渟尊である可能性が出てくる。これが事実であれば、五七年に倭国王（豊斟渟尊）が後漢に遣いを送り、その時持ち込まれた金印が数世代後の奴国崩壊などの政変によって、志賀島の一角に埋められ、それが江戸時代の一七八四年に発見されるという経過をたどるのである。また、福岡県春日市須玖岡本《すぐおかもと》遺跡には一世紀の倭王の墓と思われる甕棺墓が発見されており、時期的にこれが③豊斟渟尊の墓の可能性も否定できない。ここからの出土品には銅剣二、銅矛《どうほこ》五、銅戈《どうか》一、銅鏡三十、ガラス装飾品などがある。銅鏡に関しては、すべて前漢鏡であるため、副葬品が伝世されたことも考えると、推定領域の幅は広くなり、この墓の王は一世紀よりももっと古い君主国時代の王である可能性もある。

この王の王墓が須玖岡本よりも王とゆかりのある奴国内西方に作られたならば、一世紀中頃の時代に合致するのは井原遺跡である。この遺跡の出土品は、王莽時代を含む初期の後漢鏡二十一面、巴形《ともえがた》銅器三個などである。

さて、この奴国を盟主（宗主）とする倭国の国境に関連して前述したが、さらに補足して次のように記述している。

『後漢書』倭伝に、「(訳文) 倭は、韓（京畿道・黄海道・江原道・忠清北道）の東南大海の中に在り、倭人は山や島で境界を分けて住み、その国は百余国で構成されている。武帝が朝鮮（遼寧・吉林省）を滅ぼして以降、漢と通訳ができる国は三十国ほどあり、国ごとに皆それぞれ王を名乗り、王は世襲制である。［中略］三十国で構成される倭国の地は、会稽《かいけい》郡と東海郡のおおむね東に在る。風習が海南島の朱崖《しゅがい》・儋耳《たんじ》と近いものがある。そのため、倭国の法や風習が同じものが多い」とある。

倭国が三十ばかりの国で構成されていて、倭国と揚州の会稽郡や徐州《じょしゅう》の東海郡を対比すると、会稽郡の南端と同じ緯度は奄美諸島の南端の与論島付近である。東海郡の北端（琅邪《ろうや》）と同じ緯度は全羅道付近である。東の範囲を四分法で示せば南は沖縄諸島すべてが含まれ、北はソウルまでが含まれる。

したがって、倭国の領域にある狗邪韓国の西北界は、現在の行政地名で忠清南道の泰安《テアン》郡、瑞山《ソサン》市、唐津《タンジン》郡などである。また、倭国の南界（裸国）の端は沖縄の先島諸島である。さらに、東界（狗奴国）の端は三重県であり、東北界は黒歯国の長野・新潟県である。

さらに、『後漢書』倭伝には、「（訳文）会稽の海外に東鯷人有り、分かれて二十余国となる。夷洲及び澶洲あり。伝えて言うには秦の始皇帝が神仙方術家の徐福を派遣し、幼い男女数千人を率いて海上に出たが仙人に会うことができず、徐福は罰せられることを恐れて帰国せず、この洲に留まった。その子孫は次々に増えて数万家になったと伝えられている。会稽郡東冶県の人で、海に出た時台風に遭い、漂流して澶洲にまで行った者がいる。夷洲（台湾）・澶洲（東海）は大変遠い所にあり、距離が遠すぎるので、行き来はできない」とある。

会稽の海外とはどこを指しているのか。会稽の海中とは、東シナ海や黄海の対岸にある朝鮮半島、西日本、南西諸島を指す。これに対して会稽の海外とは、対岸にある国々よりもさらに遠い場所を指すので、倭国よりもはるかに遠い場所になる。それは岐阜・愛知・静岡の東海三県や東日本（関東・東北・北海道）を指していると考えられる。その東冶県の人は黒潮に流されて東海地方の太平洋岸に上陸したのであろう。

倭国の東には二十余国で構成される東鯷国（東日本）があり、三重県の東には東海の岐阜・愛知・静岡三県地域を併せた澶洲があった。倭国の東北界の黒歯国の東及び東北は、東鯷国にあたることは言うまでもない。夷洲は会稽の海中に位置するとあり対岸を指す。これは裸国（先島諸島）の南にある台湾のことである。

ここで、改めて、倭伝の建武年中二年、朝貢に訪れた奴国の使者が「倭国の極まり南界なり」と言った意味を考えると、倭国の西北端から奴国の王都（倭国の王都）までは沿岸距離で博多湾までが約八〇〇㎞であり、極まり南界にあてはまる。同様に、倭国南端の先島諸島から王都までは一二〇〇㎞あり、裸国からは倭国の王都が極まり北界となるとも言える。同じく三重県から都まで沿岸距離で約一〇〇〇㎞、そこからは同様に極まり西界となる。それぞれの倭国の端から中心を見れば極めて遠くにあるが、倭国の領域全体を眺めてみれば、倭国の都あるいは奴国は倭国の中心地にあることが理解できる。

また、前漢末期までに君主国の北西部七十八カ国へ旧辰国王族の遺民を含む濊貊が南下したことによって、これらの地域では倭人との混血が進み第二次韓族が誕生したと考えられる。七十八カ国の統治もそのまま倭人から韓族の統治に移行し、奴国朝政権は君主国の北西部領域にあたる朝鮮半島中央部の直接統治を放棄したため、後漢時代に韓族の統治がはじめて中国歴史書に記載されるようになったと推定できる。しかし、その統治力は弱く、地域の鉄は楽浪・帯方郡、濊、倭国が自由に持ち去ることができ、その地域では鉄が貨幣代わりとなる流通・交易社会となっていたとある。また、この鉄資源の存在が、韓・濊などの勢力がこの朝鮮半島中央部で隆盛となっていくきっかけになったのである。

倭面土王と暦法

『後漢書』倭伝に、「(訳文) 安帝の永初元年(一〇七年)、倭国王は帥升《すいしょう》等を派遣し技術者百六十人を献上し、皇帝との謁見を願ってきた」とある。これは、年代が一〇七年、場所が前記に同じ奴国、倭国王が面足尊と、年代・場所・王の三要素が国内で解明できる最初の関連記事であると言ってよい。これに関連する北宋刊本『通典』巻一八五辺防一東夷上倭の条に「安帝永初元年、倭面土王帥升等献生口」の記述が存在する。この倭面土王が明らかに面足尊を指している。

『通典』の倭王名以外にも神話の内容の推定から、面足尊は奴国朝になって八代目の「天御中主尊」である。

一方、皇后には高皇産霊尊もしくは神皇産霊尊のいずれかの皇統を嗣ぐ男系女子から交互に立てられているので、高皇産霊尊の娘である惶根尊が面足尊の皇后に立てられた。面足尊は後漢に遣いを派遣した年に崩御した可能性が高く、皇后の惶根尊が一年ほど九代目として在位して、その子、伊弉諾尊が国常立尊から数えて十代目となる皇位を継いだ。

奴国朝において、高天原の「天御中主尊」を中心に、奴国の主要地域に数名の近親の者を王に封じるとともに、皇位が新たに継がれる度に皇族の何名かは、盟主国の構成地域あるいは支配する三十余国の中の一つの国に封じられ、その地で王位を代々世襲するようになった。君主国の頃から百余国、倭国の時に三十余国で同様のことが代々行われてきた。諸国の王などに封じられた近親の王は盟主国の代々の王とは臣下の関係になるのである。

面足尊が都を置いた所は、筑前と筑後の境付近である。ここは宮地岳《みやじだけ》の麓の天山で天拝山《てんぱい》（福岡県筑紫野市）を拝める場所でもある。ここに面足尊、惶根尊の二代が二十年ほど都を置いたのではないかと思う。面足尊の崩御が一〇七年とすれば、その後の状況もこれを基準にある程度予想が可能となる。

一〇七年に面足尊が後漢に派遣した生口一六〇人は技術者集団と考えられる。献上品を製作できる技術者などであり、彼の国に製作技術を教えるだけでなく、後漢に他国などから流入する技術を習得し数年後に帰国した者もいたのではないだろうか。生口が奴隷であったとの説には合点がいかない。

生口の中には、暦法の知識を持つ者、鏡の製作者、織物の技術者などもいたはずである。その後の両国が相互に影響を受けたのを見れば明らかである。

暦法に関しては、前漢から使用された太初暦《たいしょれき》や八四年から使用されはじめた元和暦《げんわれき》をこの時に持ち帰ったのであろう。元和暦の正確な観測も国内で行われるようになり、元和暦が半日ほど月齢のずれを生じるようになる三世紀はじめには、我が国においてこの時代世界最新・最高精度の太陰太陽暦（三倍暦を加味）を創作している。

卑弥呼の末期以降二百年間も使用されている。この暦は景初暦や呉暦に朔望月《さくぼうげつ》の精度面で影響を与えている。この太陰太陽暦は月読暦と呼ぶにふさわしく、平均朔望月は二十九・五三〇六一二二である。一太陽年は三単位で構成される。その一単位は四朔望月もしくは五朔望月である。平年は三単位とも四朔望月となる。閏年は三単位のうち、一単位が五朔望月、残る二単位とも四朔望月となる。

『日本書紀』はこの暦法で三世紀半ばから五世紀半ばまでの暦日が記述されている。一方、『古事記』は六世紀半ば過ぎ頃までの記録が太陽暦に基づく二倍暦で記述され、一カ月が基本的に十五日以内である。『古事記』の用明天皇の五八七年頃からは一倍暦となり、記が太陽暦、紀が太陰太陽暦と暦法は異なるもののこれ以後、記紀でも天皇在位年などが一致するようになる。これら暦法の発達が記紀の歴史記述を詳細なものにしたのである。

伊弉諾尊

『後漢書』倭伝に、「(訳文)桓帝(一四六~一六七年在位)・霊帝(一六八~一八九年在位)の頃に、倭国の国内は混乱し、各国が互いに攻め合って、十年近くもの間、統一した君主がなかった」とある。

面足尊、惶根尊の子である伊弉諾尊は、一〇八年頃から「天御中主尊」の皇位を継承し、その在位は既に六十年ほどになっていた。その頃の伊弉諾尊の年齢は、一〇〇年頃に誕生したとして、七十歳ほどになっており、その皇后の伊弉冉尊がこの時期に先に薨じてしまい、また、伊弉諾尊自らも八十歳頃には崩じてしまう。その間、十年近く政治は大いに乱れ、これはまさしく「歴年主無し」と言える状態となった。それは霊帝の在位期間中のことである。また、この乱れは神皇産霊尊の娘にあたる伊弉冉尊が亡くなって、奴国朝の権力基盤のバランスが崩れ、山陰・北陸の反発が表面化してしまったことにはじまる。この後十年間は奴国政権基盤から邪馬台国政権基盤への再編期でもある。

ところで、伊弉諾尊の正妻は伊弉冉尊であり、その実子は素戔嗚尊《すさのおのみこと》である。第一側室（火の国系）との子が卑弥呼と月読尊《つくよみのみこと》である。また、第二側室（筑紫国系）との子が天忍穂耳尊である。これまで倭国王の正妻は高皇産霊尊系と神皇産霊尊系で交互に出していたと考えられるが、伊弉諾尊の在位期間があまりにも長期間となったために、高皇産霊尊側にとって不満感が高くなっていただろうし、神皇産霊尊側にとっては政権再編に伴い今後基盤が弱体化することに不安感が高まりつつあったと考えられる。伊弉冉尊の死に伴い政治が乱れ、政権の中枢は倭国の大乱と呼ばれる情勢に陥っていくことになる。

まず、その影響が現れたのは山陰・北陸地方の神皇産霊尊の基盤が分裂状態になり、神皇産霊尊の本拠地の伯耆《ほうき》国が離反してしまった。これに対して伊弉諾尊は出兵したものの伯耆国以遠の山陰・北陸の統治が困難となる。つなぎ留められたのは根国（出雲）よりも西方に限られることになった。これは一六八年から一七〇年頃のことである。伊弉諾尊は山陰遠征から帰国すると、第一側室（火の国系）が皇后に格上げになることを機会に、皇位継承順位を変更した。それまで素戔嗚尊、卑弥呼、月読尊の順位であったが、卑弥呼、月読尊、素戔嗚尊の順に変更されることになった。伊弉諾尊が根国から博多湾に帰着時、檍原《あわきはら》でのみそぎをして「天照大神（卑弥呼）は高天原（都）を治めよ。月読命は青海原の潮の八百重《やおえ》（海北）を治めよ。素戔嗚尊は天下（諸国）を治めよ」と仰せになった。

伊弉諾尊は「天御中主尊」の呼称を廃して、新たに「天照大神」の呼称を定めて皇位につき、次の「天照大神」を卑弥呼に継承させるつもりでいた。それまで伊弉諾尊が都していたのは朝倉であったと考えられるが、皇位継承順位を変更した時から都を火の国系に近く地形上防御に適した南の久留米付近に遷都したと考えられる。

ところで、年長者の素戔嗚尊は、伊弉諾尊の言った通り中央で諸国の行政を治めることでなく、亡き母に縁のある根国の統治を願い出た。伊弉諾尊はこれを承諾した。素戔嗚尊は根国に赴く前に卑弥呼に暇乞いをすることを伊弉諾尊（初代「天照大神」）に願い出てこれも承諾された。直後に伊弉諾尊が崩じられたために、素戔嗚尊は卑弥呼が継承する予定の邪馬台国の一部分割を求めた。それは旧奴国の相続争い的側面があった。しかし、これは不彌《ふみ》国（旧宗像郡）とその伊弉諾尊の子の三女神（田心姫《たごりひめ》・湍津姫《たぎつひめ》・市杵嶋姫《いちきしまひめ》）のみの分割となり、残りの領域とその伊弉諾尊の五人の子（臣下）はすべて卑弥呼が相続することとなった。

さて、『日本書紀』の巻第一の神世上と神世下とは、時系列が記述順序の通り、上が古く下が新しい訳でない。上は斯馬国（西中国）、下は日向《ひゅうが》国（筑前）の出来事であり、上下並列進行の時系列である。人の寿命を考えると、上下並列とならざるをえない。

伊弉諾尊は火の国の軻遇突智《かぐつち》を臣下としたと考えられる。神生みで伊弉冉尊が軻遇突智を生んでまもなく薨じたように書かれているが、臣下となったことを「生んだ」とする神話の組み立てにしたのであろう。また、軻遇突智は誕生してまもなく斬られたように書かれているが、軻遇突智には子供もいて、その子孫もいる。たぶん、臣下の時、斬られたというのが火の国を分割したという意味にもとれる。火の国を五つに分割し、筑後国を二つに分割し、合計七つの国においても「天照大神」の近親の皇族を王として封じた。いずれにせよ、豊葦原の中つ国に火の国を組み込んでしまい、盟主国の直轄地域は豊葦原中つ国から邪馬台国へと領域が拡大強化された。時期を同じくして神皇産霊尊系の伊弉冉尊が薨じて、従来の権力バランスが不安定化し、争乱状態に陥った。

これと時期を同じくして、君主国以来の伝統的直轄地域である筑前地域の反発もまた大きかった。政治の中心を筑前から筑後・火国に移そうとしているからである。

この地域には山陰出兵から帰順した直後に、伊弉諾尊の子である天忍《あめのおし》穂《ほ》耳尊《みみのみこと》のまたその子、すなわち伊弉諾尊の皇孫天津彦彦火瓊瓊杵尊《あまつひこひこほににぎのみこと》を、筑前の中西部を分離して日向国の君主に立てようとした。しかし、ここでも大きな反発を招いた。その後も邪馬台国から日向国を分離して、天穂日命《あめのほひのみこと》に日向国平定を命じたが三年（一年半）たっても平定に至らず、次に天稚彦《あめのわかひこ》に平定を命じたが八年（四年）たっても平定に至らなかった。結局、日向国の国境を宝満川の上流に定め、邪馬台国から日向国を分離して天津彦彦火瓊瓊杵尊を臣下として当初の目論見どおり日向国王に封じることとなった。

　これによって、日向国（『魏志』倭人伝では奴国）と不彌国が、邪馬台国から分離され国境が画定した。伊弉諾尊が崩じて、卑弥呼が「天照大神」の皇位を継承した。高皇産霊尊（伊都国の思兼神《おもいかねのかみ》）が主導して、この盟主国を継承した卑弥呼を三十余国で構成される倭国王に共立させた。これが神話で言う八十万神が天安河《あまのやすかわ》のほとりに集まって祈った天の石窟《いわや》の出来事（催し）である。霊帝の光和年間（一七八〜一八四年）の出来事である。また、これは倭国の大乱の終末期の出来事である。

　その後、素戔鳴尊は邪馬台国から追放されたと記載されているが、天照大神の命により臣下となって斯馬国（西中国）に封じられ国作りに励むことになる。

　伊弉諾尊は一七〇年頃を境として最後の「天御中主尊」の継承者であり、その直後最初に「天照大神」を名乗った人である。伊弉諾尊が「天照大神」と呼ばれた十年ほどは反対勢力から倭王として認められず歴年主なしと言われたが、二代目の「天照大神」は倭王に共立するための催しからはじまっている。

　伊弉冉尊の死をきっかけに伊弉諾尊の皇位継承戦争が実質的に起こりはじめ、長らく続いた「天御中主尊」の敬称から「天照大神」の敬称に変更するとともに、権力基盤である盟主国は、奴国から邪馬台国へと拡大再編されたのである。

『三国史記』の暦法

『三国史記』の高句麗・百済・新羅の国名及び国王名の中で、中国正史にはじめて確認できるのは、いつからなのか。どの王からのことなのか。

高句麗の場合は比較的早く出現する。『漢書』王莽伝に外臣の印綬が与えられ、その独立が承認されている。しかし、『三国史記』の高句麗は、桂婁部出身の高句麗王の系譜であって、玄菟郡の高句麗は涓奴部出身の高句麗王の系譜である。卒本夫余と呼ばれる別種の国の高句麗には玄菟郡から涓奴部の王伊夷模《いいも》が移り、新国を建ててそれを桂婁部の王が引き継いでいる。この別種高句麗は涓奴部や桂婁部など五部で構成されている。

三四二年、前燕が別種高句麗に大挙して侵入し、故国原王《ここくげんおう》（釗《しょう》、三四一～三七一年在位）は国力をあげて戦ったものの、王母や王后を人質に、前王の王陵も暴かれ屍も持ち帰られてしまった。三四九年に前燕に恭順の意を示し、翌年、前燕王儁《しゅん》は高句麗王を冊封して征東大将軍営州《えいしゅう》刺史《しし》楽浪公とした。

『三国史記』高句麗故国原王には、「三七一年十月に百済王（近肖古王《きんしょうこおう》）と太子（近仇首王《きんきゅうしゅおう》）が三万の軍隊を率いて平壌城（集安市）を攻撃した。（高句麗王は）軍を率いて防戦したものの流れ矢にあたってこの月の二十三日に死去した」とあり、四七二年に百済（遼東半島）の蓋鹵《がいろ》王（慶《けい》）が北魏に上表して「釗（故国原王）の首を斬ってさらし首にした」との記述がある。

百済の国名がはじめて正史にみられるのは、『晋書』帝紀咸安二年（三七二年）正月の条である。この時百済は東晋に朝貢した。同年六月に東晋から使者が派遣された。中国名で百済王の王名は余句《よく》（近肖古王）と呼称され、鎮東将軍領楽浪太守の号を授けた。

また、新羅の国名が中国正史にあらわれるのは三七七年に高句麗とともに前秦に朝貢した時である。この新羅王（楼寒《ろかん》）は三八二年にも使者を派遣している。この王から金氏が王位を独占するようになり、建国以来最も南となる漢江上流の忠州に都を置いた。

これらの事柄から、三七一年以降は、中原と百済（王都＝遼寧省）、高句麗（王都＝吉林省《きつりん》）とが確実に同一の一倍暦で語ることができるようになる。

しかし、これ以前の『三国史記』の内容を中国の正史と年代比較していくと多くの矛盾が噴出することになる。その理由は、周の時代に二倍暦が使用されていたように、多くの東夷諸国でその後も二倍暦が使用され続けたためではないかと考えた。ここでは従来のその矛盾に迷い込むのでなく、『三国史記』百済・高句麗が三五〇年以前は二倍暦が使用されていたものとして論じていくこととする。これは十二世紀に金富軾《きんふしょく》が古い時代の暦法に思いが至らず、三五一年以降の暦法でそれ以前の歴史まで編纂してしまったために矛盾をかかえることになったと考える。

それでは、三五〇年以前に高句麗と百済で二倍暦が使用されていたとすると、『三国史記』の別種高句麗の建国時期は次大王《じだいおう》が実権を握った二四八年のこととなる。しかしながら、この年から別種高句麗の初代王とは記述しなかった。この桂婁部出身の次大王の系譜を遡った史実が記述された。その時期の高句麗は、玄菟郡にいた涓奴部の高句麗が卒本夫余に逃げて不耐《ふじ》（白山市《はくさん》）で新国を作り、五部族が別種高句麗としてそこで合流し、玄菟郡から逃げてきた高句麗王伊夷模《いいも》が王となった。魏に涓奴部出身の高句麗王位宮が滅ぼされる以前は、桂婁部出身の長を遡らせて編纂した訳である。玄菟郡から来た高句麗は、涓奴部出身の王であり、その高句麗王位宮の二四八年以前の史実はそのまま中国の史料に現出する。これに対して、位宮以前が名目上となる桂婁部の王の系譜を遡るとその建国は一五七年となる。

同様に、百済の建国は二倍暦で考えると一六七年のこととなる。また、新羅の王には朴・昔・金の三姓の系譜がある。新羅の暦法は南部の倭国の影響を受けて三倍暦が使用されていると考えられる。このような考え方をすると、新羅の建国は二三〇年となる。結果的に『三国史記』はずっと一倍暦が使用されたと解釈したために、いずれの建国年も西暦紀元前の年まで古くなり、新羅の建国年は百済や高句麗よりもかなり古くなっているのである。

高句麗・百済は三五一年以降に一倍暦、新羅・加羅諸国は三七四年以降に一倍暦となった。これ以降、『三国史記』の暦法は、東晋が使用していた景初暦《けいしょれき》（泰始暦《たいしれき》、永初暦《えいしょれき》）であろう。

したがって、紀元前後から二世紀の期間の遼寧省や吉林省における高句麗・百済前史は中国正史の資料に頼るしかない。二世紀末以降の『三国史記』の歴史解釈は二倍暦、三倍暦で再編纂して、中国の二世紀末以降の史実と対比しながらたどっていく必要がある。

†

【参照】資料「『三国史記』高句麗・百済・新羅国王などの即位年・在位年・即位修正年」二頁

公孫氏の支配した遼西郡・中遼郡・遼東郡・玄菟郡・楽浪郡・帯方郡

一七八年頃、伯固が死去して伊夷模が玄菟郡内で名目的な王となっていたが、公孫氏が遼東の主になって高句麗の情勢が動き出した。

後漢末になると漢王朝は大いに乱れ、それに乗じて中国東北部の遼寧省を中心に公孫度《こうそんたく》（一九一～二〇四年在位）の勢力が拡大することになる。公孫度は遼東郡襄平《じょうへい》（秦皇島市《しんこうとう》）の人である。この時の遼東郡は遼水（灤河）の東から涀水《ばいすい》（興城河）までであった。遼東郡の徐栄《じょえい》が董卓の中郎将になると、公孫度を遼東太守に薦めた。一八九年、公孫度は後漢により遼東太守に任命された。

公孫度は玄菟郡（撫順市）から自立した高句麗を討ち、遼東属国で勢力を張っていた烏桓を討ち、その威勢は海外（倭国など）にまで行き渡った。

一九一年、公孫度は後漢王朝が騒ぎ乱れていることを知り、親しい官吏の柳毅《りゅうき》と楊儀《ようぎ》らに語った。「漢の命運はまさに絶えんとす」と。公孫度は漢の遼東太守であるにもかかわらず、その郡国制を無視し、遼東郡を分けて遼西郡（旧遼東郡）と中遼郡（旧烏桓遼東属国）とし、太守を置いたという。そして遼河の東及び南に位置する楽浪郡（十八県）の北部半分を割いて新たに遼東郡を置いた。遼河を越えて東に史上はじめて遼東郡を置いたのである。これにより、後漢王朝の遼東郡はなくなり、公孫度が新しく設置した遼東郡が存在するようになった。太子《たいし》河流域から遼東半島千山《せんざん》山脈西部地域にかけての楽浪郡の北半分及び遼河流域以西の旧遼東郡六県が公孫氏の遼東郡となった訳である。この地域の西南部（旧含資・旧帯方・旧長岑《ちょうしん》県）では百済勢力が公孫度の支配下になった。百済の二代目の多婁《たる》王（東明王の孫、仇台《きゅうだい》、一八九～二一四年在位）には公孫度の娘が嫁いで絆を深めた。また遼西郡は、もともとの後漢王朝の遼西郡があったが、公孫度が支配していた遼東郡を遼西郡とした頃から同時代に双方の支配地域にそれぞれ一カ所ずつ、合計二カ所の遼西郡が存在することになる。

公孫度は遼東郡や遼水（灤河→遼河）の地名だけでなく、生まれ故郷の襄平も楽浪郡治（朝鮮県）に移し、新しい遼東郡治の地名としている。その地は現在の遼陽市付近である。

公孫度に伊夷模の高句麗が討たれたのち、伊夷模の兄である抜奇《ばつき》は、涓奴部の長とともに遼東の公孫康（二〇四～在位期間不詳）に降り、玄菟郡を脱出し卒本夫余の沸流水のほとりへと移り住んでいる。

■図15　204年頃の公孫康及び倭国周辺の版図

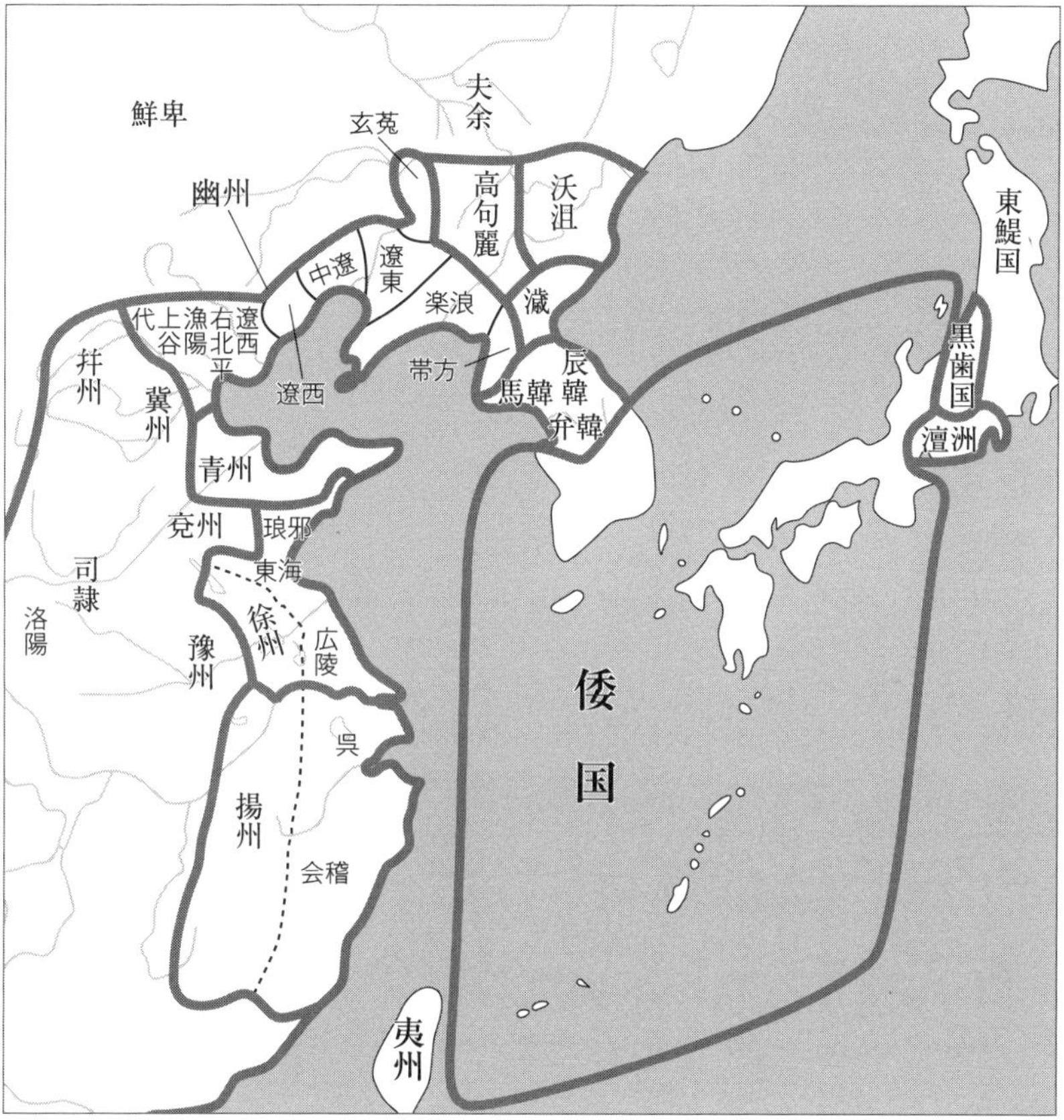

また伊夷模も玄菟郡を脱出し卒本夫余の不耐（白山市）で新しい国を作った。この頃、桂婁部の長には大祖《たいそ》大王《だいおう》（のちの諡《おくりな》）がついていた。この頃から高句麗の焦点は楽浪郡嶺東地方（卒本夫余）に移りつつあった。玄菟郡の高句麗住民も大挙卒本へと移り住んでいったと考えられる。『後漢書』高句麗伝も後漢の初期から末までに玄菟郡高句麗から別種高句麗へと移っていくので混乱しないように注意せねばならない。

　この前後の史実は、長文の訳文にはなるが『三国志』高句麗伝では次の通りである。

「（訳文）高句麗（撫順市）は公孫氏が新しく設置した遼東郡の郡境から東千里（白山市）にあり、

南は朝鮮（遼陽市）、濊貊（鴨緑江南流域）と、東は沃沮と、北は夫余と接する。丸都の下に都（白山市）し、土地は方二千里可り、戸三万。［中略］また小水貊有り。高句麗がはじめ国を作った時には大水（渾河）に依りて居住していた。西安平県（康平）の北に小水（招蘇台河）が有り、南流して（遼河に合流して）遼東湾にそそぐ。高句麗の別種は小水（卒本川、渾江）に依りて国を作った。よってこれを小水貊と為す。［中略］熹平中（一七二～一七七年）にも、伯固は玄菟郡に帰属を乞う。公孫度が海（渤海）東地域に勢力を伸ばすと、高句麗王の伯固は大加の優居、主簿の然人らを遣わして公孫度を助けて富山の賊を撃ちこれを破る。一八〇年頃、伯固が死んだ時、二人の子がいた。長男は抜奇、次男は伊夷模といった。抜奇は不出来だったので、国民は一致して伊夷模を王に立てた。伯固の治世の時から、高句麗はしばしば遼東を侵略し、また匈奴から逃げてきた者五百余家を受け入れていた。建安中（一九六～二二〇年）公孫康は軍を出して玄菟郡地域の高句麗を撃った。抜奇は兄なのに即位できなかったことを怨みに思っていた。長らくして、公孫康の時に降伏を申し出て、涓奴部とともに別種高句麗の沸流水のほとりに玄菟郡地域から移住した。すると、伊夷模も匈奴に裏切られ、別種高句麗の卒本川の上流（白山市）で新国を作った（建安中のことである）。今日（二六五年以降）、高句麗と在る所がこれであると言っている。

その後（建安中）、高句麗はまた玄菟郡を攻撃したものの、玄菟郡と遼東郡はこれを迎え撃ち、結局、公孫氏が玄菟郡を支配下に置くことになった（抜奇と伊夷模はほぼ同時に移住し、卒本夫余の別種高句麗地域で新たな国作りがはじまったのである。『三国志』高句麗伝の高句麗はこの別種高句麗を指すようになる）。

玄菟郡の高句麗は従来、絶奴部（白山市）から妃を出して子をなしていたが、涓奴部出身の伊夷模にはその子がなく、灌奴部（桓仁市《かんじん》）の女と密かに通じて子を作った。その子は位宮《いきゅう》と名づけられた。位宮は、二三八年、魏が大軍を率いて公孫淵《こうそんえん》（二二八～二三八年）を討った時には、主簿や大加に数千人を率いさせ魏の軍を助けた。

また、二四二年、位宮は西安平（康平）を略奪したが、二四四年、幽州《ゆうしゅう》長官の毋丘倹《かんきゅうけん》に破れ（沃沮に逃げた」とある。

位宮ののちに台頭したのが『三国史記』の桂婁部出身の次大王（二四八～二五八年在位）であり、この系譜を遡ったのが初代東明王から六代目大祖大王まで、その年代は一五七年から二四八年までである。位宮が高句麗を去ったあとに、名実ともに二四八年に高句麗王となった次大王は、『三国史記』の編纂では七代目となる。

ところで、楽浪郡朝鮮県（遼陽市）では、三〇年に王調《おうちょう》が反乱を起こし半年以上も占拠した。光武帝は、嶺東七県を廃止して濊人を県侯に任命して独立させている。この別種高句麗の五族は、県侯に任命された時期もあったのかもしれない。また、後漢初期の楽浪郡の統治は遼東半島沿岸部、鴨緑江河口部、平安道沿岸部の支配地域に限られていたのかもしれない。

公孫氏が台頭すると、二〇四年頃には、楽浪郡十八県のうち、北部六県には遼東郡が設置され、遼河以東にはじめて遼東の地名が移されている。平安南道西部の屯有県と昭明県を分割して、遼東郡設置の時に消滅した六県の地名をここに移し、新たに帯方郡を設置した。遼東郡の南の楽浪郡十県と帯方郡六県は公孫氏の支配下に収められた。しばらくして馬韓領域の西北端であった黄海北道の沙里院には公孫康によって南新県が増設され、帯方郡は七県となっている。沙里院では帯方郡から南新県に送られたとされる封泥《ふうでい》が発見されている。

第二次倭国時代

一八〇年頃～三六三年
邪馬台国朝（邪馬台国＝福岡・大分・熊本・長崎県）

「天御中主尊」時代から「天照大神」時代へ

『魏志』倭人伝には、「（訳文）倭人は帯方郡（郡治＝平壌市）から東南方向の大海の中（朝鮮半島南部や日本列島）に在る。山や島によって国境が分けられて国邑が作られている。燕・秦・前漢の時には（君主国が）百余国で構成されていた。後漢の時には（倭国から）朝見する者があった。今（西晋二六五～三一六年）、（倭国は）三十国ほどで国が構成されている」とある。

二〇四年に公孫康が遼東の主となり、その公孫康によって新たに帯方郡が設置されたものの、二三八年には魏が戦争によりこれを公孫氏から接収した。その帯方郡の領域は、平安南道と黄海北道西部及び黄海南道の北部地域で七県が設置されていた。卑弥呼もこの帯方郡を通じて魏と通交した。

韓は帯方郡治からみて帯方郡の南に韓の西端があり、帯方郡の東に韓の北端がある。その韓の領域は、今の黄海南道の南部、黄海北道の東部、江原道、京畿道、忠清北道であり、帯方郡治のほぼ東南に位置する。

伊弉諾尊が「天御中主尊」の在位時、倭国の盟主国はずっと奴国（福岡・大分県）であった。皇后の伊弉冉尊の死をきっかけに、神皇産霊尊勢力と高皇産霊尊勢力の争いが先鋭化し、神皇産霊尊勢力の離反によってその奴国朝政権を支える御三家体制の一角が崩壊しただけでなく、その屋台骨の盟主国の体制もぐらつき、その再建を図る必要が出てきていた。

そのため、伊弉諾尊は豊葦原の中つ国とも呼ばれていた盟主国としての奴国に、新たに火の国など（熊本県及び長崎県南部）を加え、本家勢力の増強を図った。伊奘冉尊の死によって伊弉諾尊の第一側室が皇后に格上げとなり、その親元である火の国が盟主国の一角に組み込まれたのである。また旧奴国地域では御本家の内紛が絶えなかったので伊弉冉尊が皇后であった時の、神皇産霊尊の影響が強くなった筑前の大部分を占める日向国を奴国から分離した。

第二側室（繰り上がって第一側室）の子である天忍穂耳尊の子が瓊瓊杵尊（伊弉諾尊の皇孫が瓊瓊杵尊）である。それは遠賀川流域を除く筑前地域（日向国）から神皇産霊尊勢力の影響を薄めるため、高皇産霊尊の血縁も強い瓊瓊杵尊をその王に封じたのである。

すなわち、伊弉諾尊は盟主国であった古い奴国から日向国地域（筑前中西部）を除き、火の国などを加え新たな邪馬台国へと再編したのである。邪馬台国の王を「天照大神」と呼ぶことになり、その伊弉諾尊は尊称を「天御中主尊」から「天照大神」と変更した。初代天照大神となった伊弉諾尊の崩御とともにその皇位を卑弥呼が継承し二代目天照大神となった。その継承と同時期に邪馬台国から不彌国（宗像・福津市）が分離され、素盞嗚尊の間接支配地として相続された。また、天忍穂耳尊が封じられていた遠賀川の地域など含めて、五人の皇族らによって統治されて伊弉諾尊を支えていた旧奴国地域は、卑弥呼の支配地域として相続された。

二代目「天照大神」となった卑弥呼を伊都国の高皇産霊尊（思兼尊）が主導して一八〇年頃倭国王に共立した。卑弥呼が邪馬台国王から倭国王となったことで、この時から倭国王のことを国内では「天照大神」と呼ぶようになったのである。

『魏志』倭人伝は、倭国三十余国の中で卑弥呼を共立した二十九カ国の諸国を女王国と呼称している。共立に賛同しなかったのは、遠い国々である。その国は東の狗奴国（大阪府・奈良県）、北西の狗邪韓国（全羅道、忠清南道）、南の侏儒国（奄美大島・沖縄本島）、裸国（先島諸島）の諸国である。しかし、これらの国々に対しても倭国が安定し、その体制が整うと同時に、皇族の中から新たな国王、もしくは補佐役をそれらの国に封じて、国内体制をさらに強化している。

ここで次に行く前に、一里は何ｍにあたるのか示しておきたい。帯方郡治から女王国境界まで一万二千余里が平壌市から欲知島《ヨクジ》まで九〇〇㎞であるので、単純に一万二千里で割ると一里は七五ｍになる。しかし、ここには一万二千余里とあるので、この余里を二五％にあたると考えれば、一里は六〇ｍにあたる。十余里では七五〇ｍということになる。したがって、ここでは一里を約六〇ｍとしたい。

邪馬台国の位置と帯方郡から狗邪韓国への行程

邪馬台国の位置は、これまでに記載された地理情報をどう理解し、どう解釈したかで多数の説が出現した。これからも『魏志』倭人伝の記述に信頼を置く限り、どう理解し、どう解釈したかを示しつつ、記載の本質に迫らざるをえないと思う。

記述順序にしたがって順次国々を経過する連続式よりも、伊都国から先が放射状式であると解釈している方式が、はるかにその次の国の位置が本来の国の位置に近いと思う。しかし、それでも国々の位置情報を正確に把握し処理していないため、解釈の結果は本来の位置から大きくずれてしまうのである。そのため、まずその前提として、基準となる先行の国の位置をなるべく正確に把握する必要がある。さらに、その次の国をどのような法則で指し示しているのか正しく理解する必要がある。私は壱岐国からどの国へも直接行くことが可能であり、壱岐国からその国への行き先が順次明示されていると考えた（壱岐国放射状説）。その手順で記述内容をまず壱岐国から見直す必要がある。

壱岐国の王都（原の辻遺跡）から邪馬台国の王都（主要港）には、南方向に水行すると王都に近い主要港に至る。具体的には二日（四八km）ほどで寄港できる港を選定していくと、壱岐国の印通寺《いんどうじ》港から平戸港、松島港、古里《ふるさと》港、牛深《うしぶか》港を経てその水行距離が十日で薩摩《さつま》川内《せんだい》港に着岸するか、長崎半島の古里港、有明海入口の口之津《くちのつ》港を経て有明海に入り熊本港に着岸するかのいずれかである。当時邪馬台国十カ国のうち五カ国が有明海に面しており、倭国王都が利用する主要港は熊本港付近であろう。そこから内陸に陸行一日の距離で倭国の女王が存在する所に到るのである。九州の沿岸一周の距離が四十日（九六〇km）であり、壱岐から九州を半周する水行距離二十日は宮崎県日南市油津《あぶらつ》港付近である。壱岐の王都から南のこの付近に投馬国の王都がある。

そして、壱岐王都から南の方向、水行距離が十日（二四〇km）の位置に邪馬台国の主要港がある。その港は白《しら》川河口、もしくは緑《みどり》川河口付近と考えられるが、ここではかつての緑川と加瀬《かせ》川合流付近の川尻《かわしり》港（熊本市）としたい。

この港から王都の位置は内陸へ陸行一日（約七～八km）の距離であるから現在の熊本市役所付近か、熊本県庁付近であろう。これが内陸へ陸行一月となると阿蘇山を通り越して大分県沿岸部に到達してしまう。その場合ははじめから東周りに向かって水行十日でたどり着く方が早い。これは位置の表示原則から単に陸行一月が陸行一日の間違いとわかる。また、邪馬台国の広さを考慮すれば、壱岐国から松島港（四日目）以降、古里港（六日

＜壱岐国放射状方式（自説）＞

<table>
<tr><th>国　名</th><th>先行国名</th><th>主要港の方向</th><th>水行距離</th><th>主要港比定地</th><th>陸行距離</th><th>王　都（中心地）</th></tr>
<tr><td>壱岐国</td><td>対馬国</td><td>南</td><td>千余里</td><td>印通寺港</td><td>（五十里）</td><td>壱岐市原の辻</td></tr>
<tr><td>末蘆国</td><td rowspan="6">壱岐国</td><td>（南）</td><td>千余里</td><td>伊万里川河口</td><td>（五十里）</td><td>伊万里市立花町</td></tr>
<tr><td>伊都国</td><td>東南</td><td>（千余里）</td><td>久里双水</td><td>五百里</td><td>佐賀市大和町</td></tr>
<tr><td>奴　国</td><td>東南</td><td>（千余里）</td><td>博多港</td><td>百里</td><td>春日市須玖岡本</td></tr>
<tr><td>不彌国</td><td>東</td><td>（千余里）</td><td>釣川河口</td><td>百里</td><td>宗像市東郷</td></tr>
<tr><td>投馬国</td><td>南</td><td>20日</td><td>油津港</td><td>（五十里）</td><td>日南市油津</td></tr>
<tr><td>邪馬台国</td><td>南</td><td>10日</td><td>川尻港</td><td>1日</td><td>熊本市県庁・熊本城</td></tr>
</table>

＊（　）内は省略されているので補足した数値。邪馬台国王都まで陸行1カ月は陸行1日の誤り

＜伊都国放射状方式（榎説）＞

国　名	先行国名	水行		陸行	
		水行方向	水行距離	陸行方向	陸行距離
壱岐国	対馬国	南	千余里		
末蘆国	壱岐国		千余里		
伊都国	末蘆国			東南	五百里
奴　国	伊都国			東南	百里
不彌国				東	百里
投馬国		南	20日		
邪馬台国		南	10日		1月

水行1日＝24km＝約330里
陸行1日＝8km＝約110里
1里＝300尺＝50歩＝約60m
1歩＝6尺＝約120cm
1尺＝和尺＝約20cm
1尺＝魏尺＝24.12cm
九州1周＝水行40日＝960km＝約1万3000里

■図16　帯方郡治から倭国王都までの行程

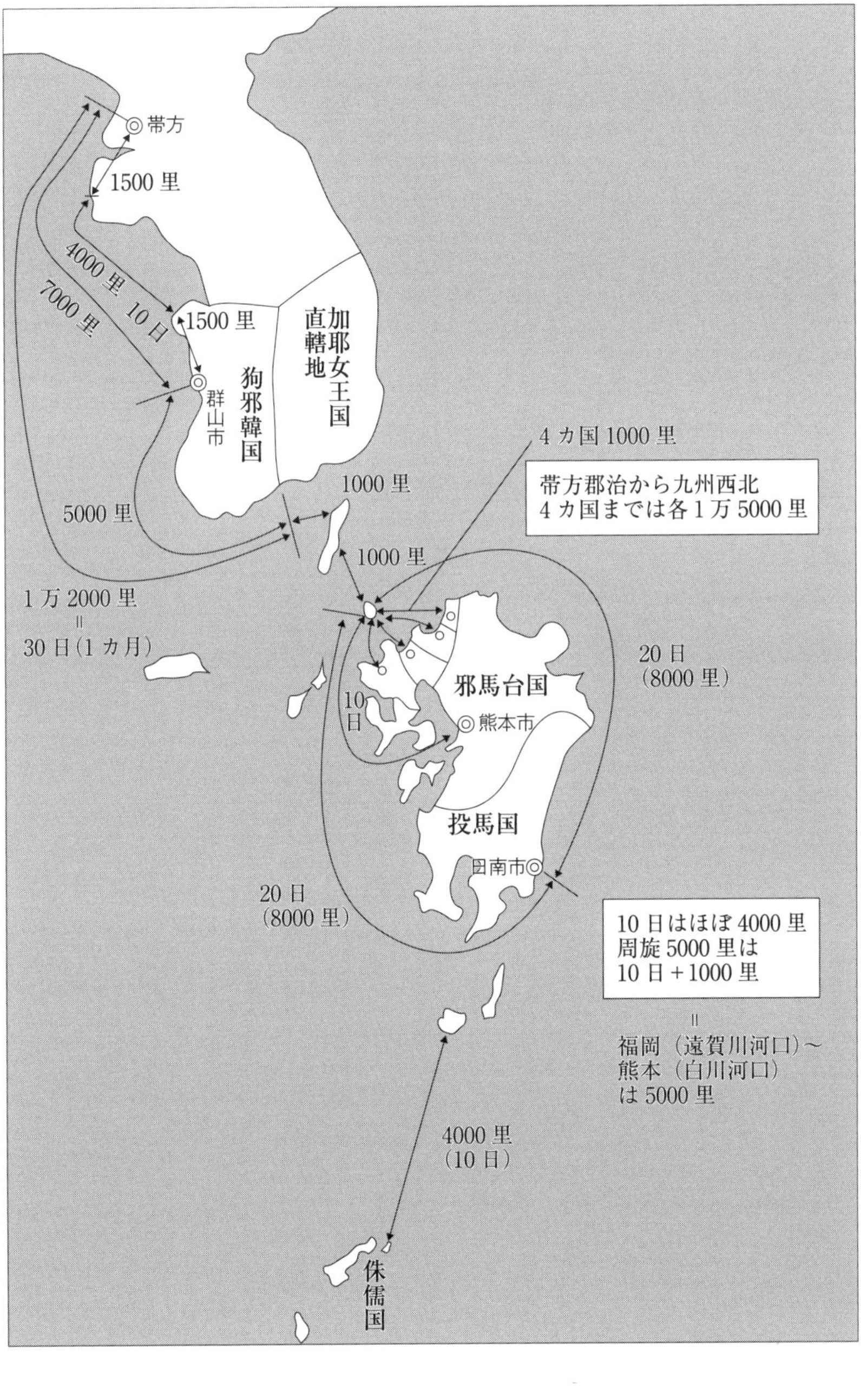

帯方
1500里
4000里　10日
7000里
1500里
狗邪韓国
加耶女王国
直轄地
群山市
5000里
1000里
1000里
4カ国1000里
帯方郡治から九州西北
4カ国までは各1万5000里
1万2000里
＝
30日(1カ月)
20日
(8000里)
邪馬台国
10日
熊本市
投馬国
日南市
20日
(8000里)
10日はほぼ4000里
周旋5000里は
10日＋1000里
＝
福岡（遠賀川河口）～
熊本（白川河口）
は5000里
4000里
(10日)
侏儒国

目）、口之津港（八日目）は既に邪馬台国内を進んでいる。

略載されている九州の諸国を地理的に三区分するとわかりやすい。すると、大国の戸数七万戸（約三十五万人）の邪馬台国が九州の中心地域にあって一区分。その南部が九州山地で分けられ、鹿児島・宮崎県地域に戸数五万戸（約二十五万人）の大国である投馬国が一区分。残りの九州西北部に中小国の末蘆《まつろ》国・伊都国・奴国・不彌国の四カ国が一区分となる。

帯方郡から壱岐国までの行程について『後漢書』と『魏志』の記述を要約してみると、『後漢書』には、「楽浪郡の徼（南部都尉のあった昭明県城、現平壌市）と邪馬台国の直轄地（慶尚道）の境界の距離が一万二千里（九〇〇km）、狗邪韓国の王都の北岸から楽浪郡の徼までの距離が七千余里（五二五km）」とある。また、『魏志』には、「帯方郡の郡治から狗邪韓国の王都の北岸までが七千余里」とある。

『後漢書』では邪馬台国の直轄地と狗邪韓国との境界（慶尚道と全羅道との境界）を基準に、そこから楽浪郡徼（昭明県城）までが一万二千里、狗邪韓国の王都から同じく昭明県城までが七千余里である。『魏志』では帯方郡治（帯方県城）から狗邪韓国の王都（群山市）の北岸までが七千余里、帯方郡治（帯方県城）から女王国と狗邪韓国の境界までが一万二千余里である。楽浪郡の昭明県城と帯方郡の帯方県城は同じ位置である。一万二千里も一万二千余里のいずれも基準地点が同じなので余里があってもなくても実距離は約九〇〇kmであった。またどちらの七千余里も同じく五二五kmである。またこの七千里は前項で述べたように、帯方郡の国境から郡治の平壌市まで一五〇〇里、狗邪韓国の西北端から王都の群山市までは同じ一五〇〇里ほどであろう。一五〇〇里は約一一〇kmである。

群山市北岸から邪馬台国の直轄地（慶州道）の境界である南海島もしくはその南東の欲知島まで五千里（三七五km）、欲知島や巨斉島《コジェ》から対馬まで千余里（六〇～七五km）。これらから、帯方郡治の平壌から対馬までは約九六〇㎞。これは九州の沿岸一周の距離四十日に匹敵する。『魏志』倭人伝の帯方郡より倭に至るとは、郡治から倭国の狗邪韓国西北端（忠清南道）を指す場合もあるが、ここでは王都に近い主要港までを指し、その方向（あるいは南し、あるいは東しとあり、一般方向は南東）が示されている。その北岸に到るとあるので、郡治から狗邪韓国の主要港までの水行距離と王都までの陸行距離（省略される五十里以内）とを加算した七千余里が記載されている。

用語の使用については、方向について「至」が用いられ、狗邪韓国の主要港までの水行距離とその王都の北岸から王都の中心まではわずかな陸行距離には「到」が使用されている。これ以降の文では、先行国の王都から次の国の主要港までの方向、水行距離の要素をもって「至る」が用いられ、「到る」は主要港から王都まで陸行距離の要素をもって示していると受け取れる。

また、帯方郡の境界はどこかを考えてみると、大同江の河口南にも帯方郡の県が設置されているので、その南境界は郡治の平壌から一五〇〇里ほどであり、黄海南道の南大川《ナムテチヨン》付近であろう。この境界を通過して西南方向に進み、長山串をぐるっと回って東南方向に進路を取り、巡威《スンウイ》島の南端から東に進み甕津《オンジン》郡延坪《ヨンピヨン》島を経て東南方向の徳積《トクチヨン》群島に向かうか、東方向の江華《カンフア》郡西島面の島々に向かうかのいずれかであろう。そこから狗邪韓国の西北である北端の忠清南道唐津郡大蘭芝《テナンジ》島から泰安《テアン》郡西北沿岸方向に進む。泰安半島と賈誼《カイ》島の間を通過して進路を東南に取り群山市の北岸に到達する。

郡治から群山市までの七千余里のうち、倭国の西北端から群山市までが一五〇〇里ほどであり、韓国（馬韓）の西海岸が四千里ほどであろう。

■表5 『魏志』倭人伝の倭国各国までの行程

区分	右段：倭人伝本文の記述内容［（ ）内が省略記述］ 左段：解釈内容［（ ）内は補足］	備考
1	郡（治）より海岸にしたがいて水行し、韓国をへて、あるいは南し、あるいは東し、倭（忠清南道西北端）に至る。（郡治から水行して）七千余里で、狗邪韓国（の王都の）北岸（主要港）に（陸行五十里以内で狗邪韓国王都に）到る 郡治（平壌市）から○○方向（一般方向は東南）へ行くと倭（忠清南道西北端）に至る。郡治（平壌市）から水行七千余里（五二五km）行くと狗邪韓国の王都（群山市）の北岸（主要港）に（陸行五十里以内で狗邪韓国王都に）到る	方向は郡治が起点、北岸が終点。水行距離は郡治が起点、北岸が終点。陸行距離は北岸が起点、王都が終点
2	始（南）、渡一海千余里、対馬国に至る（陸行五十里以内で対馬国王都に到る） 麗川郡と南海郡の境界付近（欲知島）から○○方向（南が省略）へ、水行千余里（六〇～七五km）行くと対馬国（の沿岸）に至る。陸行五十里（三km）以内で対馬国王都（豊玉）に到る	乗船南北市糴
3	南、渡一海千余里、名曰瀚海、一大国に至る（陸行五十里以内で一大国の壱岐国王都に到る） 対馬国王都（豊玉）から南方向へ、水行千余里（六〇～七五km）行くと一大国の主要港（印通寺港）に至る。陸行五十里（三km）以内で一大国の王都（原の辻）に到る	亦南北市糴
4	（南）、又渡一海（千余里）、末盧国に至る（陸行五十里以内で末盧国王都に到る） 一大国の王都（原の辻）から南方向へ、水行千余里（六〇～七五km）行くと末盧国主要港（伊万里川河口）に至る。伊万里川河口から陸行五十里（三km）以内で末盧国王都（伊万里市役所）に到る	＊壱岐国放射状式解読法。方向は原の辻が起点
5	東南、（又渡一海千余里）、（伊都国に至る）。陸行五百里で伊都国（王都）に到る 一大国の王都（原の辻）から東南方向へ、水行千余里（六〇～七五km）行くと伊都国主要港（久里双水）に至る。久里双水から陸行五百里（約三〇km）で伊都国王都（佐賀市大和町国府跡）に到る	水行距離は壱岐海岸（印通寺港）が起点。方向・水行距離の終点（至る）は各国の主要港
6	東南、（又渡一海千余里）、奴国に至る。（陸行）百里で（奴国王都に到る） 一大国の王都（原の辻）から東南方向へ、水行千余里（六〇～七五km）行くと奴国主要港（博多港）に至る。博多港から陸行百里（六km）で奴国王都（須玖岡本）に到る	陸行距離の起点は主要港。終点は王都

7	東行、（又渡一海千余里）、不彌国に至る。（陸行）百里で（不彌国王都に到る）	一大国の王都（原の辻）から東方向へ、水行千余里（六〇〜七五㎞）行くと不彌国の主要港（釣川河口）に至る。釣川河口から陸行百里（六㎞）で不彌国王都（東郷）に到る	
8	南、投馬国に至る。水行二十日、（陸行五十里以内で投馬国王都に到る）	一大国の王都（原の辻）から南方向へ、水行二十日（四八〇㎞）行くと投馬国主要港（油津港）に至る。油津港から陸行五十里（三㎞）以内で投馬国王都（日南市）に到る	一月は一日の誤り
9	南、邪馬台国に至る。女王の都する所に水行十日、陸行一月（で到る）	一大国の王都（原の辻）から南方向へ水行十日（二四〇㎞）行くと邪馬台国主要港（川尻港）に至る。川尻港からから陸行一日（約八㎞）で邪馬台国王都＝倭国王都＝女王居所に到る	
10	郡（治）より（水行して）女王国（の国境）に至る。万二千余里	郡治（平壌市）から韓国、狗邪韓国王都（群山市）をへて（一般方向は東南）方向に行くと女王国（の国境）に至る。郡治（平壌市）から水行万二千余里（九〇〇㎞）で女王国（の国境）＝（欲知島）に到る	水行距離は郡治が起点。狗邪韓国と女王国直轄地との境界が終点

壱岐から水行距離千余里の四カ国

『魏志』倭人伝に「（訳文）対馬から南に一海を渡ること千余里、名を瀚海《かんかい》という。一支国に至る」とある。方向や距離は対馬のどこから壱岐のどこを示しているのか。

『魏志』倭人伝は各国の位置を漠然と示している訳でなく、何らかの基準を持っているはずである。対馬への起点として考えられる場所は、王都・出港地点・両国最短距離となる地点（突端）などがある。誤差の範囲内で大差のないものを省略して整理していくと、方角の南とは対馬国の王都から一支国の王都に近い主要港までを示している。水行距離の千余里とは対馬の王都に近い主要港から一支国の王都に近い主要港までを示していると考えてよい。

方角は四分法で南、八分法で東南であるため、ここでは四分法で示されていることになる。四分法では北を〇度として、東が九〇度、東南が一三五度、南が一八〇度として、東は四五度から一三五度の方向、南は一三五度から二二五度の方向にある。もし対馬の王都から一支国の王都までが一三五度の東南であれば、四分法では東も南も正しいことになる。この場合、最終的には感覚的に捉え、どちらかを選択しているだけにすぎない。『魏志』倭人伝では、南に九州の政権があった時代なので、南へ、南へと向かう感覚だが、『隋書』倭国伝では大和の地方政権にも足を運んでいるので、東へ東へと向かう感覚になる。『隋書』では都斯麻《つしま》国から一支国へは東へとなっている。

しかし、一支国から九州北西部の四カ国の中小国へは、方角が八分法で示されている。より詳しく示す必要があるためである。また、二つの国が東南（一一二・五度から一五七・五度）で示されている。

このような考え方で末盧国、伊都国、奴国、不彌国の倭人伝四カ国の記述をたどってみたい。

一支国から末盧国

「（訳文）また一海を渡る千余里、末盧国に至る」とあり、方向が示されていないが、これは前文の対馬から一支国への方向、距離を受けて、方向が同じであり、「南北に市糴《してき》する」とあるので南を省略したのである。また次の三カ国へは水行距離が同じ千余里となるのでこれも省略している。そのため、地理情報の要素としては、次の三カ国へは方向・水行距離千余里と港に着いてから王都までの陸行距離を加えて記述しているのである。

四カ国の具体的な位置を特定していくと、まず末盧国の王都に近い主要港は一支国の王都からほぼ南である。

印道寺港から馬渡島《まだら》、向島《むく》の近海を経て、東松浦半島と北松浦半島の間の入り江にある鷹島と福島の間を通りぬけ、伊万里湾の奥、伊万里川河口に至る。その河口の港まで水行距離千余里（約六〇～七五㎞）である。ここから陸行五十里（三㎞）以内で末盧国の王都に到着する。その王都は伊万里市役所付近であり、腰岳《こしだけ》（標高四八八m）以北の裾野にあたる。末盧国の範囲は伊万里市を中心に東松浦半島、北松浦半島、平戸、五島列島などの地域である。戸数は四千余戸（人口二万から二万五千人）。

ところで、腰岳は武具に必要な黒曜石が採れた所で有名である。伊万里の諸港は邪馬台国主要港との中継地にも位置している。また、五島列島では隼人との交易も窺われる。奄美諸島とともに五島列島は遣唐使の寄港地にもなっていたが、それ以前から黒潮と季節風を利用した華中、華南との交易の中継地の役割があったのかもしれない。

一支国から伊都国

「(訳文）東南へ、水行千余里、陸行五百里にして伊都国に到る」という意味であり、一支国の王都から伊都国の王都に近い主要港へは東南（一四〇度）方向である。印道寺港から東松浦半島の東岸沿いに東唐津方向（東南）に進み松浦川河口の久里・双水付近の港に至る。水行距離千余里（約六〇～七五㎞）。ここには一大卒の役所がある。伊都国の王都はここから内陸に陸行五百里（約三〇㎞）の所である。国道二〇三号線沿いを東南に小城市を経由して、さらに県道四八号線（佐賀外環状線）を東に進み佐賀市大和町の嘉瀬川《かせ》を渡ると佐賀市大和支所付近に到着する。佐賀市大和町久池井《くちい》・尼寺《にいじ》の肥前国府跡付近である。ここが伊都国の王都である。伊都国の範囲は佐賀県領域から末蘆国の領域、松浦川以西の領域を除く地域である。千余戸は伊都国の戸数でなく、一大卒のある領域の戸数で、伊都国の戸数は『魏略』の通り万余戸（人口約五万人）であろう。

伊都国は北に脊振山地、東に筑後川、南を有明海及び多良岳山系で分けられて境界を成し、西は松浦川及びその流域の分水嶺で末盧国との境界をなし、東唐津は、九州沿海地や朝鮮半島との窓口として開けている。王都の東には古くから吉野ヶ里の環濠集落が防塞拠点となり、邪馬台国との中継拠点として発達している。伊都国は国常立尊によって高皇産霊尊が封じられた国であり、いくつかの邑《むら》によって構成されている。高皇産霊尊は代々継承され、卑弥呼の時代は伊都国王都では思兼尊がそれを継承していた。卑弥呼が久留米市で倭国を統治していた時代には、佐賀市北部に居住していた思兼尊にとって吉野ヶ里の地がその中間拠点として重要な役割があったと考えられる。伊都国はいくつかの邑で構成されており、吉野ヶ里は有力な邑長があてられたと推察される。

一支国から奴国

「(訳文) 東南へ、水行千余里で奴国に至り、陸行百里で王都に到る」という意味である。一支国の王都から奴国の王都に近い主要港へは東南（一一五度）方向である。印道寺港から糸島半島と玄界島の間の音無瀬戸を進み、福岡湾から志賀島と能古島の間を抜け、博多湾に入り、須崎にあった笠沙《かささ》の岬を通過し櫛田神社から住吉神社付近の港（小戸）に到着する。水行距離千余里（約六〇〜七五㎞）である。ここから内陸方向に陸行百里（約六〜七・五㎞）で奴国王都に到着する。王墓とされる遺跡が発見された福岡県春日市須玖・岡本付近である。奴国の範囲は筑前西北部である。脊振山地と三郡山地に囲まれた福岡平野である。糸島・早良・筑紫・糟屋の四郡が含まれる。御笠川、那珂川、室見川が博多湾にそそぐ。二万余戸（人口約十万人）がいたとされる。

一支国から不彌国

「(訳文) 東行し、水行千余里で不彌国に至り、陸行百里で王都に到る」という意味である。一支国の王都から

■図17　九州西北の国々と周旋5000里

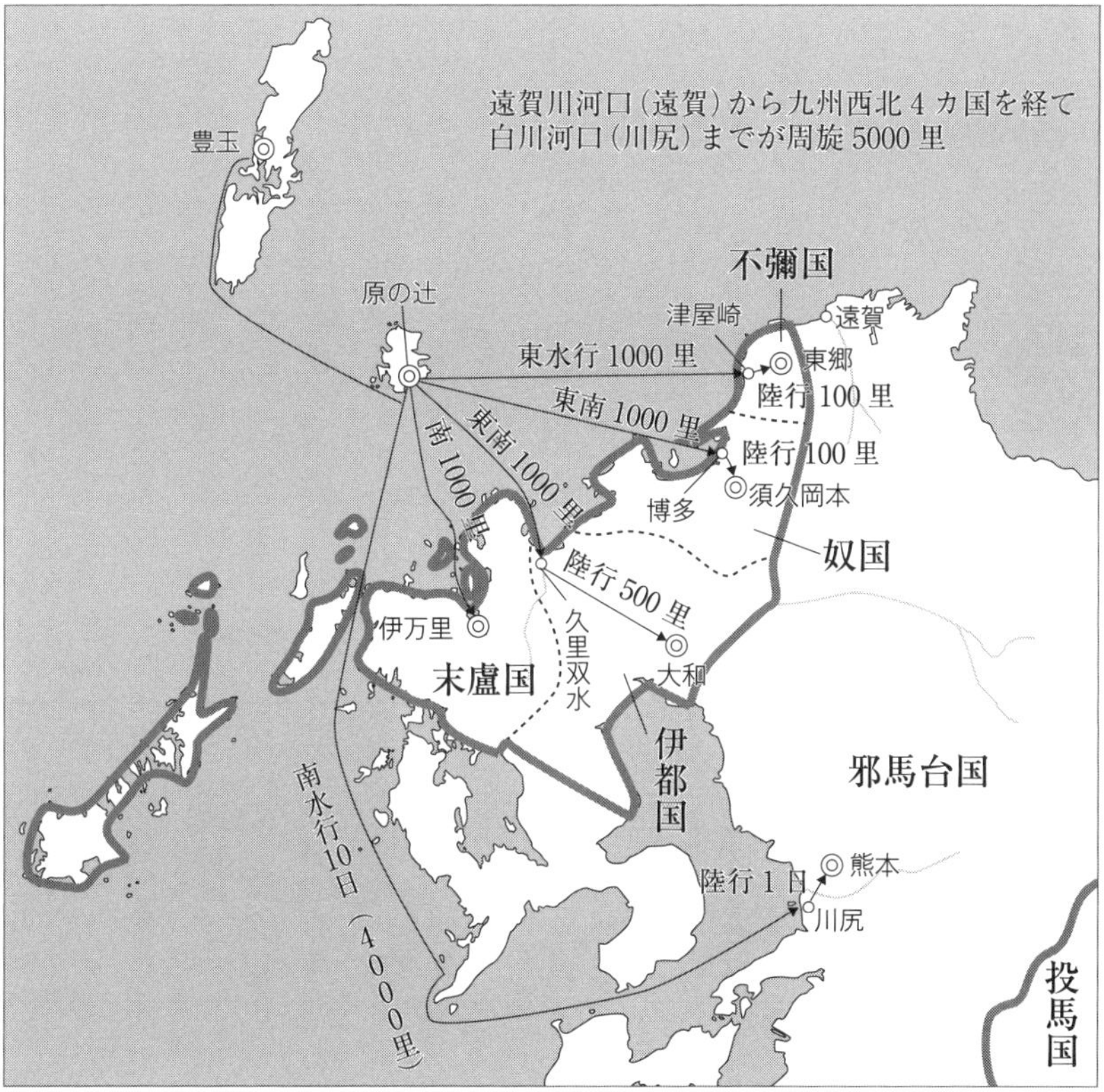

不彌国の王都に近い主要港へは東（九○度）方向である。印道寺港から東方向に水行し、水行距離千余里（約六○～七五km）で津屋崎《つやざき》の港に至り、王都へはここから内陸に陸行百里（約六～七・五km）でＪＲ東郷駅付近、もしくは釣川河口の港に到着後、釣川沿いに陸行百里で宗像市役所付近であろう。不彌国の範囲は旧宗像郡、今の宗像市と福津市の地域である。

　これら一支国から九州北西部に渡る四カ国は、それぞれ間接的には邪馬台国の玄関口でもある。それぞれの国は邪馬台国の隣国である。かつ一支国から水行一五○○里もあれば、東周りで邪馬台国領域の遠賀へ直接、容易に到着できる。

　『魏志』倭人伝には、「（訳文）倭の地を参問するに、絶えて、海中、洲島の上にあり、あるいは絶え、あるいは連なり、周旋、五千余里ばかりなり」とある。

これは四カ国に邪馬台国を加えて五カ国の倭国の表玄関を巡る地理的形状とその距離が記述されている。一支国から邪馬台国の表玄関口の港まで十日（四千里）、一支国から不彌国の玄関口の港まで千余里である。一支国に寄らなくて、邪馬台国の川尻、末盧国の伊万里、伊都国の久里・双水、奴国の小戸、不彌国の釣川河口または津屋崎のそれぞれの玄関口である港を遠賀川河口の岡田の港まで巡れば、彼らが実感する地理的特性とその距離が五千余里（三〇〇km余り）であることは重要な地理情報である。元寇の時も伊万里湾入口の鷹島や博多湾岸に押し寄せて来て、この二千里の沿岸地域は特に戦禍が及んでいる。

盟主国としての邪馬台国

伊弉諾尊によって邪馬台国の政権基盤が造られたことによって、それを継承した卑弥呼は邪馬台国王から倭国王に共立された。当初、その卑弥呼は高皇産霊尊である思兼尊を後見人として、その助言を得ながら倭国の国造りをはじめた。素戔嗚尊は中央政権で統治を担うことからは追放されたものの、地方における国造りの上からは中央の卑弥呼と協調関係にあった。倭国三十余カ国の一つである中国地方の斯馬国に封じられて、素戔嗚尊は重要な一端を担って国造りに励むことになった。また、奴国朝時代に「天御中主尊」の直轄地となっていた四国、山陽道諸国の領域は二代目「天照大神」の卑弥呼が倭王に共立されると同時に、そのまま直轄地として引き継がれた。その倭王の政治が安定すると、倭国の東南端である伊勢・斯摩には猿田彦を封じ、奈良・大阪地域の肥沃な土地（狗奴国）には瓊瓊杵尊の弟である饒速日命《にぎはやひのみこと》を封じて国造りにあたらせた。また、海北の加耶の直轄地は引き続きその運営を伊都国が担い、狗邪韓国は素戔嗚尊の子が王となっていた。

　九州本島には、その北西部に中小の四カ国が配置され、東南部には大国の投馬国が配置された。その中間の中央部に大国の邪馬台国が位置している。その邪馬台国領域は十カ国の領域に区分され、それぞれ近親の皇族らが封じられた。

　邪馬台（壹）国の「壹」の字にはいくつかの漢字があてられている。壹の字は十を意味しており、邪馬台国が十カ国で構成されていることが類推できる。壱国の場合はヤマト三十余国のうち第一の国という意味であろう。また台国の場合は、台座に座る最も位の高い人（王）、お台（臺）様のいる国ともとれる。

　その邪馬台国の各国に封じられている皇族は、天忍穂耳尊、天穂日命、天津彦根命《あまつひこねのみこと》、活津彦根命《いくつひこねのみこと》、熊野橡樟日《くまのくすび》命《みこと》、雷神《いかづちのかみ》、大山祇神《おおやまつみのかみ》、高龗《たかおかみ》らである。王都が位置した白川・緑川流域には卑弥呼の弟の月読尊《つくよみのみこと》が封じられ、卑弥呼による統治の後半期は月読尊が倭国の国造りを助けることになる。

　男系男子が継承する皇統で、男系女子である女王への継承は、その紛争の一時的棚上げでもある。卑弥呼の時、その棚上げの期間は六十年ほども続いたが、結局大国主尊が三代目に名乗りを上げて、戦争によって皇位と政権を奪取した。大国主尊に比べれば伊弉諾尊にもっと近い皇位継承の条件を満たす男系男子はほかにも多数いたが、血縁者（実子）が多すぎて内輪もめしていたのである。伊弉諾尊の正妻の子であった素戔嗚尊の娘婿が大国主尊である。その大国主尊は天御中主尊から分かれた神皇産霊尊の六代孫である。皇統が分岐した国常立尊まで遡って、初代神皇産霊尊の六代孫の大国主尊が皇位を継承したのである。伊弉諾尊の側室の子には、月読尊や天忍穂耳尊をはじめ、面足尊《おもだるのみこと》の子孫にも皇位継承候補者が当時多数いたのである。

　四代目の皇位継承においては、最も妥当な初代「天照大神」である伊弉諾尊の男系男子たる月読尊の孫娘（宗女）、台与《とよ》が男系女子として再び紛争の一時棚上げとして継承された。しかし、このあとは安定的に月読尊の男系男子によって「天照大神」の皇位継承が実行されていったのである。

この盟主国の邪馬台国の名称の由来はどうなっているのか。統一国家全体の領域のことをずっと「ヤマト」と称しているが、「邪馬」がその「ヤマト」のことを表示している。繰り返すことになるが、「台国」はヤマトの盟主国王がいる国のことを指す。台様は台に座る王のことを指す。また邪馬壱国の表記もあるが、これは壱国がヤマトの全構成国の第一の国を指しており、まさしく盟主国のことを意味している。ヤマトの呼称は我が国が二千年以上の長きにわたって呼び名としている国名である。このヤマトには倭や日本の漢字を用い、音はヤマトと発する。この「ヤマト」に「邪馬」の漢字をあてたのが『魏志』倭人伝などの中国正史である。

盟友国としての投馬国

投馬国の王都に近い主要港は壱岐の王都から南方向である。水行距離二十日（九州を壱岐から南周りでも東周りでも二十日）で日南市油津港付近に至る。さらに壱岐の港から原の辻遺跡までの距離を参考にすれば、内陸に陸行二十五里から五十里（約三km以内）ほどの距離が油津港から投馬国の王都に到る陸行距離である。

投馬国は大国であり、その領域は宮崎・鹿児島県域にわたる。人口二十五万人（五万戸）ほどである。

壱岐から投馬国の国境までは、南周りであれば十日でその西北の出水《いずみ》郡に至り、東周りであれば十日でその東北の臼杵《うすき》郡に至る。投馬国の王都からその距離を測れば邪馬台国の東北、西北それぞれの国境（沿岸部）までは、どちらも水行距離十日ほどである。九州の周囲を四等分した距離であり、それらを合計すると四十日、九六〇kmとなる。投馬国の南端には種子島と屋久島がある。投馬国は卑弥呼を共立した女王諸国の一つであって邪馬台国の南にある。

女王国の南とは、投馬国の南の意味でもある。したがって、女王国の南四千里とは種子島・屋久島の南四千里（約二四〇㎞）の位置づけである。そこには奄美諸島があり、そこが侏儒国の位置なのである。喜界島に王都があったともいわれている。その南には沖縄本島や先島諸島があるが、沖縄本島は侏儒国に含まれるのではないだろうか。最南端には裸国があり、先島諸島が含まれている。ここは大陸や南方諸島との中継地となっている。

種子島・屋久島の南には黒潮が流れ込み、ここから分岐して九州東岸沖を北上する流れと九州西岸沖を北上する流れとなる。その黒潮はフィリピンのルソン島の東から台湾の東を北上し、太平洋から八重山列島を横切って東シナ海に入り北上して投馬国南岸で分岐しているのである。投馬国は侏儒国・裸国など南方諸国、太平洋沿岸諸国、瀬戸内沿岸諸国、九州西北岸諸国などとの交易で黒潮の恩恵を受けている。投馬国はその造船と航海技術をもって交易が発展したと考えられる。

ＢＣ四世紀までには、筑紫国によって九州・中国・四国及び全羅道・慶尚道・京畿道・黄海道などが君主国に統一された。この時期九州南部においても天御中主尊の皇統による皇族の王が封じられた。その後世襲化し筑紫国とは盟友国となっていた。投馬国は別名海神国と呼ばれ、交易は君主国内だけでなく、中国の華中・華南地域まで及んでいた。ＢＣ二世紀の南越国に由来する玉璧《ぎょくへき》が串間の王墓から出土した。後漢末、倭国政権をはじめ、投馬国（海神国）、狗奴国、澶洲などは呉とも関係を持っていた。

三世紀後半以降、福岡県西北部に封じられていた日向国（日向国は奴国から分離されたが、もともと奴国の中心地であったので分離後も日向国のまたの名を奴国と呼称したのであろう）の彦波瀲武鸕鷀草葺不合尊《ひこなぎさたけうがやふきあえずのみこと》が、神武東征を機会にその妃の出身領地である宮崎・鹿児島県域の投馬国に国替えを命ぜられた。また不彌国の海幸彦の子も投馬国に国替えとなった。その時、投馬国王都では妃の兄弟である彦高見命《ひこたかみのみこと》が統治にあたっていたと考えられるので、投馬国の地方にあたる大隅、薩摩、臼杵などに配置させられたのであろう。その後、投馬国は日向国と称するようになった。元の日向国（筑前）に築かれた瓊瓊杵尊の御陵は薩摩川内市の可愛山陵《えのみささぎ》に移され、高霊は霧島神宮に祀られている。山幸彦の御陵は霧島市の高屋山上陵《たかやのやまのえのみささぎ》に移設され、円墳が築かれている。その高霊は隼人町の鹿児島神宮に祀られている。彦波瀲武鸕鶿草葺不合尊とその妃の玉依姫《たまよりひめ》は国替えあとにしばらくして薨じ、その地である鹿屋市に御陵（吾平山上陵《あひらのやまのえのみささぎ》）が築かれ、その高霊は宮崎県の鵜戸《うど》神宮に祀られている。

ところで、高千穂への天孫降臨は稲作地帯での出来事である。高千穂の稲の神霊が高く、千々に稔る稲穂の上に降下する。これは初代「天照大神」（伊弉諾尊）が日向国に瓊瓊杵尊を封じる時の風景である。この日向国の源郷は南九州というよりも二世紀の筑前、高祖山《たかす》（高千穂）西側平野の稲作地帯の風景から発せられていると思う。

四代目天照大神（台与）によって南の投馬国へ国替えを命ぜられた彦波瀲武鸕鶿草葺不合尊及び海幸彦の子などが、旧日向の故郷の山河を偲んで、封じられた国郷のよく似た山河にその地名をつけたと考えられる。彼ら及びその子孫、すなわち、日向国の人々はその後、隼人と呼ばれ、地区別には阿多《あた》隼人、大隅隼人、日向隼人、多《た》禰《ね》隼人、甑《こしき》隼人とも呼ばれている。八世紀にこの地は大和政権によって日向国、大隅国、薩摩国に三分割されて統治されるようになった。

その余の傍国二十一カ国と狗奴国及び澶洲以東の特定

その余の傍国二十一カ国及び狗奴国については、その記述の直前に「（訳文）女王国より以北、その戸数・道里は略載することができたが、その余の傍国は遠絶であるので詳細な情報を得て記述することができない」とある。朝鮮半島の倭人の地域や九州の戸数や里程のことは記述されているが、それよりも遠い中国、四国、北陸、近畿のことは国名のみ記述されている。この二十一カ国の記述順序についてはその地名から規則性が認められる。斯馬国（出雲・万見・安芸・周防・長門）、己百支《おほき》国（伯耆《ほうき》）、伊邪《いな》国（因幡）、都支《たじ》国（但馬）、弥奴《みな》国（丹後）、好古都《ここつ》国（丹波）、不呼《ふわ》国（近江・若狭・越前）、姐奴《しやな》国（加賀・能登・越中）、ここまでの八カ国は日本海側の山陰を西から東へ順に記載されている。対蘇《とさ》国（土佐）、蘇奴《そな》国（伊予）、呼邑《あわ》国（阿波）、華奴蘇奴《かなそな》国（讃岐）、鬼《き》国（紀伊）、ここまで五カ国は太平洋側の南海道を西から東へほぼ順番に記載。為吾《いご》国（備後）、鬼奴《きな》国（備中）、邪馬《やま》国（備前）、躬臣《きゆうしん》国（西播磨）、巴利《はり》国（東播磨）、支惟《しい》国（西摂津）、烏奴《うな》国（中摂津）、奴《な》国（山背）、ここまでの八カ国は瀬戸内海側の山陽道を西から東へ順に記載されている。この最後の奴国は京都府の山城地方のことであり、女王の境界の尽きる所とある。この奴国は女王を共立した諸国の山陽道沿いの最も東の国である。その南にある和泉・河内・大和の地域が狗奴国である。すなわち、瀬戸内海東端の大阪湾に面した国が狗奴国である。

『後漢書』倭伝にも「（訳文）女王国より東のかた、海を渡ること千余里にして、狗奴国に至る」とある。淡路島や徳島県から河内や和泉まで千余里（約六〇～七五㎞）の距離に狗奴国が位置しているのである。伊弉諾尊と伊弉冉尊の時代の国造りは、倭国東端の淡路島を基盤にして狗奴国の領域化が主眼であったので、これが国生み神話に転化したのであろう。『魏志』倭人伝、『後漢書』倭伝の両方に狗奴国は倭国の東端に位置していると記載されている。

伊弉諾尊・伊弉冉尊の国造りは狗奴国の領域を中途に残して崩じていったが、二代目天照大神が共立され、まもなく瓊瓊杵尊の弟の饒速日命を狗奴国の王に封じている。しかし、二代目天照大神（卑弥呼）の晩年に皇位継

■図 18 邪馬台国朝の倭国構成国及び東国の特定

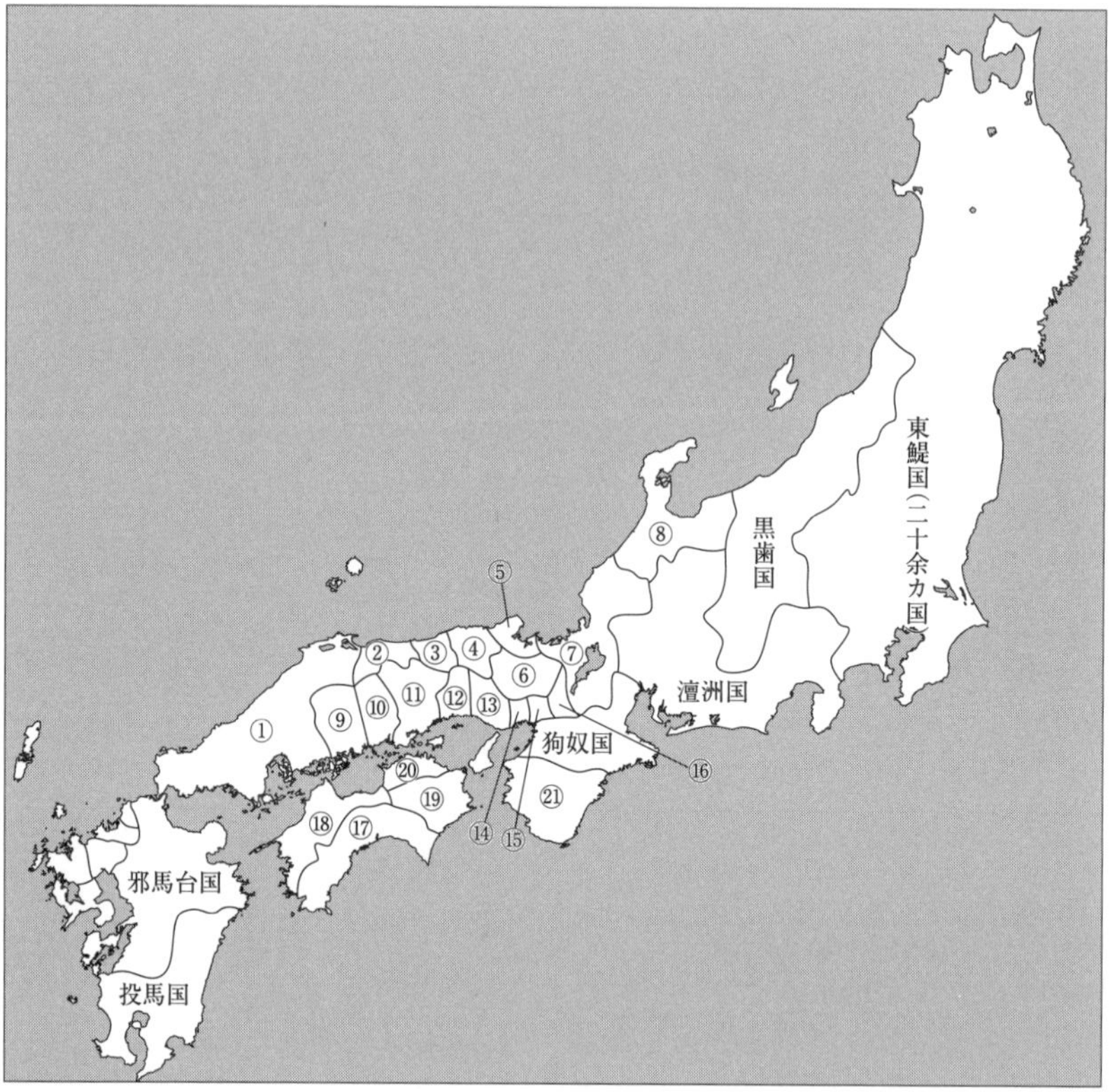

グループ名	国　名				
海　北	狗邪韓国	女王直轄地			
西海道	対馬国	一支国	末盧国	伊都国	奴国
	邪馬台国	侏儒国	裸国		
山陰・北陸道	①斯馬国	②已百支国	③伊邪国	④都支国	⑤弥奴国
	⑥好古都国	⑦不呼国	⑧姐奴国		
山陽道	⑨為吾国	⑩鬼奴国	⑪邪馬国	⑫躬臣国	⑬巴利国
	⑭支惟国	⑮鳥奴国	⑯奴国	狗奴国	
南海道	⑰対蘇国	⑱蘇奴国	⑲呼邑国	⑳華奴蘇奴国	㉑鬼国
東海・甲信越	澶洲国	黒歯国			
東日本	東鯷国（二十余カ国）				

承問題が生じた際には、狗奴国の饒速日命の子（狗東彦《くこちひこ》＝東彦《こちひこ》、可美真手命《うましまでのみこと》）は、斯馬国の大国主尊を立てて、九州遠征して皇位継承戦争を生起させている。その後、三代目天照大神は内乱で政権が瓦解し、斯馬国の国譲りが行われ、四代目天照大神（台与）の命によって、狗奴国に対して神武東征が行われた。

海中と海外

「海中」という言葉は『漢書』地理志の中に「（訳文）楽浪海中に倭人あり、分かれて百余国となす」と出てくる。楽浪郡は太子河流域以南、遼東半島や平安道が含まれる。この楽浪郡は渤海や黄海に面している。海中とは渤海、黄海、東シナ海を囲む地域、すなわち、華北・華中の沿岸部、遼寧省、朝鮮半島、西日本、南西諸島、台湾を指す。楽浪（郡）海中、会稽（郡）海中、東海（郡）海中、倭国海中、夷洲海中など、どこを起点としても環渤海・黄海・東シナ海の地域を指す。したがって、楽浪海中に倭人ありとは、朝鮮半島、西日本、南西諸島を指す。これら三地域のほかにも倭人（倭種）はいるが、倭国を構成しているのはこれら三地域である。

『後漢書』倭伝では、「（訳文）会稽の海外に東鯷人あり、分かれて二十余国と為る。また、夷洲及び澶洲ありと伝えて言う」とある。

「海外」とは海中の地域よりももっと遠い所を指す。倭国の東には東海地方に澶洲（岐阜・愛知・静岡県）があり、その北には黒歯国（長野・新潟県）がある。東鯷人による二十余国で構成された東鯷国とは関東、東北、北海道西・南部のことである。

夷洲（台湾）、澶洲（東海）は数万家あって、その国の民が会稽に至って市で交易しているとある。また「会稽郡東冶県の人が風や海流によって澶洲まで流された者があった」とある。夷洲は海中であるが、澶洲は海外である。東冶県の人は先島・沖縄付近を流れる黒潮に乗って遥か遠く澶洲まで流されたのであろう。

また、『魏志』倭人伝では、「(意訳)女王国の東、海を千余里渡り、また国あり、皆、倭の種なり。また侏儒国が女王国の南四千余里にある。また裸国と黒歯国が南と東にあってその距離が船で一年(三倍暦か)の距離である」とある。その一単位年(一王年)の距離は四カ月(平年)もしくは五カ月(閏年)である。

女王国の東の国名はここに記述されていないが、『後漢書』には澶洲の名がみえる。倭国は国内が安定すると、以前よりもより身近な近親の皇族を侏儒国と裸国の国王に封じ、倭国の天照大神による支配が強化されたと考えられる。

『隋書』倭国には「(訳文)倭国は南北の国境間が東西五カ月、南北三カ月の距離である。おのおの海に至って、その国都の地勢は東が高く西が低く、邪靡《やま》(日本)堆《たい》(盟主国)の都となっている。『魏志』の邪馬(倭)台国(盟主国)の都と同じである」とある。

南北の距離は三カ月とある。朝鮮半島と九州は海峡を隔てており、海峡の距離は三千里(六日)、九州本島縦断は陸行一月、九州本島縦断陸行一月と南西諸島は五十四日ほどで台湾に至る。朝鮮半島南端から台湾の北端まで合わせて三カ月の距離である。ちなみに東西については、五島列島と九州は福江島から小倉まで水陸一カ月、山口県から福島県まで、あるいは四国から福島県まで、いずれも水陸四カ月である(近畿・北陸までは水行距離が主、そのほかは陸行距離であろう)。

ところで、裸国から黒歯国まで一年というのは、沖縄県の南端から新潟・福島県の北端までどうみても六カ月以下の距離である。二倍暦で倭国の地理情報を得たのであれば、誤解した地理情報が伝わったことになる。三倍暦の場合、一王年は平年が四カ月、閏年が五カ月なので、先島諸島から福島県までが水陸一年を意味している。

また、『隋書』の琉球国とは台湾のことである。沖縄は倭国の支配下で地理情報の通りである。台湾は建安郡（福州市）から水行五日（一二〇㎞）の距離である。隋に琉球（台湾）が従わず、倭国の使者が言うには「邪久国の人は琉球（台湾）の人を用いる」とのことである。台湾と屋久島の人は黒潮の流れを利用して交易のネットワークがあったのだろう。屋久島の人は交易をする上で、大陸と台湾の行き来に台湾の人を用いる必要性が高かったと思う。

また、大陸から澎湖島《ほうこ》へは二日で渡り、また一日で台湾に至るルートがあったとも記されている。海流や季節風に乗れば、台湾から日本への復路は大陸沿岸を往来するよりも早いことを知っている人々もいたのであろう。古来、台湾や南西諸島の行き来は頻繁に行われていて、中原の支配が福建省に及んできて、その情報が入手できるようになったのであろう。

「天照大神」四代

「天御中主尊」である伊弉諾尊は、一一〇年頃から一七〇年頃まで、甘木付近に都を置いてヤマト（倭国）を統治していた。その政治基盤である豊葦原の中津国（福岡・大分県）、すなわち、奴国が、火の国を直接統治下に置いたことと伊弉冉尊の崩御をきっかけに倭国内が動揺した。紀の一書ではこれを、火の神軻遇突智を生み伊弉冉尊はやけどをして亡くなってしまったためとある。

軻遇突智は成人して埴山姫《はにやまひめ》を娶って稚産霊《わくむすび》を生んでいるので、軻遇突智を臣下とした時期を、軻遇突智を生んだこととして説話化しているのであろう。その時期と伊弉冉尊が亡くなった時期が重なり政治的混乱がはじまった。その混乱が政治基盤を揺るがす倭国大乱へと進展したのではないだろうか。

御三家による統治体制が定まって以来、「天御中主尊」の正妻は高皇産霊尊系と神皇産霊尊系から交互に出ていたので、本来なら伊奘冉尊の次に継承する「天御中主尊」の正妻は高皇産霊尊系に移る。しかし、「天御中主尊」である伊弉諾尊の崩御と同時に神皇産霊尊系の皇后が担っていた役割分担も高皇産霊尊系に移すべきという主張もあったのかもしれない。譲位をただちに行ってこれまでの体制を維持する訳でもなく、伊弉冉尊の死に伴って権力バランスが崩れ混乱に拍車がかかったのであろう。

火の神は伊弉諾尊のはるか以前から「天御中主尊」皇統の皇族が火の国に封じられ世襲化していたのであろう。この火の国を「天御中主尊」（伊弉諾尊）が直轄統治する盟主国奴国に併合したために、神皇産霊尊系がヤマトの権力から遠ざかろうとしていた。さらに伊弉冉尊が亡くなって、ますます神皇産霊尊系は権力から遠ざかることになった。

そのため、伯耆以遠の地域が離反して倭国の大乱がはじまった。伊弉諾尊は山陰に出兵したが収拾がつかず、撤収せざるを得なかった。

伊弉諾尊は正妻の子と第一側室の子の序列を変更した。第一側室（火の国系）も皇后に格上げとなった。素戔嗚尊、卑弥呼、月読尊の順であったものを、素戔嗚尊を格下げし、禊ぎで卑弥呼、月読尊、素戔嗚尊の順とした。

また、甘木から久留米に遷都して、一七〇年頃から一八〇年頃まで統治し、盟主国を倭《ヤマト》の奴国から邪馬《ヤマト》の台国へ再編し、その王を「天照大神」と称した。この期間、初代「天照大神」（伊弉諾尊）は、王都の久留米で高皇産霊尊（伊都国王思兼神）の助力を得て活発な統治が行われていた。

邪馬の台国から筑前の中西部を分離し日向国とし、最終的には初代「天照大神」と高皇産霊尊の孫であり、また天忍穂耳尊の子である瓊瓊杵尊（伊弉諾尊の皇孫）を降下させた。実態は瓊瓊杵尊を臣下として降下させ日向国に封じたのである。この日向国はまたの名を「奴国」とも呼ばれている。そもそも奴国は君主国建国後、次第に拡大し、その最盛期には福岡県及び大分県の領域となった。そのもともとは筑前からはじまっていたからである。火の国と併せて最大となった台国（盟主国）から一部日向国（筑前）が分離されたが、それ以外の地域は邪馬台国に引き継がれた。さらに伊弉諾尊が崩御の時、邪馬台国から不彌国が分離され、不彌国は素戔嗚尊の影響下に引き継がれた。

　邪馬台国では伊弉諾尊の崩御に伴って、卑弥呼が「天照大神」を継承し、高皇産霊尊（思兼神）の助力を得て倭国王に共立され、その国王が「天照大神」と呼称するようになった。

　この二代目「天照大神」は、その前半期は引き続き久留米で統治行為が行われていたが、その後、今の熊本市（中部肥後）に遷都し、二一〇年頃から二四八年頃まで倭国を統治した。その際、筑後は甕速日神《みかはやひのかみ》に統治させた。この卑弥呼の統治の初期に猿田彦に伊勢・志摩を封じ、大阪府・大和地域（狗奴国）には饒速日命を封じた。また、素戔嗚尊を出雲に封じてその統治にあたらせた。素戔嗚尊は出雲から次第に領域を拡大し、安芸以西の西中国を征服し、斯馬国を統治するようになった。これは八岐大蛇《やまたのおろち》退治の説話に転じている。ここで得られた草薙《くさなぎの》剣《つるぎ》は素戔嗚尊から二代目「天照大神」に献上されている。

　以前、素戔嗚尊は子の五《い》十《そ》猛神《たけるのかみ》を辰韓《しんかん》のソシモリ（會戸茂梨）遠征に率いて行ったが、その子をソシモリもしくは狗邪韓国（木の国）に残して帰ってきた。そのほかの男子は素盞嗚尊の生存中に斯馬国で悉く亡くなったのではないだろうか。大国主神は素戔嗚尊の実子ではなく、分岐した神皇産霊尊の六代孫を伯耆国（己百支国）から養子に迎えたのであろう。『古事記』では大国主神は素戔嗚尊の娘、須世理毗売《すせりびめ》を妻としたとある。大国主神は「天御中主尊」の皇統から神皇産霊尊に分岐してその六代孫であり、皇統の男系男子ではある。伊弉冉尊の存命中は素戔嗚尊が皇位継承順位一位であった。伊弉諾尊によって皇位継承三位に格下げさせられたものの、大国主神は名目的にはその素戔嗚尊の婿養子である。しかし、二代目「天照大神」の亡きあとは、初代「天照大神」(伊弉諾尊)の子が月読尊や天忍穂耳尊、天穂日命、天稚彦などの子孫をはじめ実質的に皇位継承順位が大国主神よりも上位の者が多数いたのである。これによって二代目「天照大神」の跡目の皇位継承戦争は熾烈な戦闘を引き起こすのである。

結末は大国主神が三代目を引き継ぐものの治安は乱れ二年ほどで倒されて、四代目「天照大神」は月読尊の孫ではないかと推定される台与がその皇位を継承した。

『日本書紀』の巻三の神武天皇紀では、その即位前紀に、天祖瓊瓊杵尊が降臨してからこのかた、今までに一七九万二四七〇余歳経っているとある。これを暦法上意味ある時間的数値であると解釈すれば、歳が刻のことと解釈する手段がある。四分暦では一日が七十二刻であったので、その歳月は四八九五・四二日となる。これは年数で六八・一六年になり、六八年二カ月になる。この天孫降臨の前後に起きた出来事がいつ頃だったのか年代を推定すると次のようになる。

一六八年頃　火の神軻遇突智を臣下として登用(奴国に火の国を併合)、伊弉冉尊の死
一六九年頃　初代「天照大神」(伊弉諾尊)が住吉の大神などを筑前に封じる。三貴子の序列決定
一七〇年頃　三貴子による統治構想(卑弥呼が高天原、月読命が海北、素戔嗚尊が諸国の統治)を決定
　　　　　　素戔嗚尊が根国を要望し、望みの通り根国に追放を決定(素戔嗚尊は海北で活動中)
一七八年頃　初代「天照大神」(伊弉諾尊)の崩御、素戔嗚尊に不彌国を分割、卑弥呼が邪馬台国を継
　　　　　　承
一七九年頃　素戔嗚尊、春、秋、新嘗に乱暴を働く
一八〇年頃　伊弉諾尊を陵墓に葬る。素戔嗚尊を根国に追放、卑弥呼を倭王に共立(二代目「天照大

神」）

一八二年頃　天穂日命を筑前平定に派遣（三年→一年半）

一八六年五月五日　天稚彦を筑前平定に派遣（八年→四年）

二一四年頃　二代目「天照大神」（卑弥呼）が日向国（筑前）に瓊瓊杵尊（初代「天照大神」の皇孫）を封じる（天孫降臨）。素戔嗚尊は斯馬国で国作り中

二三四年頃　山幸が日向国（奴国）王、海幸が不彌国王として統治

鸕鷀草葺不合尊が玉依姫を娶り、彦五瀬命などを生む（神武天皇二三七年頃誕生）

最新の太陰太陽暦（月読暦）の使用

記紀の記述は三世紀の中頃まで、年代が省かれ説話化したものであり、説話や段落区分において時期が前後することもある。それに比べれば二四三年以降は暦法が使用され年代区分がより明確になる。

その暦法とは月読暦である。この暦法は後漢から入手した太初暦や元和暦を学び、自ら月齢を観測してより正確な暦法を創作したことが推察できる。この暦法をもとに『日本書紀』は記述されている。日本で最初に使用された太陰太陽暦は、二四三年の卑弥呼の末期から元嘉暦《げんかれき》が使用されるまで約二百年間使用されている。『日本書紀』は月読暦によって記述された史料をもとに記述されたものであって、一つ一つの出来事の年月日をでたらめに作って記述されたのではない。元嘉暦の前の史実が儀鳳暦《ぎほうれき》で書かれているようにみえるのは、月読暦の暦日の出来事を儀鳳暦に合致するように『日本書紀』の編纂者が編纂し、合致しなければ次の暦順が巡ってくる暦日に

年代を引き延ばしながら編纂したためである。

そのようなからくりが理解できれば、引き延ばした年代を月読暦に基づき元に戻せば本来の暦日が復元できるのである。

それぞれの太陰太陽暦を比較すると、その平均朔望月《さくぼうげつ》（朔から次の朔までに至る時間の平均値）は太初暦が二十九・五三〇八六四日、元和暦（四分暦）が二十九・五三〇八五一日、月読暦が二十九・五三〇六一二日である。ちなみに、天象の平均朔望月は二十九・五三〇五八九日である。最も精度の高い太陰暦の暦法とは、天象の平均朔望月に近づけるように暦日を定めることができたものである。最新の月読暦を分数で記述すると、次のようになる。


（五〇二×二＋四四三×一）日／（十七×二＋十五×一）月＝一四四七日／四十九月＝二十九・五三〇六一二日／一月

日本では後漢末に太陰太陽暦の最新の暦法が完成し、これを桓帝・霊帝（一四七～一八九年）の頃、江南の地に逆輸出するに至ったのであろう。月読暦が影響を与えた呉の乾象暦《けんしようれき》は、月読暦が十五連月を一個、十七連月を二個組み合わせた四十九朔を、五巡もしくは六巡するごとに十七連月一個を加えて修正する暦法である。また魏の景初暦は十七連月を二個組み合わせた四十九朔を、三十巡あるいは三十一巡するごとに十七連月一個を加えて修正する暦法である。

日本では四十九朔を繰り返す簡素な月読暦を約二百年間も使用した。一王年は平年が四カ月、閏年が五カ月である。一太陽年（太陽が春分点を通過してから再び春分点に至るまでの期間、一年のこと）を三区分しているので一太陽年は三王年であり、月読暦は変則の太陰太陽暦である。『日本書紀』の初期の天皇の年齢や即位期間が、みかけ上三倍になっているのである。

しかし、編纂された年代を単純に三分の一にすれば復元できるかといえばそうでもない。編纂上の問題がいくつかあるので、理由はそのつど述べざるをえない。

また干支年については、編纂時に年代を換算するために使用したもので、源史料にあとから付け足したもので、編纂者の解釈年にすぎない。この干支年を重視して年代解釈をすればとんでもないことになる。それよりも月日朔干支が重要で、この積み重ねがどれほどの王年になるか数えた方が正確に復元できる。

源史料の最初の暦法史料は卑弥呼末期の二四三年から二四八年の卑弥呼の後継を争う皇位継承の戦争の記録である。歴代の天皇の編纂年が引き延ばされた結果、二四三年から二四八年の記録は、その引き延ばされた神功皇后の治世の年代に該当するので、ここに組み込まれるはずが、辻褄が合わないことがわかっていたため景行天皇の治世に組み込まれ編纂されている。『古事記』には景行天皇の時代そのような史実はなかったので記載はされなかった。神功皇后の治世年代が復元されれば、それ以前の二四三年からの記録は神功皇后の治世以前のこととして認識できるのである。

月読暦で日付が決められていたものを、後世の編纂者は儀鳳暦を用いて再編纂した。その際に、「前時代の日付は天象に基づき決定されているのだろう」とか、「儀鳳暦はその天象に最も近いから前時代の暦日も儀鳳暦の年月日に合致するだろう」とか安易に考えたのではないだろうか。実際は天象に近づけるために天文観測など暦法技術の先進技術と緻密性が必要不可欠であり、それができてやっとその精度に至るということが念頭になかったのであろう。そんなに簡単に前時代の暦法が儀鳳暦に合致する訳がないのである。『日本書紀』の暦日の記録は、当時の暦法に基づき記録されたのであって、二百年間の歴史をでたらめな暦日を創作して記録するはずがないのである。

大国主尊と皇位継承戦争

素戔嗚尊は出雲に追放されて以後、安芸や周防、長門を討伐し西中国の斯馬国を統治するようになって、国造りが順調に進んでいた。これは八岐大蛇退治として説話化されている。隣国の伯耆では神皇産霊尊の子らがその継承権を争ってしのぎを削っていた。その中で頭角を現したのは大己貴命《おおなむちみこと》である。大己貴命は別名大国主尊と呼ばれる。『古事記』によれば、大国主尊が因幡の八上比売《やかみひめ》を娶ると兄弟らから疎まれるようになり、根国に逃れ素戔嗚尊の娘須世理毗売と結婚して婿養子となった。

大国主尊は、斯馬国を統治し、饒速日命の子（狗東彦）は狗奴国を統治していた。二代「天照大神」の晩年となって倭（ヤマト）の皇位継承問題が迫ってくると、狗奴国は斯馬国王の大国主尊を立てて、武力で問題を解決しようとして、九州に西征することになった。それは魏使が最初に邪馬台国を訪問した直後のことである。

二四三年一月　五日（大国主尊）周防の佐波《さば》に至る
二四三年二月　五日（大国主尊）熊襲を討つことを協議された（投馬国の高屋宮）
二四七年六月十二日（大国主尊）高屋宮から児湯《こゆ》県に行幸されて、丹裳小野《にものおの》で遊ばれた
二四八年六月　三日（大国主尊）熊県（人吉市）に至られた。（少彦名命《すくなひこなのみこと》）の兵を遣わし、熊津彦《くまつひこ》兄弟のうち弟熊《おとくま》を殺した
二四八年六月十一日（大国主尊）海路から葦北の小島（水島）に停泊した
二四八年七月　一日（大国主尊）葦北より出帆し、八代県豊村に至られた
二四八年八月　三日（大国主尊）高来県（島原市）より玉杵名邑《たまきなむら》（玉名市）に渡られ、そこの土蜘蛛を殺した

二四八年八月十六日（大国主尊）阿蘇国に至った
二四八年九月　七日（大国主尊）八女県に至った。藤山を越えて南方の粟岬《あわのさき》を見下ろした

大国主尊は二四三年正月五日に周防の佐波に至り、倭国の政権奪取にいよいよ乗り出してきた。邪馬台国の東北部（豊国）を平定したあとに長峡県（行橋市長尾）を倭国の仮の都とした。ここから邪馬台国の中央部に直接攻め入ることをせず、邪馬台国の盟友国である投馬国を武力で打倒しようとした。これは形勢を優位にすることで九州北部との関係を強める狙いもみえる。投馬国は早々に臼杵、児湯が瓦解し、日南、諸県などの中央勢力は夷守《ひなもり》での謀略によって諸県の一角が破れ日南は孤立したのであろう。阿多勢力は、夷守方面に援軍を出すには地理的に離隔していることもあって機微な対応ができず、和議に応じるだけに終始したのであろう。二四三年中に襲国（諸県）を平定したあと、両軍は和戦両用の長期戦となった。

二四五年に魏使が邪馬台国の王都（熊本市）に来ている。翌年に魏の田丘検《かんきゅうけん》は高句麗の王都丸都（白山市）を陥れている。また魏使は二四七年に黄幢《こうどう》（軍事を指揮するのに用いられた旗）をもたらしている。しかし、この直後に卑弥呼は崩じた。

二四八年六月以降戦闘は進展し、九月、大国主尊が藤山から南方を見下ろし、「峯々が重なってみえる南方の山に女神がおられるかもしれない」と仰せられたとある。その女神や八女津媛とは卑弥呼を指し、その南方向（矢部川流域）に亡くなった卑弥呼の墓があるのではないだろうか。

斯馬国・狗奴国連合軍は、投馬国との和議によってある程度温存できた兵力で、邪馬台国内の戦闘を有利に進めることができたのであろう。久留米進軍後は伊都国・末盧国・奴国・不彌国の北西四カ国との和議もかろうじて成功し、大国主尊が三代目「天照大神」となった。しかし、内政はうまくいかず二年もたたず相誅殺するに至った。この内乱で千余人が殺された。

二五〇年頃、卑弥呼の宗女、月読尊の孫であろうと思うが、台与（男系女子）十三歳を倭国王、すなわち、四代「天照大神」に立てて統治の受け皿ができた。その実務をとっているのは台与の父や叔父、兄弟らと高木神《たかぎのかみ》（高皇産霊尊、思兼神の子＝伊都国王）であろう。

火の国系の勢力が復活し、行橋市から熊本市もしくは宇土市付近に遷都して倭国の統治が再開されようとしていた。

台与の政権と神武東征

台与政権の最初の仕事は、斯馬国・狗奴国連合による西征に対する戦後処理であった。まず、斯馬国征伐のため派兵した。その前線で折衝にあたったのは、軻遇突智の孫にあたる経津主神《ふつぬしのかみ》と天石窟（宝満川上流域）に住む武甕槌神《たけみかづちのかみ》である。この二柱の神は五十田狭の小浜に至って、大国主尊と事代主命《ことしろぬしのみこと》に、政権の委譲と長門、周防、安芸の国々を政権側に譲るように交渉にあたった。斯馬国は今の島根県域を残し、そのほかの長門・周防・安芸の三カ国を中央政権に譲ることになったのである。

次に、邪馬台国と投馬国の再編が行われた。基盤となる邪馬台国内の再配置と日向国の国替えで盟友国の投馬国強化策であった。特に日向国の国替えでは日向国三代目彦波瀲尊《ひこなぎさのみこと》が投馬国へ国替えとなり、投馬国王都周辺の宮崎県北部、大隅地域に再配置された。また不彌国の海幸彦の子らも吾田（薩摩地域）に国替えとなった。元の日向国にあった瓊瓊杵尊や山幸彦の御陵が鹿児島県地域に移されている。瓊瓊杵尊の御陵は糸島市の可也山もしくは可也山のみえる所にあったものが薩摩川内市の新田神社（可愛山陵）に移され、山幸彦（彦火火出見尊）の御陵は同じ糸島市の高祖山（高千穂）の西にあった御陵を霧島市溝辺町麓に移されている。

　吾平山上陵とは国替えあとにこの地で薨じた彦波瀲尊と玉依姫の陵のことである。しかし宮崎県側にもその伝説があり鵜戸神宮に祀られている。それは母の豊玉姫と彦波瀲尊が幼児の頃、日南地方で暮らしていたので関連の説話が存在したのではないかと思う。日向国（筑前）には、斯馬国征伐に功のあった月読尊の系譜である経津主神か軻遇突智神などの皇族が新たに封じられたのであろう。

　台与政権が行った西征の最大の戦後処理は神武東征である。神武天皇が二五四年の東征の時に十七歳であったことから逆算して、その誕生年は二三七年と特定できる。二四〇年に魏使が倭国に派遣されてきた時に奴国（日向国）王は山幸彦である。その時の年齢が四十一歳頃、その子彦波瀲尊が二十四歳、その子神武天皇が三歳と推定できる。

　神武天皇ら諸皇子が四代「天照大神」に命ぜられて東征の途についたのは、二五四年七月五日、神武天皇は十七歳である。この時、東征の総大将が神武天皇とは限らない。ただ日向国の太子となった経緯を考慮すれば、最初から神武天皇が総大将の可能性も否定できない。また「天照大神」（台与）が命じたのは神武天皇に対してだからである。ただ作戦指揮は、兄の五瀬命《いつせのみこと》が東征出発の時の総大将であり、五瀬命が諸皇子を率いて東征に上ったのかもしれない。神武天皇が九州北部軍として合流したのは二五四年八月九日に筑紫岡水門《おかのみなと》である。この時五瀬命は神武陣営と会談しているであろう。二五四年九月二十七日安芸に到着、二五五年一月六日に吉備に移ったと記述されているが、これは諸皇子の行動である。軍の行動は宇佐から安芸へ、岡水門から吉備へと移動している。部隊（船団）行動は幅があるので、先頭部隊の到着から後尾部隊の到着までの詳細が記述されている訳でない。記述されている日時、場所は部隊指揮者の行動のみである。

　安芸では旧斯馬国兵士の徴兵や吉備におけるさらなる造船、兵器調達、食料調達に関連する軍事物資の差出しなどが行われている。中国地方の国譲りされた三カ国の離反行動の有無を確認しながらの部隊行動でもある。

　これらの準備が整って皇軍の先遣部隊が東に向かったのは二五七年十二月十一日のことである。

　ところで、私は神武東征の史実が元となって、のちの桃太郎の御伽草子が作られたのではないかと思っている。神武天皇が桃太郎のことで、その家来は九州南部の隼人が犬に、九州北部の猿田彦の民が猿に、斯馬国西部（山口）の民が雉にたとえられ、吉備で軍事物資を整えたのが吉備だんごにたとえられたと思っている。

　神武天皇が確実に総大将になったと言えるのは鬼国（和歌山県）の熊野入りの戦い以降である。

　二五八年一月十日に、皇軍は難波碕から川を遡って河内湖に至り、草香邑の白肩之津《しらかたのつ》に到着した。この方面の後続が到着するまで一カ月かかって軍を整えている。この年閏一月九日皇軍は徒歩で竜田に向かって進んだ。十分な偵察も行ったのであろうが、道が狭くけわしく、いったん引き返し生駒山を越えて内国に進入しようと考えたとある。長髄彦《ながすねひこ》はこれに対して全兵力を動員して孔舎衛坂《くさえのさか》に防衛線を張って会戦となった。この戦いが激戦となって流れ矢が五瀬命の肱《ひじ》にあたる悲運に見舞われた。皇軍はこれ以上進軍できず、軍を引いた。名実ともに神武が総大将となった以後の経過を示すと次の通りである

二五八年二月　八日　皇軍、茅渟《ちぬ》の山城水門《やまきのみなと》に到着、五瀬命の傷が痛む
　　三月二十三日　皇軍、河内国名草邑《なくさむら》に着いた
　　四月　二日　菟田《うだ》県の弟猾《おとうかし》が軍門に拝す
　　六月　五日　天皇、菟田の高倉山の山頂に登り、国中を展望
　　七月　一日　皇軍、国見丘の八十梟帥《やそたける》を撃破
　　八月　七日　皇軍、大挙して磯城彦《しきひこ》を攻めようとした
　　九月　四日　皇軍、長髄彦と交戦

十一月　二十日　諸将に命じて士卒を訓練
十二月　七日　宮殿の造営を命じる
二六〇年六月　十六日　正妃を立てようと考え、貴族たちの女子を求める
二六〇年七月二十四日　五十《い》鈴媛命《すずひめのみこと》（事代主神と玉櫛媛《たまくしひめ》との子）を正妃とされた

四大国と国県制度

「天照大神」の邪馬台国の行政制度はどのような特徴があるのだろうか。この時代の邪馬台国、投馬国、狗奴国、斯馬国の四大国のうち三カ国は行政上の国県制度が施行された形跡がみられる。

斯馬国・狗奴国連合軍による九州西征後に、あるいは四代目「天照大神」（台与）が命じた神武東征後に、その領域内の諸国の一部もしくは全部に県の制度を取り入れたと考えられる。戦争記事の中で所々に県名が散見されるからである。この地名は中央政権への当時の報告記事が存在していたからであろう。『日本書紀』に関連する県名及びそのほか地名を列挙すると次の通りであろう。

邪馬台国域内では、長狭《ながお》県（行橋市、京都《みやこ》郡）、直入《なおいり》県（竹田市、旧直入《なおいり》郡）、熊《くま》県（人吉市、球磨《くま》郡）、八代《やつしろ》県（八代市）、高来《たかく》県（旧高来《たかき》郡）、八女《やめ》県（八女・筑後市）、水沼《みぬま》県（旧三潴《みずま》郡）の七県が記述されている。そのほか地名では、葦北（葦北郡）、水嶋（八代市水島町）、火国（熊本中北部）、阿蘇国（阿蘇郡）、玉杵名邑（玉名市）、藤山（久留米市）御木《みけ》（旧三池郡、大牟田市）がみられる。

邪馬台（壹）国はその名が示す通り、初代「天照大神」以来十カ国で構成されていた。基本的には皇族を諸国

に封じる封建制であった。それが、その後の戦乱を経て三、四代目「天照大神」が直接統治する領域が増えて国領域と県領域が混在するようになったのであろう。その後また幾代か経ると、県領域には新しく近親の皇族が封じられたのであろう。

あるいは、国の一部が県領域となった領域も、国主に新たな近親の皇族が封じられると県をなくし、元に戻したと考えられる。その基本となった邪馬台国の十カ国は次の通りであろう。

遠賀国（遠賀川流域）、長狭国（豊前国）、碩田《おおきた》国（豊後国）、八女国（筑後北部）、御木国（筑後南部）、火国（熊本県中北部）、阿蘇国（阿蘇郡）、高来国（長崎県本土南部）、八代国（八代海沿岸地域）、熊国（熊本県南部＝葦北・球磨川中上流域）。

邪馬台国内では、卑弥呼を補佐している月読尊が火国を直接統治しており、そのほか諸国はそれぞれ初代「天照大神」（伊弉諾尊）以来世襲の皇族が封じられて統治していた。それが西征の戦乱を経て長狭国は神夏磯媛《かんなつそひめ》の活躍で国内の諸豪族が三代目「天照大神」（大国主尊）になびいたので、四代目「天照大神」（台与）はこの領域のすべてを長狭県としたのであろう。同様に碩田国も速津媛《はやつひめ》が活躍し、なびいてしまったので、その国の領域の一部が直入県となっている。熊国では兄熊《えくま》、弟熊が活躍したが、この国の領域のすべては熊県となった。高来国は皇族が殺されたためか、高来県として統治されるようになったのであろう。

八女国の久留米付近は卑弥呼が天照大神となって最初に都していた所であったが、卑弥呼は戦乱時、熊本（火国）の都からこの南の山中に逃れてまもなく崩じることとなった。筑後南部の御木国の一部と考えられる水沼（三潴郡）は水沼県となった。

三代目の行政の刷新のため、直接役人を用いる国県行政に移行したのであろう。四代目「天照大神」の時、火国は月読尊に近い皇族が封じられた可能性が高い。

ところで、邪馬台国朝では倭国の王都は代々邪馬台国内で遷都が行われている。特に、その初期「天照大神」の初代伊弉諾尊は筑後北部の甘木市から久留米市付近に遷都し、その二代目卑弥呼は、前半期は引き続き同じ筑後国北部（八女国、久留米市）に、後半期は火国の中心地（熊本市）に都を置いている。三代目大国主は長狭国の中心地（京都郡、行橋市）に遷都している。四代目（台与）は八代国の中心地（八代市）に遷都している。

■図 19　邪馬台国の構成国 10 カ国

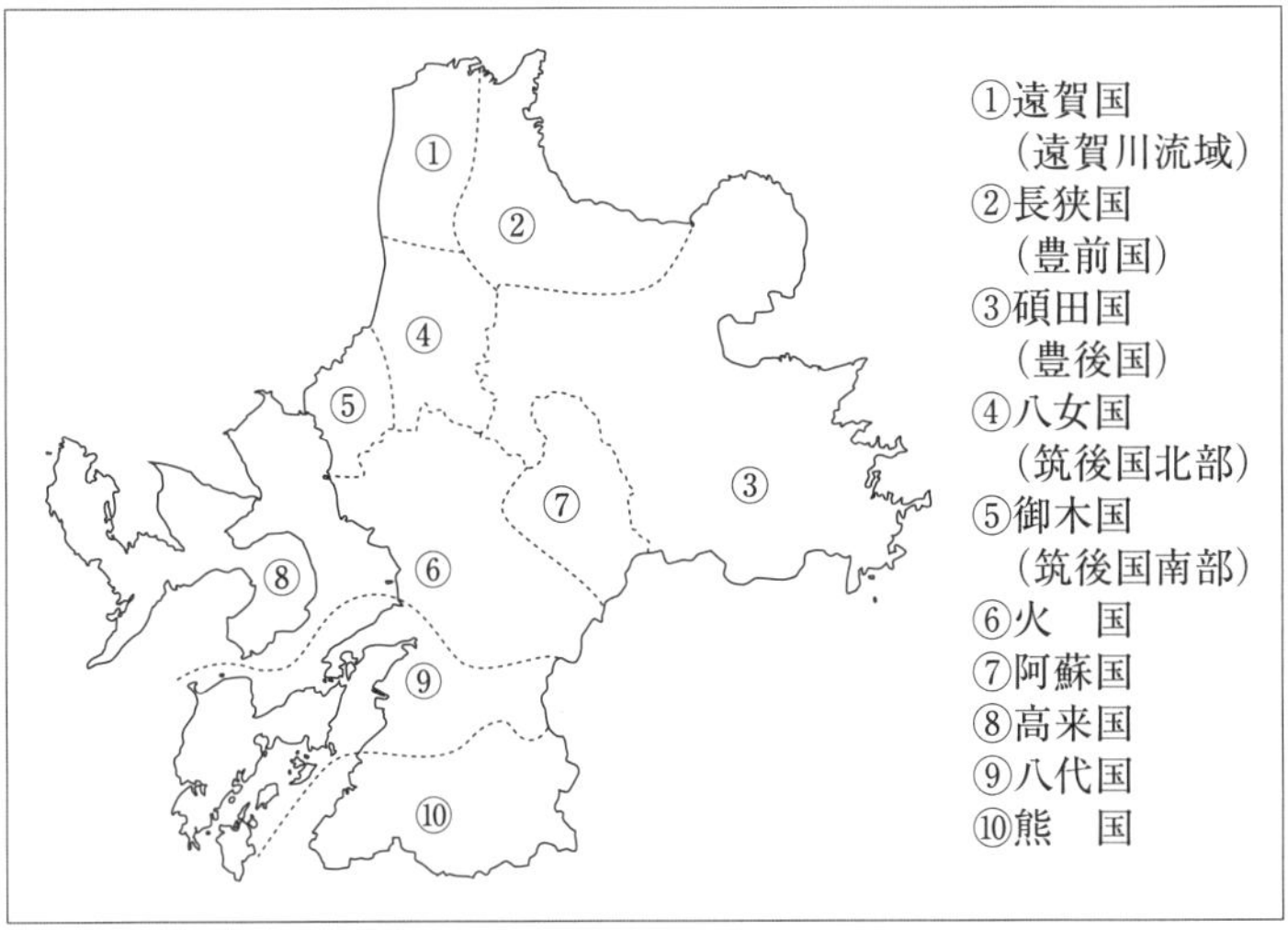

狗奴国（大和）域内では、菟田・菟田下県（宇陀《うだ》郡）、曽富県（旧添上《そえかみ》・添下《そえじも》郡）、猛田《たけだ》県（旧十市《といち》郡）、山辺《やまべ》県（山辺郡）、十市県（旧十市郡）、高市《たけち》県（高市《たかいち》郡）、磯城《しき》県（旧城上《しきのかみ》・城《しきの》下《しも》郡）、葛城《かつらぎ》県（旧葛上《かつじょう》・葛下《かつげ》郡）が挙げられる。

卑弥呼に狗奴国の統治を命ぜられた饒速日命やその子の狗東彦によって整えられた行政組織が神武天皇によって国県制度に変更された。邪馬台国に追随しているのであろう。

同様に邪馬台国の南隣の投馬国域内でも彦高見命の直接統治はその制度が同時期に投馬国の北部で推進されている。児湯県（児湯郡）、諸県《もろかた》（諸県郡）などがみられる。斯馬国域内では出雲国、安芸国、周防国佐波などが挙げられ、事代主尊は国県制度を推進している様子がみられない。国県制度が推進されるということは、それぞれの国がその王の直接統治の領域が広がることを意味する。役人の活躍の領域が広がり、王が直轄する領域においては、その中にさらに国を設定して近親の皇族を封じる傾向が少なくなっていることを示している。

『三国史記』高句麗・百済の二倍暦時代と新羅の三倍暦時代

『三国史記』が記述する三五一年以降の記事になると、高句麗(桂婁部)、百済の事柄は中国正史と照合すれば何とか確認できる。しかし、それ以前の約四百年間の存在を正史で確認するのは難しい。中国の勢力が近くに進出してきているのにおかしな話だ。日本と中国の各王朝の使者は何回も両国間を往来している、その道中を何度も訪問しているのに、その情報を記載しないのはおかしい。

その原因に中国の周代に使われ、半島や日本列島でも広く使われていたであろう二倍暦の存在が考えられる。その史料をもとに『三国史記』の約四百年間の編纂について、錯誤が生じている可能性が高い。そのため、史実をたどりながらその年代に関する問題点をいくらかでも解消したいと思う。

伊夷模が卒本夫余に移り新国(白山市)を建てて以降、時代は位宮の代に至った。その位宮は二四七年、魏によって政権を追われ、王族は北沃沮に逃れた。

その後、高句麗政権を再建したのは桂婁部の次大王である。しかし、『三国史記』はこの王朝が二四八年から建国されたように高句麗史を編纂していない。次大王の先祖に遡って、東明王や瑠璃王《るりおう》が別種高句麗の桂婁部に取り入った頃から二倍暦を一倍暦と解釈して編纂している。そのためその暦法に基づき正しく復元すると、一五七年が東明王による桂婁部の高句麗建国年(東明王の桂婁部継承年)となる。一五七年東明王即位から次大王即位の二四八年までは桂婁部の遡り系譜の歴史編纂である。桂婁部の長にすぎなかった記録が王の系譜記録として編纂されたのであろう。

伯固が玄菟郡の高句麗を率いて活動していた頃、朱蒙《しゆもう》は夫余から卒本夫余の桂婁部支配地（通化《つうか》市付近）の域に逃げてきた。この別種高句麗では、一六〇年には苻人国《こうじん》（両江道）を併合し、一六二年には北沃沮（咸鏡北道）を併合した。

高句麗本紀第一始祖東明聖王の分注には「朱蒙が卒本夫余に来た時夫余王に男子がなかった。夫余王（桂婁部）に嫡子がなかったので王が朱蒙と王女を妻合《めあ》わせたとある。王が薨去して朱蒙が即位した」とある。しかし、二代目の瑠璃王（一六六～一八四年在位）の王母は夫余の礼氏の娘であるという。それでも二代目以降も桂婁部を率いるようになったのである。この別種高句麗は一八二年に西方の梁貊国《りようはく》（玄菟郡の高句麗県の東部もしくは上殷台県であろう）を討滅させたとある。この時、瑠璃王は太子の無恤《ぶじゆつ》（大武神王《ぶだいしんおう》）に軍事や国政を委任している。別種高句麗は玄菟郡の高句麗族と連携してのことであろうが、この年に漢の高句麗県を奪取したとある。

桂婁部三代目大武神王（一八四～一九七年在位）が桂婁部を率いると一八八年蓋馬国《がいば》（輝発河《ホイファ》以南の地域）を征伐した。一方、公孫度が一八九年に漢の遼東郡大守に任命されて、玄菟郡から自立した高句麗を討った。二〇五年、公孫康に抜奇が降伏し、伊夷模も玄菟郡高句麗から脱し、不耐県（白山市）に移った。

玄菟郡は公孫氏の支配領域となり、別種高句麗領域では伊夷模を中心に五族が協力した国造りがはじまった。もともと、高句麗県を根拠とする涓奴部高句麗は、不耐県を根拠とする別種高句麗の絶奴部から王妃を迎える関係を保持していた。

六代目大祖大王（二〇二～二四八年在位）が桂婁部を率いると別種高句麗王の位宮の下で東夫祖（撫松県）を討伐しその旧領を接収した。この時高句麗領域の東部及び南部は北朝鮮の慈江道・両江道・咸鏡北道の地域を領有するようになった。

公孫康が玄菟郡を支配する頃から、高句麗とは別種高句麗領域のことを指すようになり、その高句麗はさらに東部及び南部に領域を拡大し、公孫氏とは棲み分けが確定するようになった。

一方で、遼東半島地域に百済の初代にあたる温祚王《おんそおう》（一六七〜一八九年在位）が南下して、公孫度の領域下で台頭していった。二代目の多婁王（一八九〜二一四年在位）は尉仇のことであろう。尉仇は公孫度の娘を正妻にしたとある。公孫氏から魏晋に支配権が移行したあとも、魏晋の域内で魏晋の臣下として百済は活動を継続していった。さらに、高句麗によって楽浪郡と帯方郡が滅ぼされたあとも、その高句麗の臣下として百済は存続していった。

すなわち、これまで楽浪郡は前漢以来歴代の王朝が関わってきた領域であった。そこで百済は次第に台頭していったのである。西晋が支配していた楽浪・帯方の郡県を、高句麗が三一三年、三一四年に滅ぼしたため、西晋はその支配権を失い、百済は高句麗の臣下となったのである。

その遼東半島や平安道に根拠地を持つ百済が強大になって、三七一年に百済は三万の兵をもって鴨緑江沿いの高句麗王都の平壌城（集安市付近）を攻めるに至った。この戦いで高句麗王故国原王が流れ矢にあたって戦死し、百済が高句麗王都を占領したことで、東晋が百済王近肖古王を冊封するに至ったのである。

元来、百済は温祚王が朱蒙との対立を恐れて卒本夫余から南方（西南方）に旅立って建国された。『宋書』百済伝では百済国はもと（後漢時代）、高句麗（下句麗）とともに遼東郡の東千余里の所、すなわち遼河の東側にいて、かつ百済は下句麗の南方の遼東半島などに居住していた。

公孫氏は玄菟郡から高句麗勢力を排除するとともにその玄菟郡三県を支配した。公孫氏の支配下に入った楽浪郡地域の百済は後漢の遼西郡支配地に攻め込み、河北省の長城の線まで百済の影響を及ぼしたのである。その後

（魏晋時代）高句麗は大凌河以東の遼東を略奪し、百済は大凌河沿いの遼西郡を支配した。その時の百済の根拠地は晋平《しんぺい》郡晋平県である、と記載されている。

したがって、『三国史記』に言う百済が一六七年の建国時期に根拠地にしたのは遼東半島である。その王都は、BC七五年に楽浪郡帯方県（蓋州市）が置かれていた所でもある。初代温祚王は帯水（大清《だいせい》河）の南に位置する慰礼城に都を置いた。一六八年には靺鞨《まつかつ》が北部国境に侵入し、これを撃退している。この年、百済は北東の楽浪郡（遼陽市）に使者を派遣し後漢と国交を開こうとしたが、翌々年に楽浪太守の不審を買って和親を失ったとある。一七〇年にも靺鞨三千人が慰礼城を包囲し、食料が尽きて帰ろうとしたところを追撃している。

一七三年の頃の地勢について「百済の東に楽浪郡があり、北（遼河以北）に靺鞨がいて境域を侵している」とある。北は浿河（海城《ハイチャン》河）に至り、南は熊川を限りとし、西は大海、東は走壌（千山山脈）。王都について推察すると、浿河や帯水を渡って国都（沙崗《シャーコウ》）を定めた。その後王都を南の熊岳《ゆうかく》城に移したのであろう。二代目多婁王の時、靺鞨との戦闘が多くなっている。この前後から百済は公孫氏の支配下で立ちまわる豪族的存在であったのだろう。

二代目多婁王から十一代目比流王《ひりゅうおう》（三一七～三四七年在位）までの記事の中には、公孫氏の支配下にある百済、秦韓の関連記事が、ソウル付近に王都のあった馬韓やその馬韓から発展した高麗国の記事と混同されている。また、この地域と新羅の関係記事が公孫氏支配下の百済の記述などに紛れ込んで、混乱の元になっている。この百済王二代目に公孫度の娘が嫁ぎ、百済が公孫氏の支配下に入った。百済の活躍はめざましいものがある。前漢は遼西郡の領域を拡大したが、百済の勢力は長城までの領域を支配し、結果、後漢の遼西郡の支配地は長城以南のみに縮小したのである。公孫氏が魏によって滅ぼされると、百済は魏の支配下で存続するようになった。晋代には高句麗が勢いを増して遼東を占領し、百済もまた遼西・晋平の二郡を占領するようになったのである。

十三代目の近肖古王（三四八～三七五年在位）の時、三七一年に高句麗が大挙して百済に攻めてきた。百済は浿河のほとりに伏兵を置き、高句麗軍を急襲し敗北させた。その冬、百済王余句は太子とともに三万人の精鋭の軍隊を率いて高句麗に侵入し、平壌城（集安市）を攻撃し高句麗王釗を戦死させた。

『三国史記』新羅については、大駕羅国《おおからこく》などと同じように倭国の三倍暦に準じた暦法が使用されたと考えられる。

新羅の活動拠点は江原道と忠清北道である。またその王都は、初代赫居世《かくきょせい》（二三〇～二五〇年在位）から八代阿達羅《あだつら》（三〇〇～三一〇年在位）までは北漢江上流の金城川流域である。九代伐休《ばっきゅう》（三一〇～三一四年在位）から十六代訖解王《きっかいおう》（三五二～三六七年在位）までの王都は春川《チュンチョン》市もしくは原州《ウォンジュ》市であろう。

全羅道と忠清南道領域を占める狗邪韓国は、二代目「天照大神」（卑弥呼）の時代、素戔嗚尊とその子である大毘古命《おおびこのみこと》が春川方面の討伐に遠征したが、素戔嗚尊が出雲に追放されて大毘古命が狗邪韓国に残ってこの地を統治するようになっていた。また慶尚道は邪馬台国の直轄地域で古くから加耶と呼ばれていた。この加耶は伊都国の高皇産霊尊がその統治を補佐していた。

この狗邪韓国と加耶の両地域は、四代「天照大神」の命によって、二六三年大駕羅国として統合され、そこに首露王《しゅろおう》（二六三～三一五年在位）を封じた。その王都は洛東江流域の高霊《コリョ》郡付近となった。四代新羅王脱解《だっかい》（二六八～二七五年在位）は大駕羅国の多婆那《たばな》国（安東市）で生まれた。その国は倭国の東北一千里とある。これは多婆那国が半島の中で倭国に属する大駕羅国の王都（高霊付近）から東北に千里（六〇㎞）にあるという意味であろう。脱解は二代新羅王南解次次雄《なんかいじじゅう》（二五〇～二五七年在位）に引き立てられ、娘婿となった脱解と子の儒理《じゅり》王《おう》（二五七～二六八年在位）とわけへだてなく、王位を継げるようにしなさいと遺言したと記されている。五代新羅王婆娑《ばさ》（二七五～二八六年在位）の時の二八三年に大駕羅国の音汁伐《おんじゅうばつ》国（慶尚北道蔚珍《ウルチン》郡）と弁韓の悉直《しっちょく》谷国《こく》（江原道三陟《サムチョク》郡）の境界争いがあった。新羅王は首露王に仲介を依頼したが、こじれて新羅は音汁伐国を討伐してしまう。この時、押督《おうとく》（盈徳郡《ヨンドク》）まで併合している。九代伐休《ばつきゅう》（三一〇～三一四年在位）の時、その併合した地域の倭人が飢えて、食を求めるもの千余人とある。

また、この王は二八五年に大駕羅国の比只国《ひし》（英陽郡《ヨンヤン》）、多伐国《たばつ》（奉化郡《ポンファ》）、草八国（栄州市《ヨンジュ》）をも討伐して新羅に併合している。

十代新羅奈解王《なかいおう》（三一四～三二五年在位）十四年（三一八年）に、大駕羅国で加羅南部浦上八国の反乱があり、これに大駕羅国が新羅の援助を得るため新羅軍を大駕羅国に引き入れてしまった。新羅は八国の軍隊を撃破し、その将軍を殺し、六千人を捕虜として連れ帰った。大駕羅国の首露王は倭国の命に背き、その体制が大きく傾くことになった。

十一代助賁王《じよふんおう》（三二五～三三〇年在位）の時には三二六年大駕羅国の甘文国《かんもん》（金泉市《キムチヨン》）を討伐併合し、三二七年には骨伐国《こつばつ》（聞慶市《ムンギヨン》）が来降し併合した。

大駕羅国の四代目居叱弥王《きよしつびおう》（三四六～三六四年在位）の頃になると、任那（全羅道・忠清南道）が大駕羅国から分離自立しつつある。自立後、崇神天皇（三五八～三八五年在位）の時代に任那国が近畿王権に、もしくは貴国中央政権に使者を遣わしたことが記述されている。

異なる地域の馬韓（韓族）の成り立ち

ＢＣ四世紀半ば頃、君主国は蓋国と大同江付近で国境を接するようになり、さらに倭人は蓋国の領域の沿岸部や島嶼部に進出して、ＢＣ三世紀頃には、現地の濊貊人と倭人の混血の子孫が生まれるようになった。これを韓、もしくは馬韓人と呼ぶようになっていた。これが第一次の韓族であり、馬韓人である。
朝鮮王の準《じゅん》は衛満《えいまん》と戦ったが敵わず、王族を引き連れて二千余戸が興城河流域から対岸の遼東半島西部に海を渡って逃れた。その地で韓王として自立したが、箕準《きじゅん》の家系は絶滅し馬韓人が再び王になった。

この第一次馬韓地域とは異なる第二次馬韓地域がある。『後漢書』馬韓伝では、「(訳文) 韓に三種あり、一に馬韓、二に辰韓、三に弁辰。馬韓は西にあり、五十四国、その北に楽浪郡、南に倭と接している。辰韓は東にあり、十二国、その北に濊貊と接している。弁辰は辰韓の南にあり、また十二国、その南に倭と接している。およそ七十八国。伯済は馬韓の一国なり。土地は合わせて方四千余里(正方形に換算して一辺が四千余里の面積)、東西は海で尽きる。いずれも昔の辰国である」とある。

この記述の辰国の民は、蓋国が辰国を滅ぼし、追い出した経緯が影響しているようだ。蓋国がBC一二八年に分裂・弱体化し、辰国が一時嶺東地域で復活した。これを機に、国内外の方々に散り散りになっていた辰人(濊貊人)は辰国の誇りを取り戻そうとしているのであろう。しかし、BC一〇七年、漢に滅ぼされた。辰国は旧蓋国の地であり、漢の進出によって旧蓋国の民(濊貊)とともに辰人の王族の遺民が倭人地域である南方に逃れることになった。朝鮮半島の中央部に位置していた倭人地域で辰王族の遺民は辰を復興しようとしたのである。

この三韓が生まれた京畿道、黄海道、江原道、忠清北道などの地域は元の倭人地域である。ここに漢に滅ぼされた濊貊や辰王族の遺民が流入してきた理由は、衛氏朝鮮との係争・侵略、蓋国と辰国の政権交代に伴う戦乱、前漢の支配・圧政を逃れるためなどの理由もあった。そのような混乱・圧政の元では、蓋国や辰国の人々(濊貊人)はその地に留まるか逃げるか、生死に関わる選択を迫られたのであろう。

濊貊がBC一世紀に流民として南方の倭人地域に流入し、その影響で倭人と濊貊人の混血が進み、その子孫が韓人となった。これが第二次韓族である。この『後漢書』馬韓伝には、楽浪郡の南に隣接するそのような三韓地域のことがほぼ記述されているのである。

その馬韓は三韓の中で西にあって、現在の京畿道・黄海道地域にあたる。この地域に五十四国（君主国の拡大期に建国した国々を基礎とする）が分立していた。ちなみに、馬韓の北にはBC七五年から平安南道に楽浪郡の二県があった。その二県とは平壌付近に楽浪郡南部都尉の昭明県があり、その北の順川付近に屯有県があった。また、馬韓の南は倭国と境界（京畿道と忠清南道との道境）を接していた。

しかし、『後漢書』には遼東半島沿岸部の馬韓や伯済《はくさい》国の出来事が書き加えられて、朝鮮半島の三韓と混乱するもとになっている。遼東半島の伯済国がその西の馬韓を統一して百済を建国したことが、南朝宋の時代に知られるようになったためであろう。百済の台頭は多婁王の時、遼東半島を拠点に公孫氏との連携によるところが大きい。

前漢・後漢時代に朝鮮半島中央部で形成された三韓と、漢の郡県が置かれた遼東半島や平安道地域の韓はその地理情報が異なる。従来、どちらの記述もソウル付近の出来事として受け取っているが、本来異なる地域の出来事である。

『後漢書』辰韓伝に錯誤した記事がある。この記述が漢以前の辰韓や秦韓地域のことを指す場合は、漢の郡県が置かれたことのある朝鮮半島西北部の平安北道及び平安南道の西部地域のことである。一方、漢に支配されなかった三韓地域は、朝鮮半島中央部のことである。これが混在して記述されているので、錯誤が起きるのである。

『三国志』韓伝には、桓・霊（一四六～一八九年）の末、韓・濊が強盛になり、楽浪郡やその支配下の県さえ統制することができず、濊の民がさらに平安道付近から南の朝鮮半島中央部の韓地域に流れ込んでいることが記述されている。また、一九〇年に、遼東郡太守の公孫度は中原の大混乱に乗じて、遼寧省地域に独立政権を立て、かつて漢が支配していた朝鮮半島西北部（平安道）をもその支配下に入れた。二〇四年公孫康は楽浪郡治及びその北部六県の地域に遼東郡を置き、屯有県と昭明県を六分割してここに北部六県の名称を移し、帯方郡六県を設置した。百済の国造りは公孫氏の進出直前にはじまり、多婁王（尉仇）が公孫度、公孫康の下で働き、己婁王が公孫康の下で働いた。魏が公孫氏から郡県を奪うと、蓋婁王《がいるおう》（二三九〜二五八年在位）は魏の支配下で国造りを継続した。

後漢・魏時代の東夷諸国（夫余・高句麗・東沃沮・挹婁・濊貊）の位置

夫余

夫余の最古の記録は『史記』貨殖《かしょく》列伝にあり、これによると、夫余は遼寧省西部に居住している。箕子《きし》朝鮮が燕に追われて河北省から遼寧省へ移動する時に、それにつられて夫余もほぼ同時に行動していると推察できる。衛満が遼寧省西南部に侵入してのちに夫余は遼河の西部から遼河を渡ってその東部地域に北夫余（開原市）を建国している。この直後、遼河以西の地は漢の四郡が設置された時に真番郡となっている。その後夫余は漢によって東北に追われて東夫余（長春市）を建国した。元の北夫余の地は玄菟郡に再編された。『後漢書』夫余伝には光武帝の建武二十五年（四九年）に夫余王が遣使を立てて後漢に朝貢している。また、安帝の永初五年（一一一年）、夫余王が歩兵と騎兵七、八千人で楽浪郡（遼陽）に侵攻し、官吏を殺傷した。この頃には後漢の支配も衰退し、遼河以東の漢の支配基盤が瓦解していることが窺える。

安帝の永寧元年（一二〇年）、夫余は太子の尉仇台を派遣して王宮に詣でて貢献し、金印を賜っている。順帝の永和元年（一三六年）夫余王夫台《ふだい》は京師《けいし》に来朝、鼓吹《こすい》で出迎えられたうえに相撲が催され歓待を受けた。

夫余は西の鮮卑、南の高句麗の脅威が強くなるに従って、後漢や公孫氏との連携を強めていくことになる。一方で安帝の建光元年（一二一年）秋、太子の尉仇台は二万余の兵を率いて後漢の州郡の軍と合力して、玄菟郡治を囲んでいた高句麗、馬韓、濊貊の軍を討ち破っている。

『後漢書』夫余伝では永康元年（一六七年）、夫余王の夫台が二万余の軍勢で玄菟郡（旧北夫余）を侵略し、玄菟郡太守の公孫域はこれを撃退したとある。この後、夫余と後漢勢力は離反と接触を繰り返している。一二〇年に太子であった尉仇台が少なくとも四十七年太子を務め、一八九年以降在位していた献帝と夫余王としてやり取りがある。このあとの尉仇台の在位期間は十年が限界であろう。一一〇年に生まれたとして一九九年には八十九歳である。

『三国志』魏書公孫度伝や夫余国伝では、公孫度が娘を夫余王（百済王）尉仇の妻とさせたことが記されている。この後漢末の「尉仇」と後漢の王都へ出向いた後漢中頃の夫余王「尉仇台」とは異国同名別人で半世紀の、世代隔差がある。ただ、百済の尉仇（多婁王）が死んだあとに夫余国の簡位居《かんいきょ》や麻余《まよ》のことが記述されており、夫余と百済が混同されるなどの混乱がみられる。

『三国志』魏書夫余国伝では、三世紀の夫余の位置を次のように記している。夫余は長城（遼河流域と伊通《いつう》河流域の分水嶺付近＝四平市公主嶺市付近）の北にあって、この玄菟郡の境界となっている長城から六〇㎞ほどの所に夫余の王都（長春市）がある。夫余の南は高句麗（その境界は輝発河付近）。東に挹婁《ゆうろう》（その境界は松花江付近）。西に鮮卑族と接している（その境界は松原市付近）。北には弱水《じゃくすい》（松花江）がある。面積は一二〇㎞四方（一万四四〇〇㎢）。八万戸（四十万人）である。

高句麗

別種高句麗は公孫氏時代にはその遼東郡（郡治＝遼陽市）の郡境から七〇㎞の丸都山（白山市）の麓に王都があった。別種高句麗（小水貊）は面積が一四〇㎞四方（一万九六〇〇㎢）である。元、玄菟郡にあった句麗は大水（渾河）によって国を作っていた。西安平（康平）の北には小水（遼水）があり、南流して遼河に合流し海に入る。公孫康の時に抜奇と位夷模が別種高句麗で国を作るようになった。大水領域の高句麗（句麗）やその北の小水領域は公孫康が玄菟郡として統治するようになった。

『梁書』高句麗伝によると、景初二年（二三八年）、司馬仲達《ちゅうたつ》は大軍を率いて公孫淵《えん》を討伐した。位宮は主簿と大加に将兵千人を与えて、魏に援軍を派遣した。これによって、魏は公孫氏の遼東・楽浪・帯方郡などの支配領域を得ることになった。

また、『三国志』魏書夫余国伝には、正始五年（二四四年）、毌丘検が玄菟郡太守の王頎《おうき》に高句麗遠征を命じたことが記されている。正始六年（二四五年）、毌丘検が再び高句麗を討ち、位宮は諸加とともに沃沮に奔ったとある。このあと、別種高句麗は涓奴部出身の国王から桂婁部出身の国王となり、次大王がその王位を継承した。

東沃沮

『三国志』魏書東沃沮に記されたその位置は次のように解釈できる。東沃沮は蓋馬《がいま》大山（長白山地）の東部にあって、東沃沮の王都は、高句麗との国境から六〇㎞の所にある。そこは撫松付近に比定される。東部は日本海に沿って、国の形が東北に狭くなって、海岸線が西南に長くなっている。北は挹婁・夫余と、南は濊貊と接する。東沃沮は、沃沮（撫松県）、北沃沮（領域は咸鏡北道、王都は不明）、南沃沮（臨江市）の三地域に区分される。戸数は五千戸、三地域を統合する大君長はなく、村々に長帥がいる。言語は大体高句麗国と同じである。沃沮地

■図20　248年頃の東夷諸国

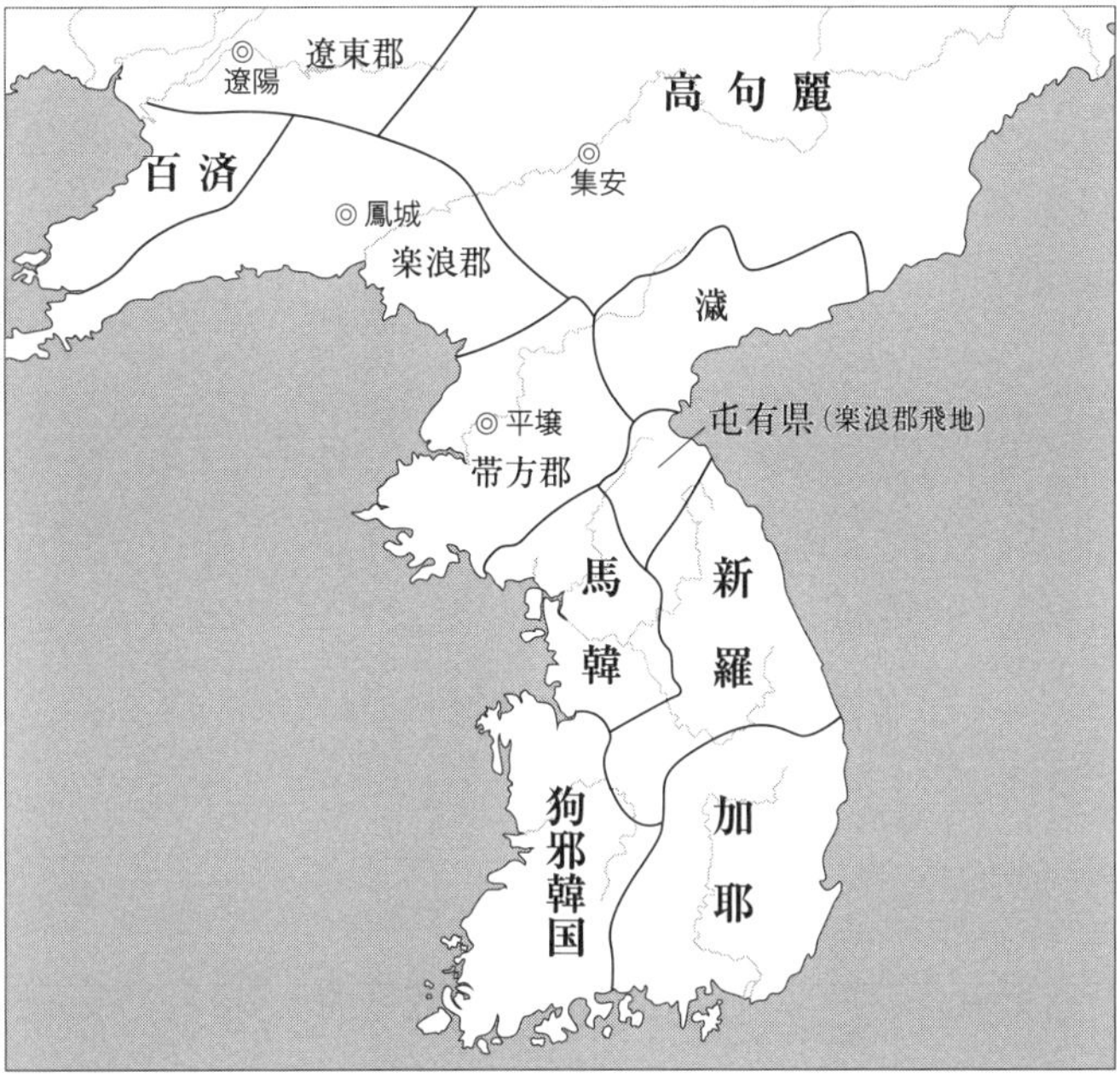

域はＢＣ一〇七年に玄菟郡の郡治となったが、ＢＣ八二年には新濱に移された。ＢＣ七五年に単単大領（老禿頂山）の嶺東七県が東部都尉（不耐県）に主領され楽浪郡に編入された。夫祖県はそのうちの一つである。八一年には東部都尉の七県は廃止され、渠帥によって県侯として自立した。一六〇年には南沃沮（華麗県）が、一六二年には沃沮（夫祖県）が、二〇三年には北沃沮が高句麗の支配地域となった。魏の毌丘検が高句麗を討った時、位宮は沃沮に逃げ、その邑落は破られた。位宮はさらに北沃沮に逃げた。

　東沃沮は、公孫氏の時代には高句麗が支配していたが、魏が高句麗を攻撃したあとは高句麗から分離自立させようとしたか、もしくは魏が直接支配しようとしたのであろう。しかし、結局は高句麗（桂婁部出身の王）が支配するようになったのであろう。

■挹婁■

　挹婁の中心地は夫余の東北国境（吉林省と黒竜江省の省境付近）から千余里（七〇km）ほどのハルピン市もしくは阿城《アーチヨン》市付近に王都があっただろう。東は大海、南は北沃沮、北は極まるところを知らない。言語は夫余国や高句麗と異なっている。

■濊■

濊（咸鏡南道）は、南は辰韓（江原道）と接し、北は高句麗の慈江道地域、南沃沮の両江道地域、北沃沮の咸鏡北道地域と接している。東は日本海である。戸数は二万（約十万人）である。濊は漢の郡県支配を受けたことはなく、その支配を受けた北の嶺東七県から多くの濊貊が逃れてきた。嶺東七県は、前漢の隆盛期は東部都尉が統治したが、まもなく自立し県侯となった。後漢代に伊夷模によって高句麗が新国を建て、位宮が毌丘検に征討された。その後、嶺東七県地域は桂婁部出身の王が高句麗を支配するようになった。その高句麗は二四五年、魏の支配下で濊を併合した。魏は桂婁部の大祖大王を取り込んで位宮（涓奴部）の高句麗を滅ぼしたのであろう。

神武天皇から開化天皇

二代目「天照大神」（卑弥呼）は饒速日命（瓊瓊杵尊の弟）を狗奴国に封じた。卑弥呼が老いてくると三代目皇位継承において大国主尊と月読尊系とがしばらく対立した。

結局、大国主尊が力づくで政権をとったが長続きせず、四代目「天照大神」には月読尊系の台与が政権をとった。台与は神武天皇に狗奴国を占領させ、その老いた饒速日命もしくはその子孫に代えて新たに神武天皇をこの国に封じた。

四代目「天照大神」（台与）の臣下である神武天皇が東征を命じられ、倭国三十余カ国の一つである狗奴国に封じられ、その後世襲によりこの地の統治を継承した。一方、倭国中央政権はその後も九州に都を置いたまま、代々の「天照大神」が統治を継続し、五世紀の倭の五王まで続いた。さらにそれを引き継いだ代々の「天子」が日本を統治するようになった。そして、この国の統治をさらに引き継いだのが近畿王権を拠点としていた文武天皇である。

この「天子」から文武天皇への皇統の継承の原因は、「天御中主尊」の皇統が「天照大神」から「天子」を引き継いできたものの、その本家が皇統断絶に陥ったからである。瓊瓊杵尊は、初代「天御中主尊」(伊弉諾尊)の時、日向国(福岡県西部)王に封じられた。伊弉諾尊の時、その皇孫の瓊瓊杵尊は月読尊系と皇統が分岐した。瓊瓊杵尊から神武天皇を経て分家(傍系)として皇統を引き継いできたのが文武天皇である。文武天皇を基点にすれば、四十代遡ると神武天皇にあたる。さらに日向国を三代遡ると瓊瓊杵尊である。さらに二代遡ると、最後の「天御中主尊」であり、初代の「天照大神」である伊弉諾尊にたどり着く。文武天皇から伊弉諾尊までは、皇統を四十五代遡っているのである。

ところで、「天皇」の称号は最初、大化の改新の頃出現し、漢風諡号は奈良時代に淡海三船《おうみのみふね》(七二二~七八五年)によって作られたといわれている。『日本書紀』編纂時には和風諡号だけで漢風諡号はまだなかったというのである。『日本書紀』は七二〇年に完成したが、天皇の漢風諡号はその後追加されたので、現在の『日本書紀』は最初に編纂された『日本書紀』が一部修正されたことになる。

さて、『日本書紀』の第三巻からは、ヤマト(倭・日本)と呼称する大阪府・奈良県地域(狗奴国)に封じられた神武天皇以来の歴史を中心に編纂されたものである。神武天皇から開化天皇までの世襲は父子継承の系譜のみで編纂されている。しかし、これを月読暦で天皇の在位年を復元してみると二つの問題が現出する。

一つ目は、復元した初代神武天皇即位二六〇年から九代目開化天皇崩御三五八年までの九十八年間は、父から子へのみで代々継承するにはあまりにも短すぎる期間である。この場合、父親が十歳の時にその子供が誕生することになって、「そんなことはありえない」となる。『日本書紀』が父子継承だけの系譜を伝え編纂しているのは間違いではないかと思う。私は九十八年間の復元が正しければ、天皇の継承は父子継承のみでなく、兄弟及び傍系も含めた継承が行われてきたのではないかと疑問がわいてくるのである。兄弟継承は傍系継承の一つでもあるが、ここでは兄弟継承が尽きると大兄の子に優先順位が移ることから、これを傍系継承とし区別する。

二つ目は、復元通り三倍暦王年の数え方ではなく、『日本書紀』の編纂の通りの一倍暦であったとすれば、九名の天皇のうち六名が百歳以上であり、そのうち三名が一二七歳以上というのも、「そんなことはありえない」となる。この場合、父子継承の問題が生じない代わりに、この九代の在位期間が七百年余りとなる。その割にはこの期間の記事が極端に少ないという問題も出てくる。加えて、中国の古代暦法のすべてにおいて日本の暦の精度が優っていたことになり、これも信じられないとなる。

私は、この系譜上の問題は、九代六世九十八年間の期間中のことで、父子・兄弟及び傍系継承が混在しているとみている。復元では九十八年間となるが、一方の『日本書紀』では九代の天皇の編纂結果がＢＣ六六〇年からＢＣ九八年まで約五六〇年間となる。これは、三倍どころか、復元の六倍近くにもなっている。これは、父子継承への疑問を減じさせてくれるが、年紀については不審を増幅させている。

初代から九代までの天皇のうち、父子継承でないものは、年表を整理すると、四代目懿徳が兄弟継承、五代目孝昭が傍系継承、六代目孝安が兄弟継承、七代目孝霊が傍系継承、八代目孝元が傍系継承、十代目崇神が兄弟継承である。すなわち、四代目懿徳天皇は二代目綏靖天皇の子であり、三代目安寧天皇とは異母兄弟である。それぞれの母の祖父は事代主神である。六代目孝安天皇は四代目懿徳天皇の子であり、五代目孝昭天皇とは異母兄弟である。同じく、八代目孝元天皇は六代目孝安天皇の子であり、その八代目の子が九代目開化と十代目崇神であり、この二人は異母兄弟である。

復元では二六〇年神武即位から開化崩御三五八年まで九十八年間では九代五世である。初代を除外して二名が兄弟継承であり、三名が傍系継承、三名が父子継承である。この正否は重要な問題である。

三代目から六代目の天皇は磯城県主葉江《はえ》の娘（姉妹）が妃に迎えられていることから二七五年から二九一年頃に生まれた同世代の皇子らである。

†

【参照】資料「『三国史記』高句麗・百済・新羅国王などの即位年・在位年・即位修正年」二頁

資料「天皇の在位と父子兄弟継承1」四頁

資料「天皇の在位と父子兄弟継承2」六頁

資料「天皇の親子関係（父子・兄弟継承）」八頁

Ⅲ

日本国時代

（四世紀中頃〜）

第一次日本国時代前期

三六四～四二〇年
貴国朝前期（貴国＝福岡・大分・熊本・長崎県）

邪馬台国から貴国へ

『日本書紀』には神功皇后紀四十六年乙亥朔（三六五年二月一日）条に卓淳《とくじゅん》国と百済の接触がこの年の前年にあったことが記述されている。

それは、三六四年甲子年の七月中旬に百済人の久氐《くてい》・弥州流《みつる》・莫古《まくこ》の三人が、卓淳国にやって来て、「百済（王都＝蓋州《がいしゅう》市）の王は日本《ヤマト》に貴国があることを聞き、なんとか貴国と接触（朝貢）できることを願っている。卓淳国に仲介を取ってもらいたい。そのために私たちを遣わした」と言ったのだという。この記述の「甲子年七月中」は明らかに一カ月が三十日ほどであり、この暦法では一倍暦が使用されている。

神功皇后紀は三つの歴史年代が混在した記述の編纂になっている。一つ目は『魏志』倭人伝の記述が含まれる三十九、四十、四十三、六十六年条などである。これらの記述は、この甲子年記述からの年代が一二〇年（干支二巡）前に遡る記述である。二つ目がこの三六四年の甲子年が含まれる四十六年条、及び四十七、四十九、五十、五十一、五十二、五十五、五十六、六十二、六十四、六十五年条である。三つ目は神功皇后が活躍する四一〇年代以降の神功皇后前記、元年、二、三、五、十三、六十九年条の記述である。

二つ目の歴史年代の記述は、日本貴国朝中央政権の史実の中から史料として残っていたものを元に編纂されたのであろう。ここに現出する斯摩宿禰《しまのすくね》は、貴国から卓淳国に派遣されてきた中央政権の高級役人であろう。日本の盟主国である貴国は、さらに十カ国で構成されていると考えられる。日本の盟主国は邪馬台国から貴国に替わってはいるが、実質は同じ領域のまま、ほぼ同じ構成国のままであろう。また邪馬台国の名称に卑しい漢字が使用されていたので、尊い字に変更したのであろう。台国そのものは卑しい文字ではないが、それを含む名称は、邪馬台《ヤマト》国から、日本《ヤマト》貴国に変化している。

また皇統は数代から十代ほど遡ったとしても月読尊の系統であり、邪馬台国朝に分岐した傍系の系統が貴国朝に継承したのであろう。それまで、日本の王都は熊本県南部（邪馬台国の八代《やつしろ》国）にあったが、甲子年の三六四年頃以降、有明海湾奥の筑後川下流域（貴国の御木《みけ》国）や菊池川下流域（貴国の火国北部）に遷され、同じ「天照大神」体制のままで貴国朝が新たに歩み出したと考えられる。

神功皇后六十二年（三八二年）条に、新羅（江原道《こうげんどう》・忠清北道《ちゅうせいほくどう》、王都＝忠州市《チュンジュ》）の奈勿王《なこつおう》（三六七～四〇二年在位）が朝貢せず、葛城襲津彦《かつらきのそつひこ》を遣わし新羅を討ったとある。『百済記』壬午年（三八二年）に新羅が貴国の言うことを聞かなかったので沙至比跪《さちひこ》を遣わして討たせた記事を引用している。ここで『日本書紀』は襲津彦と『百済記』の沙至比跪が同一人物であるような編纂となっている。

また、『百済記』をそのまま読むとこの時代に天皇がいるかのような記述になっているが、これは明らかに大和の神功皇后のことではない。沙至比跪の妹は日本を治める「天照大神」の皇宮に仕えているのであろうと考えざるをえない。さらに葛城襲津彦は成人に達する年齢になっていない。

六十四年条は百済王十四代の近仇須王《きんきゅうしゅおう》（三七五～三八四年在位）が薨じ、枕流王《ちんりゅうおう》（三八四～三八五年在位）

が即位した三八四年のことであり、六十五年条は十五代の枕流王が薨じ辰斯王《しんしおう》（三八五〜三九二年在位）が即位した三八五年のことである。

この頃は、貴国を盟主とする日本が大和地方を支配しており、それを崇神（御間城入彦五十瓊殖天皇《みまきいりひこいにえのすめらみこと》）や垂仁（活目入彦五十狭茅天皇《いくめのいりひこいさちのすめらみこと》）が担っているのである。

【参照】資料「神功皇后紀（月読暦解釈年月日と史料源）」十八頁

大駕羅国から任那国・加羅国へ

韓国の忠清南道《ちゅうせいなんどう》及び全羅道《ぜんらどう》の地域は、奴国朝には句句廻馳《くくのち》と呼ばれ、邪馬台国朝には狗邪韓《くやかん》国と呼ばれた。初代天照大神は素戔嗚尊《すさのおのみこと》をここに封じてずっと統治にあたらせようとしていたが、素戔嗚尊がこれを好まず、この地は子供に任せ、自らは母方の神皇産霊尊《かむみむすびのみこと》の統治領域であった出雲など西中国の統治を望んだ。結局、その素戔嗚尊は中央政権の運営から追放され、西中国の斯摩《しま》国（王都は出雲）の統治を担うことになった。

その後、素戔嗚尊の後継者となった大国主尊《おおくにぬしのみこと》が狗奴《くな》国（大和王権）の支援を得て、倭国政権の中央に進出して「天照大神」の後継となったため、一時期混乱期を迎えた。しかし、まもなく次に台与《とよ》がその後継となって政権を掌握すると、この狗邪韓国（のちの任那《みまな》）を東隣の加羅《から》（慶尚道《けいしょうどう》）に併合させた。邪馬台国中央政権はこの地を大駕羅《おおから》国として初代首露王《しゅろおう》に統治させることとなったのである。二六三年のことである。その首露王の在位期間は五十三年近くにもなる。大駕羅国は全羅道、忠清南道、慶尚道を含む領域となり、四代目天照大神（台与）が支配することとなった。

首露王の祖先は天照大神に命ぜられ間接的に加耶を治めていた高皇産霊尊《たかみむすびのみこと》（伊都国王）につながると考えられる。大駕羅国は首露王の時から三七三年まで倭国と同じ三倍暦を使用し、五代目の伊叱品王《いしつびおう》時代の三七四年から一倍暦を使用していることになる。

大駕羅国の構成国がどのようになっていたかはわからないが、東部の加羅諸国では、十二カ国の国名が挙げられ、西部の任那では七カ国が挙げられているので、十九以上の構成国であろう。

この大駕羅国の統治期間に、新羅は大駕羅国に何度も介入している。新羅王五代婆娑尼師今《ばさにしきん》（二七五〜二八六年在位）の二八三年に悉直谷国《しつちよくこく》（三陟《サムチヨク》・蔚珍郡《ウルジン》）と音汁伐国《おんじゆうばつ》（浦項市《ポハン》・盈徳郡《ヨンドク》）の境界争いでは盈徳郡と蔚珍郡の両方を新羅の領域としている。この記述は暦法上非常に重要である。それは三倍暦を使用する大駕羅国王に対して新羅が二倍暦を使用しているか三倍暦を使用しているかの判定のためである。あるいは異なる暦法の場合には同時期の接触があるため、その基準年を解明し、それを算定するために非常に重要だからである。

その新羅は、二八五年に軍隊を動員して加羅（慶尚道）北部の比只国《ひし》（英陽郡《ヨンヤン》）、多伐国《たばつ》（奉化郡《ポンファ》）、草八国（栄州市《ヨンジュ》）を討伐して、これら大駕羅国の北東部の地域を併合している。

十代奈解尼師今《なかいにしきん》（三一四〜三二五年在位）の三一八年には、加羅諸国（慶尚道）が南北に反目し、混乱に陥っている。その際には大駕羅国筆頭格の大加羅が新羅に援軍を求めたので、新羅は大加羅に荷担し加羅南部の浦上八国の軍を撃退し、将軍を殺して六千人を捕虜とした。このあと、大駕羅国（大加羅）は新羅に人質を送るに至っている。南北で反目したのちの大駕羅国は、新羅と小白山脈《しようはく》を挟んで対峙していた。東部の加羅諸国は西北や北から徐々に新羅の介入を受けるようになった。

十一代助賁尼師今《じよふんにしきん》（三二五〜三三〇年）の時、三二六年に大駕羅国の甘文国《かんもん》（金泉市《キムチヨン》）が新羅に討伐され、三二七年には骨伐国《こつばつ》（聞慶《ムンギョン》市・豊泉郡）の国王が民を率いて新羅に降伏した。三二九年には新羅の脅威を感じたためか金官《きんかん》国の古陀《こた》郡（安東《アンドン》市）は新羅に穀物を献上している。

このように、大駕羅国は国内の連携がなく個々に新羅の介入を呼び込むまずい統治に陥って、その領域は小白山脈を越えて新羅が次第に加羅領域を侵していった。

その大駕羅国は、二六三年に建国されたが、三六九年には任那と加羅に分裂することになる。大駕羅国の統一期間は百年ほどで終了した。

大駕羅国東方の加羅諸国方面（慶尚道）の統治は、それまで古寧《こねい》加耶・安羅《あら》加耶・小加耶・大加耶・星山加耶・金官《きんかん》加耶の六つに分治されていた。大駕羅国の分裂前、古寧加耶は隣接する新羅の影響を受け、洛東《らくとう》江以西の骨伐《こつばつ》国が新羅に降伏するに至っている。また、大駕羅国の分裂後、安羅加耶（洛東江以南）は安羅（咸安《ハムアン》郡）、多羅《たら》（陜川《ハプチョン》郡）に分離した。小加耶（昌寧《チャンニョン》郡・密陽《ミリャン》市）は比自㶱《ひしほ》に、大加耶（高霊《コリョ》郡）は加羅となった。星山加耶（星州《ソンジュ》郡）の北西部の甘文《かんもん》国は三二六年に新羅に討伐され併合された。その西南部は金官加耶の一部と併せて卓淳国（大邱《テグ》市）になり、金官加耶の北半分が㖨国《とくこく》（慶州《キョンジュ》市）に、金官加耶の南部が南加羅《みなみから》（梁山《ヤンサン》市）となった。

三六四年、貴国政権が立った時、はじめて日本国《ヤマト》（ヤマトに漢字の「倭」ではなく「日本」をあてたが、国外ではあいかわらず倭国《わこく》と呼ばれた）を名乗った。百済はその日本国と名乗る貴国政権ができたことを知り、国交を開こうとした。『日本書紀』の記述にもはじめてこの年に日本国が出現する。この年の日本国は半島に出兵し小白山脈を越えて新羅の王都（忠州市）を攻撃している。

三六八年、百済（王都＝蓋州《がいしゅう》市熊岳城《ゆうかくじょう》）と新羅が倭国への貢物を持って来る際に、新羅の使いが百済の貢物を奪った事件がきっかけで、倭国は荒田別《あらたわけ》と鹿我別《かがわけ》を将軍として兵を渡海させ卓淳国（大邱《テグ》市）に集結させた。

倭国はようやく新羅討伐に乗り出したのである。

この時、任那（全羅道及び忠清南道）の木羅斤資《もくらこんし》も精兵を率いて渡海軍に加勢した。これによって新羅を撃破した。それから兵を移動し西方にまわって古奚津《こけつ》（熊津川流域か）、忱弥多礼《とむたれ》（牙山《アサン》・天安《チョナン》・唐津市《タンジン》）を攻め落としここを百済に賜ったとあるが、その譲渡時期はもっとあとのことで、この時は大駕羅国から任那を分離・自立させただけである。大駕羅は東部の加羅と西部の任那に分かれたものの、それぞれが一国として統治されず、いくつかの国に分立することとなった。

次いで三六九年の戦いで大駕羅国、すなわち、大駕羅国東部の比自炑《ひしほ》・南加羅・喙国・安羅・多羅・卓淳・加羅の七国が倭国の本国によって平定された。倭国の中央政権は北、あるいは北西から侵略してくる新羅を加羅諸国（慶尚道）から排除して、三六九年には加羅七国（加羅国）を平定し、平穏を取り戻したのである。加羅七国が一国に統一されなかったために、この加羅七国は、かつての伊都国か貴国が直轄統治したのであろう。

渡海しての軍事行動は、それまで新羅によって併合された加羅北部地域を取り戻した訳でなく、南部地域の加羅七国に対する新羅の軍事介入を排除するためであった。特に加羅諸国西部の尚州《サンジュ》市や金泉市領域から新羅勢力を排除するのに戦果があり、それは忠清北道南西部の占領により旧狗邪韓国北部の回復に重点があったと推察できる。

同時に、貴国中央政権は大駕羅国から任那国（旧狗邪韓国、忠清南道・全羅道）を分離させたのである。任那に対する軍事行政支援は吉備王権に担当させたので、任那は吉備臣《おみ》の軍事行政に移行することになった。

この時、大駕羅国の王都にいたであろう任那出身の王子である都怒我阿羅斯等《つぬがあらしと》は任那に復帰せず、出雲王権、北陸王権を経て、近畿王権の崇神天皇が崩御する前後、垂仁《すいにん》男弟王（三八〇～三八五年在位）に三年間仕え、自国の任那に帰ることになった。その前には貴国の難波もしくは豊国の国前郡（国東郡）から倭国王都に来朝したとも伝えられる。

崇神天皇（三五八～三八五年在位）が崩御したのは三八五年四月五日のことである。『日本書紀』には、その前年に任那国から蘇那葛叱知《そなかしち》が貴国中央政権に使いに出された記事が挿入されている。さらにこれ以前、垂仁男弟王が皇太子の時に狭穂姫《さほひめ》を迎えたのが三七〇年十一月九日のことである。したがって任那が使いを出したのは三六九年に大駕羅国から分離されてまもなくのことであった。その使いの蘇那葛叱知は、またの名を都怒我阿羅斯等と呼ばれるとも受け取れる一説が『日本書紀』垂仁二年条に記されている。三七〇年までには倭国の穴門《あなと》、出雲、敦賀に来たとあり、一説には難波（福岡）や豊国の国前郡に来たとも言われているのである。『日本書紀』の記録から判断すると、崇神天皇の崩御三八五年の頃まで倭国内に来滞して本国へ帰国したのであろう。

任那・加羅・新羅・慕韓・秦韓

任那国は大駕羅国から分離されたのち、新羅の影響もあって任那の北東部（忠清南道北東部）にいた熊襲《くまそ》が反乱を起こしている。

三九一年には、列島内から出兵した倭国大軍が渡海して任那、加羅の保全のため、三韓地域の新羅や慕韓《ぼかん》（馬韓、京畿道《けいきどう》、王都＝ソウル）を占領して、朝鮮半島の支配強化策が打ち出された。これは、あくまでも三韓地域（朝鮮半島中央部）の長期占領が優先目的でなく、まず、倭国内の任那・加羅の治安維持保全が主目的である。

垂仁天皇（三八六～三九九年在位）が男弟王の時、新羅の王子、天日槍《あめのひぼこ》が倭国に来て近畿、北陸を転々としているが、この頃の新羅王は奈勿王である。天日槍は奈勿王の王族であろう。奈勿王は三九二年に伊湌《いさん》の大西知《だいせいち》の

■図21　364年頃の朝鮮半島の版図

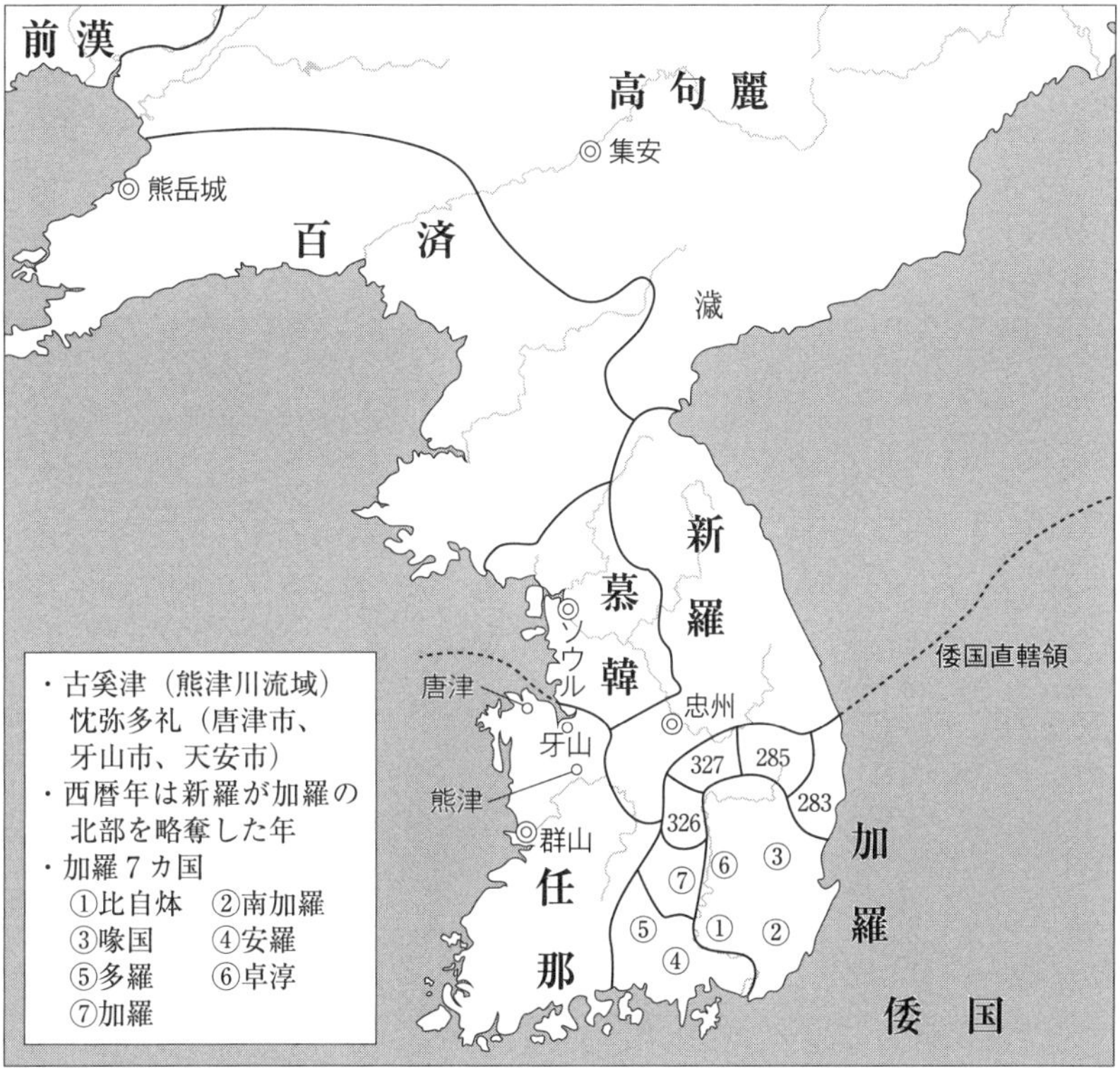

子実聖《じっせい》を人質として貴国に送っている。

広開《こうかい》土王《どおう》碑文には、「（訳文）そもそも百済、新羅は（高句麗の）属民であり、朝貢していた。しかし、倭が辛卯年（三九一年）に海を渡り、百済（帯方地域）、慕韓、新羅を破り臣民となしてしまった」とある。

高句麗は百済の城五十八城を落とし、三九六年までに少なくとも現在の鴨緑《おうりょく》江下流域の平安道《へいあんどう》（秦韓《しんかん》）、及び遼寧《りょうねい》省丹東《たんとう》市全域を領有したため、王都のある百済本国（遼東《りょうとう》半島）と倭国の進出した百済領の帯方《たいほう》地域南部（黄海道《こうかいどう》）とは分断されてしまったのである。その帯方地域に倭が進出したのは百済本国との連携があってのことであろう。

『三国史記』高句麗本紀によれば、「（要約）三九二年七月、百済の十城（遼寧省鞍山《あんざん》市）を攻略、九月北進し契丹《きったん》を討伐した。十月には遼東半島西部の関彌城《かんび》（長興島《ちょうこうとう》）を陥落させた。その城の四方は絶壁で海水に取り囲まれていた。この島を攻略するのに軍を七道に分け、攻撃するのに二十日かかった」という。

また碑文で「三九六年（高句麗は）水軍を率いて百済を討った」とある。それまで百済の多くの城を占領したにもかかわらず、百済は抵抗したので漢江（大清河《だいせい》）を渡り王城を攻めた。百済王阿辛王《あしんおう》（三九二～四〇五年在位）は多くの貢物を出し家臣になることを誓ったので、王弟などを人質として凱旋した。しかし、三九九年に百済は先年の誓いを破って倭と通和した。そこで高句麗王は百済を討つため平壌（平壌市《ピョンヤン》）に出向いた。

ちょうどその時、新羅からの使者が「多くの倭人が新羅に侵入し、王を倭の臣下とした。どうか救援をして欲しい」と願い出た。（高句麗）王は救援することにし、四〇〇年に五万の大軍を派遣して新羅を救援した。新羅王都（忠州市）に到るとその中に一杯いた倭軍が退却し、任那国境（忠清北道と忠清南道の境界）、加羅国境（慶尚道と忠清北道の境界）付近に高句麗軍が迫ったところ、倭国友軍の安羅軍が逆をついて新羅王都を占領した。倭は半島南部では圧倒的に強いのである。四〇四年、倭が帯方（平安南道、平壌市、旧帯方県）に侵入してきたので、高句麗はこれを討って大敗させた。

三韓地域から倭軍の兵が引いたあとも、熊襲は新羅を後ろ盾に再び反乱を企てたので、これには中央軍に代わって大和勢が対応していた。熊襲は『日本書紀』の編纂時に、九州南部にいるように記述されているが、実際には任那北部のことを指し、新羅とは国境を接している。これが仲哀天皇が三韓征伐に行って熊襲を征伐し、勝利を得られないで帰還した事案である。最終的には、四一二年に吉備鴨別《きびのかもわけ》に熊襲を直接討たせている。讃（天照大神、倭の五王の一人、倭の五王については後述）はその後、吉備臣との連携を図りつつ任那の保全に対応している。

崇神天皇と垂仁男弟王

この貴国を盟主とする日本（倭国）の東の統治領域は、近畿・北陸にとどまらず、徐々に、東海・関東へと東に拡大している。その一方で、従来の統治領域三十余国は、六～十カ国程度が一ブロックに統合されていった。その一つ一つのブロックが新たに地方王権を形成することになる。

近畿王権では、崇神天皇の時の大和、河内、東摂津、和泉、伊勢、斯摩《しま》などはほぼ狗奴国である。その南北に位置する奴国（山背《やましろ》）と鬼国（和歌山県）、加えて西北方に位置する躬臣《きゅうしん》国（西播磨）、巴利《はり》国（東播磨）、支惟《しい》国（西摂津）、烏奴《うな》国（中摂津）ならびにその遠方に位置する都支《たじ》国（但馬）、弥奴《みな》国（丹後）、好古都《ここつ》国（丹波）の統合が近畿王権の数代の統治者によって進められていった。それは華々しく一挙に統合された訳でなく、徐々に統合されている。その統合に大きな成果を出したのが、崇神天皇に任命された四道将軍である。

四道将軍とは、近畿王権が保有する軍を統制する将軍である。その役割は、当初大和周辺国の併合が目的であった。その後、近畿王権の国境管理と域内の治安と隣接王権への援軍が主要な事項である。そのため、当初から四道将軍の軍がブロックを越えて北陸、東海、西道（吉備）、丹波の領域に勢力を拡大する目的で戦っている訳ではない。本来どの地方王権も貴国朝に支配され、また同族世襲王権（天御中主尊皇統）でもあるので、よほどの対立がない限り無断で地方の有力世襲王権同士が互いに戦うことは少なかったのである。しかし、この時代は有力王権による統合が進展し、さらにブロック間では、各王権同士がそれぞれ統合を支援協力する関係が進むようになっているのである。

ところで、四道将軍は三六八年の任命の時点で、それぞれ何歳になるのだろうか。西道の彦《ひこ》五十《い》狭《さ》芹彦命《せりひこのみこと》

（別名が吉備津《きびつ》彦命《ひこのみこと》）は父孝霊天皇の即位から十年後（三三六年）に生まれたとすると三十二歳である。同じく北陸の大彦命《おおひこのみこと》は父孝元天皇即位年（三三四年）に生まれたとすると三十四歳、その子、東海の武渟川別命《たけぬなかわわけのみこと》は十七歳以下である。また、開化天皇の子である彦湯産隅命《ひこゆむすみのみこと》が丹波に養子となって丹波道主命《たんばのみちぬしのみこと》となったとすると、三六八年時点で開化天皇が三十九歳、丹波道主王は二十三歳ほどである。

大彦命は三六八年六月九日に印綬を賜って将軍に任命され、山背に対する備えを主とする任務が与えられたと考えられる。また、北陸、吉備、出雲、尾張の同族世襲王権とは協力関係が育ちつつあったと考えられる。このあとの近畿王権の状況は山背の併合へと推移している。奴国（山背）の武埴安彦《たけはにやすひこ》が山背から、その妻の吾田媛《あたひめ》が大坂から崇神の王都を襲撃しようとした。崇神は彦五十狭芹彦命を遣わし吾田媛の軍を攻撃し全軍を討ち破った。また大彦と彦国葺《ひこくにふく》を遣わし武埴安彦を攻撃させ木津《きづ》川で対峙、武埴安彦が矢にあたり死んで軍が逃げ出したのを追撃し、河の北でこれを撃破している。

同年七月一日、山背の平定のために将軍を出発させ、四道将軍は三六九年一月二十八日に夷賊（山背国）を平定した状況を崇神天皇に奏上している。

近畿王権では、この三六九年十一月に活目入彦五十狭茅天皇（垂仁）を崇神天皇の男弟王とする兄弟政治制度がはじまった。古代日本には兄弟姉妹が政治・宗教の支配権を分掌する支配体制が伝統的にあったのではないかと思う。それは皇族を王に封じるとともに、その目付、中央政権と地方王権との連携などのために副王を命じて国々を治める制度である。彦（多模《たま》）、夷守《ひなもり》制度、兄弟（姉妹）政治制度がそれにあたるのではないだろうか。

『隋書』倭国伝には「（訳文）倭王は天を兄とし、太陽を弟としている。夜がまだ明けないうちに、正殿に出て政治を行い、その間、あぐらをかいて座っている。太陽が出るとそこで政務を執ることをやめ、あとは自分の弟、太陽にまかせようと言う」とある。邪馬台国朝以降の中央政権では男兄王が祭事を司るとともに政治を大所高所からみる、男弟王が軍事・政治を含めた行政を司る、このような政治制度があったのであろう。これが地方の政治制度との関係では、中央の男兄王から地方の王へ宗教的祭り事の指示があり、中央の男弟王から地方の男弟王へ軍事や政治の命令指示統制事項などが行き交う制度が伝統的に構築されていたのではないかと思う。これが次第に貴国中央政権と七、八の地方王権との政治制度へ進展していったのではないだろうか。その地方王権での兄弟政治制度進展の事例が近畿王権の崇神王権であろう。

崇神王権は四道将軍の活躍によって中小の隣国の併合を成し遂げ、大和国王権から近畿王権へとより広域の領域統治へ一段階進めることができた。崇神天皇が神武天皇につづく第二の「御肇国天皇《はつくにしらすすめらみこと》」と記述される所以である。次に併合の対象になったのは、倭国三十余国の一つ、烏奴国（中摂津、北西大阪府、その中心地＝茨木市）である。三七〇年十一月九日に狭穂姫を垂仁男弟王の皇后に立てた。三七三年七月二十三日、皇后の兄の狭《さ》穂彦《ほひこ》（烏奴国王）が皇后に垂仁男弟王の暗殺を持ちかけてきた。皇后は兄を諫めることができず兄から短剣を受けることになった。三七四年九月一日、皇后は垂仁男弟王に兄の謀を白状し、垂仁は将軍八綱田《やつなた》に命じて狭穂彦を撃たせた。城が堅固なため、軍を増強して城を囲み、放った火が燃えさかり、城が崩れた。狭穂彦とその妹狭穂姫（皇后）は一緒に城の中で死んでしまった。

烏奴国も近畿王権に吸収され、また一段と領域が拡大した。三七九年六月一日、次に垂仁男弟王の皇后に立てたのが丹波国（好古都国）の日葉酢媛命《ひばすひめのみこと》である。そもそも、開化天皇とその妃竹野媛《たけのひめ》は丹波国との政略結婚である。彦湯産隅命が生まれ丹波国王とした。彦湯産隅命が四道将軍の一人である丹波道主命である。丹波国では彼を養子に迎え入れ、近畿王権とは同盟策を取り続けたと考えられる。

その後、近畿王権は丹波道主命に将軍の地位を与え、丹波国は近畿王権に併合されたと考えられる。さらにその子の日葉酢媛が垂仁男弟王の皇后に立てられ、その関係を盤石にしたのである。崇神天皇はこの体制を構築したのちの三八五年四月五日に崩じた。

【参照】資料「天皇（男兄王と男弟王）の在位年・年齢など」十二頁

石上神宮の七支刀と隅田八幡宮の人物画像鏡

崇神王権が近畿王権へと脱皮しはじめた時、貴国中央政権と百済の新たな関係が生じようとしていた。

三六四年（甲子年）七月中旬、百済が大駕洛国の卓淳国に日本国（倭国）との仲立ちを求めて使者が来ていた。大駕洛国では新羅が加羅諸国の国政に介入して混乱が生じていたため、三六五年、中央新政権の貴国から斯摩宿禰が卓淳国に遣わされていた。

倭国の都を菊池川下流域もしくは筑後川下流域に遷都した貴国朝の政権にとって、朝鮮半島では大駕洛国の治安回復と新羅による大駕洛国内諸国への介入の排除が急務となっていた。斯摩宿禰は、ただちに従者の爾波移《にはや》と卓淳国の過古《わこ》の二人を百済近肖古王《きんしょうこおう》（三四八～三七五年在位）の下に遣わし、百済との関係強化に応じようとした。一方、遼東半島に拠点を持つ百済は三一三年、三一四年以来、高句麗の臣下となっていた。百済はその高句麗から自立しようとしていたので、高句麗の存在が大きな脅威となっていた。

倭国は、三六八年三月荒田別、鹿我別を将軍とし兵を整えて海を渡って卓淳国に兵を集結し、新羅を襲撃しようとした。兵が足りないので任那の将軍（木羅斤資）が百済の援軍を得て、ともに新羅を撃破した。

これによって、大駕洛国は任那（旧狗邪韓国、全羅道・忠清南道）が分離され、慶尚道のみに縮小した。その大駕洛国、すなわち、加羅は慶尚北道の加羅（高霊郡）、卓淳（大邱市）、喙国（慶州・永川・慶山《キヨンサン》市）、南加羅（梁山市）、慶尚南道の比自炑（昌寧市）、安羅（咸安郡）、多羅（陜川郡）の七国で構成され、新羅によって動揺していたその七国が倭国によって平定された。

三六九年九月、高句麗の故国原王《ここくげんおう》（釗《しょう》、三四一～三七一年在位）が歩騎三万人を率いて雉《ち》城に来て屯営し、平安道の各方面に軍隊を派遣して住民を略奪した。百済太子（近仇首王《きんきゅうしゅおう》）がこれを撃破した。

百済は倭国が加羅七国を平定したのを祝して、三六九年に七支刀《しちしとう》を造ったが、高句麗との戦闘もあってただちにそれを倭国に献上できる状況ではなかった。百済が倭国にそれを献上したのは、結局三七一年九月十日のことであった。

この鉄剣には銘文が刻み込まれている。表には「（訳文）泰和四年（三六九年）五月十六日丙午正陽、百練の鉄百兵を避け供供たる侯王に宜し」とある。東晋の年号は太和であるが、泰和と書かれている史料もあることから年代に誤りはないだろう。裏には「（訳文）先世以来、未だ七支刀あらず、百済王の世子、近仇首太子は奇しくも聖音（恩）によって生き抜くことができた。故に倭王旨のために造り、後世に伝示されたい」とある。

三七一年冬、百済王は太子とともに、三万の精鋭な軍隊を率いて高句麗の平壌城（集安《しゅうあん》市）を攻撃し、高句麗王は流れ矢にあたって戦死した。この戦いで倭軍は帯方郡（平安南道・黄海道）方面に軍を進め百済を援護し、百済と倭はその同盟関係を深めたのであろう。

三七二年正月に百済は東晋に遣使して朝貢し、簡文帝《かんぶんてい》から征東将軍領楽浪太守の官爵をさずけられた。

崇神王権の晩期には垂仁男弟王に関する金文が存在する。それが隅田八幡神社の人物画像鏡である。銘文には「（訳文）癸未年（三八三年）八月、日十大王《くさかのおおきみ》年（崇神天皇の二十六年）に垂仁男弟王が押坂宮にいた時、斯摩宿禰が長寿を念じて河内の直《あたい》と穢人《えひと》の今州利《いますり》の二人らをして、白上銅二百旱をとって、この鏡を作らせた」とある。

この中で、斯摩宿禰は、中央政府がある貴国（旧邪馬台国）の高級役人であり、各地方王権の男弟王とは密接な関係を持っていたことが窺われる。斯摩宿禰は、貴国の立ち上がる三六四年頃からこの癸未年にはその役職に携わって二十年ほど経過しているので、垂仁男弟王が斯摩宿禰の長寿を願っているのは妥当なことだと思う。銘文が癸未年と一倍暦の干支で記されているのは、作成者に倭人以外の東晋、百済の影響を受けた人が含まれていたからであろう。

この三八三年八月八日に崇神王権が天神地祇を敬いになっている。九月十日に天照大神を豊耜入姫命《とよすきいりびめのみこと》から離し倭姫命《やまとひめのみこと》につけた。大神の教えにしたがって、垂仁男弟王は支配者である「天照大神」の祠《やしろ》を伊勢国に立てた（伊勢神宮建立のはじまり）。そして、斎宮《いわいのみや》を五十鈴川のほとりに建てた。

垂仁天皇と景行天皇

三八五年四月五日、崇神天皇が崩じて垂仁天皇が三八六年二月七日に即位し、同年十月十一日には景行が男弟王に立った。その景行男弟王の皇后は播磨稲日大郎姫《はりまのいなびのおおいらつめ》であり、大碓《おおうす》、小碓《おうす》の男子の双生児を生んだ。小碓尊は日本武尊《やまとたけるのみこと》と称される。垂仁王権は景行男弟王に対して近畿王権の内外との政略結婚を勧め関係強化を幅広く行った。景行男弟王の政略結婚をみると、貴国（王都は火国）、九州の日向をはじめ伊予、讃岐、吉備、美濃と各王権を跨いで幅広く行っている。

近畿王権は、躬臣国（西播磨）、巴利国（東播磨）に対して強行に併合を急がず、まず貴国朝中央政権から求められる東国や朝鮮半島への兵力の動員に大きく寄与している。

　景行男弟王は貴国中央政権に招集され、三九二年八月筑紫に行幸となった。これは前年中央政権によって日本（倭国）全国から兵が集められ朝鮮半島に渡海（広開土王碑文に記された倭軍の渡海）があったためである。これは後燕《こうえん》と高句麗の緊張から新羅の北方が緩和され、新羅が南の任那（忠清南道）北部の熊襲に介入したため、貴国中央政権はこれを排除する兵を渡海させたのであろう。倭国は百済の帯方郡南部地域（黄海道）、慕韓（京畿道）、新羅（江原道・忠清北道）を破り臣民となした。百済の南方の飛地である帯方郡地域（平安南道・黄海道地域）は、その直前に高句麗が占領していた地域である。倭国がその帯方郡南部地域（黄海道地域）を占領していた高句麗を破ったのであって、百済本国（遼東半島）を破った訳ではない。

　景行男弟王は三九四年六月に日向から大和へ帰還している。

　三九九年二月、垂仁天皇が崩じて同年景行天皇（三九九～四一五年在位）が即位すると、四〇二年八月、任那北部の熊襲がまた背いて辺境の地が混乱した。これに対応するため、貴国中央政権から熊襲征伐の動員があり、景行天皇は日本武尊を九州に遣わした。尾張王権も田子稲置《たごのいなき》や乳近稲置《ちちかのいなき》を派遣してきた。日本武尊らは彼らとともに海北で熊襲を征伐している。四〇三年一月一日、日本武尊は熊襲を平定した模様を奏上した。

　四〇五年一月、尾張王権内では王権の混乱に乗じてその東国が不穏となった。貴国中央政権では尾張王権を援助するため、近畿王権に援軍を出すように要請した。景行天皇は大碓皇子《おおうすのみこ》に尾張王権を通じて美濃を治めさせ、男弟王の日本武尊にその東国の平定を命じた。

　日本武尊は四〇五年二月二日大和を出発し、七日に伊勢神宮を拝んだ。倭姫命は草薙剣《くさなぎのつるぎ》を日本武尊に授けた。日本武尊は駿河の焼津で賊を焼き滅ぼした。その後の相模以東の行動は、尾張王権の領地を経て、その以遠の関東沿岸、陸奥国沿岸との交易交渉が主目的であろう。日高見《ひたかみ》国から陸路、常陸、甲斐国、信濃、美濃を経て尾張に帰還した。日本武尊は尾張で宮簀媛《みやずひめ》を娶り久しく留まった。足仲彦《たらしなかつひこ》（仲哀）は日本武尊が東国出発前に両道《ふたじ》入姫命《いりひめのみこと》との間に生まれ、元服前に日本武尊が崩じた。四〇五年十月四日に景行天皇は稚足彦《わかたらしひこ》（成務）を男兄王の皇太子とするとともに、四〇九年一月十一日に日本武尊男弟王の継承者を仲哀男弟王とした。

この間の四〇六年八月、景行天皇の皇后（日本武尊の母）である播磨稲日大郎姫が薨じ、景行天皇は十月に八《や》坂入媛命《さかのいりひめのみこと》（成務天皇の母）を立てて皇后とした。

† 【参照】資料「景行紀（月読暦解釈年月日）」十四頁

神功皇后と成務天皇

『日本書紀』景行天皇十三年（四一二年）一月に仲哀男弟王は崩じ、神功皇后は十月に誉田別皇子《ほんだわけのみこ》（応神）を生んだ。翌年、景行天皇は、武内宿禰《たけのうちのすくね》と武振熊《たけふるくま》に命じ、数万の軍を率いさせて忍熊王《おしくまおう》を攻撃させた。

この功労によって、仲哀男弟王の継承者として、四一四年十二月三日、誉田別皇子を仲哀男弟王の皇太子として立たせ、神功皇后はその摂政となったのであろう。その翌年の景行十六年（四一五年）二月、景行天皇は高穴《たかあな》穂宮《ほのみや》で崩御したので、四月成務天皇（四一五～四二二年在位）が即位し、武内宿禰は成務天皇と摂政の神功皇后とに同時に仕えることとなった。

四一七年、武内宿禰は近畿王権の大臣となった。四一八年には近畿の国郡に長を立て県邑に首《おびと》を置くことになる。四二二年十二月、成務天皇が崩じ、四二四年五月に神功皇后が崩じた。成務天皇には男の御子がいないため応神天皇が後継ぎとなったのであろう。十一月、神功皇后を狭城盾列陵《さきのたたなみのみささぎ》に葬り、四二五年二月一日、応神天皇

（四二五～四四九年在位）が即位した。十二歳の時である。

『日本書紀』の神功皇后紀は、前項で三つの歴史年代が混在した記述の編纂になっていると述べたが、神功皇后が生存していた時期についての記述は、神功皇后の前記、元年、二、三、五、十三、六十九年条である。

それぞれの年代を月読暦で特定すると、前記が四一二年、元年が四一三年、二年・三年が四一四年、五年が四一七年、十三年が四一九年、六十九年が四二四年である。

結局、神功皇后紀の生存中の記録は四一二年から四二四年までの十二年間の期間にすぎないのである。

その中で重要な記述は、神功皇后元年（四一三年）二月五日の「武内宿禰と和珥臣《わにのおみ》の祖である武振熊に命じて、数万の軍を率いて、忍熊王を攻撃させた」とあるが、これを最終的に命じたのはその時生存中だった近畿王権の男兄王（景行天皇）である。次に神功皇后十三年（四一九年）十二月八日に「武内宿禰に命じて、太子（七歳）に従わせ、角鹿《つぬが》の笥飯大神《けひのおおかみ》の参拝をおさせになった」である。これを命じたのは男弟王と同様の格式である摂政の神功皇后であろう。誉田別皇子の立太子は成務男兄王の太子ではなく、仲哀男弟王の太子を宣言しているにすぎない。従って成務男兄王が四二二年十二月十一日に崩じて四二四年二月六日に狭城盾列陵に葬ったのち、成務男兄王には男の御子がいないため、実質的に神功皇后と誉田別皇子がそれぞれはじめて格上げされた。五月十七日神功皇后が崩じたことによって、誉田別尊（十二歳）が男兄王に即位したのは四二五年二月一日である。この立役者は武内宿禰である。

【参照】資料「天皇（男兄王と男弟王）の在位年・年齢など」十二頁
資料「景行紀（月読暦解釈年月日）」十四頁
資料「神功皇后紀（月読暦解釈年月日と史料源）」十八頁

高句麗と百済

『三国史記』の高句麗と百済は、かつて玄菟《げんと》郡や楽浪《らくろう》郡の支配や影響を受ける地域で誕生した。遼河《りょう》は上流で西遼河と東遼河に分岐するが、その合流してから下流の遼河の以東、以南では魏晋の郡県の影響が弱まり、高句麗や百済がその地域で台頭してきた。しかし、まもなく、高句麗の故国原王は三四二年及び三四五年に前燕の慕《ぼ》容皝《ようこう》（三三三〜三四七在位）に攻撃され、前燕王儁《しゅん》は三五五年に故国原王を冊封した。この時の冊封は、前燕にとってその後方の高句麗との結びつきを固めて河北に進出するためであり、高句麗にとっては百済の支配を強めるための外交政策であった。

高句麗や百済の国々の民衆は四世紀半ばまで広く二倍暦を使用していたのであろうが、それぞれの中央政権では三五一年から一倍暦が使用されはじめている。そのため、この時期以降中国の一倍暦史料との関係比較が容易に理解できるようになる。それまでこの地域では各王の在位期間が長いことから、二倍暦が使用された可能性が高い。また高句麗の南に位置する新羅の暦法は日本の三倍暦の影響が強い。

この高句麗・百済・新羅三国で中国と同様の一倍暦が使用されはじめた頃、日本は半島の北部の高句麗・百済などとの関わりもさらに深まろうとしていた。

日本の貴国中央政権がはじまった三六四年以降、百済と倭は同盟が成立し、倭・百済陣営と高句麗・新羅陣営とは三六八年から対立的な軍事行動が遂行されている。

『三国史記』高句麗本紀の故国原王の頃はその転換期にあたる。既に一倍暦となった故国原王三十九年（三六九年）条には「秋九月、王は二万の軍隊を率いて南進して百済と雉城で戦ったが敗れた」とある。

またその故国原王四十一年（三七一年）条には「冬十月、百済王が三万の軍隊を率いて平壌城（集安市西南部）を攻撃してきた。（高句麗王は）軍を率いて防戦したが、流れ矢にあたって二十三日に死亡した」とある。三四二年に高句麗の故国原王は前燕に王都の丸都城《がんと》（白山市）を攻撃されたが、その丸都城を修理し国内城（白山市）を築いた。にもかかわらず、そこを離れて前方の戦場となった平壌城において三七一年に百済に攻撃され、死亡するに至ったのである。

百済は翌年に使者を晋に派遣し、朝貢した。この時、はじめて中国資料に百済の名前が出現する。三七二年六月、東晋から使者が派遣され、百済王余句《よく》（近肖古王）に鎮東将軍領楽浪太守の号が授けられた。

高句麗の広開土王（三九二～四一三年在位）の時は、積極的に周辺諸国に対する軍事行動が多くなる。倭国軍も任那、加羅の南部朝鮮半島を拠点に、三九一年以降、新羅、慕韓（馬韓）に対して三韓征伐を行い、自国の支配力を強める。それとともに、百済（遼東半島）との同盟によって、高句麗の支配する秦韓（平安道）に対して倭国は南の黄海道方向から旧帯方郡地域に攻め込むような軍事行動も行っている。

この頃の高句麗と百済の争奪領域は、現在の鴨緑江下流を挟む丹東市と平安道である。広開土王は三九二年までにはこれらの地域を獲得し、百済の西南方、長興島内の関彌城まで水軍、陸軍を用いて攻撃して陥落させている。三九五年、百済と高句麗は浿水《ばいすい》（鴨緑江）のほとりで戦い、高句麗は百済を大敗させ八千余人を捕虜にしたとある。高句麗は遼東半島と黄海道に分断された百済に対峙しながら後燕の慕容氏に対抗しつつ、自国の基盤を強化していった。これに倭国と新羅などが加わって、三九六年から四〇四年頃、半島の状況が激動する状況になったのは前項に記述したとおりである。

三九七年、百済の阿華王《あしんおう》（三九二～四〇五年）の太子である直支《とき》（腆支《てんし》）が人質として日本の貴国に遣わされている。

『日本書紀』応神紀八年三月条には、『百済記』が引用されている。「（三九二年に）阿花王が立って貴国に礼がなかったため、わが枕弥多礼《とむたれ》及び峴南《けんなむ》・支侵《ししむ》・谷那《こくな》・東韓《とうかん》の地を奪われた。そこで、（三九七年に）王子直支を天朝に遣わし、先王の好を修めた」とある。

その奪われたとされるこれらの地域は黄海道の地域か、これと密接な地域であろう。せっかく、倭国が百済を援護して取り戻した占領地域を、三九六年百済が高句麗に降伏した時、倭国に無断で高句麗に差し出したことを貴国に礼がないと言っているのであろう。

また『日本書紀』応神紀二十五年条には、「直支王（四〇五～四二〇年在位）が薨じて子の久爾辛《くにしん》（四二〇～四二七年在位）が立って王となった。王は幼少であったので木満致《もくまんち》が国政を執った」とある。

応神紀の八年条や二十五年条の挿入記事は、応神天皇の在位期間とは無関係である。挿入するならば、八年条は垂仁天皇紀か景行天皇が男弟王の時期（三八六～三九九年）にすべきであった。また、二十五年条は成務天皇紀か神功皇后紀に挿入すべきであった。

この時期、倭国は百済と同盟関係を保持しつつも、貴国中央政権の朝鮮半島での重点は新羅や慕韓に移りつつあったのであろう。

料金受取人払郵便

博多北局
承認

3217

差出有効期間
2021年10月30
日まで
（切手不要）

郵便はがき

812-8790

158

福岡市博多区
奈良屋町13番４号

海鳥社営業部 行

通信欄

通信用カード

このはがきを，小社への通信または小社刊行書のご注文にご利用下さい。今後，新刊などのご案内をさせていただきます。ご記入いただいた個人情報は，ご注文をいただいた書籍の発送，お支払いの確認などのご連絡及び小社の新刊案内をお送りするために利用し，その目的以外での利用はいたしません。

新刊案内を［希望する　希望しない］

〒　　　　　☎　　（　　）

ご住所

ご氏名《フリガナ》

（　　　歳）

お買い上げの書店名

海峡国家から列島国家へ

関心をお持ちの分野

歴史，民俗，文学，教育，思想，旅行，自然，その他（　　　）

ご意見，ご感想

購入申込欄

小社出版物は全国の書店、ネット書店で購入できます。トーハン，日販，大阪屋，または地方・小出版流通センターの取扱書ということで最寄りの書店にご注文下さい。なお、本状にて小社宛にご注文下さると、郵便振替用紙同封の上直送いたします。送料は実費。なお小社ホームページでもご注文できます。http://www.kaichosha-f.co.jp

書名		冊
書名		冊

第一次日本国時代後期

四二〇～五二一年
貴国朝後期（貴国＝福岡・大分・熊本・長崎県）

貴国朝と倭王讃・珍の時代

朝鮮半島では高句麗が秦韓（平安道）を領有しているため、百済の領域は遼東半島と黄海道に分断されていた。貴国朝の日本（倭国）は百済と同盟を組んで、慕韓（慕韓はのちに「高麗」と呼称するが、高麗の時期は高句麗の「高麗」と区別するため、「慕韓高麗」とする）と新羅を間に置いて高句麗と対峙することになる。いずれの国も国力を高めて、次第に高句麗と日本の二陣営が対立を深めることとなった。

貴国朝の中央政権は、熊本県北部を中心に王都を選定することが多かった。貴国朝の前期は朝鮮半島や中国東北地方を含んだ地域で情勢が推移していたが、四二〇年以降の後期は中国大陸も巻き込んで情勢が急激に変化し、中国正史にもその記述が多くなる。

貴国朝下の日本は百ほどの王権が地域ごとに七つの王権に集約し、中央政権もいくつかの有力王権を通じて制御しやすい体制を整えてきた。有力王権内あるいはその隣接地で紛争が起きると、中央政権は有力王権間で援軍を出すように指令を出し、日本国の一体化を推し進めてきた。それぞれの有力王権の王と、中央政権の王権の王は比較的新しい時期（邪馬台国朝期）に血統が分岐している。すなわち、男系皇統の分岐が近い関係にある。一方で西日本においては、近隣の中小国の王族が次第に遠い時期（奴国朝期）に分岐した血統関係になりつつあった。これらの中小国は次第に吸収され有力王権の支配地域となり、その後、有力王権の王に近親の皇族がその中小国を再編するために新たに配置されていった。北陸・近畿以西の西日本に限れば、三十余国は有力五王権の国王に集約化が進むが、その三十余国は六十六カ国に細分化され、それらが五王権によって統治されるようになる。一つの王権が十数カ国程度を統治するようになるのである。

朝鮮半島では日本の支配する大駕羅国が乱れ、そこに新羅の介入を大駕羅国が自ら招き入れていた。さらに混乱するようになり、列島本国の中央政権が立ち上がらざるを得なくなったのである。朝鮮半島の熊襲（忠清南道北部）征伐や新羅（忠清北道、江原道）征伐に有力各王権からも増援をするように命令（詔勅）が出され、各王権の王弟にも九州に来るように招集の命が下された。

近畿王権では垂仁が男兄王の時、中央政権からの要請によって景行男弟王が、三九二年八月から三九四年七月まで招集された。また、景行男兄王の時、日本武尊が四〇二年八月から四〇三年正月一日まで招集されている。また同じ景行男兄王の時、仲哀男弟王が九州に招集されたが、四一二年にその仲哀男弟王が崩じてしまい、それを神功皇后が引き継いでいる。

神功皇后の軍は中央軍が行った新羅征伐の支作戦を担ったのであろう。作戦経路は記録にないが、対馬を出発して東海岸の迎日《げいにち》湾から上陸し、安東市〜栄州市〜丹陽《たんよう》郡〜堤川《チェチョン》市方向に進軍、もしくは対馬を出発し、西周りで西海岸の牙山《がざん》湾（忱弥多礼）から上陸し、新羅軍の背後に進出して多大の戦果を上げるのに寄与したのではないだろうか。それによって神功皇后の軍は貴国朝の中央政権から大いに褒められる結果になったのだろう。中央政権はこの作戦で新羅に陸路及び水路で妨害されることもなく、慕韓高麗（京畿道、王都＝ソウル）や百済南部飛地の旧帯方郡南部地域（黄海道）に進出できるようになった。

この作戦の戦果を受けて、近肖古王、近仇首王の時に日本から百済に与えられていた忱弥多礼（忠清南道牙山・唐津市）が、阿華王の時に再び脚光を浴びることになった。分断地域となった百済南部飛地と日本軍の連携は益々高まった。ところで、神功紀四十九年三月条に、南蛮の枕弥多礼の地を百済に与えたとあるが、この南蛮とは百済からみる視点での用語であって、そこは任那と慕韓の国境地帯である忠清南道東北部のことを指している。貴国朝の視点では、この地の人を熊襲と呼称している。

また阿華王が即位の時に礼がなく、無礼にも日本国が百済に与えていた礼成《れいせい》江流域の峴南・支侵・谷那・東韓の地を高句麗との支配地交渉に使っている。日本国はその地を四〇四年までには高句麗から取り返し、四七五年の百済遷都後以降、百済に再び与えられることになる。

四一三年には高句麗との戦いも一段落して、日本も遼東半島の百済本国に連れられて東晋へ方物を献じている。この時の百済王は、阿辛王の時に人質だった直支王である。その後、中央政権の讃は朝鮮半島のことで中国南朝の宋とも関わりを持つようになっていった。

『宋書』倭国伝には、高祖の永初二年（四二一年）に「（訳文）倭の讃は、万里の遠い場所から貢物を持ってやって来る。これは評価すべきで官職を授ける」と武帝が詔したことが記されている。文帝の元嘉二年（四二五年）讃はまた司馬曹達《しばそうたつ》を遣わして上書を奉り、産物を献じたとある。続けて、讃が死んで弟の珍が立ったことが記されているが、その元嘉十五年（四三八年）に珍が宋に求めた六国諸軍事からその支配領域のことを窺い知ることができる。

それには「倭（関東以西日本及び加羅）、百済（分断された百済南部飛地、黄海道）、新羅（江原道及び忠清北道）、任那（全羅道及び忠清南道）、秦韓（平安道）、慕韓（京畿道）」が列挙されている。この中には、元百済領であったが、今では高句麗に奪取された秦韓（平安道）が含まれている。これは将来高句麗から倭国が秦韓を奪取したら、この領域の統治を宋に認めてもらいたいということを意味している。

同様に遼東半島の百済本国と離隔してしまった百済南部飛地は高句麗の脅威に晒されており、倭国の協力は不可欠であったが、宋や百済にとってその領有を倭国に認めるのは承知できないことである。秦韓と百済南部についてはその時倭国が直接統治していない。そのことを除けば、倭国が大軍を朝鮮半島に派遣して以来、半島南部の加羅（慶尚道）、任那の倭国領域の治安は安定し、無法地帯となっていた新羅や慕韓の朝鮮半島中部の支配も徐々に整うことになった。しかし、百済と高句麗の関係に乗じて新羅の不穏な行動が目立っている。

応神天皇と武内宿禰の治世

『日本書紀』の応神天皇紀には、神功皇后が新羅を討った仲哀九年（四一一年）、筑紫の蚊田《かだ》（福岡県小郡市説、糸島市説などがある）において閏十月十四日に誉田天皇が生まれたとある。これは近畿王権にとって新羅遠征の重大事件の年に去来紗《いざさ》別尊《わけのみこと》が誕生したことが記されていることになる。

貴国朝の中央政権は、朝鮮半島に対する増援が必要となって、仲哀七年（四一〇年）には仲哀男弟王らにも筑紫への招集を発し、年末には到着していた。仲哀男弟王の軍が熊襲を討つ作戦準備に取りかかっていた最中、四一二年正月十四日に仲哀男弟王が十七歳で崩じた。その跡を継いだ神功皇后の軍は、同年九月、対馬の鰐津《わにつ》を発して新羅征伐の支作戦を担うことになって大きな戦果を得たのである。

成務六十年（四二二年）十二月には成務男兄王が、神功六十九年（四二四年）五月には神功皇后が相次いで崩じた。応神元年（四二五年）二月、応神男弟王皇太子は十二歳で男兄王に即位し、応神四十一年（四四九年、三十七歳）に崩ずるまで二十五年間在位した。その応神男兄王の近畿王権を支えていたのは、武内宿禰である。武内宿禰は成務男兄王と同じ三九八年の誕生日である。応神男兄王が生まれた頃、すなわち、武内宿禰が神功皇后の下で小姓として身の回りの世話をしていた頃の年齢は十四歳であり、応神男兄王とは年齢差が十四歳となる。仁徳天皇五十年（四七〇年）に武内宿禰の記録があるものの、その死亡の記録がないことから、武内宿禰は七十二歳以上の寿命である。

邪馬台国朝時代の三十余国のうち、北陸の姐奴国《しやな》（加賀・越中・佐渡）、不呼国《ふこ》（近江・若狭・越前）の二カ国は、貴国朝になると北陸王権を形成することになる。この二カ国は奴国朝もしくは邪馬台国朝に封じられた王が世襲化しつつあったが、貴国朝になって、不呼国は隣接する近畿王権と関係を強化するため婚姻関係を深めつつあった。最終的には開化天皇の曾孫である気長宿禰《おきながのすくね》が不呼国を治めるようになっていた。

景行天皇の晩年には、不呼国の大津に近畿王権の王都を置くなど、不呼国が近畿王権に合流したと思えるほどの状態になっていた。仲哀男弟王が気長宿禰の娘を皇后とし、応神が生まれた。応神と息長真若中比売《おきながまわかなかつひめ》との間に若野毛二俣皇子《わかぬけのふたまたのみこ》が生まれると、この皇子を不呼国王としたのであろう。いずれにせよ、不呼国王には応神天皇から血統が分岐した若野毛二俣皇子がついたのである。

不呼国は古い時代に中央政権の皇統から分岐した血統の王が封じられていたが、その血統よりもさらに中央政権の皇統に近い血統が近畿の血統である。不呼国は貴国朝の近親の皇族を直接招き入れずに、近畿王権に近い血統の王（若野毛二俣皇子）を選択したことになる。恐らく中央からの直接の介入を避けたかったのであろう。この若毛二俣皇子から北陸王権が形成されはじめて、不呼国は姐奴国と合流し、応神天皇五世孫の男大迹王《おおど》が北陸王権を率いるようになっていったのである。一世二十年とすれば五世で百年である。応神天皇が男兄王に即位した四二五年から一〇七年後に、この北陸王権と近畿王権が合流して継体男兄王が五三二年に即位することになる。

応神天皇紀の七年（四三〇年）条には、「高麗（京畿道）人、百済（黄海道）人、任那（全羅道、忠清南道）人、新羅（江原道、忠清北道）人が来朝した。その時、武内宿禰に命じて諸韓国らを率いさせて池を作らせた」とある。任那人は倭人であって韓人ではないが一緒になって韓人池を作ったとある。朝鮮半島各国の土木作業を主とする職人が近畿王権の支配する地まで渡来して大規模な土木工事を行いはじめている。各国の土木技術や土木機具が集まって新たな技術や道具が創造されたのではないかと思う。これらがその後の大規模古墳の造築につながっていったと考えられる。応神十一年（四三二年）条にも剣池《つるぎのいけ》、軽池《かるのいけ》、鹿垣池《かのかきのいけ》、厩坂池《うまやさかのいけ》を作ったことが記されている。

応神九年（四三一年）条に武内宿禰が貴国中央政権の下に派遣され筑紫に赴いた時、近畿王権では武内宿禰の弟である甘美内宿禰《うましうちのすくね》が兄を廃しようとして応神天皇に「武内宿禰が天下を望む野心を持って、筑紫で謀をしていると聞いた」と讒言したことが記されている。この対立は武内宿禰が勝っているが、中央政権と地方王権の間を調整する上で疑義や波乱が生じやすいことを象徴している。

応神十四年（四三四年）条には「弓月君《ゆづき》が百済（黄海道、遼東半島、もしくは葫蘆島《ころとう》市）から人夫百二十県を率いて帰化したが、新羅人が邪魔をして加羅に留まっている」との記事がある。これは、中央政権から聞いた情報を受けて、近畿王権がこの人々を必要として受け入れのため葛城襲津彦《かつらぎのそつひこ》を加羅に派遣したのであろう。これは弓月君らが百済から任那北部に移住しようとしたのを新羅がこの地に侵入して邪魔したため、とりあえず加羅に行って善後策を取ろうとしていたと考えられる。もしくは、加羅とはかつての大駕羅国を指し、その国の任那地方のことを指しているのであれば、そのまま任那北部の忠清南道に留まっていたのであろう。近畿王権は人手不足のため、中央政権にことわって彼らを引き受けようとしたと推定できる。

応神十五年（四三五年）条には百済王（毗有王《ひゆうおう》）が阿直岐《あちき》を遣わし良馬二匹を奉じたとある。高句麗と百済の緊張状態が生じつつあり、黄海道や遼東半島から三韓、任那、加羅を経て近畿方面へも逃避する人々が多くなりつつある。

応神二十八年（四四二年）条に高麗（京畿道）王が使いを遣わし朝貢し、その上表に「高麗王が日本国に教える」とあり、上表の形式が礼を欠いて怒ったとある。これは慕韓高麗（慕韓はこの頃から「高麗国」を名乗るが、混乱を避けるため「慕韓高麗」と表記する）が日本国の中央政権に朝貢した時の出来事であろうと思うが、これが慕韓高麗王から近畿王権への上表であったとしても、慕韓高麗王よりも近畿王権が格上だったのであろう。同名の高句麗が朝貢する訳がないので、この慕韓高麗は倭国支配下であった慕韓（馬韓）のことであろう。

応神三十七年（四四五年）条に阿知使主《あちのおみ》とその子都加使主《つかのおみ》を呉（遼東半島の百済本国、あるいは葫蘆島市）に遣わした時、高麗国（慕韓高麗もしくは秦韓）に渡って呉に至ろうとしたとあるが、これはソウル付近から帯方南部の沙里院付近までの陸路の経路は熟知しているので、高句麗の平安道地域（秦韓）に渡って遼東半島の百済本国の王都地域、もしくは旧楽浪郡治以遠がわからないかのどちらかで、彼らが道案内を必要としたからだろう。

倭王済・興の時代

『宋書』倭国に「（訳文）元嘉二十年（四四三年）倭国王の済は宋に使者を派遣して貢物を奉った。それで、宋は王を安東将軍倭国王に任命した。元嘉二十八年（四五一年）倭王済に使持節・都督倭・新羅・任那・加羅・秦韓・慕韓六国諸軍事の官職を加え、安東将軍はもとの通りとした」とある。

済は菊池川中下流域に都を置いた貴国朝の王である。済を含む倭の五王は何代目かは不明だが、五世紀に存在した連続五代の「天照大神」である。貴国が政権基盤であるが、中でも火国・筑後国の勢力に支えられ、その中間地点（火国の北部及び筑後の南部）を都として政治を行っている。

その倭国伝の四五一年の役職から倭国の支配領域を知ることができる。新羅については訥祇王《とつぎおう》（四一七～四五八年在位）の時、高句麗軍が長期間駐留していた。また、秦韓（平安道）については、高句麗が百済から奪って占領しており、長い間、百済本国（遼東半島）と百済南部飛地（黄海道）とを分断していた。

そのため倭国に対しては珍が前回要求していた百済の領域を除いて役職が与えられた。秦韓や新羅北部については高句麗が実質的に占領しているが、倭国に対して与えられたのは名目的なものであり、将来倭国が占領すればその地を与えるとの約束がされていることになる。実質的に倭国が占領しているのは慕韓（京畿道）、任那（忠清南道・全羅道）、加羅（慶尚道）のみである。

四六二年には倭王済が死に世嗣の興が使者を遣わし貢物を奉ったとある。また四七八年に倭王興死し、弟武立つとあるから、興の治世は四六二年頃から四七八年頃である。

この時の近畿王権の男兄王は仁徳天皇（四五〇～四七六年在位）であり、その時の男弟王は仁徳天皇の子らである履中（四六二～四六七年在位）、反正（四六八～四七二年在位）、允恭（四七二～四七六年在位）が続き、仁徳天皇が崩じたあとは、允恭が男兄王となり四九四年まで統治した。

この間、倭王興から近畿王権に対して朝鮮半島への増援のため出兵を命ぜられることはなかった。半島情勢は高句麗が四七五年に遼東半島の百済を滅ぼすまでは比較的に平穏だった。その高句麗の百済への侵攻は四七五年七月から本格化する。九月、高句麗は長寿王《ちょうじゅおう》自ら三万の兵を率いて百済の王都慰礼《いれい》城（熊岳鎮）を包囲した。七日七夜で王城は陥落した。この時、国王、王母、王子たちは皆捕らえられてしまった。文周《ぶんしゅう》や蓋婁王《がいるおう》の弟の加須《かす》

■図22　451年頃の朝鮮半島の版図

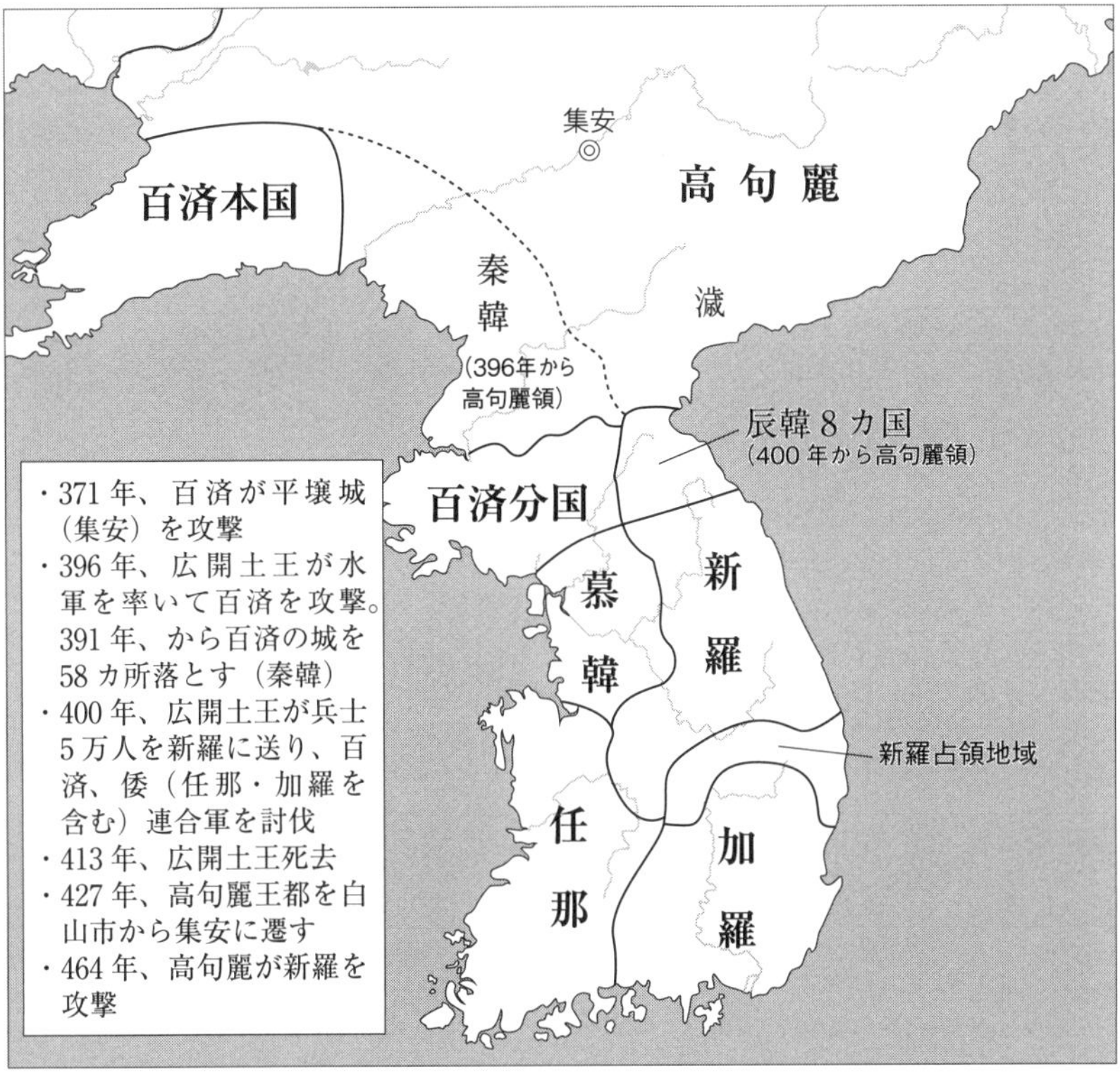
集安
高句麗
百済本国
秦韓
(396年から高句麗領)
濊
辰韓8カ国
(400年から高句麗領)
百済分国
慕韓
新羅
新羅占領地域
任那
加羅
・371年、百済が平壌城(集安)を攻撃
・396年、広開土王が水軍を率いて百済を攻撃。391年、から百済の城を58カ所落とす(秦韓)
・400年、広開土王が兵士5万人を新羅に送り、百済、倭(任那・加羅を含む)連合軍を討伐
・413年、広開土王死去
・427年、高句麗王都を白山市から集安に遷す
・464年、高句麗が新羅を攻撃

利君《りのきみ》らを助けたのは任那北部を統治していた木満致の子孫である。倭国中央政権が加羅七国平定以来、木満致の子孫を任那の役人として代々登用していたのである。遼東半島及び黄海道の百済が滅亡するにあたって、忠清南道に逃げ延びてきた百済遺民を助けたのである。これは倭国の中央政権の興も同意したのである。

南朝百済が任那北部に誕生するのは四七五年十月である。熊津を都にして倭国の援助でただちに百済が再建されたのである。任那の北部で百済の遺民を受け入れたのは、長年この地域が新羅の侵入に悩まされてきたからでもある。

五世紀において、近畿王権では応神陵や仁徳陵など巨大古墳が築かれ、九州の中央政権では装飾古墳が築かれ、それぞれの隆盛期となっている。

仁徳・允恭・雄略天皇による近畿王権の統治

応神男兄王の時、大鷦鷯尊《おおさざきみこと》（仁徳）が四四七年六月三日に男弟王に即位した。その年齢は十五歳である。仁徳が生まれた日に木菟《つく》（みみずく）が産殿に飛び込んできた。大臣の子と同じ日に生まれ、大臣の妻の産屋に鷦鷯が飛び込んできて瑞兆があるしるしだと言ってその名をお互いに替えて名づけられた。

四四八年、応神男兄王は大山守《おおやまもり》と大鷦鷯尊（十六歳）をお召しになって、長子と少子とどちらがすぐれているかと問うた。どちらを自らの後継とするか決心したいため問うたのであろう。その結果、応神男兄王は菟道稚郎《うじのわきいら》子《つこ》を立てて男兄王の皇太子とした。また大山守命に任じて山川林野を掌らせた。大鷦鷯尊を太子の輔として国事を治めさせた。四四九年八月十五日に応神男兄王が崩じると、菟道稚郎子は男兄王の位につかず、その位を大鷦鷯尊（十七歳）に譲られた。

仁徳男兄王は四五〇年七月六日群臣に詔して「高台に登って遠くをみて煙が国の中にあがっていない。百姓が非常に貧しく家で飯を炊く者がいないのではないか」などと仰せられ、八月二十一日に「今より以後三年、すべての課役をやめ、百姓の苦しみを除け」と仰せられた。

仁徳男兄王の下で、男弟王に即位したのは自身の皇子らであった。履中男弟王の即位が四六二年正月一日、稚《わか》桜宮《ざくらのみや》で病気によって崩じたのが四六七年三月十五日。反正男弟王の即位が四六八年二月二日、正殿で崩じたのが四七二年二月二十三日である。反正の弟である允恭は病気がちで男弟王に即位しようとしなかったが、群臣の要請や忍坂大中姫《おしさかおおなかつひめ》の思い（人々の希望に従って、無理にも位についてほしいという思い）によって位につく決心をし、四七四年に男弟王の位についた。

四七五年二月十四日、忍坂大中姫を皇后に立てた。四七六年七月十六日、仁徳男兄王が崩じた。四七七年、允恭男弟王は男弟王から男兄王に即位し、九月九日詔して「氏と姓の誤りを正せ」と仰せられた。

この間、対外的には高句麗が百済を攻撃しこれを実質的に滅ぼした。『日本書紀』の雄略紀二十年条（四七五年）は『百済記』からの引用である。この中に「百済国が日本国の官家《みやけ》となっている」とあるが、これは日本国から百済に与えた領地が官家として存続していることを言っているのだと思う。それに続く引用で「大城（王都）を七日七晩攻撃され、王城が陥落し慰礼（百済）を失い、国王、王母、皇子らがみな手にかかって死んだ」とある。四七六年三月に貴国中央政権は、任那の久麻那利《こむなり》（忠清南道）を文州王に与えて百済国を救った。南朝百済として再建されたのである。その任那の地や百済飛地の礼成江流域が日本国の官家である。

大凌《だいりよう》河流域などの遼寧省西部では、古くから百済・高句麗の遺民及び蓋婁王の父の弟らの系譜によって北朝百済が立ち上がった。百済の旧領は高句麗領となり、その南北の地でそれぞれに百済王家は存続することになったのである。『三国史記』には日本が存続させた官家のみの百済が記述されているのである。

『百済記』の引用では四七九年百済の文斤王《もんこん》（三斤王《さんきん》）が薨じ、貴国中央政権では軍君《こにきし》の五人の子の中で、第二子の末多王《また》（東城王《とうじよう》）を国王とした。兵器を与え、筑紫国の軍士五百人を遣わし、百済まで東城王を護衛したとある。

また、近畿王権では、允恭男兄王の下で男弟王に即位したのも自身の皇子らであった。安康男弟王の即位が四八五年正月十四日、眉輪王《まよわおう》によって殺されたのが四八七年七月九日。雄略男弟王の即位が四八七年十二月十三日、二十歳である。四九四年四月十四日、允恭天皇が崩じた。

この年、雄略が男弟王から男兄王に即位し、五月三日少子部蜾蠃《ちいさこべのすがる》に詔して「三諸岳の神のお姿をみたいと思う。自ら行って捕らえてこい」と仰せられた。

『日本書紀』雄略紀十八年（五〇五年）条八月十日に雄略男兄王は物部菟代《もののべのうしろ》宿禰、物部目連《めのむらじ》を遣わし、伊勢の朝日郎《あさけのいらつこ》を討たせた。近畿王権の官軍の中で物部目連の部隊に筑紫の兵が混じっており、中央政権から何らかの軍事支援を得ていたと考えられる。物部目連を後ろに隠し、筑紫の聞物部大斧手《きくのもののべのおおおのて》の楯を前に、朝日郎に進撃し、大斧手が楯と甲を射通され身体に一寸ばかり刺さったにもかかわらず、隠れていた物部目連が朝日郎を捕らえて斬り殺したとある。

雄略男兄王は皇子らが幼いことから男弟王を置かなかった。白髪皇子《しらかのみこ》を五〇九年二月一日に皇太子とし、五一〇年六月一日に天皇は病気になってすべてを皇太子にゆだねた。雄略男兄王は五一〇年八月七日に大殿で崩じた。

† 【参照】資料「天皇（男兄王と男弟王）の在位年・年齢など」十二頁

高句麗の遷都と長寿王による百済攻撃

長寿王は平壌（集安市）遷都や広開土王碑文建立などをはじめ、百済を滅亡に追いやるなど偉業が伝えられている。

別種高句麗の王都はどのように変遷したか振り返ると、卒本《そつほん》（桓仁《かんじん》市）、丸都城・国内城（白山《はくさん》市）、平壌城（集安市）、東黄城（臨江《りんこう》市）、平壌城（集安市）、長安城（平壌市）へと遷都している。高句麗の前身である夫余系濊貊《わいばく》のいる地域は、後漢の玄菟郡の郡県支配地域であった。

公孫氏の時代にこの玄菟郡から涓奴《けんど》部の民が別種高句麗地域に移った。別種高句麗地域は後漢時代に楽浪郡東部都尉の統治下から自立しつつあった。『三国史記』高句麗の二代瑠璃王《るりおう》から六代大祖大王《たいそだいおう》までは、玄菟郡から移ってきた高句麗（涓奴部出身の王）に統治されている、あるいはその統治を助けている時代のことであって、『三国史記』の初代から五代の王は五部のうちの一つ、桂婁部《けいる》を継承しているにすぎない立場である。桂婁部の民は桓仁市東部の渾江《こん》と沸流水《ふつりゅうすい》の合流地域の沸流谷付近にいた。そこは現在ダムの水底になっている。この初期の王都と言われる卒本は本来の王都ではない。玄菟郡にいた涓奴部の高句麗と別種高句麗は楽浪郡の嶺東の地域で合流した。魏によって涓奴部出身の位宮王《いきゅうおう》が滅ぼされ、権力が桂婁部出身の王に移ったため、その系譜を遡り、卒本が桂婁部の中心地だったので、そこが初期の王都だったのではないかと類推しているにすぎない。

少し遡れば、実際に別種高句麗を統治するようになったのは、玄菟郡の高句麗王であった伊夷模《いいも》である。伊夷模は玄菟郡の高句麗（撫順《ぶじゅん》市）から別種高句麗の中心地、不耐《ふじ》県（白山市）を新国の王都とした。その後、魏が毌丘倹《かんきゅうけん》の一万の大軍を派遣し、丸都城（龍崗山）を攻め落とし、将軍王頎《おうき》に高句麗の位宮王を沃沮《よくそ》方向に追撃させた。魏は丸都山まで行き、その麓の不耐城（白山市の国内城）でその戦功を刻み込んできたとある。位宮の高句麗が滅ぼされ、これを二四八年に継承したのが桂婁部出身の七代次大王《じだいおう》である。王都はその後もそのまま不耐城である。

山上王《さんじょうおう》（二七四～二八九年在位）は二七四年に集安市にある山城の丸都城を築き、二八〇年、ここに都を遷した。東川王《とうせんおう》（二八九～二九九年在位）は白山市の丸都城が兵乱にあって復旧できないと考え、戦乱になるとその麓の国内城も脆弱となるのは同じことなので、鴨緑江に接合できる平壌城を築いて二九九年宗廟・社稷を移した。

美川王《びせんおう》（三二五～三四一年在位）は三二六年三万の軍隊を率いて玄菟郡に侵入し、捕虜八千人を得てこれを平壌（集安市）に移住させたとある。故国原王は平壌城を増築した。前燕王慕容皝が王都の丸都城（集安市）を攻撃してきた。三四六年には山城の丸都城を修理し、平地の国内城（平壌城）を築いた。三四七年には鴨緑江上流の河川に接合した平壌の城を東黄城（臨江）と命名し、ここに居所を移した。ここは南沃沮を治めていた華麗県の県城であった所で、時代を下ると渤海国の五京の一つ西京が置かれている。

三七一年、百済王が三万の軍隊を率いて平壌城を攻撃してきたので、故国原王は東黄城からこの地まで進出して戦ったが流れ矢にあたって死んだ。小獣林王《しょうじゅうりんおう》（三七一～三八四年在位）の三七七年にも、遼東半島の百済は三万の軍隊を率いて平壌城（集安市）に侵入してきたが、高句麗は百済を討伐している。

故国壌王《ここくじょうおう》（三八四～三九二年在位）は、南進で鴨緑江下流の丹東市とその南の平安道地域の主要な山城を奪取したので、その後に水軍が遼東半島に進出することが容易になったと考えられる。

三九二年、石峴《せっけん》城など十余城（鞍山市）を陥落させ、海城河以北の百済を征圧した広開土王（三九二～四一三年在位）は契丹《きったん》へ侵攻した。広開土王直後の十月、遼東半島西部の関彌城（長興島）を攻め落とした。その城の四方は絶壁で海水に取り囲まれていたが、王は街道を七道に分け二十日間攻撃してついに陥落させた。三九三年、平壌（平壌市）に九寺を創建した。

碑文には、三九六年水軍を率いて遼東半島の百済を討ち、高句麗の家臣になることを誓わせたにもかかわらず、四〇〇年にはその誓いを破って百済が倭と和通したので、百済南部飛地（黄海道）を討つため、大同《だいどう》江付近まで進出した倭と対峙する帯方（平壌市）に広開土王は出向いたとある。ちょうどその時、新羅の使者が「多くの倭人が新羅に侵入しているので救援を願いたい」と訴えている。

四〇四年には倭が帯方北部（平安南道）に侵入したが、高句麗がこれを大敗させたとある。この頃の帯方北部の平壌は前線地であって王都ではない。長寿王は四二七年に王都を山城の丸都城から平壌城に遷したが、同じ集安市内での出来事である。朝鮮半島の平壌市に遷った訳ではない。鴨緑江に接合した利便性の高い平壌城を王都にしたことが重要なのである。朝鮮半島の平壌市に遷ったのは平原王《へいげんおう》（五五九〜五九〇年在位）の時である。集安市から長安城に遷ったのは五八六年のことである。

広開土王碑文が建立されたのはいつか。「甲寅年九月廿九日乙酉」のいずれかが石碑に刻まれている。刻まれている日付が「丁酉」であるか「乙酉」であるかの違いは、暦法上で西暦四七四年九月二十九日となるか、四一四年九月二十九日となり、当然その建立の年代が四一四年か四七四年か異なってくるのである。元嘉暦《げんかれき》においては「九月廿九日丁酉」と四七四年（「甲寅年」）とが合致し、泰始暦《たいしれき》（景初暦《けいしょれき》）においては「九月廿九日乙酉」と四一四年（「甲寅年」）とが合致する。碑文は当時使用されていた暦法で建立の日付が刻まれたまま現代に至っている。

宋や倭の後ろ盾を得て、高句麗と百済は直接対峙していた。その戦場となっていたのは主に百済領内である。また一方で、新羅領内では高句麗と倭がお互いに一進一退でせめぎあっている。四六八年に高句麗は新羅の東方海岸沿いに北部から攻めて、その中核である悉直城を落としている。倭軍は新羅王都や東海岸沿いに南部から侵攻して高句麗と対峙している。

百済は四七二年になると、北魏に朝見して高句麗がしばしば辺境を侵すので、上表文をもって北魏に出兵を請うた。しかし、取り合ってもらえず四七五年には朝貢もやめている。高句麗が四七四年に広開土王碑文を建立したのであれば、長寿王は碑文に開国伝承、広開土王の領土拡大の賛美、新領民による守墓人《はかもり》らを記して国威発揚して、百済攻撃の覚悟を期していることになる。

長寿王は四七五年、兵三万を率いて百済への攻撃を開始し、九月に漢城を陥落させ、これによって百済王の近蓋婁王は殺された。遼東半島の百済はここで一旦滅亡したと言える。

貴国朝による倭王武までの天照大神勢力圏の拡大

倭王武の活躍は『宋書』などの記録から窺い知ることができる。四七八年の宋に対する上表文には「（訳文）我が国は遠く辺地にあってその領域を宋の外に為している。昔から我が先祖は自らよろいかぶとを身につけ、山野をこえ川を渡って歩き回り、落ち着く暇もなかった。東方（中部・関東）では毛人の五十五カ国を征服し、西方（西日本）では衆夷の六十六カ国を服属させ、海を渡って北の九十五カ国を平定した。（中略）ところが高句麗は無体にも百済（遼東半島）を併呑しようと考え、朝鮮半島では高句麗と国境を接する新羅北部や百済南部飛地となっている帯方（平安南道・黄海道）を侵犯し、人民をかすめとらえ、殺害してやめようとしない。（中略）今父兄の喪があけたので、武器を整え兵士を訓練し父兄の志を果たそうと思う。（以下略）」とある。これに対して順帝は武を「使持節・都督倭・新羅・任那・加羅・秦韓・慕韓六国諸軍事・安東大将軍倭王」に任命した。自ら称した百済飛地は認められず、七国諸軍事が百済を除く六国諸軍事となっている。

私は、長寿王の広開土王碑文は四一四年よりも、六十年後の四七四年の建立ではないかと考える。その場合、碑文と四七八年の倭武王の上表文はほぼ同時期のものとなる。高句麗は建立直後の四七五年に百済を攻撃した。その頃の倭王は興であった。高句麗が遼東半島の百済を滅ぼした直後、兄の倭王興は百済の文州王をはじめ遺民を任那北部（忠清南道東北部）に移住させ、南朝百済としてとりあえず存続させた。その直後兄の興が崩じた。

武が王位を継承して喪中のため、大軍を動かすことができず、高句麗の勢いをくじかないままであったとある。その後、新羅北部（江原道北部）、百済南部飛地の帯方南部（黄海道）、慕韓高麗（京畿道）の北東部が高句麗に侵犯されても、倭はこれらの国々に南から強い影響を及ぼしていたものの、大軍を動かすことはなかった。

四七八年の上表文は、武が武備を整え父兄の遺志を果たす覚悟であることを述べている。しかし倭王武は、もし高句麗が朝鮮半島を南下したら武備を整え対応する意思があることを宋に伝えているにもかかわらず、その後も軍を動かせず、帯方南部や新羅北部に対する影響力を失うことになるのである。

ここで、武が宋に送った上表文から倭国の支配地域を確認しておきたい。邪馬台国時代から貴国時代に移行すると、倭国の構成は西日本の三十余カ国が衆夷六十六カ国となっている。この西日本に倭国の中央政権が存在し、その倭国王武の中央王権が直轄統治するのが九州・四国である。そのほか地域については山陽に吉備王権、山陰に出雲王権、北陸に北陸王権、近畿に近畿王権がそれぞれ統治するようになった。西日本の統治国が三十余カ国から六十六カ国とその数が二倍になっているのは、旧国をほぼ二分割し、それぞれの地方王権が直接統治するようになったからである。

北陸王権は不呼国（滋賀・福井県）と姐奴国（石川・富山県）の二カ国をそれぞれ分割し、その四～五カ国を直接統治するようになった。近畿王権は邪馬台国時代に近畿地方にあった九カ国（都支・弥奴・好古都・巴利・支惟・鳥奴・奴・狗奴・鬼国）を二十余カ国に分割し、これらの国々を直接統治するようになったのである。

中部・関東の毛人の五十五カ国は、蒲郡《がまごおり》（三河湾）付近に王都があった澶洲《せんしゅう》（東海）は衰退し、九州の「天照大神」勢力率いる中央王権が美濃や尾張方面に拠点を構えた。「天照大神」の皇族を尾張王権の王に立て、尾張王権の統治領域を旧澶洲領域の東へと拡大していった。その際、勢力圏拡大政策を推進するため、近畿王権に対しても出兵命令が出されたことは容易に想像がつく。景行天皇の時の日本武尊など、多くの武将が兵を率いて出兵したことであろう。

また、諏訪付近に王都のあった黒歯国《こくしこく》（信越）についても同様に「天照大神」勢力によって王化の及ぶこととなった。それが日本武尊や武内宿禰などの伝承記事となっている。地理的な制約で諏訪王権は半自立的な統治が営まれたのではないだろうか。関東地域の蝦夷《えみし》王権は埼玉を中心に発展し、貴国中央王権はその蝦夷王権の統治領域が関東全域に及ぶよう、日本武尊など近隣の王権から多くの兵を増援させているのである。

「天照大神」時代の貴国中央王権の統治領域は、その東国の境界が福島北部県境付近にまで及んでいる。また、貴国中央王権は関東王権を中継してその交易が東北、北海道にまで及んでいる。

海北の九十五カ国とは、任那・加羅・新羅・慕韓の四カ国に加えて百済南部飛地（黄海道）までのことであり、秦韓（平安道）は含まない。これら国々の構成国家を合計すると、九十五カ国となる。

六国諸軍事の対象国については、倭王讃が宋に要求した倭・百済・新羅・任那・秦韓・慕韓の場合と、倭王済が要求し、宋によって百済が除かれ加羅が加えられた倭・新羅・任那・加羅・秦韓・慕韓の場合がある。

倭国にとって加羅七国は貴国の直轄地で伊都国がその行政を担当している。倭国の直接支配地と考えられるので倭国の領域そのものである。また百済は倭との同盟によって百済南部飛地の領有を維持しようとしている。倭国が要求しているのはその飛地であるが、宋政権は遼東半島の百済本国まで倭国に軍事を任せる意思はなかった。

加羅七国が宋によって明示されたことは、倭国にとって元来自国の領域内なので不本意なことであったと思われる。秦韓については、倭人の影響が及んでいた時期もあったが、倭国が宋の時代統治している所ではない。高句麗が百済から奪って占領統治している所である。この地域は漢によって楽浪郡の統治下となった領域でもあり、現在の平安道にあたる。

もともと、この地域は蓋国の領域であって濊貊が住んでいた。倭人が北方の蓋国に進出してその地で混血の第一次韓族が生まれた。その後、漢の植民地化によって秦漢の民も流入した。漢の統治が衰えると自立化し遼東半島とともにこの平安道の地域は百済が統治するようになった。しかし、高句麗の広開土王によって鴨緑江の下流域からこの平安道の地域は高句麗が占領統治するようになり、四七五年には百済の本拠地である遼東半島も高句麗に攻撃され滅亡するに至ったのである。

高句麗が新羅や慕韓の国境を侵し、高句麗と倭国は間接的に新羅・慕韓の領域内で押したり引いたりして、現在の北緯三八度線付近まで後退し、両陣営が対峙する情勢に陥っていたのである。

慕韓の前身は、黄海道や京畿道地域に倭人が作った統治国地域に、北方から濊貊の民が漢の圧政から逃れてきて倭人と混血して新たにできた馬韓である。この西北部に公孫氏が帯方郡（平安南道、黄海道）を設置し馬韓の数カ国が帯方郡領となった。後漢時代の馬韓は五十五カ国からその数カ国を除き、その後の慕韓もほぼ同じように構成されていた。また、辰韓十二カ国と弁韓十二カ国はその東部に位置していた。新羅は、その北部辰韓八カ国を除く地域に誕生した。

任那は忠清南道に枕弥多礼、熊川《くまなれ》（公州《コンジユ》市・扶餘郡）、己汶《こもん》（大田《テジヨン》市）の三カ国、全羅北道《ぜんらほくどう》に牟婁《むろ》（群山《クンサン》市）、上哆唎《おこしたり》（全州《チヨンジユ》市）、沙陀《さだ》（南原《ナムウオン》市）の三カ国、全羅南道に下哆唎《あろしたり》（光州市）、帯沙《たさ》（順天市）の二カ国の計八カ国で構成されていた。また、加羅は慶尚道にあって比自炑（昌寧郡）、南加羅（梁山市）、喙国（慶州市）、安羅（咸安郡）、多羅（陜川郡）、卓淳国（大邱市）、加羅（高霊郡）の七カ国で構成されていた。

海北で倭国が統治する慕韓、新羅、任那、加羅の構成国は合計九十四カ国で旧名を含めてほぼ国名は知られている。

ところで、この時代の貴国の古墳の特徴は装飾古墳が広く造られるようになったことだ。その装飾古墳は貴国の領域である福岡県、熊本県、大分県、長崎県など広範囲に築かれている。また、この時代に関係の深かった伊都国である佐賀県や日向国となった宮崎県だけでなく、新たに王権の影響が及び、皇統の王が封じられた関東（茨城県）、東北（福島県）の中心地までその古墳文化が広がった。その貴国の中心地であった菊池川流域には一一六基の装飾古墳があると言われる。また、この流域は舟形石棺の発祥の地とも言われている。

江田船山古墳の被葬者は追葬の二人を含めて考えると、時の権力者の倭王武とその親族（妻と子）である可能性が高い。

装飾古墳の分布や年代から、四世紀後半から六世紀はじめにかけて貴国中央政権は、貴国内において遷都を繰り返していることがわかる。王都として最も多く選んだ地域は有明海東岸部、その中でも菊池川流域（熊本県北部）が中心地域である。

大漢国の台頭と近畿王権への接近

継体男兄王（男大迹王）の時代は、北陸王権と近畿王権が接近合流した時代と捉えることができる。この二つの王権の西隣には、山陰地方に出雲王権があり、山陽地方には吉備王権があった。

『梁書』東夷伝には日本海ルートにおける王権とその領域についてのみ記述がある。出雲王権（文身《ふみ》国）、北陸王権（大漢《おおあや》国）、東北王権（扶桑《ふそう》国）に対応するその領域を示すそれぞれの広域国名（各地方王権の領域名）のことが記されている。

「文身国は倭国の東北七千里」とあるのは、貴国北部遠賀川下流にある岡の水門《みなと》（神武天皇が東征時に利用した港）を起点に東北に水行七千里（六〇m×七〇〇〇＝四二〇km）では、出雲の西の稲佐《いなさ》の浜（国譲りの舞台となった所）に到達する。出雲を王都とする山陰地方が出雲王権の支配する領域である。その出雲から東に水行五千里（約三〇〇km）の地点に大漢国の王都がある。この王都間の距離は誤差も考慮する必要があるので、王都の候補地は福井県の沿岸部となる。国域に滋賀県域も含まれるので、王都の推定地は敦賀近辺であろう。大漢国の国域は大きく見積もって丹後地方から越後地方にかけての日本海沿岸を含む地域だろう。日本海沿岸の海運による結びつきで繁栄した北陸王権内の大国であったと考えられる。丹後地方の南の丹波地方は近畿王権の勢力下にあり、山城国は近畿王権と北陸王権の間で揺れ動いている。

「大漢国の東二万里に扶桑国がある」とあるが、大漢国の北端は新潟県と山形県の県境である。よって、宮城・山形県以北の東北地方が扶桑国にあたる。敦賀から東二万里というのは日本海から津軽海峡を廻って東北の太平洋沿岸を南下して扶桑国構成国の一つである女国《じょ》（女川町《おながわ》、牡鹿半島《おしか》）の南をまわって塩釜湾に到達する。扶桑国は東北五県の領域を有する。後漢時代には、関東・東北の領域に二十カ国で構成されていた東鯷国《とうてい》が存在していた。

この扶桑国は、倭国の支配する国ではない。倭国の支配下にある蝦夷王権（関東）が領有する領域の北で境界を接している。敦賀と多賀城付近は海路で二万里（約一二〇〇km）の距離にある。

北陸王権が支配する大漢国は、貴国朝日本国王の中の中堅的王権としてほかの王権と同様、次第に台頭してきたと考えられる。この北陸王権の発展期に存在していたのが、応神天皇の子を王に推挙して以来、その代を重ねてきた男大迹王である。梁（五〇二～五五六年）時代の一時期までに大漢国（北陸王権）は存在しており、大漢国の最後の王が男大迹王であった。

大漢国の根拠地は、王都の敦賀以外に神功皇后の出身地の近江国と男大迹王の母方の出身地の三国などがあり、その結びつきは強かったのであろう。近江の父の元を離れ、越前の三国で幼少期を過ごした男大迹王が青年期に北陸王権の王位を継承した。その後、近畿王権に接近合流した。継体天皇が北陸王権を継承し、近畿王権の下で崩御するまで二十五～二十八年である。崩御時の年齢は四十余歳であったことになる。

男大迹王は応神天皇の五世孫とある。この五世孫というのは、応神天皇の子である若野毛二俣王が一世、大《おお》郎子《いらつこ》（意富々等王《おおほどのおう》）が二世、乎非王《おいのおう》が三世、汗斯王《うしのおう》が四世、男大迹王が五世である。応神天皇が生まれたのが四一二年十月である。代々十六歳の時に長子が生まれたと仮定すると、十六×五＝八〇で、継体天皇は四九二年十月誕生となる。もし継体天皇がこの年の誕生であれば、崩御年が五三四年二月頃となるので、崩御時の年齢は満年齢で四十一歳半ということになる。『古事記』が記す年齢四十三歳に非常に近い数値となる。

北陸王権と近畿王権が合流する時、男大迹王の北陸王権在位期間と清寧・顕宗・仁賢・武烈天皇の在位期間の中の記述は同時期に重なっているので注意深く検証する必要がある。

『日本書紀』は、重なっていた清寧・顕宗・仁賢・武烈天皇の在位期間のあとのこととして、男大迹王の在位期間及び継体天皇の在位期間のことを記述しているので、清寧・顕宗・仁賢・武烈天皇の記述は古い時代のこととして編纂してしまったのである。それ以前の天皇の記述も当然古い時代へと押しやって編纂することになる。

北陸王権が近畿王権に合流して、継体天皇が単独の在位期間となるのは五三二年から五三四年の二年にも満たない期間にすぎないのである。

継体天皇が皇位を継承して二十年間も大和に入ることができないという矛盾した記述になってしまっているが、この間は清寧天皇（五一一～五一五年在位）、顕宗天皇（五一五～五一八年在位）、仁賢天皇（五一八～五二九年在位）の在位期間と重なっていたからで、大漢国の男大迹王は政治的に大和への進出、もしくは経済的に山背、大阪湾への進出を目論んでいたと考えられる。男大迹王は五一八年に山背の弟国《おと》（京都府乙訓郡《おとくに》）に進出し、仁賢天皇とは密接な関係となり、五二六年にはともに磐余《いわれ》に居住するようになった。

磐井の乱の時期、近江毛野臣《おうみのけのおみ》を大将として北陸、近畿王権からも多くの将兵が貴国の中央政権によって招集され、九州、朝鮮半島へと出兵していた。五二九年八月に仁賢天皇が崩じ、武烈天皇が皇位を継承して二年半の大和の統治を行った。武烈天皇に男子の後継者がなかったため、北陸王権と近畿王権が合流して男大迹王が皇位を継承し、大和で二年間の統治を行ったのである。

†

【参照】資料「応神紀（月読暦解釈年月日と史料源）」二十頁

資料「仁徳（男兄・男弟王）と履中・反正・允恭（男弟王）天皇紀（元嘉暦解釈年月日と史料源）」二十二頁

資料「允恭（男弟・男兄王）と雄略（男弟・男兄王）天皇紀（元嘉暦解釈年月日と史料源）」二十六頁

第二次日本国時代前期

五二二〜六一八年
筑紫国朝前期（筑紫国＝福岡・大分・熊本県）

元嘉暦の使用

『日本書紀』の暦日が月読暦から元嘉暦に移るのは、貴国朝の途中からである。小川清彦の「日本書紀の暦日に就いて」では、安康三年（雄略即位年）以降は元嘉暦《げんかれき》が使われ、それ以前は儀鳳暦《ぎほうれき》が使われていることに言及している。元嘉暦使用以前に儀鳳暦が当時使われるはずはないけれども、『日本書紀』の編者は事実儀鳳暦の暦法に基づいて歴史を編纂している。

私は元嘉暦使用以前、すなわち、応神天皇以前を月読暦に基づいて年代特定しつつ、その年代特定に沿って歴史の概略をたどってきている。仁徳天皇（男弟王四四七年即位、男兄王四四九年即位、四七七年崩御）時代がいずれの暦法を使っているかを見定めつつ、これ以降からは元嘉暦に基づいた年代特定に沿って歴史の一端をたどっていかなければならない。

そこで、月読暦から元嘉暦に移行したのはいつからかという問題に突きあたることになる。

月読暦は十五連月を一個、十七連月を二個組み合わせた暦法で、平均朔望月《さくぼうげつ》が二十九・五三〇六一二二日となる。元嘉暦は月読暦の四十九朔望月（十五連月を一個、十七連月を二個）を十五巡するごとに十七連月を一個加える暦法で、平均朔望月が二十九・五三〇五九八八日となる。すなわち、元嘉暦は約六十年ごとに十七連月を挿入するため、日本ではどの挿入時期から元嘉暦を使用するようになったのか、その手がかりを得ることができる。

十七連月の挿入時期は、第一回目が四五五年五月、第二回目が五一六年二月、第三回目が五七七年十二月、第四回目が六三七年十月である。貴国が盟主国であった時代から筑紫が盟主国となる筑紫国朝のはじめの五二二年には既に元嘉暦が使われている。かつ、元号の使用も確認できる。

宋王朝は四四五年に元嘉暦を施行した。十七連月が第一回目に挿入されたのは四五五年五月なので、四四五年から四五五年までについて、月読暦との違いは、その一二八カ月の朔望月の月頭干支のうち九朔干支が異なる。九つの朔干支が一日ずれるのである。元嘉暦がその分だけ天象に合致している訳である。

月読暦と元嘉暦では、この期間七％ほど日付干支が異なるのである。しかし、この期間にその異なる日付干支を使用した記述がみられない。どちらの暦法を使っていたかを判断できないのである。宋が元嘉暦を施行した四四五年以降、月読暦と元嘉暦の共通の暦日が使用されていて、どちらが使用されていたかを判断するのは無意味になるのである。

第一回目の十七連月の挿入があった四五五年五月以降、近畿王権では仁徳天皇が男兄王に在位している時期である。この時期以降、近畿王権でも元嘉暦を使用した可能性が高い。

この頃、中央政権では月読暦のずれを感じるようになっていたので、元嘉暦の施行の情報に接して元嘉暦への移行準備ができていたのかもしれない。

既説の解説では安康三年（四五六年）に元嘉暦は既に使用されているという。その暦法は四五五年五月に十七連月を挿入したものを用いている。『日本書紀』が編纂した年代では安康三年八月九日に眉輪王に殺されたと記述している。それは四五六年八月の甲申朔から元嘉暦を使用していることになる。

また、安閑天皇（五三四～五三五年在位）以降の『日本書紀』の年代について、元嘉暦の使用で年代の誤りはほとんどなくなる。ところが、継体天皇以前の年代については元嘉暦が使用されているにもかかわらず、その年代は正しいとは言えない。それは『日本書紀』の編纂者も認めていることである。それは辛亥年（五三一年）の天皇・太子・皇子がなくなった史実との違いに最大の問題点を認め、「後世に考究する人が、いずれが正しいかを知るであろう」と記述されている。『日本書紀』を研究する人はこの問題に正面から取り組んでそれを解かなければならないのである。

継体天皇以前の編纂においては、近畿王権と北陸王権の合流の問題があり、また男兄王と男弟王の問題、中央政権と地方王権との関係の問題を解消しない限り、正しい年代特定にまでたどり着くことはない。その問題点を解消して『日本書紀』の暦日に基づいて元嘉暦使用でその年代を特定すると、安康男弟王の在位は四八五年一月己巳朔壬午（十四日）～四八七年七月甲申朔壬子（九日）となる。もちろん、この時点で貴国朝及び近畿王権も元嘉暦を取り入れていることは確実である。

ここでは分析過程は省略し、その年代特定について、私が最も可能性が高いと考えた年代解釈の結論のみを提示していきたい。

したがって、近畿王権での元嘉暦使用のはじまりはいつからかの結論は、仁徳男弟王即位の四四七年から、すなわち仁徳天皇の時代から使用されていたとみなすことができる。それは元嘉暦が宋で施行されてから第一回目に十七連月が挿入された四五五年五月前後からである。言い替えれば、宋と同じように四四五年から日本でも元嘉暦が使用されたとみなして問題ないからである。その元嘉暦による記述が『日本書紀』の編纂に反映されていたのである。

【参照】資料「仁徳（男兄・男弟王）と履中・反正・允恭（男弟王）天皇紀（元嘉暦解釈年月日と史料源）」二十二頁

筑紫国朝の前期（六世紀）

日本貴国朝から日本筑紫国朝へと変わり、筑前・筑後の地が行政の中心になった。貴国朝の時も国号は漢字で「日本」、読みで「ヤマト」を名乗ったが、相変わらず国外では「倭国」が使われ、通名となっていた。天御中主尊皇統が替わった訳でなく、ただ直近の家系が途絶えたために、数代から十代ほどの家系を遡って皇位を継承することになって、その継承者によって筑紫国地域に遷都が行われた訳である。それまで貴国朝が菊池流域で統治を行っていたが直近の血統が途絶え、貴国中央政権が筑前や筑後に封じた時の皇族の子孫によって筑紫国の地で行政を行うことになったのである。また、皇統も筑前や筑後に封ぜられた皇族の子孫が継承した。それは家系を遡り直近の家系に移ったためであり、その家系が配置させられた土地を拠点に遷都されたと考えられる。

次に、その皇統の王の敬称は「天照大神」から「天子」に変わった。その「天子」の名称の扱い方にも仏教的文化の影響が感じ取られる。中国の「天子」とは意味合いが異なっていたと思う。『隋書』に記述された日本からの書状をみると、その「天子」に海西の菩薩天子と仏教的意味合いを加えて、それと日の昇る国の「天子」は対等であることを表現している。

筑紫国朝は初代「天子」によって五二二年に福岡市南区三宅付近に遷都したが、五二七年に磐井《いわい》の乱が勃発した。結局その政権の中心にあった筑紫君と思われる君主（初代天子）や太子・皇子が五三一年にそろって亡くなった。辛亥年に日本でそろって亡くなったのはこの筑紫国中央政権での出来事だったのである。この政権をただちに復活させたのは筑紫君磐井の子である葛子《くずこ》であった。葛子は三宅の地が王都としては軍が朝鮮半島に移動する時や沿岸からの攻撃に脆弱であり、軍の不穏な動きに対応が困難であることから、王都を沿岸からさらに内陸に選定し、太宰府に遷都したのである。

この筑紫国中央政権が安定するまでの間に、一方の近畿王権では北陸王権が近畿王権に合流し、その継体天皇は出雲王権や尾張王権とも親密な関係を保っていた。それにより、近畿王権は次第に筑紫国中央政権に対して大きな影響を与えるまでになる。

朝鮮半島運営では百済や新羅の要求・要請に対して、筑紫国中央政権の対応が失敗し、長年直轄支配していた倭人諸国の任那、加羅の大半が百済・新羅の領域となり、百済・新羅国内では倭人とがさらに混血し、第三の韓族領域が形成されるようになる。次第に朝鮮半島の倭人地域は日本の直轄支配地域のみに縮小してしまった。つまり任那日本府（慶尚南道）のみとなったのである。

それまで朝鮮半島の中南部は新羅（忠清北道・江原道、王都＝忠州市）、百済（黄海道）、慕韓高麗（京畿道、王都＝ソウル）が日本の間接支配地域であり、任那（全羅道・忠清南道）、加羅（慶尚道）が直轄支配地域であったものが、五三二年には新羅、百済、慕韓高麗に対する間接支配と任那日本府の直轄支配に変化したのである。日本の王都は五三二年頃太宰府に遷都して以降、しばらく中央政権は安定していた。

朝鮮半島では、大伴連《おおとものむらじ》狭手彦《さてひこ》を遣わして百済とともに慕韓高麗を討伐し、それを百済に割譲したが、新羅には任那日本府を奪われてしまった。一方で、日本列島内では筑紫国中央政権の領域が拡大・充実し、その領域は北海道の渡島《おしま》半島まで及んでいる。

五六二年以降、朝鮮半島の北緯三八度線以南（今の韓国領域）は百済、新羅の二カ国に領域が集約され、引き続きこの二カ国を通して朝鮮半島の領域を倭国が間接支配を維持していた。しかし、七世紀にこの二カ国が対立し、倭国は百済を救済するために唐・新羅軍と白村江で戦い、大敗して局面は大きく動くことになった。

任那国から百済へ

任那国は加羅国とともに古くから倭人の居住する倭国の支配領域であった。『日本書紀』には木の祖先である句句廼馳《くくのち》として登場する。『魏志』倭人伝では狗邪韓国として記述され、その後、加羅国に併合され大駕羅国として統治されるようになった。ところが、大駕羅国は三六九年に旧狗邪韓国と旧加羅国が分裂し、旧狗邪韓国領域は任那国として大駕羅国から分立することになった。それまで任那国側の支配領域には、素戔嗚尊の子である五十猛《いそたける》神の子孫が代々その分国地に支配者としてそのまま封じられていたと考えられる。その場合、その子孫の一人が都怒我阿羅斯等《つぬがのあらしと》となる。

しかし、そのように任那国王として彼ら子孫が封じられたのか、あるいは新たに貴国朝の皇統の本家に近い皇族が任那王として封じられたのか確かなことはわからない。また、倭国の山陰・北陸・九州を巡り見聞していた都怒我阿羅斯等が本国に戻されてどうなったかも詳しく記述されていない。いずれにせよ、行政における国守・郡令・城主は倭国内の豪族から指名され、軍事は吉備王権が担任して将兵を派遣していた。

任那国北東部の熊襲が反乱した時には、吉備王権以外の近畿・北陸各王権などにも出兵が命じられていた。この時、遼東半島・黄海道などの百済からの軍事支援もあって、その功績で百済に忱弥多礼（忠清南道の牙山・天安・唐津市）が倭国王から与えられていた。

その任那国の地理については断片的に推察することができる。任那国の北東部については、三六九年の戦闘で倭軍の水軍の支援下にいた百済軍が加羅から西方の古奚津（熊津川流域か）に至って水陸両面からの侵攻により忱弥多礼を獲得している。

四七五年、遼東半島の百済が高句麗によって滅ぼされると、貴国中央政権は二十二代文周王《ぶんしゅうおう》を百済の国王として承認した。熊襲の反乱拠点でもあった忱弥多礼に加えて、忠清南道の錦江中流域の久麻那利《くまなり》（熊津、現公州市）を与えて南朝百済を再建した。これを仲介しているのは木満致らである。百済が滅亡しようとしている時、任那から文周王の下に援軍として木満致らを参戦させようとしていたのである。貴国中央政権の援助によって、任那北部の忱弥多礼と久麻那利で本格的な百済再建の道筋をつけた。

まもなくして、百済は公州市を含む忠清南道西部領域である下韓の譲渡を倭国に要請してこの地を譲り受け、再生へと向かったのである。しかし、百済は旧貴族の間で権力争いが生じた。解仇《かいきゅう》は、文周王を刺客に殺させ、三斤王《さんきんおう》（四七七～四七九年在位）を立てて、軍事・政治的権限を握った。けれども三斤王は真老に解仇を討たせている。一時、倭国政権寄りでない勢力が強くなったが、その後、倭国寄りの二十四代東城王《とうじょうおう》（四七九～五〇一年在位）が即位した。この政権になると、主要な官職を多数の氏族から登用し、一氏族に偏ることなく統治基盤が整ってきた。それでも、百済政権内の夫余人と倭人の摩擦、百済とその南部の任那（錦江上流域の己汶及び全羅道）との摩擦はどうしようもなかった。東城王が殺害されたあとは、二十五代武寧王（五〇一～五二三年在位）が即位した。

筑紫国中央政権は、五二七年六月三日、近江毛野臣に六万の軍兵を率いさせて、新羅に破られた南加羅（蔚山・梁山市域など、王都＝梁山市）と喙己呑《とくことん》（慶州・永川市、義城郡域など、王都＝慶州市）を再興させるためと主張し、朝鮮半島へ渡海させようとした。しかし、八月一日に突然物部大連《おおむらじ》に磐井を征討せよと命じた。

その時の百済王は二十六代聖王《せいおう》（五二三～五五四年在位）である。筑紫国中央政権は、五二七年に穂積臣押《ほづみのおみのおし》山《やま》を任那国の哆唎《たり》国守（全州市）として赴任させた。四月六日、そこから北の百済（熊津）に穂積臣押山を遣使し、百済に馬四十匹を与えた。

ここで『日本書紀』の「継体六年四月辛酉朔丙寅（六日）」の記述は、本来「初代天子六年（五二七年）九月辛酉朔丙寅（六日）」の筑紫朝の記録からの引用であり、継体六年の史実は五一二年の出来事ではなく、五二七年の出来事だったのである。また同様に「継体六年十二月」は「初代天子六年（五二七年）十二月」からの引用であろう。そこには百済が使を遣わして調を奉り、別に上表して、上哆唎（全羅北道、中心地＝全州市）、下哆唎（全羅南道、中心地＝光州市）、沙陀（全羅北道東南部、中心地＝南原市）、牟婁（全羅北道西北部、中心地＝群山市）の任那国四県を請うたとある。

結果として『日本書紀』の編纂にそれぞれ十五年間の誤差が生じている。以下同様に「天子」年と継体年を取り違えて十五年間の誤差を生じている引用文がほかにいくつかある。「天子」年の元年は五二二年である。

任那四県を請うたのに対して、穂積臣押山は筑紫国中央政権に意見を上申し、近畿王権の大伴大連金村《かなむら》もこの意見に同調し筑紫国中央政権への奏上にあたって実務を行い、同じく近畿王権は物部大連麁鹿火《あらかひ》を使いとして中央政権に派遣している。各王権からも意見を求めたのであろう。大役を預かった物部麁鹿火の妻は夫が政局に巻き込まれることを危惧し諫めている。結局、中央政権は百済に任那国四県を与えることを決定した。この結果を受けて、近畿王権では金村も百済から賄賂を受けたのではないかという流言があった。

さらに、『日本書紀』の『百済本記』からの引用である五一八年六月「継体七年六月」は、「初代天子七年（五二八年）六月」からの引用のことであろう。

それは「（訳文）百済は姐弥文貴《さみもんき》将軍・州利即爾《つりそに》将軍を遣わし、穂積臣押山に従わせて、五経博士段楊爾《だんように》をたてまつった。また別に上奏して伴跛《はえ》国（加羅国と卓淳国が連合してできた国、加羅北部・慶尚北道の一国）がわが国の己汶の地（錦江の上流地域、中心地＝大田市）を略奪しました。どうかご判断いただき、本来の領有者にお返しくださいと言った」とある。本来の領有者とは任那国や旧大駕羅国である。言い分は任那国だけでなく、大駕羅国を継承し、当時加羅諸国の盟主である伴跛国にもある。

筑紫国内では、五二八年十一月十一日に物部大連麁鹿火は王党派の側について参戦し、磐井軍とは筑紫の御井郡で交戦となった。

北部加羅諸国、特にその代表格の伴跛国は同じ十一月に中央政権に己汶の地を乞うたが与えられず、反対勢力として対峙することになる。五二九年三月、伴跛国は城を子呑《しとん》（全羅南道救礼郡、全羅北道南原市東部付近か）と帯沙《たさ》とに築いて満奚《まんけい》と結び日本本国に備えた。

結局、五二九年七月五日「継体七年十一月辛亥朔乙卯（五日）」は、「初代天子七年（五二八年）七月辛亥朔乙卯（五日）」からの引用であろう。

筑紫国中央政権は朝廷に百済の姐弥文貴将軍のほか、新羅、阿羅、伴跛の代表を招集し、勅を宣して、己汶・帯沙（全羅南道東部の蟾津《せんしん》江流域）を百済に与えた。これによって任那国の全地域が百済領となった。

五三〇年九月四日「継体九年二月甲戌朔丁丑（四日）」は、「初代天子九年（五三〇年）九月甲戌朔丁丑（四日）」からの引用である。

これに百済の使者文貴将軍らが帰国したいと請うたので、勅して物部至至連《ちちのむらじ》を使者に副えて遣わした。「この月に沙都嶋《さとしま》（巨済島《きょさいとう》）に着いたところ、伴跛国の人が恨みをいだき、強さをたのんで暴虐のかぎりをつくしているという噂を聞いたとある。そこで物部連は、水軍五百をひきいて直ちに帯沙江《たさのえ》（蟾津江の河口）に到達し、文貴将軍は新羅（忠清北道）を経由して百済（熊津）に入った」とある。

将軍らは蟾津江沿いに北上せず、西の順天市から谷城郡へ北上、南原《ナムウォン》市から茂朱《ムジュ》郡を経由し、伴跛国の影響が及ぶ己汶や上哆唎を避けて新羅領の報恩郡《ポウン》、清州《チヨンジユ》市経由で百済の王都（熊津）へ帰還したのではないだろうか。四県が百済領となったのにそこを通らずにわざわざ新羅領（忠清北道）を経て帰ったのは、百済に対する四県の反感もあり、いまだ四県地域も治安が悪い所も多かったのだろう。しばらくして、五三一年五月に百済は物部連らを己汶に迎えてねぎらい、朝廷には賞禄を贈っている。

任那国から百済への割譲過程をたどってみると、朝鮮半島の情勢は磐井の征討命令以後に急展開していることに気がつく。半島に渡海する六万の軍兵が磐井の征討に使用されることで、新羅征討の力が弱体化することになり、これにつけこんで百済が任那の割譲を要請したのだ。倭国にとっても任那四県に駐留している倭国の軍隊を移して加羅方面の国力回復に充てることができる利点がある。しかし、これは磐井の征討さえなければ、加羅に征討軍を駐留させることで新羅による北部加羅諸国の併合の目論見を排除できる効果もあったはずであった。ただ、倭国内にはこの任那国駐留の負担を嫌う地方王権が多かったのであろう。それで、磐井征討が優勢となって情勢が急転したのかもしれない。

†【参照】資料「継体紀（元嘉暦解釈年月日と史料源）」三十頁

加羅国から新羅へ

広開土王碑文には、「任那」と対をなすかのように「加羅」の文字も書かれている。この頃の加羅地域は現在のどの地域にあたるのか。『三国史記』新羅本紀が一倍暦で解釈できる三七四年からの記述を参考にすれば、その加羅の領域が、大まかには現在の慶尚北道の南半分と慶尚南道の全領域を占めている。新羅と加羅とはほぼ南北関係にあった。新羅（王都＝忠州市）が小白山脈を越えて東南部の加羅を何度も侵略しているにもかかわらず、一貫して倭国が侵略していると主張している。実際には、着実に新羅の南方への領域拡大が進んでいる。同時に、新羅や慕韓高麗に対して高句麗は南方へ領域の拡大を進めている。新羅においては、北部の辰韓領域が高句麗に占領され、新羅の体質は次第に弁韓地域と倭人地域が混在したものとなり、倭国や高句麗との係争の特性も変化している。

『日本書紀』の雄略八年（四九五年）条には当時の状況が記述されている。新羅は貴国に背いて贈り物を献上せず、日本を恐れて高麗（高句麗）とよしみを修め、高麗王は精兵百人を遣わし新羅を守らせた。

この時の新羅王は二十一代炤知王《しょうちおう》（四七九～五〇〇年在位）で王都は弁韓《べんかん》地域、今の忠州市付近にあったと考えられる。ところが新羅は国中に高麗の軍が侵入しているのに気づき、逆に任那王に救援を求めている。任那王は、当時日本国内から出向いて任那の軍事を担当していた行軍元帥の中から膳臣斑鳩《かしわでのおみいかるが》、吉備臣小梨《きびのおみおなし》、難波吉《なにわのき》士赤目子《しあかめこ》を推挙し、新羅に派遣し救援させている。

この頃の新羅について勅していることで、「新羅はもともと（洛東江上流の）西方の土地におり代々臣従してきた。私の代になって言うことを聞かない。天罰を加えよ」との旨のことを仰せられたとある。雄略男兄王の勅と解釈されているが、貴国朝の武の勅であろう。

加羅七カ国のうち慶尚北道には西から加羅（高霊郡）、卓淳（大邱市）、喙己呑（慶州・永川市、義城郡域など）の三カ国があった。このうちの加羅国と卓淳国は伴跛国として連携統合の機運があったが、喙己呑は新羅に取られていった。しかし、倭国は四九六年これを奪い返し、平定した。これは、古寧加耶など加羅西北部に新羅が侵入してきた既成事実は認めて、倭国は和戦により加羅七カ国のみを再び平定した。その三九六年からちょうど百年目でもあった。このあとの残兵との戦いで大伴談連《かたりのむらじ》、紀岡前来目連《きのおかさきのくめのむらじ》が戦死し、大将軍紀小弓宿禰《きのおゆみのすくね》も病気で薨じている。

新羅は二十二代智證麻立干《ちしょうまりつかん》(五〇〇~五一四年在位)の時、悉直《しつちょく》州(三陟市)を置き異斯夫《いしふ》を軍主とした。二十三代法興王《ほうこうおう》(五一四~五四〇年在位)の時には、喙己呑と南加羅に対して新羅の南部国境地帯の勢力拡大策を前面に出していた。南部国境地帯に山城を築造し、婚姻関係を結び、加羅国王と会盟した。沙伐州の軍主には伊登《いとう》を使命し加羅北部に対する軍備体制を強化した。

これに対して、『日本書紀』継体二十一年(五二七年六月)条には「近江毛野臣が六万の軍兵を率いて、新羅に破られた南加羅、喙己呑を再興するためおもむこうとした」とある。しかし、実態は加羅諸国と婚姻関係を結び内部から取り崩されてはいるが、まだ南加羅や喙己呑は新羅に外部から破られてはいない。出兵の目的は新羅が無理強いする加羅諸国に対する侵略行為を抑制するためであった。

しかし、これが筑紫国内の内戦に発展することになるのである。筑紫国の内政及び半島などの対外政策に関与していた磐井は、初代「天子」とその国政全般を司る男弟王との両方と対立し、その溝が深くなった。結局、この出兵を期に磐井は排除されたのではないだろうか。

『日本書紀』の継体紀では南加羅・喙己呑(旧金官《きんかん》加耶国)が新羅に破られたために、六万の軍兵を渡海させる記述をしているが、磐井との戦いになったのでその目的は果たされず、その後新羅がこの旧金官伽耶国の両国を破り、領有が確定したのである。渡海当初の目的は南加羅・喙己呑に対する新羅の介入を排除するとともに、新羅北部を高句麗の攻撃から防護し、新羅を助けるためでもあったと考えられる。それによって倭国の地方王権の負担が重くなるのは明らかである。各地方王権はそれを嫌ったため磐井の乱の一因となったのであろう。結果的に、磐井の征討命令とその後の磐井討伐の戦闘によって、その直後から新羅による南加羅・喙己呑への浸透が加速したのである。磐井は誰よりも朝鮮半島の先行きを見定めて、新羅による加羅諸国介入を排除しつつ新羅北方の防備を強化するため、新羅の指導にあたっていたと考えられる。

男大迹王と仁賢天皇

『日本書紀』継体十二年（五一八年）三月一日に、北陸王権（大漢国）の男大迹王は、淀川流域の勢力に支援され、弟国（山背国）に拠点を構えた。この時点で男大迹王の勢力と近畿王権とが対峙、もしくは緊張関係を持つようになったはずである。北陸王権の政治・経済活動が淀川流域に拡大するほどの力を持ちつつあったのであろう。二つの王権の関係をみると北陸王権にとってはこの地域が九州、中国、四国の瀬戸内海地域との往来に必要だっただけかもしれないが、この行為は近畿王権に対して脅威を及ぼすものである。

近畿王権では五一九年一月五日、仁賢天皇が石上広高宮《いそのかみのひろたかのみや》（天理市付近）で即位した。即位後は泊瀬《はつせ》の列城《みなき》（桜井市）に都を置いている。

五二四年、仁賢天皇が小泊瀬稚鷦鷯尊《おはつせのわかさざきのみこと》（武烈天皇）を皇太子に立てると、男大迹王は近畿王権に食い込み、五二六年磐余《いわれ》の玉穂《たまほ》（桜井市）に拠点を築き近畿王権の政治に大きく関与するようになった。その理由は筑紫国中央政権に対抗するため、あるいは日本国内での発言権を大きくするために北陸・近畿両王権が接近したと考えられる。その徴候は近江毛野臣の筑紫派遣からである。朝鮮半島情勢が大きく変化しつつあったため、この二つの王権は中央政権の動向に対して連携を深めようとしていたのである。

この頃、筑紫国中央政権は近江毛野臣率いる六万の軍兵を朝鮮半島南部に出兵させようとしていた。北陸、近畿両王権からも将兵出兵の多くを負担していた。ところが、中央政権では政権の分裂が生じ、王党派と半島政策を担っていた磐井との間で対立が生じていた。九州北部に将兵が集まる機会を捉えて、王党派は磐井を潰そうと目論んだ。これに北陸、近畿両王権も王党派に加わって、物部大連麁鹿火を将軍として五二七年八月一日に征討が命ぜられ、五二八年十一月十一日磐井との戦いに参加した。この直前、筑紫国朝の初代天子は「長門（山口）から東は自分が統治しよう。筑紫（福岡県）から西はおまえ（物部大連麁鹿火）が統治し思いのままに賞罰を行え。いちいち奏上する必要はない」とまで言っている。「天子」は九州から長門に待避して九州北部では両軍が対峙している状況である。

『日本書紀』の記述から、磐井は肥前・肥後・豊前・豊後の筑紫国の南部を直接統治し、王党派が筑紫国北部（筑前）を直接統治しており、もともと中央政権の統治基盤が二分されていたことがわかる。また、磐井の拠点が筑後にもあって、八女市には磐井が生前から自らの墳墓として構築したとされる前方後円墳の岩戸山古墳が遺されている。実際は、死後葛子が構築したのであろう。筑紫朝の王党派は筑前の三宅付近に都を構えていた。筑紫の君磐井と近江毛野臣は、筑紫国朝で「天子」に仕えた同じ釜の飯を食べた仲である。近江毛野臣の出身母体は北陸王権であり、物部大連麁鹿火は近畿王権の出である。磐井は「天子」に身近な皇族で、政権中枢の軍事に関わっていたのである。

筑紫国中央政権において、磐井側は新羅について通暁していたはずで、新羅の主張を通すため、内通していた訳ではないと思う。新羅の度重なる侵入や婚姻政策による加耶諸国の取り崩しには目に余るものがあった。中央政権内の政策対立の主因は、むしろ王党派が対高句麗対策よりも近視眼的な新羅寄りの政策に傾いていたことであろう。

磐井の乱後、自国内の政争のために朝鮮半島での情勢がかえって悪くなったのであって、磐井の征討後にそれを磐井が賄賂をもらっていたとの悪評で磐井を責め立てているにすぎない。それどころか磐井が王権の打倒、奪取を図って自ら挙兵したという記述はみられない。武力攻撃を仕掛け、不意打ちをしたのは王党派であって磐井の側ではないだろう。

新羅に対する出兵が滞ると、百済（忠清南道）や任那国（全羅道）は動揺した。五二七年十二月、百済は倭国に使を遣わして調を奉り、別に上表して任那国の四県を賜ることを請うた。調と領域を譲ることは次元の異なる事柄である。ここにはそれぞれの事情が垣間みえる。任那国の軍事は吉備王権など地方王権が担っていたので、各地方王権はその負担が減ることを願っている。新羅は北から高句麗に侵略されるので、加耶諸国との関係強化もしくは領域の奪取を謀ろうとしていた。百済は任那国を併合して高句麗と新羅に対抗しようと考えていた。政権を担当する者には絶えず関係国から賄賂をもらっているとの疑いを持たれるのが常であった。

結局、磐井征伐命令後の状況は、五二七年十二月の上表後百済に任那四県を譲り渡し、新羅による南加羅、㖨己呑との関係強化は進展した。伴跛国（加羅国と卓淳国の連合国）はそのようなことを許している倭国の政策に反発し、己汶や帯沙を占拠した。五二九年三月、百済は任那国、加羅諸国及び新羅の朝貢の重要な港までその譲渡を要求してきた。これに対して中央政権が五二九年七月五日己汶・帯沙を百済に譲渡したので、ますます加耶諸国は新羅と結び中央政権への反発を強めた。

その最中、近畿王権では仁賢天皇が五二九年八月八日に崩御し、十月五日埴生坂本《はにゅうのさかもと》陵《みささぎ》に葬った。

武烈天皇と継体天皇

五二九年十一月十一日に大伴金村大連が太子に「真鳥《まとり》の賊を撃ちなさいませ。ご命令があれば征伐いたします」と申し上げた。結果、平群《へぐりの》真鳥臣《まとりのおみ》は殺され、武烈天皇が即位し大伴金村大連、物部麁鹿火大連が権力を持つに至った。

五三〇年六月一日に詔して「国政を伝えるかなめは子を（皇太子に）立てることを第一とする。朕には天皇の位をつぐ者がいない。（以下略）」とある。まさしく五三二年九月八日に武烈天皇が崩ずると、武烈天皇には継承すべき皇子がなかった。代々の皇位継承争いの結果、近畿王権には仁徳天皇以降の皇統に継承できる皇子は一人もいなくなったのである。

近畿王権の皇位継承問題は、大伴金村大連、物部麁鹿火大連らの主導で推移するようになった。中央政権に報告すれば、筑紫国の本家からの皇族が指名され、近畿王権の新たな皇統として現在の「天子」に近い皇族が封じられることになる。その場合多くの皇族やその家来が大挙送られて、それまで取り巻いていた臣下は降格しその家来にならざるをえない。

仲哀天皇の五世孫である倭彦王《やまとひこのおう》が丹波国桑田郡にいたので、許勢大臣《こせのおおおみ》、物部大連らの意見にも従い迎えに出向いたところ、倭彦王は軍兵を遠くにみて驚き山中に逃げて行方をくらましたとある。倭彦王ならば現状のままの枠組みで政権維持がほぼ可能であったが不意となった。

結局、男大迹王が次の候補となった。男大迹王は応神天皇の五世孫である。五三二年十月四日、大伴金村大連が男大迹王に皇位を勧め、同月六日、男大迹王を三国（福井県旧坂井郡）で迎えた。同月十二日、樟葉宮《くずばのみや》（大阪府枚方市）に到着した。十一月四日、天子の璽符《じふ》としての鏡と剣が奉られ正式に近畿王権の皇位を継承したのである。この日をもって北陸王権と近畿王権は合流した。新王権は大伴、許勢《こせ》、物部らの旧近畿王権の中枢勢力も取り込んだのである。同月十日に大伴大連から仁賢天皇の娘（武烈天皇の妹）手白香《たしらか》皇女を皇后に立てるように奏請され、十二月五日、手白香皇女を皇后に立て、皇后はやがて一人の男子を生んだ。これが天国排開広庭《あめくにおしはらきひろにわの》尊《みこと》（欽明天皇）である。

五三四年（甲寅年）の正月（甲申朔の日付不詳）に継体天皇が崩じた。このまま欽明天皇が皇位継承者となれば政権維持も順調であろうが、欽明天皇は生まれて間もない幼児であるため、その間に二人の異母兄弟の安閑天皇と宣化天皇が皇位を継承することとなる。二人の母である目子媛《めのこひめ》は尾張連草香《くさか》の娘とされ、尾張王権と関係を深めるために、北陸王権時代に婚姻関係を結んでいたのである。これは中央王権や近畿王権に備えるため、北陸王権は尾張王権と連携を深めていたのであろう。

安閑紀では、安閑天皇を天皇に立ててその日のうちに継体天皇は崩じたとあるが、辛亥年の辛丑朔丁未日に崩じたのは『百済本記』からの引用で、筑紫国朝の初代天子が崩じた日である。継体天皇が崩じたのは「ある本に天皇が二十八年歳次甲寅年のことである」とある。これは継体天皇が皇位を継承してから一年と二～三カ月のことであった。

もし、筑紫国朝の初代「天子」の崩御と同じ干支日と同じ丁未日であれば、その日付は五三四年正月甲申朔丁未が二十四日となる。安閑天皇はこの月に都を勾金橋宮《まがりのかなはし》に遷したとあり、この正月に即位したのであろう。安閑天皇には後継ぎがなく五三五年十二月に七十歳で崩御とある。編纂の配置順序の都合上七十歳となるが、実際の元嘉暦の配置順序で整理すると二十三歳程度にしかならない。安閑天皇は在位期間が二年弱の短期間であった。

宣化天皇は、臣下に大伴金村大連、物部麁鹿火大連、蘇我稲目大臣《そがのいなめのおおおみ》らを召し抱え、宣化天皇もまた仁賢天皇の皇女である橘仲《たちばなのなかつ》皇女を皇后に立てている。宣化天皇は五三九年二月十日七十二歳（実際は二十四歳）で崩じ、十二月五日欽明天皇が皇位についた。

任那日本府（五三二〜五六二年）

初代「天子」八年（五二九年）七月五日に己汶・帯沙（光陽・麗水・順天市、谷城・求礼郡）が百済に譲渡されて、かつての任那国の全域が百済領となった。このことで卓淳国（伴跛国連合は卓淳国と加羅国が対立し連合を解消、加羅国は任那日本府構成国の一つになる）、喙己呑・南加羅の北東部加羅諸国は、新羅とともに中央政権に反発するとともに、新羅側に自ら走り寄って行った。

■図 23　磐井の乱後の朝鮮半島の版図

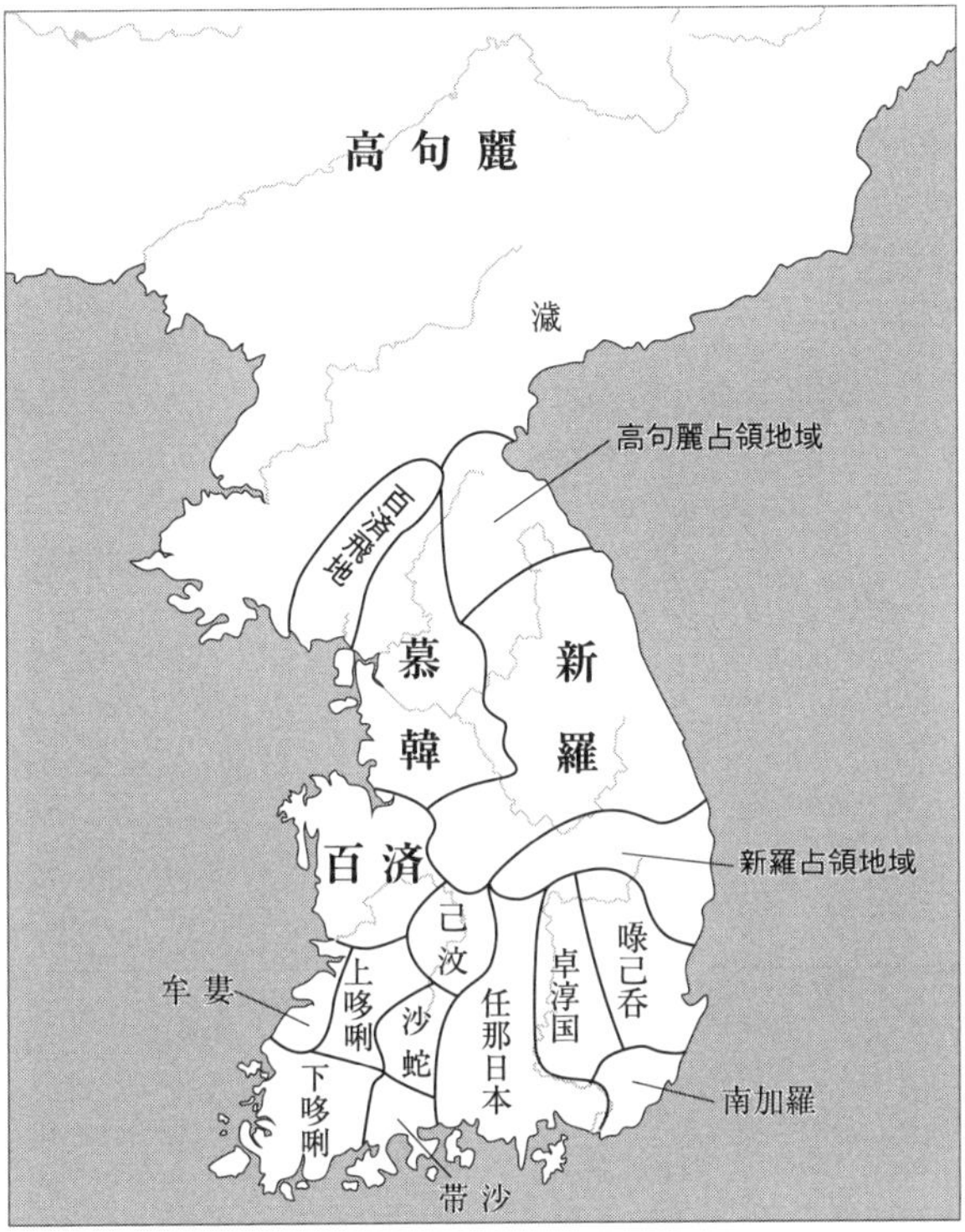

その結果、北東部加羅諸国は新羅に易々と略取されることになる。南加羅（蔚山・梁山市域など）、喙己呑（慶州・永川市、義城郡域など）などの地域が倭国の統治を離れていった理由を『日本書紀』欽明二年（五四一年）四月条の聖明王と任那の旱岐《かんき》らの対話から知ることができる。「卓淳国、喙己呑、南加羅のような滅亡の災禍を受けるのが心配だというのは新羅自体の勢いが強かったせいではない」と言っている。そ

の理由は「喙己呑は新羅との北部及び東北部境界に（突出しているため）毎年侵攻を受け、ほかの加羅諸国からの救援が十分でなかったために滅ぼされた。南加羅は国土が狭くて危急に備えることができず、頼れる所がなかったために滅ぼされたのだ。卓淳は君臣の心が離れて国主が自ら新羅に服従しようとして内応したために滅ぼされたのだ」と言う。

続けて「三つの国が破れたのはもっともである。昔、新羅は慕韓高麗に援軍をこい、任那と百済とを攻撃したが勝つことができなかった。新羅がどうして独力で任那（任那日本府設置後の旧加羅諸国のことを任那と呼称するようになっている）を滅ぼすことができよう。今、自分がおまえたちと力を合わせ、天皇（天子）の霊威に頼れば任那はきっと復興できる」と言っている。

五三二年までに南加羅、喙己呑、卓淳の北東部三カ国が新羅に奔って行ったが、倭国に留まった南西部四カ国（加羅国、安羅国、多羅国、比自炑国）の加羅諸国が「駕羅国」の領域として記述されている。その地域を任那日本府と呼称するようになった。倭国はこの体制で任那日本府を根拠地にして新羅に略取された北東部加羅三カ国を取り返すことも任那復興の対象とした。

その任那の中心となった新たな任那日本府領域の境界は、『三国遺事』に「東は黄山江《こうざん》をもって、西南は蒼海をもって、西北は地理山をもって、東北は加耶山の南をもって国尾とする」と記されていることから知りうる。

黄山江とは洛東江の河口付近の呼び名、蒼海とは外海の朝鮮海峡（対馬海峡西水道）、地理山とは智異山《ちり》、加耶山とは慶尚北道と南道の境をなす加耶山のことである。東側の境界を詳しくたどると、洛東江を河口から遡り、密陽川の合流地点でこの川を遡り、慶尚南道と北道の境界を西にたどり、洛東江に到達した地点から再びこの川を上流に遡り、星州郡と高霊郡の境界を西にたどり、再び慶尚南道と北道の境界をたどると、加耶山を通過する。さらに慶尚南道と北道の境界をたどって行くと全羅北道との境界に達する。

■図 24　532 ～ 562 年の日本列島の版図

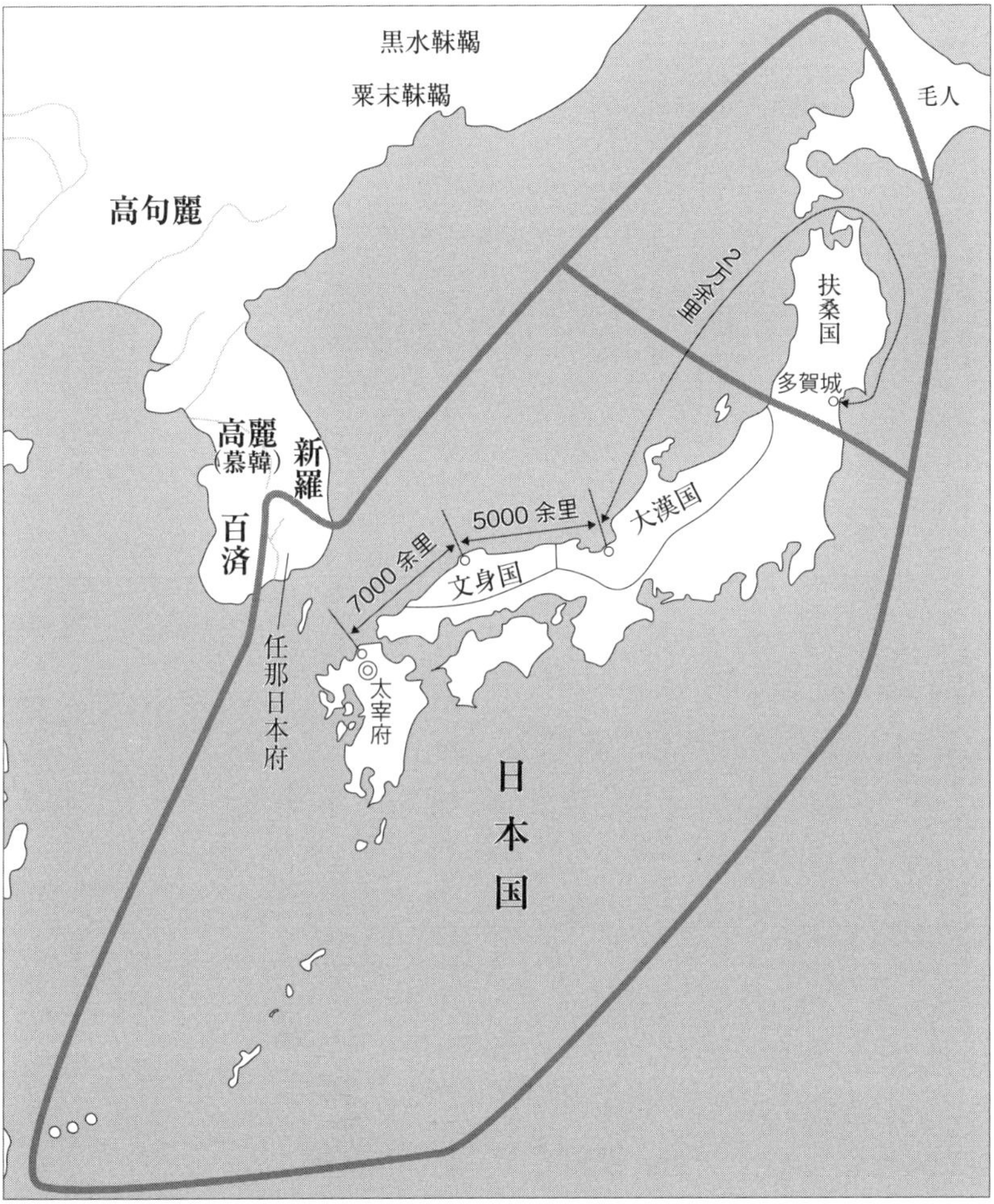

西の境界は全羅道と慶尚南道の境界と一致している。外海とこの東、西の両境界に囲まれた地域が任那日本府の領域である。

この任那日本府は加羅西南部四カ国が分轄されて十カ国に再編された。その構成国は加羅国（大加羅）、阿羅国、斯二岐《しにき》国、多羅国、卒麻《そつま》国、古嵯《こさ》国、子他《した》国、散半下《さんはんげ》国、乞湌《こつさん》国、稔礼《にむれ》国である。『百済本記』では任那国の中で、安羅を父、ほかの九カ国を子供、日本府が本、任那諸国が末という位置づけをしている。

貴国朝時代は大駕羅国が分裂し任那国、加羅国となって併存していたが、筑紫国朝時代は任那国全域が百済領となり、また加羅諸国の慶尚北道地域のほとんどが新羅領となり、日本が朝鮮半島で直接統治する倭人領域は任那日本府だけとなった。

しかし、この任那日本府もわずか三十年で消滅することになる。

新羅と百済は高麗とともに日本の支配下にあるものの、どちらかと言えば、日本と百済とは同盟的関係にあったが、新羅とは敵対的関係にある。ところが、五四一年七月、百済は安羅（任那日本府の出先機関が置かれている所）と新羅が通謀していると聞き、あわてて安羅に百済の使者を遣わして今まで消極的であった任那復興のための協議をするように訴えた。あくまでも百済の主張は、倭国が新羅に奪われた南加羅・喙己呑などを任那日本府に取り戻すのに協力することであって、自らの領地となった旧任那領を倭国に返上することではない。百済にとってできることは割譲された任那からの税の一部を倭国に納める義務を果たすだけであった。

百済の復興会議での主張は、ただ新羅の甘言に倭国が騙されないよう警戒するように、という忠告だけで復興の協力に実行動が伴うものはなかった。百済自ら兵を出して新羅と戦う気もなく、新羅は新羅で自らが危なくなると倭国に助けを求めてくるが、抜け目なく任那日本府を滅ぼし自らの領地にしようと着実に行動している。

筑紫国中央政権は、任那日本府が滅びたら百済が新羅からの侵略を防げなくなると、百済に何度も忠告していたが百済は従わなかった。百済に対して筑紫国朝中央政権は、新羅が奪取した領域を取り戻すための行動に協力しないのであれば、任那の返還を宣告している。

慕韓高麗

広開土王碑文に刻まれた朝鮮半島の国の中で顧みられることもなく、誤って解釈されてきた国が慕韓であろう。それは半島においては中心的な位置を占めているにもかかわらず、重要視されていない印象を受けるからである。まず、碑文の刻字は読み取れないまでに風化している。字画が多く風化しやすかったのであろう。

しかし、同時期とみられる碑文と倭王武の上表文を対比すれば、その刻字は慕韓であることが察せられる。それには、倭・新羅・任那・加羅・秦韓・慕韓の六国の国名が武の上表文に記されている。百済や秦韓は、楽浪郡にかつて支配されたことのある地域であり、遼東半島や平安道地域のことである。慕韓と新羅は、朝鮮半島の中央部にあって東西関係にある。『三国史記』を編纂した金富軾《きんふしょく》はこれを誤って解釈した。慕韓と新羅が百済と新羅のことと解釈したのである。

本来の百済と秦韓の解釈についても百済と新羅のことと解釈し、『三国史記』からも慕韓の歴史が消えてしまっている。しかし、それは丹念に繙いていくと、金富軾が誤解釈した『三国史記』の中から慕韓の歴史の一端が現出することにもなることを意味している。

慕韓高麗は、『日本書紀』では高麗の名で記されており、五世紀の慕韓はまもなく高麗と呼称している。厄介なのは高句麗も四七二年頃から高麗と呼称するようになって、長寿王が在位した四七二年頃から七世紀前半まで同名の高麗が二カ国存在していることである。「高麗王」の名は五二六年の『梁書』以後出現する。ここでは高麗を区別する必要がある時は、高句麗高麗（集安）、慕韓高麗（ソウル）と区別して記述する。

『日本書紀』の最初の慕韓高麗の記述は、応神七年（四三〇年）九月に高麗（慕韓高麗）人、百済人、任那人、新羅人に池を造らせたとある。また応神二十八年（四四二年）条には、「高麗の王が使を遣わして朝貢して上表した。その表に『高麗の王が日本国に教える』とあった。その時、太子の菟道稚郎子はその表を読んで表の形式が礼を欠いているのに怒り高麗の使いをせめた。そしてその表を破り捨てた」とある。

慕韓高麗の王権は日本国の支配下にあり、近畿王権とは地方王権として対等の関係にある。むしろ、近畿王権が皇統の王権であり、外来の王権よりも上位にある。言い回しに礼を欠いており、菟道稚郎子は怒ったのである。さらに応神三十七年二月（四四五年七月）条には慕韓高麗から呉（百済領域の遼東半島及び平安道、もしくは北の飛地の葫蘆島市）に至ろうとしたとある。この呉は百済の別名か百済の一部地域を指しているかのいずれかであろう。また、秦韓（平安道）が広開土王の時に高句麗に占領されていることから、倭人の遣いを案内した高麗とはどちらかを問われれば、高句麗高麗と慕韓高麗のいずれにもその可能性はある。仁徳十二年（四五八年）条では高麗国（慕韓高麗）が鉄の楯と鉄の的を貢上したとある。

高句麗までもが高麗を正式国名とした四七二年以降では、高麗が高句麗か慕韓か、どちらの記述なのか十分に吟味する必要がある。筑紫国朝においては、慕韓高麗及び新羅を自陣の勢力圏としており、西海岸が北緯三八度、東海岸が北緯三九度を結ぶ線付近を最前線に高句麗と対峙している情勢にあった。

顕宗三年（五一八年）には慕韓高麗を巻き込んで、紀生磐宿禰《きのおおいわのすくね》が朝鮮半島中南部の西方域である慕韓高麗（領域は京畿道）、百済（忠清南道）、任那（全羅道）の領域の王になろうとして百済との戦いがあった。しかし、紀生磐宿禰は事を成就することができず、任那の地をあとにして日本に帰っている。半島において「天照大神」直系の皇族を王とする王権を設立しようとした跡がみられる。これに単独では失敗したので、この慕韓高麗を百済に譲渡し、百済王権による統治を認める方向へ進展したのであろう。

仁賢六年（五二四年）、日鷹《ひたか》の吉士《きし》を慕韓高麗に遣わし、日本の中央政権との往来と、近畿王権と慕韓高麗王権との交流があったことが記されている。慕韓高麗からの帰りに工匠の須流枳《するき》、奴流枳《ぬるき》らを献上した。山辺郡額《ぬか》田《た》邑（大和郡山市額田部北町、寺町、南町付近）にいる熟皮高麗《かわおしのこま》はその子孫であるという。筑紫国に遷都する以前に居住していたのであろうが、八世紀の遷都に伴って、彼らも三宅・太宰府方面から大和郡方面に移住したのであろう。

継体十年（五三一年）九月条に百済は己汶が与えられ、これで旧任那国の全域が与えられたことに感謝するため、中央王権に使者を派遣した。また同月、百済の使者は慕韓高麗の使の安定らを付き添わせて来朝し、慕韓高麗との修好の仲介にあたっている。

この頃、高句麗高麗王は安原王（五三一～五四五年三月在位）、新羅王は真興王《しんこうおう》（五四〇～五七六年在位）、慕韓高麗王は香岡上王（在位期間が不明であるが、五四五年十二月死亡）である。

『三国史記』編纂者の金富軾は、慕韓高麗を百済と認識したために、この地は四七六年から高句麗領と捉えるようになり、本来の慕韓高麗の歴史はこれ以後消滅してしまった。しかし、『日本書紀』には慕韓高麗王については、系譜だけかもしれないが、推古十三年（六〇五年）まで大興王《たいこうおう》の存在が知られている。

九州年号（五二二～七〇三年）

筑紫国朝は、五二二年（壬寅年）の成立（福岡市南区三宅へ遷都）と同時に、梁王朝や北魏王朝と対等に元号も使用するようになった。その元号は梁や北魏と同様に仏教用語の元号が多く、この日本国の中央政権は成立当初からある道教的統治社会に仏教的要素が加わりはじめ、新たな変革が進みはじめたと感じられる。五二二年以前に仏教の流入による社会変化が現れはじめていたのであろう。

李氏朝鮮の歴史書である『海東諸国記』の「日本国記」にまで年号のことが書かれている。この書の継体天皇（男大迹王）の項には、「十六年壬寅年建年号為善化」とあって日本国（筑紫国朝）で元号が建てられたことが書かれている。この「日本国記」は『日本書紀』を元に記述されたものであろうが、『日本書紀』に記述されていないものが含まれている。

この筑紫国朝の日本国では、五二二年に年号が建てられてから七〇三年まで、すなわち、五二二年の「善化元年」から七〇三年の「大宝三年」まで元号が途切れることなく連続して使用されている。「九州年号」と呼ぶよりも「筑紫国朝日本国年号」と呼ぶべきである。この日本国の年号については、海外史料だけでなく日本国内の各地にもその歴史資料は確認されている。しかし、その確認される年号には各資料間で異字が多い。「善化」から「大宝」まで三十三種の元号が建てられたようである。

その「善化」の異字には「善記」、「善紀」、「集記」などがある。

この筑紫国朝の最初の年号は「善化」（四年間）が本来の年号であったのではないかと推察する。二番目に建てられた年号が丙午年（五二六年）の「正和」（五年間）である。この正和年間に筑紫君磐井は王党派の物部軍に政権の座から追い落とされてしまう。歴史推察の大きな鍵を握っているのが三番目の年号である。この年号は辛亥年（五三一年）に建てられたが、いくつかの異字が存在している。「教到」、「発倒」などである。これは辛亥年に「天皇及び太子、皇子がそろって亡くなった」ことを受けて建てられた年号であろう。折角、対立する磐井を追放したものの、筑紫君の政権側の皇族が途絶えてしまったのである。中央王権が地方王権の要求に迎合した政策に揺れ動いた結果、朝鮮半島の統治に失敗した。その末に王（初代天子）及びその皇族一家は相次いで亡くなったのである。

その結果、筑紫君磐井の皇族から天子を擁立せざるをえないことになったのではなかろうか。その皇位継承者に指名されたのが磐井の子である葛子であろう。葛子が筑紫国朝の日本国「天子」の二代目であり、権力回復後、長期政権を確立したのであろう。五三五年に全国の屯倉《みやけ》設置を完成させ、その統治を強化している。五三六年には列島全国及び百済・新羅などから集まる稲穀などの物資を集積するため、那津官家《なのつのみやけ》（福岡市博多区）を整備している。『上宮聖徳法王帝説』（略して『法王帝説』）に欽明天皇が即位してから四十一年間天下を統治したという記事があるが、実際天下を統治したのは欽明天皇ではなく天子の葛子であろう。その二代目天子の在位年は五三一年から五七〇年までの四十年間である。この天子の期間の元号は「教到」から「知僧」まで九種使用されている。これら元号の中に「僧聴」がある。

■表6 筑紫国朝元号（下は改元年〔西暦〕）

善化	正和	教到	僧聴	明要	貴楽
522	526	531	536	541	552
法清	兄弟	蔵和	師安	知僧	金光
554	558	559	564	565	570
賢接	鏡当	勝照	端政	従貴	煩転
576	581	585	589	594	601
光充	定居	倭京	仁王	聖徳	僧要
605	611	618	623	629	635
命長	常色	白雉	白鳳	朱雀	朱鳥
640	647	652	673	672	684
大和	大長	大宝			
690	692	701			

この天子の在位期間中は磐井及び兵士の鎮魂のためか、仏教元号が連続しており、仏教が定着しつつあることを示している。この「僧聴」に元号が改められた年、近畿王権までまだ仏教が伝来していない。

百済の聖明王が釈迦仏の金剛像一軀をはじめ経論などを奉納したのは、葛子が天子になって七年目のことである。これは九州にいる天子に贈られたものにすぎず、これによってはじめて仏教が日本国に伝来したものでもない。この筑紫国中央政権に贈られた仏像が、中央政権と近畿王権のつなぎ役を担当していた蘇我大臣稲目宿禰を通じて、近畿王権に仏教が伝えられる最初の出来事だったのであろう。

『日本書紀』には、西蕃の仏教が近畿に公伝されたのが欽明天皇十三年（五五二年）十月としている。これは、五三八年に百済から筑紫国中央政権に贈られた仏像及び経典などが、五五二年に筑紫国中央政権からはじめて近畿王権に譲り渡されることになったからであろう。蘇我氏と物部氏の仏教導入の議論は、百済の仏像を実際に近畿に受け入れるかどうかで、実物を前にして対立が再燃したのであろう。

元号において、「兄弟」（五五八年）に改元したのは、兄弟の政治制度が重要視されたからであろう。また、執政官に男弟王が必要不可欠となって、実際にこの年に天子の後継者にふさわしい者を太子もしくは男弟王として立てたのであろう。

筑紫の君は天族とも呼ばれ、天御中主神の皇統を代々継承してきた。この天子の王都は二代目天子から太宰府に置かれていた。太宰府を防護するように水城が築かれている。この水城は白村江の戦いの直後に築かれたと解釈されてきたが、現在では、それよりも百数十年早く築かれていたとする調査も出ている。それは葛子が太宰府に都を置いた当初から水城が築かれたことになる。水城の造営は太宰府遷都の時まで遡ることになるのである。

水城の築城推定年代は、観世音寺に保管されていた水城の木桶の年代測定で五四〇年頃だという。白村江の戦い直後、水城を修復したという記述もあるが、この頃の築造は修復が主目的で、その修復部分は六六〇年頃の推定年代になるだろう。

この二代目天子及び欽明天皇の時代は朝鮮半島では、任那日本府の十カ国の諸国まで新羅に奔ろうとしていた。欽明紀に関連の記事が多く挿入されているが、その主格は本来欽明天皇ではなく、天子となった葛子のことである。この時代以降も日本国は代々の天子の治世が続くことになる。五二二年から七〇〇年までは筑紫国朝元号（九州年号）が全国の地方王権でも使用されていたのである。

近畿王権も筑紫国中央王権に対抗して「命長」年間に「大化」の年号を建てて独立しようとしたが、失敗に終わっている。

近畿王権の欽明天皇と筑紫国朝二代目天子の治世

継体天皇が五三二年に即位して以降、近畿王権と北陸王権は合流し、その拡大した近畿王権は安閑天皇、宣化天皇、欽明天皇へと引き継がれていった。一方で、筑紫国中央王権では五三二年に葛子が二代目「天子」に即位し、四十年間在位することとなった。

朝鮮半島では五三二年に任那日本府が新たに設置された。百済は旧任那国の全域が日本国から譲渡され、百済の領域は忠清南道及び全羅道全域に広がった。任那国に派遣されていた日本国駐留軍は任那日本府（慶尚南道）に移動した。

新羅は五三二年までに北部加羅諸国（慶尚北道）のほぼ全域を自国の領域に加えた。朝鮮半島の百済と新羅の王権は、日本国の皇統ではないけれども、筑紫国朝はそれぞれの王権の系譜を尊重している。その新羅王権、百済王権、慕韓高麗王権は日本国の支配下にあって、互いに牽制しつつも比較的に安定的な統治運営が続いた。そのうち、半島の各王権の情勢が変化して、五四八年に百済の独山城を高句麗王が攻めてきた、という記述がある。

これは高句麗高麗が、支配下となった濊軍に命じて六千人の兵によって慕韓高麗の独山城（北漢山）を攻撃させたものである。これに対して新羅の将軍朱珍《しゅちん》が慕韓高麗を救援したので、濊軍は勝てずに退却している。『三国史記』の編纂では、百済と慕韓高麗を誤って同一視しているので、百済の独山城（漢江の北）を攻撃したと記している。正確には慕韓高麗の独山城を濊軍が攻撃したのではないかと考える。独山城は百済の領域のことではなく、慕韓高麗のこととして読み替える必要がある。

翌年、百済は新羅、任那日本府とともに慕韓高麗を救援したと考えられる。百済は濊軍を討って、慕韓高麗の漢城（京畿道広州）の地を得て、さらに軍を進めて平壌（ソウル）を討ち、慕韓高麗の六郡の地を得たのではないだろうか。また、欽明天皇十二年（五五一年）の条には百済の聖明王が新羅・百済を率いて旧領を回復したとあるが、礼成江流域を除けば旧領でなく慕韓高麗の領地を新たに得たというのが正確なのではないだろうか。

慕韓高麗の王権は五四五年の香岡上王《ぬたのすおりこけ》の死後分裂状態にあって、北の高句麗や濊による攻勢にさらされている。ほかの朝鮮半島の百済、新羅、任那日本府の各王権などによってかろうじて支えられ、慕韓高麗王権の系譜が保持されていたのであろう。

五五二年五月八日に百済、加羅（高霊加羅）、安羅は、筑紫国中央政権に中部徳率木劦今敦《もくらこんとん》らの使いを遣わした。「高麗（慕韓高麗）と新羅とが結託して私どもと任那日本府を滅ぼそうと謀っている」と訴えた。それで彼らは筑紫国中央政権に救援の軍兵を要請している。

中央政権は要請した三者に力を合わせて対応するように返答し、翌年六月馬、船、弓矢を与え、要請のあった軍兵を用いるように言っている。同時に医博士、易博士、暦博士を勤仕させている。朝鮮半島の王権にも日本で統一して用いている暦法を使用させるため、中央政権から各博士を送り出していることがわかる。この時日本国の元号と元嘉暦を使用させていたのであろう。しかし、新羅の法興王は王統が異なることで、五三六年から自らの元号（建元）を自立的に使用している。

五五三年八月、百済は筑紫国中央政権に使を遣わし、新羅と狛国《こま》（慕韓高麗）とが通謀しているのに関し「百済と任那との使がしきりに日本に赴いているのは軍兵の派遣を要請して我々の国を討とうというのであるまいか。［中略］日本の軍兵が出発しないうちにまず安羅を討ち取り日本からの路を断とう」と言っていると聞いたことを報告している。

また、任那日本府を統治し、善政がたたえられていた的臣《いくはのおみ》が亡くなったので、筑紫国中央政権に速やかに代わりの人を遣わすように依頼している。新羅は、この年七月に慕韓高麗の東部（漢江以東）を奪って新州を置き、金武力《きんぶりよく》を軍主とした。

五五四年正月九日、百済は筑紫国中央政権に使いを遣わし、「軍兵が本当に来るのか」催促している。五月、内臣は軍船を率いて百済に向かっている。七月、百済が高霊加羅と連合して管山城《かんざんじょう》（忠清北道沃川《オクチョン》郡沃川邑）を攻撃し、新羅はこれを迎え撃ったが戦いに敗れた。これに新羅は金武力に新州の兵を率いさせて救援に向かわせ、副将の都力が奇襲攻撃で百済王の聖王を殺したことが記されている。

新羅は法興王の時、金官加羅国と結び強力となったが、その力で真興王（五四〇～五七六年在位）の時も新羅領域を拡大していった。

新羅の王都は国原《こくげん》（忠州市）から五一四年には阿戸村《あし》（慶尚北道月城《ウオルソン》郡）に置かれ、五五三年に北部に新州が置かれたことで北からの脅威が小さくなったため、五五七年再び王都を国原に戻した。五六〇年から任那日本府十カ国が新羅によって次々に滅ぼされ、五六二年正月任那の官家が討ち滅ぼされた。十月加耶諸国は自らの土地が新羅に奪われたことで反乱を起こしたが、新羅は異斯夫に命じて加耶諸国を降伏させた。

新羅は任那日本府の領域を獲得したが、日本国の支配下にある王権であることには変わりがないので、五六二年七月筑紫国中央王権に使いを遣わし調賦《ちょうふ》を奉った。この時点での新羅の領域は各地に置いた石碑でおおまかに知ることができる。

この月に筑紫国中央政権は大将軍紀男麻呂宿禰《きのおまろのすくね》らを遣わし、軍兵を率いて哆唎（全羅道）から、また副将の河辺臣《かわべのおみ》を居曽山《こそむれ》から出発させ、新羅が任那を攻めたことを問責しようとした。紀男麻呂宿禰の軍は河辺臣軍が破れ退却した。八月、日本国天子は、大将軍大伴連狭手彦を遣わし、兵を数万率いて慕韓高麗（京畿道）を百済とともに討たせた。

慕韓高麗王は六〇五年に大興王が在位していることから、領域が縮小しても何らかの形で王位が存続していることを窺うことができる。

また、慶州市に武烈王陵があることから、武烈王（六五四～六六一年在位）は新羅の王都をはじめて慶州に遷したのであろう。

敏達・用明・崇峻天皇による近畿王権の治世

敏達天皇（五七二～五八四年在位）は仏教を信じないことで蘇我氏、物部氏の政争に巻き込まれるのを避けつつ、物部守屋《もりや》と蘇我馬子《うまこ》を用いている。この近畿王権はほかの地方王権とともに筑紫国朝の支配下にあった。蘇我氏の役割は、九州にあった筑紫国中央政権と近畿王権の取り次ぎ役を担っていた。そのため、仏教が普及していた九州の側に蘇我氏が立脚していたからこそ、蘇我氏は近畿王権の中で崇仏派となって行動していたと考えられる。両政権の中枢の動向をよく承知の上で活動していたことになる。敏達天皇の時、海外記事に高麗（高句麗高麗の可能性が高い）の使人が越の海に漂着したとある。しきりに漂着することが多くなったが、この時、近畿王権に外交権はなく吉備海部直《あまのあたい》難波《なにわ》（吉備王権の役人）に中央もしくは本国へ送り返す役割を担わせた。

吉備にも外交権はないので、難波は国禁を犯すことにおそれをなし、高麗人を海に投げ込んで帰還している。しかし、難波は国禁を犯したことに罪を問われた訳でなく、隣国の使人を溺死させた非人間的な行動に対して罪を問われている。もう一方の船が高麗に着き国王との接触を持ったことが高麗と近畿王権の交渉のきっかけを作った。

新羅王権や百済王権は筑紫国中央政権の支配下にあり、その時の出来事を敏達天皇が主格で行われたように記述されているにすぎない。編纂の都合によるものと言える。

五八四年九月、百済から鹿深臣《かふかのおみ》がもたらした弥勒の石像一体と、佐伯連《さえきのむらじ》がもたらした仏像一体を併せて、蘇我馬子は迎え入れることとなった。それぞれ仏殿を造って営んだが、物部守屋はこれに反対した。蘇我馬子は、天皇がかかった疱瘡は仏法の力に頼らなければ治癒しがたい、と言って、馬子だけは仏法を修めていいと許可を得た。まもなく天皇は病重くなり崩じた。

次に用明天皇（五八五〜五八六年在位）が即位し、引き続き蘇我馬子と物部守屋は召し抱えられた。用明天皇は仏教を信じ神道も尊ばれたとある。

穴穂部皇子《あなほべのみこ》は皇位につくことをねらって、三輪逆《みわのさかう》を殺すことを口実に物部守屋とともに軍兵を率いて磐余の池辺《いけのべ》を囲んだ。穴穂部は守屋に逆を斬らせた。この事件で炊屋姫皇后《かしきやのひめ》（のちの推古天皇）と馬子はともに穴穂部皇子を恨むようになったという。用明天皇は病にかかり、仏法に帰依したいと言われ、守屋と中臣はこれに反対し、馬子は天皇を助けようとした。

用明天皇崩御後、物部守屋は穴穂部皇子を天皇にしようと計画したが、馬子にもれてしまった。五八八年、馬子は炊屋姫皇后を奉じて穴穂部皇子を討った。のちに馬子は諸皇子と群臣に呼びかけ守屋を滅ぼすことを謀った。守屋と馬子のそれぞれの軍勢がぶつかり、守屋の軍勢は敗走し滅ぼされた。これによって蘇我馬子を中心とする政権ができあがり、軍勢に加わった崇峻天皇（五八七〜五九二年在位）が炊屋姫皇后と群臣に勧められ、皇位についた。

五九一年八月に崇峻天皇が任那復興を詔されたことが記されているが、これも中央政権の出来事を挿入したものであろう。筑紫国中央政権からの出兵命令に応じて、二万の軍勢が地方王権から筑紫に出向いてきた。崇峻天皇は蘇我馬子のお飾りの皇位に満足できず、馬子に背く言動によって暗殺されている。筑紫国朝の支配下で、馬子は近畿王権の実権を握っていたのである。

『隋書』の筑紫国朝

『隋書』倭国伝に記されている倭国は、推古天皇（五九三〜六二八年在位）が統治する近畿王権のことではなく、筑紫国朝のことである。隋王朝は五八一年から六一七年まで存続する。この時代、倭国は百済・新羅の東南、水陸三千里の所にある。朝鮮半島南端から倭国の王都まで水陸三千里にあると言っている。王都は太宰府なので、巨済島から直線距離では約二〇〇kmである。『後漢書』倭伝の楽浪郡の徼、あるいは『魏志』倭人伝で記述する帯方郡の郡治（二〇五年以降）から朝鮮半島南端（巨済島、欲知島《ヨクジ》）まで一万二千里（約九〇〇km）であると記されていた。したがって、平壌市から太宰府市までは一万五千里（約一一〇〇km）となる。

筑紫国朝の時代、倭国の東西の距離は五カ月行、南北の距離は三カ月行にしておのおの海に至るとある。東西は五島列島から福井県を経て福島県の太平洋沿岸まで五カ月（一五〇日）、南北は対馬から沖縄県まで三カ月（九十日）の距離である。

王都は邪靡《ヤマト》の堆《たい》国（筑紫国）内にある。堆国とは『魏志』に言う邪馬《ヤマト》の台《たい》国の領域とほぼ同じである。九州一周が約八六〇kmで、壱岐から西周りでも東周りでも油津港まで二十日である。水行一日の距離を求めるには九州

■図 25　隋代の日本（ヤマト）国

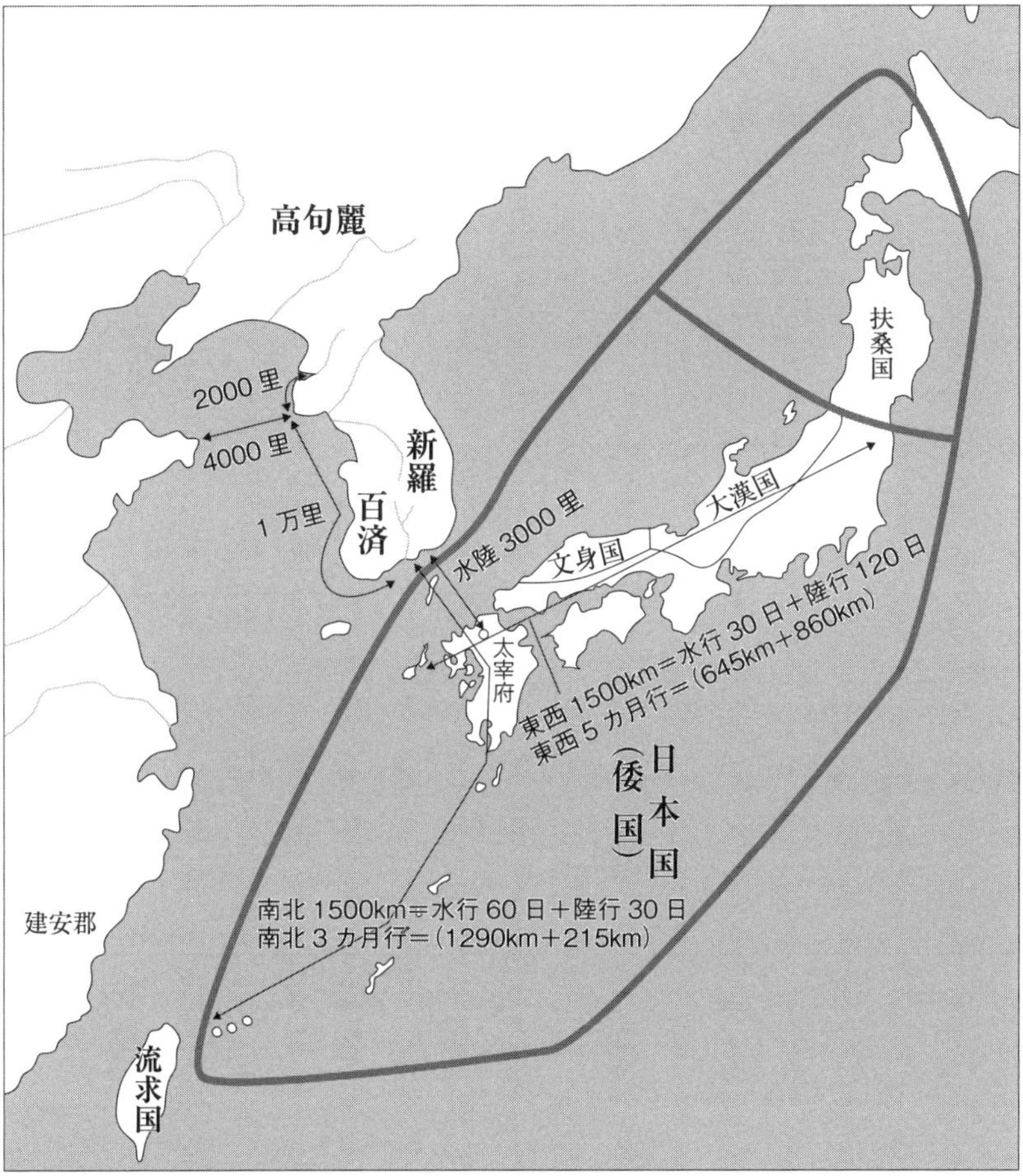

一周が四十日であるので、水行一日は二一・五㎞となる。水行のみ一五〇日で三二二五㎞、九十日で一九三五㎞である。仮に水行十日（二一五㎞）と陸行一月（二一五㎞）が同距離とすれば、陸行五カ月は一〇七五㎞、陸行三カ月は六四五㎞である。陸行一日は七・一六㎞にあたる。

したがって、東西距離五月は五島列島の西端から日本海の沿岸部を敦賀まで水行三十日（六四五㎞）、敦賀から陸路日本海の沿岸部を東北方向に新潟市を経由し、もしくは東山道沿いに郡山市を経ていわき市まで一二〇日（四カ月）が陸行（八六〇km）すると、水陸一五〇〇km余りのことを指す。

また、南北距離三カ月一五〇〇km余りは、対馬から福岡市まで六日で水行し、福岡市から指宿市まで九州本島を三十日陸行し、指宿市から石垣市まで水行五十四日で合計すると、陸行三十日（二一五km）、水行六十日（一二九〇km）のことを指している。これが太宰府を王都とする南北、東西それぞれ一五〇〇kmが日本国の範囲である。

『隋書』には王都が所在する地域の地勢の形状を述べている。太宰府は六世紀に王都であったが、太宰府は東西に山があって記述にあてはまらない。七世紀に隋の使いが来た時遷都しているのである。東は高く西は低いとあるから東に阿蘇山があって西は有明海があって低くなる地形を表現している。それは三世紀の邪馬台国の都があった所と同じと言っている。海から陸行一日（約七km）の熊本城付近、すなわち、邪馬台国の王都があった熊本市付近に、七世紀になって再び太宰府から遷都しているのである。王都近くに阿蘇山があって噴石や噴火が天に接することがあると述べている。この時代の王都は肥後国府に準じた位置にあるのだろう。

六〇八年、隋の遣使が倭に派遣された時、壱岐国から筑紫国に至る。また壱岐国から東の方向は秦王国（山口・広島県）に至る。筑紫国の十余国を経て海岸（有明海）に達する。王都のある熊本市に向かっているのであろうか。筑紫国（九州）以東は関東王権までみな倭国に支配されているという。

このような列島の統治環境の中で、筑紫国中央政権は隋と国交を結ぼうとしているのである。

朝鮮半島では旧任那日本府領域が新羅から離反したので、筑紫国朝は任那日本府領域の遺臣などの救出に乗り出そうとしていた。旧日本府領域の国々は日本国の支配を逃れ新羅に合流したものの、期待が外れて今度は新羅の支配を脱しようとしていた。日本国は将軍らを旧任那日本府に上陸させ洛東江を渡河して新羅の王都に攻撃する方法ではなく、洛東江からその東岸の南加羅へ直接上陸して五城を攻略した。その結果、新羅六城を割譲して倭国に降伏したが、将軍らが新羅から帰還したら、新羅は相変わらず、今までのように任那を侵してきた。

倭国は、六〇〇年に朝鮮半島における百済、新羅の支配権を隋に追認させるため、隋に使いを遣わした。この時の交渉では双方とも腹の探り合いに終始した。

六〇二年、筑紫国朝もしくは近畿王権から来目皇子《くめのみこ》を新羅攻撃の将軍に推挙し、軍兵二万五千人が筑紫に集結した。この時の集結地は福岡県糸島市に設けられた。ここに駐屯し軍船を集め、軍糧を集積した。これに対して新羅も隋に特産物を進貢し関係強化を図っている。倭と百済が連携して新羅に侵攻する前に、新羅は同年八月に阿莫城《あばく》（全羅北道南原郡）を攻めて百済を大敗させた。

倭国では、六月に百済に遣わした使者が帰国したあとに新羅を征討する予定であったが、来目皇子が病気になって征討を果たせなかったとしている。新羅に対して機先を制することができなかったのである。

六〇三年、高句麗が新羅の漢山城に侵入し、新羅王は自ら一万の軍隊を率いてこれを撃退した。

六〇七年、筑紫国朝は隋に使節団を遣わした。使者は「（訳文）海西の菩薩天子が仏法を興すと聞いている。故に使者を遣わして朝拝せしめ、兼ねて沙門数十人を引き連れて学ばせようと思った」という国書を渡した。また国書には「（訳文）太陽が昇る国の天子が太陽の沈む国の天子に書を致す、恙《つつが》なきや」とあり、煬帝《ようだい》はこの国書をみて不機嫌になったという。この時、日本国は隋の軍事動向を知ることが第一義であったはずである。仏法は日本国内にも百年近く根づいており、仏法を学ぶ傍ら軍事情報を集めたのであろう。交易については利益をもたらすものがなかったためか、ほとんど関心を示していない。

六〇七年の使節団の一行に近畿王権からも小野妹子らが加わっている。そのため『日本書紀』の編纂には小野妹子を中心に記述されている。

この隋使の使節団一行は帰国まで一年近く滞在していたが、その滞在中の六〇八年三月十九日に倭国からの貢献があったと記述されている。六〇八年、隋も裴世清《はいせいせい》を倭国に遣わし、その動静を確認させている。

『日本書紀』の推古十六年（六〇八年）条には四月隋の使人裴世清と下客十二人を伴って遣隋使節団が筑紫国に帰国した以降の状況が詳しく描かれている。

筑紫国では、裴世清ら隋の遣使が来訪するのに合わせて現在の福岡城趾に近く、難波高麗館の近い所に新しい館（鴻臚館）を造営している。主要な地方王権も同様に新造の館を建てたのであろう。筑紫に到着した一行はいくつかに分かれている。

その一部は地方王権から使節団に参加していた使人とともに隋の下客が地方の王権へと向かった。六月十五日、小野妹子に伴って客人の一部が近畿王権の難波津（大阪市）に船をつけた。近畿王権は飾船三十艘で江口（淀川の河口）に迎え、新造の館に落ち着かせたとある。八月三日、一部の客人は近畿王権の王都飛鳥に入った。ここでは飾馬七十五匹を遣わし、現在の桜井市金屋付近の路上で出迎えたとある。記述からは主賓の裴世清の一行も近畿王権の方へ向かったようにとれるが、裴世清が向かったのは主目的の太宰府であり、遷都の準備が整いつつあった熊本市付近の日本国の王都であろう。裴世清はその王都で日本国の天子に接見したと考えられる。もし、近畿王権に裴世清が出向いたとしたら少なくとも太宰府での接見を終了してからであろう。

いずれにしろ、隋の一行は九月五日難波の大郡で饗応し、十一日には隋への帰途についた。その際、学生四人、学問僧四人、合わせて八人を同行させている。

翌年（六〇九年）四月四日、筑紫太宰が奏上している。この時、太宰府が遷都によって旧都となり、筑紫国朝の出先機関の位置づけになった。この時期から旧都は王がいなくなったため、「大宰」と呼ばれるようになったのであろう。本書では、筑紫朝から近畿王権に政権が引き継がれ、新益京《しんやくのみやこ》（藤原京）に遷都が行われた七〇〇年まで「太宰」の表記で統一する。

筑紫国朝の五、六代目の天子である多利思北孤《たりしほこ》の元号が、煩転（六〇一年）、光充（六〇五年）、定居（六一一年）とそれぞれ改元されている。筑紫国朝は裴世清の来訪後しばらくして隋との国交を断っている。

六一一年には隋が流求（台湾）を攻め、その王を殺している。この年、新羅は隋に使者を派遣して高句麗討伐のための出兵を願い出ている。隋がこれに応じたのは六一〇年に隋の大運河が完成し江南の食料を運河で運べるようになったことが関係している。六一〇年に百済は新羅の城（忠清北道）を包囲し、陥れている。

高句麗遠征の第一回目は六一二年に開始された。その総勢は二百万人と言われる。二月、隋軍は遼水（遼河）まで来ると、高句麗軍は遼水の岸に陣営を敷き、隋軍はこの河を渡れなかった。隋軍は橋を急襲し高句麗と激戦となり、高句麗軍が一万人の戦死者を出して敗走、隋軍はこれを追撃して遼東城（遼陽市）を包囲した。

しかし、半年経っても遼東城は落ちなかった。

遠征軍のうち九軍が七月に平壌（集安市）まで迫ったものの、その軍三十万人のうち遼東城まで帰れたのは数千人のみという大敗をしたのである。海路より平壌に迫った軍も大敗して引き揚げた。

六一三年二月、第二回目高句麗遠征をしたが、国内で反乱が発生して煬帝は遼東から軍を返してこの遠征も失敗した。

六一四年、第三回目の遠征を開始したが、国内で農民の反乱が続き、遠征軍の動員も完全に行われにくい状態であった。高句麗も三度の進撃で疲弊し、降服を請うたので煬帝もこれを受けて引き揚げた。

この年、近畿王権は隋に使いを派遣したとあるが、筑紫国朝は隋使の派遣を重視しなくなっていた。六一八年、煬帝は江都で殺され隋王朝は滅亡した。

【参照】資料「継体紀（元嘉暦解釈年月日と史料源）」三十頁
資料「継体（北陸王権）と清寧・顕宗・仁賢・武烈（近畿王権）の合流」三十四頁

第二次日本国時代後期

六一九～七〇〇年
筑紫国朝後期（筑紫国＝福岡・大分・熊本県）

筑紫国朝の後期（七世紀）

筑紫国朝の王都が三宅（福岡市南区）、次に太宰府（太宰府市）に所在した時代を筑紫国朝前期とするのに対して、筑紫国朝後期は熊本市国府付近に遷都した時代である。六一九年以降、七〇〇年までのことである。後世の奈良時代、ここには肥後国の国府が置かれていた。

この期間は、筑紫国の領域が熊本・福岡・大分県及び長崎南部域であり、また太宰府を出先機関としている。この期間は熊本市付近を日本の王都とし、筑紫国中央政権が全国の吉備、出雲、近畿、尾張、蝦夷などの各地方王権を支配していた時代である。

七世紀中頃、東北及び北海道地方を統治していた扶桑国が南北に分裂したのに乗じて、筑紫国朝は秋田の能代《のしろ》を攻撃。さらに津軽や北海道を攻撃し、その地の全域を支配下に置いた。

筑紫国朝は一時期九州から北海道まで日本列島全土を統治するまでに拡大し隆盛となった。しかし、この中央政権は白村江の戦いを転機に崩壊した。それに代わって皇統を引き継いで登場したのが近畿王権である。この王権は白村江の敗戦直後からまもなくして防人《さきもり》を近畿などから動員して九州支配を進めていき、筑紫国朝最後の天子が七〇〇年に崩御したのに伴い、七〇一年以降は「天子」が統治する国から「天皇」が統治する国に入れ替わったのである。

『旧唐書』の筑紫国朝

『旧唐書』倭国伝には、倭国が「古の倭奴国」として捉えられている。奴国を中核（中国《なかつくに》）として倭国の三十余国を統治し、倭国の王都を奴国の中心地に置いていたのが「奴国朝倭国」であると捉えられている。日本国は「奴国朝倭国」から、「邪馬台国朝倭国」、「貴国朝日本国」を経て「筑紫国朝日本国」に至った。筑紫国朝日本国は筑紫国内に王都を遷都し、その筑紫国を中核に九州・山口・四国の勢力が日本国全域を統治している。皇統は代々同じ「天御中主尊」王朝である。その最高権威者・権力者は、「天御中主尊」、「天照大神」、「天子」と呼称が変化している。

倭国は「京師を去ること万四千里」とある。唐の国境から一万四千里の距離は、『隋書』の距離万四千里と同じである。『魏志』では帯方郡の郡治から朝鮮半島南端（巨済島・欲知島）まで一万二千余里（約九〇〇km）であると記されていた。その差は二千里である。帯方郡の郡治（平壌市）から南国境の南大川付近を経て長山串《ちょうざんかん》の南、大青群島までが二千里である。ここから山東半島の威海《いかい》までの距離が四千里ほどである。

したがって、一万四千里とは朝鮮半島南端から群山市、忠清南道の端山海岸を経て大青群島までが一万里ほどであり、ここから四千里ほど西進すれば山東半島の威海に到着するという意味である。

「倭国伝」の万四千里の次に、倭国は「新羅の東南、大海の中に在り、山島に依りて居す。その広さは東西五カ月行、南北三カ月行なり」とあり、その広さは『隋書』と同じである。これらは任那日本府（慶尚南道）が五六二年新羅に吸収され、また百済が六六三年に滅びたことから、『旧唐書』では「倭国は新羅大海の中に在り」と、朝鮮半島と対馬の間の対馬海峡西水道を国境とする記述になった。

日本国の構成国は日本列島のみに限られるようになり、その数は五十余国となっている。六〜七つの王権に分治されているが、一王権の平均的な構成国は七カ国から九カ国ほどである。筑紫国中央王権の基盤となる直轄地は九州・四国の十カ国ほどではあるが、その中心国の筑紫国（熊本・福岡・大分県など）は、さらに十カ国で構成されている。

『隋書』になくて、『旧唐書』に記述されているものに、一大率の設置がある。これは王都が太宰府から熊本市付近に遷都後、旧都の太宰府を一大率として記録したためであろう。太宰府は全国の統治の窓口としての役割を担ったのである。また、それぞれの王権の領域には中央と地方の往来が頻繁となり、筑紫太宰府のほかにも中央の役所（連絡機関）の補助機関として「吉備太宰府」、「大和太宰府」などが置かれたのかもしれない。

『日本書紀』推古三十一年（六二三年）に、任那（旧任那日本府領域）が新羅から離反しようとしたが、新羅はこれを討ち、再び服従させている記述がある。倭国はこれに対して新羅を討つことを検討し、本国から数万の軍を出兵させたが、新羅が調（税）を引き続き納めることで元に復した。かえって筑紫国朝政権内では征討の軍を遣わす時期が早まったことにとがめがあったのであろう。

舒明天皇二年（六三〇年）八月五日に犬上君《いぬがみのきみ》三田耜《みたすき》らを唐に遣わした。第一回目の遣唐使は、六三一年十一月十二日、遣唐使が長安に入り朝貢品を献じている。このお返しに、唐は刺使高表仁《こうひょうじん》を遣わしたとある。当然、日本国の使節は高句麗と唐の情勢をつぶさに探ったであろう。また唐も倭国と新羅、百済の関係を探りにきたと考えられる。

舒明天皇四年（六三二年）八月に犬上君らに伴われて唐の使節は対馬に着き、十月四日に難波津（博多湾）に着いている。しかし、筑紫国中央政権の皇族が一大率（太宰府）で対応したのであろうが、高表仁は王子と礼を争い唐の朝命を宣べずに帰ったとある。『旧唐書』は高表仁にその才覚がなかったと非難している。

この時の唐は、高句麗に対して倭国をどう対応させることができるかが課題だったのであろうが、全く倭国が取り合わなかったため、高にとって物別れの状態で帰ることになったのであろう。それまで中国の歴代王朝が倭国を冊封できたのは、倭国が中国歴代王朝に対して要求していた朝鮮半島での百済や新羅の領有を歴代王朝が認めてくれていた前提があったためだが、倭国にとってそのような見返りがなければ交渉にならないのはあたり前である。倭国が代々主張していたような代価となるものが唐から何もなかったため、交渉が成立せず物別れとなるのは当然の結果であった。

舒明天皇五年（六三三年）正月二十六日に、高らは筑紫国朝の送使吉士雄摩呂《きしのおまろ》らによって、対馬まで送られて帰国している。高表仁は大和までは行っていないと思われる。近畿王権の動静を摑むことは、筑紫で近畿王権の関係者と接触してその情報を得たのではないかと想像できる。

それでは対外的に、朝鮮半島と唐の情勢はどのようになっていたのか。

隋王朝が滅亡して唐王朝が成立すると、高句麗・百済・新羅の三国は、いずれも唐に遣使朝貢した。六二四年に唐から三国は冊封されている。高句麗王の高建武は上柱国《じょうちゅうこく》遼東郡公高句麗王に、百済王の扶余璋《ふよしょう》（武王、六〇〇～六四一年在位）は帯方郡王百済王に、新羅王の真平王《しんぺいおう》（五七九～六三二年在位）は柱国楽浪郡王新羅王にそれぞれ封ぜられている。

しかし、漢・魏の時代に、建国当初の百済のすべてと辰韓の領域の一部が漢・魏の領域内にあったことはあるが、唐代になると、その領域はすべて高句麗に引き継がれた。したがって、遼東半島から南に遷った百済王を唐が帯方郡王に封じたことは奇異に感じる。同じく江原道に王都があった新羅が、その王都を南に遷した時、その新羅を楽浪郡王に封じたのも奇異に感じる。古来使用された遼東郡・帯方郡・楽浪郡の地名を高句麗・百済・新羅の三国に順にあてはめているにすぎない。

再建後の百済や新羅は、倭国の地であった南部で国を再生させたのであって、その新たな再生の地が中国の領域であったことはない。これには唐王朝の拡張主義的な意図を感ぜざるをえない。

帯方郡治は、平壌市にあった。そこは百済領となり、次に高句麗領となった。隋・唐代に平壌は高句麗領であった。また、北部辰韓八カ国は後漢時代の新羅建国以前に楽浪郡屯有《とんゆう》県に組み入れられた。新羅は南部辰韓四カ国（江原道）で建国され、まもなく弁韓の数カ国が加わった。唐代には旧辰韓領域のほとんどが高句麗領となっている。

六二四年、唐王朝は三国の間に冊封関係を構築し、六二五年に三国を和解させたものの、その三国の抗争が止んだ訳ではなかった。六三一年、唐の太宗《たいそう》（六二六～六四九年在位）の時、唐と高句麗の関係が悪化して、高句麗は唐の進攻を恐れて千余里の長城を築いて防戦準備をした。その後、高句麗は唐への朝貢を断っていたが、六三九年に朝貢を開始した。

しかし、六四二年に高句麗で泉蓋蘇文《せんがいそぶん》が政変を起こし、彼は王と大臣を殺して新しい王（宝蔵王、六四二～六六八年在位）を擁立した。泉蓋蘇文が政治、軍事の全権力を掌握し国政を執ったのである。この年、百済は高句麗と結び、新羅国内の四十城を攻略したので、六四三年、新羅は唐に救援を求めている。

六四四年正月、高句麗の宝蔵王は唐の太宗から使者を派遣され、「高句麗王は百済とともに兵器を収めよ。新羅を攻めるなら明年にも出兵して高句麗国を攻撃する」との文面を渡された。

高句麗は「かつて隋が侵入した時、新羅が高句麗の隙に乗じて漢江流域の地域（旧慕韓高麗地域）を奪っており、この地域を返さない限り戦いをやめない」と唐の使者の提案を拒否している。

同年七月、太宗は高句麗討伐のため、洪・饒《じょう》・江三州（江西省）に四百艘の軍船を造ることを命じ、水陸三万の軍を率いて遼東城を攻撃し唐の力をみせつけた。これで、太宗は高句麗討伐を決意し、六四四年十一月、陸軍は李世勣《りせいせき》、水軍は張亮《ちょうりょう》が率い、高句麗進攻の態勢を整えたのである。その兵は十万人であったとしている。六四五年にも莱《らい》州（山東省）から兵四万を海路平壌に向かわせた。また、太宗親征の下で、李世勣を遼東道行軍大総管に任命し、四月通定（新民《しんみん》市）で遼河を渡河し、高句麗の玄菟城（撫順市）を攻撃させた。また、唐水軍の張亮は東莱から渡海して卑沙城（大連市）を襲撃し、五月に落城させた。遼東城の戦いでは高句麗の死者一万余人に及び捕虜を一万余人奪った。唐は、さらに白巌《はくげん》城（南遼陽市）、安市《あんし》城（鞍山市）の攻撃を命じた。これに高句麗、靺鞨《まっかつ》十万が救援したが、高句麗軍は三万の死者を出して大敗した。

結局、この戦いで唐軍は高句麗の十城を攻略したものの、新城、建安城、駐蹕《ちゅうひつ》山の三大戦では勝てずに大敗している。『三国史記』では、この年の冬に唐の内地に帰り着いた将兵は七万人であったとされている。六四五年から唐の高句麗進攻に伴って、新羅は高句麗を助けるため三万人の軍を出兵させた。この時、百済は新羅が唐に呼応して高句麗攻撃に出兵したのを聞きつけ、新羅の七城を襲い奪っている。

唐は遼東に進撃し、蓋牟《がいむ》城（蓋牟県）、遼東城を相次いで攻め落としたものの、六月から攻撃した安市城が九月になっても陥落せず、唐軍は撤退した。

六四七年三月、唐は再度高句麗征伐を行った。六四八年正月、海路から高句麗に対する第三回目の出兵を行った。このような中で臣下の房玄齢《ぼうげんれい》が太宗に高句麗討伐の中止を諫言している。

大化の改新と筑紫国朝

近畿王権では六二九年舒明天皇が即位した。舒明天皇は宝《たから》皇女を皇后に立てて、皇后は二男一女（天智天皇、間人《はしひと》皇女、天武天皇）を生んだとある。

舒明天皇が六四一年十月九日に崩じて、六四二年正月十五日皇后が皇位についた。これが皇極天皇（六四二〜六四四年在位）である。皇極天皇は敏達天皇の曾孫、押坂彦人大兄《おしさかひこひとのおおえ》の孫、茅渟王《ちぬのおおきみ》の女《むすめ》、すなわち男系女子であり、母は吉備姫王である。

近畿王権では蘇我臣蝦夷《そがのおみえみし》を大臣《おおおみ》とし、その子の入鹿《いるか》が王権の実権を握っていた。

筑紫国中央政権では百済、新羅情勢が流動化していた時、筑紫国の武将である安曇連《あずみのむらじ》比羅夫《ひらふ》を百済に遣わしていたが筑紫国朝の天子が没したため百済から帰国した。そのまま筑紫国の博多方面から王都のある熊本市方面までとりあえず早馬に乗って、六四二年正月二十九日に到着したのであろう。筑紫国朝の天子が崩じた頃、舒明天皇も崩じた。そのため、百済の弔使とともに帰国した安曇連比羅夫が急いで向かった王都は熊本でなく、大和であろうと『日本書紀』の編纂者は捉えていたと思う。安曇連比羅夫は山背の豪族の出身ではあるが筑紫国朝に仕えていた可能性が高い。日本中の有能な人材が筑紫国中央政権で登用されていたことを窺い知ることができる。

二月二十二日、筑紫国中央政権では難波郡（福岡市）で高句麗、百済の客を饗応している。また、同年七月には百済の義慈王が自ら軍隊を率いて新羅に侵入して四十余城を下し、六三四年には高句麗と和睦を図り新羅を攻撃している。

この頃から唐・新羅に対して高句麗・百済・日本国の対立構造ができあがっている。

近畿王権では、六四三年十月十二日、蘇我臣入鹿が独断で上宮（聖徳太子）の王たちを廃し、古人大兄皇子《ふるひとのおおえのみこ》（舒明天皇の皇子）を天皇に立てようと謀り、十一月一日に蘇我臣入鹿は巨勢徳太臣《こせのとこだのおみ》らを遣わして山背大兄王《やましろのおおえのおう》たちを襲わせた。

六四五年六月、三韓が調を奉る日に皇極天皇は御殿に御し、古人大兄皇子・入鹿が侍立した。中大兄皇子《なかのおおえのみこ》は蘇我倉山田石川麻呂臣《くらやまだのいしかわまろのおみ》が三韓の表文を読む時に入鹿を斬る計画で準備していた。芝居をして入鹿の剣を解かせ、門をすべて閉じ、御門の者を一所に集めて活動を封じた。

なぜ、近畿王権に三韓（百済・新羅・慕韓高麗）から調が奉ぜられているのかといえば、近畿王権は三韓の地に筑紫国中央政権から将兵の派遣を命ぜられることが多く、三韓はそれに報いるために、近畿王権に直接調を奉じているのである。このように近畿王権と中央政権、三韓との連絡業務の中心的役割を負っていたのが蘇我氏であった。

六四五年六月の大化の改新で、中大兄皇子らは蘇我氏を排除することに成功し、近畿王権を掌握した。それによって、近畿王権は筑紫国中央政権から自立する計画が一時的に成功した。この大化の改新は、近畿王権にとって中央政権に対する自立派と従属派の対立とも考えられる。しかし、近畿王権内の皇位継承は簡単には運ばなかった。

蘇我蝦夷・入鹿を滅亡させた中心人物は中大兄皇子と中臣鎌足《なかとみのかまたり》であるが、筑紫国中央政権から自立するとなれば中央政権からの軍事的圧力は避けられないので、自ら皇位を継承するには相当の覚悟が必要であった。

結局、皇極天皇の弟、軽皇子《かるのみこ》が即位して孝徳天皇となった。筑紫国朝に対抗して年号を使用し大化と号し、「国に二王なし」と宣言して近畿朝を創設し、独自の道を歩もうとした。しかし、政権中枢で筑紫国中央政権に対抗しようとしていた左大臣の阿倍内麻呂《うちまろ》や右大臣蘇我倉山田石川麻呂が亡くなるとその流れは急速にしぼみ、孝徳天皇は自立どころか従来通りの筑紫国中央政権の支配下に服する道を選んだ。

『日本書紀』大化二年(六四六年)正月、改新の詔が発布されたと記述されているが、この詔は王権の支配地域内の近畿領域に発布された。この詔は四条から構成されていたとあるが、その信憑性に疑問も出ている。その疑問点には大宝・養老令の条文に類似し、行政区分の記述が「郡」となっているが、大宝令以前は「評」という。詔の発布までが疑われる所以である。

大化六年(六五〇年)二月九日、長門国より筑紫国に白雉《しろきぎす》が献上された。この頃、近畿王権では大化の年号をやめ、常色に戻しつつあったのであろう。日本国の年号白雉の改元は六五二年となっている。この年から近畿王権でも同じ白雉の元号に服することになった。大化六年間に中大兄皇子・中臣鎌足らが筑紫国中央政権と近畿王権の中枢を担っていた蘇我氏を滅亡させたことで、これが蘇我氏の排除に限定した行動なのか、反筑紫国朝までの行動なのか、注目を集めることとなる。筑紫国中央政権では、軍事的圧力を強めるべく準備を整えていったと考えられる。最も注視されていたのは中大兄皇子であった。中大兄皇子も自らが潰されるのを恐れて、同母弟の大海人皇子《おおあまのみこ》(天武天皇)と自分の娘との婚姻によって自らが生き延びるために二重三重に防護策を整えている。

白雉二年(通説は白雉四年、六五三年)六月、僧旻《そうびん》が亡くなると中大兄皇子は難波宮の孝徳天皇から離れて飛鳥へ引き戻っている。

中大兄皇子は大化の改新を経て、近畿王権内の皇族の中で次第に皇位継承の筆頭候補になっていくが、反面筑紫国朝からは危険人物と目されるようになったと考えられる。

筑紫国朝の日本国最大版図

近畿王権は六五五年正月三日、斉明天皇（六五五～六六一年在位）が飛鳥板蓋宮《あすかのいたぶきのみや》で皇位についた。筑紫国中央政権は斉明天皇の皇位継承を承認したものの、その斉明天皇の政権実態は中大兄皇子が主導する政権運営に引きずられる危険を孕んでいた。近畿王権からみれば、中大兄皇子主導の政権に変わったものの、斉明天皇の政権は孝徳天皇と同様に、筑紫国朝の支配下で政権運営にあたる状況に変わりはなかった。

この時、筑紫国中央政権は斉明天皇の近畿王権が服従の姿勢を見せたため、武力攻撃の矛先は近畿王権ではなく混乱している扶桑国に向かった。東北地方は梁の時代（五〇二～五五七年）には扶桑国と呼ばれていた。この扶桑国は多賀城付近に王都があり、東北地方全域を統治していたのである。この一世紀後になるが、『日本書紀』では斉明天皇元年（六五五年）に「七月難波で越の蝦夷九十九人、陸奥の蝦夷九十五人を饗応した。また柵の指揮官に従う蝦夷九人と津軽の蝦夷六人に冠位各二階を授けた」とある。

これには筑紫国中央政権による東北地方遠征の準備行動の記事が紛れ込んでいると考えられる。ここに記された越の蝦夷九十九人とは、日本海側（出羽）の秋田県、山形県地域の要人であり、陸奥の蝦夷九十五人とは岩手県、宮城県、福島県地域の要人であろう。津軽の蝦夷六人とは、青森県地域の要人と考えられる。この遠征は扶桑国の分裂に乗じて、筑紫国朝がこの地域へ領有の手を伸ばそうとして要人らを懐柔していたと推察される。

六五八年四月、阿倍臣が軍船一八〇艘を率いて越の蝦夷（出羽）の齶田《あぎた》・渟代《ぬしろ》二郡の蝦夷を降伏させ、領地安堵の処置となった。この時、北海道の渡島の蝦夷を饗応したり、津軽の蝦夷に冠位を授けたりしていることからすれば、最大の敵となっていたのは陸奥の蝦夷（扶桑国中心勢力）であったのだろう。そうでなければ、地方の領土を先に安堵する訳がない。

この陸奥蝦夷の征伐には、当然関東の軍勢が派遣されていたはずである。関東の軍勢の方が近畿王権の軍勢よりも多かったかもしれない。このような東北征伐の一角を担うように、筑紫国中央政権は近畿王権に対しても日本海方向から軍の派遣を命じた。それを受けて、近畿王権側から派遣されたのが、越の国守阿倍比羅夫《ひらふ》であったと考えられる。

もちろん、近畿王権がこのような筑紫国中央政権の要請に応じなければ、陸奥蝦夷軍と筑紫国連合軍との兵力差が小さくなり、互角の兵力を持つ陣営同士の、勝敗不明の軍事衝突は避けられなかったと考えられるが、そうならず、近畿王権をはじめ夷（関東）王権、尾張王権などが従順になって派兵したため、中央政権軍の圧倒的な軍事的優位となり、戦いを有利に進めた。

この年、阿倍比羅夫は粛慎《しゅくしん》を討ち、熊二頭と皮七十枚を献上したとある。この時は北海道・東北に来ていた粛慎を討ったのであろう。

六五九年三月十七日に近畿王権でも陸奥の蝦夷と越の蝦夷を饗応して、また軍船一八〇艘を率いて蝦夷国を討ったとある。これは陸奥や越の蝦夷が津軽・北海道に逃げ込み、この領域で最終戦が行われたのであろう。

筑紫国中央政権によって組織された軍の追撃によって賊は北海道の肉入籠《ししりこ》（道央・道南か）に逃げるに至った。筑紫国中央政権の政府軍はそれを平定して後方羊蹄《しりへし》を政所《まつりどころ》（政庁）とし、この北海道の道央・道南の地まで郡領を設置して帰還したと推定できる。

筑紫国中央政権では七月三日、唐に遣使の際、蝦夷男女二人も一行に同行させている。筑紫国朝はこの日本列島全域にわたって最大に広く平定したことを誇るかのように、その証拠を唐王朝に示したかったのであろう。

ところで、この時、唐の天子は倭国（筑紫国朝）からの遣使に蝦夷の種類を尋ねている。その遺使は、蝦夷の種類が遠い者を津軽、次を麁蝦夷《あらえみし》、近い者を熟蝦夷《にきえみし》であると答えている。

この熟蝦夷は関東地方の人々で、その昔東鯷国から分離された人々であろう。また、麁蝦夷とは越蝦夷や陸奥蝦夷のことで南部東北地方あろう。津軽蝦夷とは青森県や北海道に住む人々を指していると考えられる。

六六〇年三月、筑紫国朝は阿倍臣を遣わし、軍船二百艘を率いて粛慎国（沿海州）を討たせた。その地はナホトカかウラジオストーク近くの大河のほとりであろうが、この地に軍を集結して粛慎と交渉している。交渉は決裂してこの近辺の柵で戦いとなり、賊が敗れたと記されている。

斉明天皇が六五五年に即位した頃、新羅では武烈王が使者を遣わし、唐の高宗《こうそう》（六五〇～六八二年在位）に上表文を出した。それには百済と高句麗、靺鞨兵が新羅北方国境を侵略し、新羅は三十余城を失い唐の救援軍を要請した旨が述べられていた。

これに対して六六〇年三月になって高宗はやっと水陸十万の百済討伐軍を動かした。これは唐の高句麗攻撃で思うような成果があがらなかったため、高宗はその矛先を百済討伐に転換したとされている。五月二十六日、新羅の武烈王は金庾信《きんゆしん》らに五万の兵を率いさせ、王都の慶州から出陣した。唐軍の蘇定方《そていほう》は六月十八日軍を率いて山東半島萊州から海路黄海を渡り、百済に向かった。七月九日、金庾信らは忠清南道で百済と激戦を交えた。

蘇定方の水軍は白江に入ると百済軍と遭遇し、対戦した。七月十三日には新羅・唐の両軍が合流し、百済王都扶余城を包囲した。百済王義慈王《ぎじおう》は旧王都の熊津城に逃げて籠城したものの、七月十八日、城から出て降伏した。遂に義慈王と太子扶余隆《りゅう》は捕虜とされ、百済は実質的に滅ぼされたのである。

唐は百済旧都熊津、馬韓、東明、金蓮、徳安に都督府を置き百済旧領を支配した。熊津都督には王文度《おうぶんたく》を任命し、扶余城に劉仁願《りゅうじんがん》を置くこととなった。

九月五日、百済は筑紫国中央政権に使いの達率《たっそつ》らを遣わした。遣使は「新羅が唐人を引き込みこの七月に百済の国を覆し、君臣はみな捕らえられ、ほとんど残った者がいない状態となった。それでも鬼室福信《きしつふくしん》が任射岐山《にざぎのむれ》（忠清南道）に拠り達率余自進《たつそつよじしん》も熊津城に拠り、それぞれ軍営を作って散り散りの兵卒を呼び集めている」と筑紫国中央政権に報告した。

十月には百済の鬼室福信は救援の軍の派遣を要請し、あわせて日本に人質の王子豊璋《ほうしょう》を百済国主として迎えることを請うたのに対し、筑紫国中央政権はこれに応じている。近畿王権は十二月に筑紫国朝から救援軍を遣わすように命ぜられ、筑紫に軍を移動させた。

この間、百済では福信らが、唐の劉仁願が拠る旧都城（扶余城）を包囲した。これを唐の劉仁軌《じんき》の軍隊と新羅軍が救援し、百済軍は包囲を解いて敗走して戦死者一万人を出している。福信らは任存《にんそん》城（忠清南道）に退き徒党を招き集めた。

十二月、蘇定方は百済の支配を劉仁願と王文度（赴任前に病没）に任せ、自らは高句麗討伐に向かった。唐軍が北上を開始するや百済の地方勢力の反乱がはじまったのである。百済在地勢力の道深《どうじん》と福信の軍隊は熊津城を包囲し劉仁願の唐軍は孤立することとなった。唐は劉仁軌を派遣し現地の唐軍と新羅の兵で進軍し、熊津城の包囲を解き、道深と福信の軍を退却させた。

六六一年、北上した蘇定方らの軍は、この年の高句麗との戦争を優勢に進め、唄江（平壌遷都後、大同江）で高句麗軍を大破し平壌を包囲した。しかし、六六二年二月になると蛇水で唐軍は打ち破られ、この部隊は勝てずにそのまま唐に帰還している。

百済に残留した劉仁軌らの唐軍が約五万とすると、これに新羅軍五万が加わると、唐・新羅軍は少なくとも十万の兵となる。百済と倭国はこの兵と対峙することになる。

六六一年正月六日、斉明天皇の船団は西征に出発した。その経路と月日は、大伯海《おおくのうみ》（岡山県）に正月八日、伊予の熟田津《にきたつ》（愛媛県）に同十四日、那大津《なのおおつ》（福岡県）に三月二十五日、朝倉橘広庭宮《あさくらのたちばなのひろにわのみや》に五月九日に移ったとある。

筑紫国朝は未だ中大兄皇子を信頼していなかったが、斉明天皇は筑紫国朝に忠義の証をみせるため自ら陣頭指揮を執ったのではないだろうか。あるいは、筑紫国朝は近畿王権から兵を動員させると同時に斉明天皇自身を朝倉橘広庭宮で人質の状態にしたのか、筑紫国朝に次ぐ立場にあり、それ相応の役割を発揮することも身内から求められていたのかもしれない。斉明天皇が九州に赴く時、伊予に立ち寄るなど筑紫国中央政権を焦らすような行為からは、中央からの強要に対する対抗意識が読み取れ、斉明天皇の側にも意地があることが察せられる。中大兄皇子もこの頃は筑紫国朝の信頼を勝ち取りたかったためか軍を掌握しつつ、斉明天皇に同行して九州に上ってきていた。次の皇位継承を認めてもらうため、彼も中央政権に服従している姿をみせたかったのかもしれない。

まもなく、七月二十四日、斉明天皇が崩じた。八月一日、皇太子は天皇の亡骸を朝倉橘広庭宮から博多に移し、中大兄皇子は磐瀬宮《いわせのみや》に帰った。七月十八日には百済が降伏しその救援のため新羅への派兵が取りざたされる時期にあり、中大兄皇子もこの宮に留まることになった。十月七日、天皇の亡骸は博多湾から大和への帰途につき海路を進んだ。十一月七日、飛鳥の川原で殯《もがり》したのである。

中大兄皇子の称制期間と白村江の戦い

六六一年七月二十四日に斉明天皇が崩じてから中大兄皇子が天皇に即位する六六八年までの間、近畿王権は筑紫国中央政権に不信感を持たれながら支配されている関係にある。当然、中大兄皇子は六六二年を称制元年とし、六六七年まで続く。この称制期間中は、筑紫国中央政権が近畿王権の皇位について後継を承認していない状態にあった。

筑紫国中央政権に背いて日本国からの自立（独立）を図り、大化の改新を起こした中大兄皇子を中央政権は全く信頼していなかった。そのため、近畿王権は孝徳天皇のあとに斉明天皇を立てて乗り切ってきた。しかし、斉明天皇が崩じたため、中大兄皇子は斉明天皇が率いてきた軍をその次級者として引き継ぎ、政治の正面に立たされることになった。筑紫国中央政権によって中大兄皇子は百済救援軍に加えさせられようとしており、九州に滞在していた。

斉明天皇亡きあと、中大兄皇子は正式に皇位継承を認められないまま人質に近い待遇で拘束され、筑紫国朝初代天子の旧都（福岡市三宅）付近の磐瀬宮に滞在していたのである。まさに、この称制と言われる期間中、筑紫国朝の権威の下で皇位継承を承認されるために、紆余曲折を経ていくことになる。

筑紫国中央政権は百済救援のため、全国から兵を集め救援軍を朝鮮半島へと動かす準備をはじめていた。近畿王権に対しても、新羅派遣軍の編成に加わるよう六六一年八月に命じたのであろう。

第一次編成軍（救援軍事物資の運搬、豊璋及び親衛隊並びに救援軍兵五千人の護送）は、前軍に将軍安曇比羅夫連、河辺百枝臣《かわべのももえのおみ》らが、後軍には将軍阿倍引田比羅夫臣、大山上《だいせんじょう》物部連熊《もののべのむらじくま》、大山上守君大石《もりのきみおおいわ》らが招請された。前軍が九州勢を中心に、後軍が北陸勢を中心にまず編成されたと考えられる。

九月には豊璋の妻に多臣蔣敷《おおのおみこもしき》の妹が選ばれた。また、狭井連檳榔《さいのむらじあじまさ》と秦造《はたのみやつこ》田来津《たつく》とが選任され、これに軍兵五千が護衛として編成された。

義慈王及び扶余隆が唐に連れ去られたあとの百済について、鬼室福信は筑紫国中央政権に豊璋を拝して国政を委ねることで活路を見いだしたいと申し出て、さらに百済救援を要請した。筑紫国中央政権は福信に六六二年正月矢十万などの軍事物資を贈り、福信の要請を承諾して百済救援に乗り出すこととなった。

『日本書紀』では天智元年（六六二年）五月の条に、豊璋送還の出来事が記されている。安曇連比羅夫が兵船一七〇艘を率いて豊璋を百済に送ったとあるが、この時五千人の護衛軍も一緒に百済に向かったと考えられる。この月、豊璋は百済において百済王位を継承して唐の占領軍と対峙することになった。

『日本書紀』には豊璋送還の出来事とされる記事はいくつかあるが、六六二年五月以前の記事は帰還のための方針の決定や軍の編成と任命など準備の記録であろう。

狭井連檳榔と秦造田来津は豊璋親衛軍の長であると同時に、百済軍の作戦に関しての顧問の役割も担っていた。五千人は百済へ護送後、百済重要拠点の守備に任じられており、百済救援の重要な役割を担っているのである。

ところで、豊璋が九州で人質となった時期は、百済で義慈王が王位を継承した六四一年以降の時期であり、かつ日本での存在が確認される白雉元年（六五二年）二月以前になるであろう。

そのことから舒明天皇三年（六三一年）三月庚申朔の記事は、六四一年七月、六四六年八月のいずれかに挿入すべきであり、筑紫国朝「天子」時代の記事からの転用と考えることができる。豊璋は九州筑後においてこの時期から十六年ないし二十一年間人質となっていたことになる。

六六一年十二月、高句麗では鴨緑江もしくは大同江が凍結し、高句麗軍は唐軍が江南で占拠していた四つの城塁のうち二つを奪取した。高句麗は十二月に倭国に救援を乞うている。

六六二年正月に、筑紫国朝が百済へ軍事物資を増援したのもその一環であったのだろう。その効果もあってか、六六二年二月、唐軍は蛇水で高句麗に打ち破られている。六六二年三月、高句麗が再び倭国に救援要請したので、倭兵が百済の都となった都都岐留山《つつきるのむれ》（周留《しゅうりゅう》城）に依拠した。そのため、唐は南方の倭国水軍からの脅威を考慮しなければならず、高句麗の南の境界を侵略できず、新羅も高句麗の西方城塁を陥落できなかったとしている。

この倭国の六六二年五月までの第一次編成軍の軍事行動は、唐軍が全力で高句麗攻撃に向かうことを制限することにもなった。唐は兵を二分して連携不足で運用したために高句麗に敗れ、それは唐本国に帰還せざるを得なかった要因にもなったのかもしれない。

百済では、六六二年七月、劉仁願、劉仁軌らが福信の軍隊を熊津の東で大破し、緊要な城柵を陥れた。福信らは真峴城（大田市）が江に臨み、かつ高く険しい要衝なので、軍を増強してここを守らせていたが、劉仁軌らがこの城を攻略した。これによって唐軍は新羅との補給連絡線が確保された。これは、その後の白村江の戦いに大きな影響を及ぼすことにもなった。これは新羅と唐軍の連携が良くなって周留城への進出が容易になったためである。

また、劉仁願は唐本国に上奏して軍隊を増強するよう願い出て、諸州（主に山東省を中心とする地域）から軍隊七千が動員され、これを孫仁師《そんじんし》が統括し海上から劉仁願の軍隊を救援させた。

一方、豊璋は六六二年五月に即位以来、福信と良好の関係にあったが、周留城では籠城戦が次第に長期化しつつあり、六六二年十二月一日、福信と豊璋は倭国の軍事顧問のいさめも聞き入れず、堅固な周留城から南の避城（金堤《キムジェ》市）に都を移してしまった。案の定、新羅に百済南部要地を攻撃され、徳安まで占領された。これによって避城に対する脅威も大きくなり、六六三年二月には日本軍のいる周留城に戻ることとなった。

倭国は六六三年三月に軍を再編して、第二次編成の軍二万七千人を率いて新羅を討たせた。五月一日には犬《いぬ》上君《がみのきみ》を高句麗に派遣し出兵のことを告げている。六月には新羅に派遣された将軍上毛野君稚子《かみつけのきみわくこ》らが新羅二城を陥れた。筑紫国朝によって新羅に派遣された近畿王権の軍も新羅攻撃の重要な正面を担っていたと考えられる。

新羅派遣軍は三軍に区分され、前将軍が上毛野君・間人連大蓋《はしひとのむらじおおふた》、中将軍が巨勢神前臣《こせのかみさきのおみ》・三輪君《みわのきみ》、後将軍が阿倍引田臣・大宅臣《おおやけのおみ》となっている。これらは近畿王権・関東王権の支配下から派遣された将軍であろう。第一次編成の前軍は、既に周留城の守備に投入され、後軍は新たに前軍、中軍が加えられ第二次編成軍が再編されたのであろう。将軍らは山城、近江、大和及び関東地方に関係があるらしい。この半数ほどが陸上軍として行動しているのであろう。この近畿・関東からの軍は二城を除き新羅との陸地戦で戦闘らしい戦闘をほとんど実施することなく、全羅北道と忠清南道の道境付近にたどり着いたか、その手前に留まっていたと考えられる。

『三国史記』列伝第二金庾信に記述されている六六三年七月十七日、新羅軍が新羅王都を出発し、熊津の唐軍と合流するための途上のことと考えられるが、近畿・関東勢（前軍及び中軍）一万余の陸軍と新羅五万の軍が戦闘するか否かの回想と思われる一文がある。

新羅王は「両国間（近畿王権と新羅）は友好を結び使節を訪問し国交を通じてきたが、今どうして百済と組むのか、今、爾の兵は我が手中にある。殺すに忍びない。帰国して国王にこのことを告げなさい」とあることから、両軍は結果的には和睦を図ったことに等しい。これが新羅にとって効を奏し、新羅は熊津州にいる唐の軍と八月十三日に合流できたのであろう。これは先の戦いで唐への補給幹線を獲得していたため、この経路上での妨害がなくなったことで迅速に合流できる有利な態勢ができあがった。

新羅が新羅王都から百済の王都まで軍を移動する際、近畿王権などが率いる一万余の陸軍と戦う機会はあったが、正面から戦うことはなかった。新羅・唐は結果的に百済南西海岸部に沿って海上から百済の白村江に向かう一万余の倭国水軍（九州主力軍）に照準を合わせていたことになる。新羅軍は唐軍の指揮下でほとんど無傷で唐軍と合流して、白村江にやって来る倭国主力軍との決戦に臨んだことになる。

一方、この頃から福信と豊章とは互いに疑心暗鬼の状態に陥っていた。ついには豊章が福信を襲って殺すに至り、百済の力は軍師をも失い、弱体化することになった。

鬼室福信亡きあとの白村江の戦い

六六三年八月十三日、新羅は百済が良将（鬼室福信）を斬ったことを知り、八月十七日に周留城を落とそうと包囲した。唐軍は軍船一七〇艘を率いて白村江の河口に戦列をかまえ、迎え撃つ体制を整えていた。八月二十七日に先着の日本軍船を待ち構え、唐水軍と日本の水軍が会戦した。この日本の軍船とは、筑紫国朝の薩野馬の君（「天子」もしくは皇太子相当）自らが率いる主力軍（後軍）で、急遽進軍したと考えられる。その水軍は水軍の将ではない廬原《いおはら》君臣が万余の兵を推進しようとしていた。

その白村江へ向かった百済救出の主力軍（水軍）の勢力は第三陣まであり、その兵は一万余にも及ぶ勢力と考えられる。その第一陣（八月二十七日）では、約二百艘ほどがすべて消失したのであろう。第二陣（八月二十八日）では、同じく二百艘が戦陣に加わったのであろう。その消失は四百艘に及んだとある。九州主力軍勢の船は五百艘余りの規模であろう。第二編成軍の船は千艘に及んだと言われるが、半島南岸に残留していた五百艘ほどは白村江の終戦後に前軍、中軍を乗せて日本へ帰国したのであろう。

新羅の記録には倭国全軍が千艘とあるので、五百艘ほどが白村江の戦いに水軍として参加し、近畿・関東軍勢の船五百艘ほどが輸送船として百済南岸に残っていたのであろう。九州勢は百艘だけが生き残り、そのまま薩野馬の君を含めて唐軍に捕らわれたのであろう。

この倭国軍の第二次編成軍は二万七千人である。水軍一万余人のうち半数ほどが戦死し、三千人ほどの者が生き残ったものの捕虜となり、三千人足らずが逃げ延びたのではないだろうか。陸軍一万余人はほとんど無傷だったのであろう。

白村江の戦いには筑紫国中央政権の軍の行動が記されていないため、唐・新羅軍と戦う倭国軍はまず新羅との戦いから転戦して海路白村江へと向かったかのように解釈されている。けれども、これには水・陸別々の軍が存在していると考えられる。

兵力の展開は新羅に対する一万余の陸軍は新羅兵を引きつける作戦であり、白村江へは別の水軍主力軍一万余が投入されたと考える方が実相に合っているのではないだろうか。

日本の第一陣は軍船を整えぬままに進み、陣を固めている唐軍に第一陣の先遣軍が攻めかかり、挟撃され、その後も数次にわたり包囲攻撃され、第一陣の多くの者が水に落ちて溺死した。その後方には第二陣、第三陣がおり総大将である薩野馬の君も三陣あたりでこの戦いに加わっていたと考えられる。

日本水軍の壊滅を目のあたりにした豊璋は数人と船に乗り高麗へ逃げ去った。これでは倭国軍も戦いを続ける訳にはいかないだろう。九月七日、周留城は唐に降伏し、百済の再興はことごとく潰えてしまった。

この倭国の主力軍の大半が敗れてしまい、残りが人質になった一方で、新羅に投入された二万七千の軍のほぼ半数が無傷で日本に帰れたことから、近畿王権が次代の日本国内の権力を獲得できたと考えられる。

九月二十四日に南海岸の帯沙付近に会戦後たどり着いたのは三陣の一部と陸軍の一万余の兵であろう。翌日から船を発して、はじめて日本に向かったとある。

日本軍が白村江の戦いで百済軍の体勢が悪いにもかかわらず、強硬に進軍しようとした背景は何だろうか。それまでの唐軍の兵力に対して、日本軍の方は勝機を見いだしていたのであろうが、その後、唐軍は七千人を増援している。

近畿・関東勢などが阻止するはずになっていた新羅軍の全軍までが唐軍に新たに加わって、日本・百済軍とはその戦力が逆転してしまっていた。相手の勢力を見誤り陣立てを解明することもない。相手が弱いと思い込んで何度も突進しているのである。

敗戦後においても、周留城では倭国軍の退避兵や百済の遺民を頼りにしている。その倭国軍が根拠地としていた弖礼城《てれさし》（南海岸の帯沙付近か）に倭国軍の残余の水軍や倭国と血縁が深い百済遺民が逃げ延びてきたと考えられる。

その後、百済は唐に平定されたが、唐はそのまま高句麗遠征に突入することなく、慎重に対応していた。唐は、新羅王法敏《ほうびん》と扶余隆に和平の盟約を結ばせ、朝鮮半島南半分からの支援を得て高句麗攻撃にあたろうとしていたのであろう。

唐は六六四年五月に郭務宗を倭国に派遣し、倭国内の動向を探らせている。それも唐、もしくは百済占領地にいる数千人の捕虜を交渉のカードとして持ってきたのだろう。日本が再び百済支援に動かないように要請したであろうことは想像できる。

当然、日本が百済・新羅から得ていた権益はこの戦いで失われていた。戦後のこの交渉にあたっては、もはや筑紫国朝主導だけでなく、近畿王権の側が交渉に対する関与を強めつつあった。十月一日に近畿側からも中臣鎌足が九州に沙門智祥《ほうしちしょう》を遣わし郭務宗と交渉し、帰国前には近畿側主催の饗宴を実施している。帰国は十二月十二日となっている。

この六六四年には、対馬、壱岐、筑紫国などに防人と烽《のろし》とを置いて西海の防備を固めたと記されている。また筑紫に大きな堤を築いて水を貯えたとしている。しかし、この水城は一三〇年ほど前である二代目天子葛子の時代に太宰府へ遷都した際に、国内勢力からの防衛目的も兼ねて築城されていたものと考えられる。この時期、水城も大堤のかさ上げや貯水部分を修築したのであろう。水城の底部から発掘された木桶の木材を年代測定した結果は磐井の乱後の五三〇年頃となっていることから、六六四年ははじめて築城したのでなく、修築ということになる。

この時期、近畿王権が水城を修築し、太宰府を占拠したのは、近畿王権主導による太宰府統治が主目的で、国外情勢の緊迫はそこを統治する口実に使っていると考えられる。

唐との関係では郭が遣使され、直接的な緊迫感があったのであろう。外交交渉権は、まだ筑紫国朝が握っていたが、近畿王権は六六五年八月になると、城を長門国に築かせ、筑紫国に大野城、基肄《きい》城を築いている。近畿政権はこの緊迫感を国内統治、国内政治に最大限に利用しているのである。

これら修築は、国外からの防衛以上に近畿王権が山口地区、九州北部地区を支配することを念頭において防衛施設を構築していったと考えられる。

唐からの遣使は九月二十日筑紫に至り、九月二十二日にその遣使劉徳高《とくこう》らは太宰府の筑紫国朝の下へ上表文を納めにきたという。その時の唐の随行員は二五四名とある。物々しく威圧的に筑紫国朝と交渉にあたったのであろう。

この時期、唐はあくまでも近畿王権でなく筑紫国中央政権との交渉を第一としていた。

唐は六六六年正月、泰山の祭りに百済、倭人の旧王及び新羅の使者を参集させた。唐自身の威力を誇示したのであろう。高句麗からも太子の福男《ふくだん》が派遣されていた。

この年正月、高句麗から日本に遣いが来て六月に帰国している。

高句麗では蓋蘇文が自らの王を殺して宝蔵王を擁立し、国政を取り仕切っていた。蓋蘇文が六六五年に病死して、その子らの内部分裂があり、長男の男生《だんせい》とその弟の男建《だんけん》の間で抗争となり、六六六年六月に男生は唐に救援を求めて唐に脱出した。

十月二十六日、高句麗は再び日本に使いを派遣していることから、唐が高句麗征伐を開始したため緊急を要したのであろう。

高句麗遠征のきっかけを摑んだ唐は、男生を助けるために高句麗に唐の将軍らを向かわせた。六六七年、唐は遼東に攻め入り、六六八年九月には平壌も陥落させ、高句麗は滅亡するに至った。唐は旧高句麗領内に四十二州を分置し、その上に九都督を置き、さらにその上には安東都護府《とごふ》を平壌に置いた。

天智天皇と栗前王東遷

六六七年三月十九日、中大兄皇子は近畿王権の中心地を近江大津宮に移した。

同時に、これは筑紫国朝の王都を近畿の近江大津宮に遷都したのである。熊本県菊池郡大津町もしくは熊本市にあった大津宮から滋賀県大津市への遷都であろう。筑紫国朝の王は唐に捕虜にされたままであり、そのほかの有力な皇子らも戦いで失ったと考えられる。近畿王権は貴国朝の時に血統が分岐し、臣下となっていた男系皇族の中で天子に近い者を王に推挙して、遷都を強行したと考えられる。その王が天族の流れをくむ栗前王《くるくまのおおきみ》（天子）であったのではないだろうか。

その皇統継承者を推戴する際、近畿王権と親しくするために婚姻関係を結んだに違いない。栗前王は「天子」の皇統の中で六世紀、もしくはもっと古く「天照大神」の皇統時期に分岐（分家）し、臣下として遠賀川流域などの北部九州に封じられ、その地を世襲により治めていたと考えられる。

十一月九日、劉仁願は司馬法聡《ほうそう》らを遣わし、大山下《だいせんげ》境部連石積《さかいべのむらじいわつみ》（遣唐副使）らを筑紫都督（太宰府）に送ってきて十三日には帰途についている。この時までは筑紫国朝の出先機関である筑紫都督がまだ機能しているので、

■図 26　670 年頃の日本列島及び朝鮮半島の版図

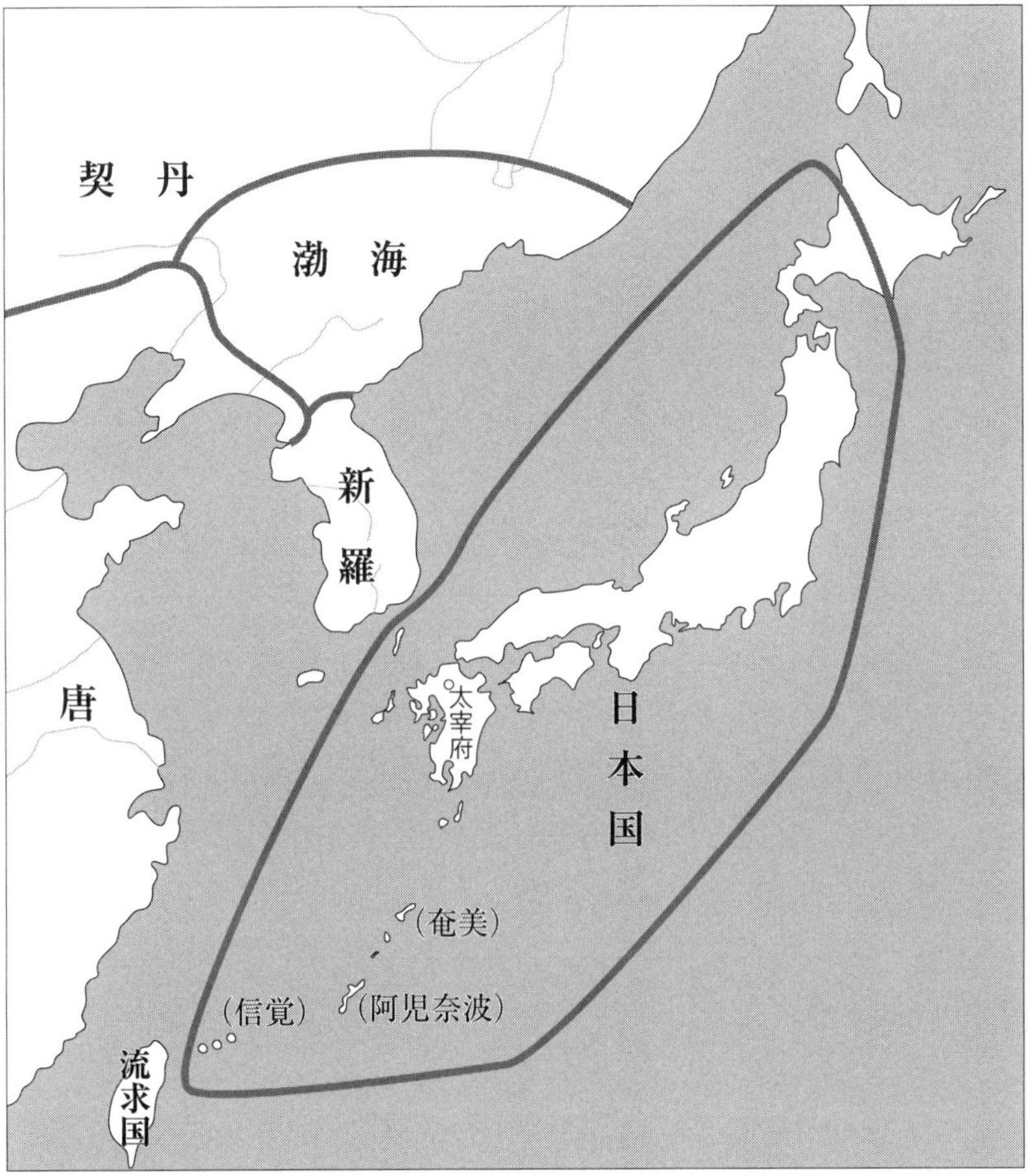

旧勢力によって任じられた権威が存続していたことになる。

　この月に近畿王権は、大和に高安城を築き、中大兄皇子はこれによって王権内で皇位継承を確実なものとした。これまで筑紫国朝の支配にあった讃岐国の屋島にも城を築き、四国をも手中に収めることになった。対馬国の金田城も近畿王権主導で修築したと考えられる。

　六六八年正月三日、天智天皇は筑紫国中央政権から自らの皇位継承を承認された。それは自らが筑紫国朝の天子（唐に人質となった薩野馬）を栗前大君にすげ替え、その王から形式的、権威的な承認を受けたのであろう。中大兄皇子が主動的に自らの実力を背景に近畿王権の皇位を継承し即位したのである。

近畿王権主導で六六七年末に近江大津京に遷都し、天智天皇自身もここに移り居住したことになる。

天智天皇は、六六八年七月に栗前王を筑紫率《かみ》に任じて太宰府に送り出したように記述されているが、天智天皇はそれまで近江で栗前王を戴いて全国支配を目論んだと考えられる。実際に栗前王が格下げされて筑紫率に任じられ太宰府に送り出されたのは、六七一年の六月になってからであろう。

六六八年九月に新羅が近畿王権の下に貢ぎを納め、日本との窓口を近畿王権と認め、新羅がその最初の交渉相手となった。中臣鎌足は新羅の金庾信に船一隻を贈り交流を深めている。

唐は十月に高句麗を滅ぼしたが、高句麗では地方豪族らが唐の支配を認めようとせず戦いをはじめた。唐は高句麗の抵抗を和らげようと安勝《あんしょう》を高句麗王として冊封したものの、これが新羅や旧百済にも影響した。

六六九年正月、蘇我赤兄臣《あかえのおみ》を筑紫率に任じ、近畿王権が近江京で栗前王を戴き、筑紫を支配する構図が一時期整ったことになる。これによって、近畿王権は軍事上も行政上も九州統治を強めることになったのである。

十月十六日には藤原鎌足が死んだ。この時、この権力構図を支えていたのは、その子の藤原不比等《ふひと》であったのであろう。

高句麗が滅び、朝鮮半島ではその領有と支配をめぐり、唐と新羅が六七〇年に戦いをはじめたのである。

劉仁願は、六七一年正月、百済の使人らとともに李守真《りしゅしん》を遣わして倭国に軍事要請を行った。栗前王が六月筑紫率に任じられたのを確認し、七月に唐の使いは帰途についている。十一月には軍事協力を促すかのように筑紫に捕虜一四〇〇名を引き渡しにきた。

この時、筑紫君薩野馬もこの中にいた。しかし、日本では大きな政変が起ころうとしており、それどころではなくなっていたのである。

唐はかつての百済領で新羅の支配していた八十余城を再び手中に収めたものの、六七五年までに新羅が再び百済領を併呑した。新羅は大同江以南を支配することになったのである。

唐は熊津都督府を撤収し、六七六年安東都督府も平壌から遼東城に移した。唐は遼河北東まで支配領域を広げたが、新羅を支配国に置くことはできなかったのである。

壬申の乱

近畿王権では天智天皇が、六七一年正月二日に大友皇子を太政大臣に任じ、蘇我赤兄臣を左大臣、中臣金連《かねのむらじ》を右大臣、蘇我果安臣《はたやすのおみ》らを御史大夫とし新体制を敷いた。

六六七年に栗前王を戴き、近江遷都を行った天智天皇は、四年後の六七一年には筑紫国朝との決別を行い、六月栗前王を格下げして筑紫率に任じた。

天智天皇は近畿朝として日本統一を成し遂げることを画策し、栗前王を九州の統治に限定し、近江京から実質的に追放したのである。

前筑紫率であった蘇我赤兄らは、軍事上も行政上も太宰府の地に近畿王権の組織が浸透し、九州勢が単独で行動を起こす状態にないとみていたのかもしれない。

しかし、筑紫国朝の権威を無視したこの行為は、「天子」の任命の下で近畿王権の地位が保証されているのに、天子を排することは反乱にあたる。近畿王権の天智天皇が存在する大義が失われることを意味していた。

十月十七日に天智天皇は病床に大海人皇子を招き、自分の亡きあとの態勢を整えるため、大海人皇子を殺害し自らの子である大友皇子に皇位を継承させようと意図していたと考えられる。

しかし、大海人皇子は事前にこれを察知して、出家して仏道を修行したいと、天智天皇に許しを得て吉野に入ることとなった。

ここで日本の対立はもはや筑紫国朝と近畿王権の対立ではなく、既に近畿王権内の権力争いに集約して、その中で天智天皇と大海人皇子とが対峙しつつあった。国外もこの対立のいずれにつくか判断を迫られる状態にあった。

十一月十日に対馬国司の使いが、筑紫太宰府に唐の意志を伝えてきた。唐は筑紫国朝の王である筑紫君薩野馬を捕虜から解放し、筑紫国朝中央政権の存続側に立って交渉しようとしていたのである。

そのような中で、十二月三日、天智天皇は近江宮に崩じた。六七二年三月十八日に大海人皇子は筑紫国朝に影響力の強い安曇連稲敷《いなしき》を筑紫に遣わした。

大海人皇子は、近畿王権の皇位継承を筑紫国朝中央政権の栗隈王《くるくまのおおきみ》（格下げ前は栗前王）もしくは筑紫君薩野馬から認めてもらい、この対立の中で大海人皇子側に近畿王権の皇位継承の大義があることを天下に示す必要があったのである。

白村江の戦い以後、近畿王権による九州北部の統治が続き、栗隈王は太宰府で筑紫率を任じられたものの、九州統治の要職は近畿王権から派遣された役人に握られていたため、栗隈王自らが九州を統治する能力は失われていた。それでも栗隈王もしくは筑紫君薩野馬には、その筑紫国朝としての権威は残っていたと考えられる。また、近畿王権の大友・大海人両陣営とも唐側との交渉に筑紫国中央政権が単独で動くことを警戒すると同時に、あくまでも唐との交渉の主導権を近畿王権側につなぎ止めておかなければならないことは、大海人皇子が最も理解していた。

唐の出兵要請には、甲・冑・弓・矢を郭務宗らに与えて日本が高句麗側に立っていないことを示し、唐との結びつきをつなぎ止めた。それは唐の捕虜を解放させることで、大海人皇子が筑紫国朝との結びつき、あるいは信頼を深めたと理解する方が理にかなっているだろう。

大海人皇子は、美濃・尾張勢力から推挙されると同時に、筑紫・吉備王権とも連携がとれており、大友皇子側に比較して断然有利な立場にあったと言える。大海人皇子が挙兵することを決意して、六七二年六月二十四日、伊賀・伊勢・美濃へと出発して、東国入りした時から大友側が有利な立場になったのである。

大海人皇子の東国入りを聞き、大友方の群臣は恐れおののき、大友皇子は東国・飛鳥・筑紫・吉備に使いを遣わし、軍兵を徴発させた。しかし、吉備国守広嶋が大海人皇子に従っていたのはわかっていたので、広嶋をだまして殺してしまった。

大友側は栗隈王をも殺そうとしたが、栗隈王は「辺境を守るための軍であり、軍を動かし大友側を討とうとしているわけではない」と理由を述べたとしているが、これは大友側が栗隈王を殺してしまえば決定的に国内からの信を失うことになり、大友の天下取りがここで終わることを意味していたから殺せなかったと考えられる。栗隈王を格下げしたとはいえ、大友側が日本国の「天子」であった栗隈王を討つことこそ謀反になると言われかねないのである。

六月二十六日には大海人皇子の下へ大津京から駆けつけた大津皇子が到着し、鈴鹿の関で合流した。美濃の軍勢三千人は不破の関を塞ぎ、ここに高市皇子を遣わして軍事を監督させ、有利な態勢を取りつつあった。

六月二十七日には大海人皇子も不破入りし、尾張勢二万の軍兵が帰順した。翌日以降、ほかにも信濃、甲斐、三河、遠江、駿河などからも兵が集まったのであろう。大和方面では、大伴連吹負《ふけい》を中心とする大海人皇子の別働隊が蜂起し、行動を開始した。七月二日、大海人皇子は攻勢に転じて数万の兵を伊勢方向から大和へ向かわせ、また数万の兵を不破からも出撃させ直接近江に進入させたのである。

七月二十二日には瀬田川を挟む決戦で大友軍を破り、また三尾城をも攻め落とした。二十三日には大友皇子は山崎で自殺したのである。

九月十二日、大海人皇子は倭京（飛鳥）に着いて嶋宮に入り、十五日に岡本宮に移った。この年に岡本宮の南に飛鳥浄御原宮を造り、移り住んでいる。

六七三年二月二十七日、天武天皇（六七二～六八六年在位）は即位し、近畿王権の皇位を正式に継承した。壬申の乱は天武天皇に軍配が上がった。近畿王権が筑紫国朝の権力を葬ろうとしたことは大義がなく、天智天皇と対立する天武天皇が立つと、雪だるま式に天武方に従い、ほかの王権は勝ち馬に乗ったことになる。ほかの王権に自立する力はなく、形式的には筑紫国中央政権に支配されていた時のように、今度は近畿王権に支配される体制に移行したのである。

結局、天武天皇は筑紫国朝の権威の下に即位し、近畿王権の皇位を正式に継承し、日本列島の中でも最高の実力者になろうとしていた。

天智天皇側の失敗は、六六九年正月筑紫率に任ぜられた蘇我赤兄臣が、二年の時を経て太政大臣に任ぜられた時点で「最早筑紫国朝には九州を再統治できる能力はなくなった」と判断し、栗隈王を追放しても大丈夫であると進言したのが原因かもしれない。

六七一年六月に栗隈王を筑紫率とし、結果的には天智天皇側は自らの存立の大義も失ってしまい、その後継を担った大友も壬申の乱に敗れてしまったのである。その結果、右大臣の赤兄臣はじめ左大臣などが責任を問われることになったのである。

筑紫国朝の権威は栗隈王が天武天皇と近かったことで微かながら存続することになったのである。その栗隈王も六七六年六月には崩じた。

その後、誰が筑紫率に任ぜられたかわからないが、六七六年七月に筑紫太宰の屋垣王《やかきおう》に罪があったとして土佐に流されている。屋垣王が近畿王権の意に反したことになるが、そのことと屋垣王が筑紫君薩野馬と関わったことに関係がある可能性がなくもない。

六七七年十一月に誰とは記録がないが、役職のみ筑紫太宰の記録がある。六八二年四月二十一日と六八三年正月二日に筑紫太宰は丹比真人嶋《たじひまひとしま》であることが記録されている。六八六年七月二十日に改元して「朱鳥」とあることより、筑紫国朝の重要な関係者が亡くなったのか、あるいは重要な人物が王位についたかのような出来事があったための改元かもしれない。

丹比真人嶋は六八九年にも記録にみえ、六九〇年右大臣まで登りつめている。近畿王権側から任ぜられる筑紫太宰は六八九年閏八月二十七日になると、河内王を筑紫太宰帥としている。栗隈王が崩じた頃から筑紫君薩野馬は形式的な王位ではあるが、近畿王権の支配の下で筑紫国朝の王位に復権し、筑紫太宰、筑紫太宰帥（近畿王権側が呼称している官名）などは筑紫君薩野馬が任じていたのかもしれない。

そのような中で、日本の統治の重要人物となった天武天皇が六八六年九月九日に崩御した。

持統天皇と藤原京の造営

天武天皇崩御後、ただちに近畿王権の皇位継承を承認された者はいなかった。天武天皇の皇后がのちに承認されたが、崩御直後は筑紫国朝の末裔である筑紫君薩野馬によって近畿王権の皇位継承が承認されなかったと考えられる。

それは筑紫国朝に拒否できるほど力があった訳ではなく、力がなかったが故に近畿王権内の力関係を日和見的に観察し、近畿王権の中で皇位継承に優位な勢力に乗ろうとしていたにすぎないのではないかと考えられる。筑紫国中央政権が近畿の皇位継承の承認を決められなかった期間が草壁皇子《くさかべのみこ》・持統皇后の称制期間（六八六～六八九年）であったと推察する。

近畿王権内の権力争いにおいては、六八六年十月に大津皇子が謀反とされ、大津皇子と関わった三十余名が捕らえられている。大津皇子は自殺に追い込まれ、関係者は大津皇子にあざむかれたとして大方赦されている。六八九年、筑紫太宰は丹比真人嶋から粟田真人朝臣《あわたのまひとのあそん》に交代し、筑紫太宰は筑紫の配下で忠誠を尽くしていた隼人一七四人を奉ったとある。隼人の一部が近畿王権寄りに傾いたことをも示している。次第に情勢は持統寄りに傾きつつあることが読み取れる。しかし、六八九年四月十三日、天武天皇と持統皇后の子である皇太子の草壁皇子が薨じた。持統皇后は閏八月二十七日、河内王を筑紫太宰帥とし、武器を授けて筑紫太宰を通じて九州の統治を強めている。

持統四年（六九〇年）正月朔日、天武天皇の皇后は皇位を継ぐことになった。やっと持統天皇は筑紫君に近畿王権の皇位継承を認められたのである。これには丹比真人が筑紫国（太宰府）との調整に尽力したのであろう。丹比真人はその功績で右大臣に任ぜられている。

父が天武天皇で母が筑紫国朝皇族の末裔（胸形君徳善《むなかたのきみとくぜん》の子）である高市皇子《たけちのみこ》を持統天皇は、七月五日太政大臣として登用している。持統天皇は高市皇子の血縁関係と政治力に期待し、筑紫国中央政権との交渉に彼を利用したのであろう。近畿王権の次の目標は、筑紫国朝の権威を葬り、自らの王権が名実ともに日本国の唯一の統治者の地位に立つことであった。

ちょうどその頃、六九〇年九月二十三日、唐から学問僧とともに大伴部博麻《おおともべのはかま》が帰国した。大伴部博麻は、六六一年の百済救援の戦いで捕虜となっていた。白村江の戦いの敗戦後の六六四年、唐は百済平定と高句麗遠征を主としていたはずであるが、唐人の計略を本国に通報しようとしたとある。大伴部博麻の美談となる行動として、『日本書紀』に記述されているのである。しかし、その後の彼らの行動をみると疑問が残る。

その直後の動向は、薩野馬は捕虜のまま六六六年には唐の泰山に連れていかれた。唐は高句麗遠征のため、六七一年には薩野馬ら捕虜を解放し、倭国に軍事要請に来ている。大伴部博麻が薩野馬のために犠牲になって褒められるような出来事があったとしたら、それは白村江の戦いの直前に情報を伝えようとしていたことでなければ辻褄が合わない。またそうでなければ、日本にとって大きな価値があるとは思えない。これが白村江の戦いあとの行動であれば、大伴部博麻の美談はそんなに重大な出来事とは思えないのである。

この出来事は、単に敗戦後捕虜が帰還する時人数に制限があって大伴部博麻がほかの者の犠牲になって帰れなかっただけで、その後の期間があまりにも長くなったため世の同情と筑紫君が先に帰国したことへの反発があっただけなのかもしれない。

この大伴部博麻への詔の記述は、直接関係ない筑紫君薩野馬と結びつけられた出来事とも考えられる。また、筑紫君薩野馬の威信を落とそうとする力が働いていると考えられる。それは六九〇年の持統天皇皇位承認と大きな関係があるとみていいだろう。持統天皇は大伴部博麻などの捕虜が帰還した事件を筑紫国朝の失墜に利用した形跡がある。高市皇子も次の皇位継承と日本の唯一の統治者になることを描いていたのかもしれない。

十一月には、筑紫国朝によって定められた元嘉暦と近畿王権主導で使用を目指している儀鳳暦が同時に使われるようになった。両権力の綱引きが、あからさまになりつつある。

六九一年十月二十七日、藤原京（新益京《しんやくのみやこ》）の鎮祭を行わせ、十二月には役人の宅地配分も定めた。六九二年五月二十三日にも藤原京の鎮祭を行わせた。

六九二年閏五月十五日には、河内王は筑紫太宰率に昇格し薩摩国統治の影響力を強めようとしていた。近畿王権派の僧を大隅と阿多に遣わそうとしていた。隼人勢力の切り崩しの先導役に立てているかのようである。

六九四年九月二十二日、筑紫君薩野馬によって三野王《みののおう》が筑紫太宰率に任ぜられたのであろう。当然、近畿王権の意向が強く働いての人事に違いない。近畿王権では、同年十二月六日に持統天皇が藤原宮に移った。

筑紫国朝の最後

七〇〇年に筑紫君薩野馬が崩じたことにより、五二二年から続いた筑紫国朝は終焉を迎えた。これにより、晴れて大和朝廷が成立することになるのである。その大和朝廷は、筑紫国朝が五二二年から呼称した「日本国」の国号を引き継いだ。

また、筑紫君薩野馬が最期の地をどこで過ごしたかははっきりしないが、筑紫国朝の後半期の王都を太宰府（太宰府市）から肥後に遷都している。政治的には太宰府周辺や、肥後大津周辺（熊本市・菊池郡）で活動しているのではないかと考えられる。

これまでただ一度、近畿王権の国力が強くなって近江大津にその傀儡《かいらい》政権が遷都した。その時の「天子」であった栗隈王が天智天皇の近畿王権から再び九州に追いやられた。その後、筑紫国朝の権威を引き継いでいたのは、唐から捕虜として解放され九州にいた筑紫君薩野馬であった。

その筑紫君薩野馬が居住した王都は太宰府以南から肥後国府跡以北までのどこかの地であろう。筑紫君薩野馬が崩じたことにより、再び九州から近畿へと遷都が行われた。

この時の遷都は前回と異なり、九州王権の皇統に関わる人物による遷都でなく、筑紫国朝の本家の皇統が途絶えて、その皇統を引き継ぐ傍家（分家）であった近畿王権に替わることとなった。文武天皇が皇統の第一人者となって、七〇一年大和朝廷が成立して、その遷都の地になったのが新益京（藤原京）である。

さらに、大宝の元号は大和朝廷が誕生してはじめて建元された。この大宝の建元は、筑紫君薩野馬の喪期間の出来事で、筑紫国朝の残像がある中での微妙な時期でもある。大宝の元号を上程したのは近畿王権であったが、この元号はそのままこの大和朝廷による元号となり、大宝以降も元号は途切れることもなく、現代の昭和、平成、令和へと存続している。

『日本書紀』は近畿王権の歴史を中心に編纂された歴史書である。前朝を引き継ぎ、それ以前の歴史を記述するのに前朝の大枠の中には外交や近畿王権が筑紫国朝と関わった史実などを取り入れながら、主体は近畿王権の史実を紀伝体風に編纂されているのである。

筑紫国朝の史実は近畿王権と関わりのない部分が編纂の時点でほとんど失われてしまったのである。

第三次日本国時代

七〇一～一八六七年
近畿朝（近畿＝奈良県、京都府）

『旧唐書』日本伝と日本国の国号

『旧唐書』日本伝には、「①日本国は、倭国の別種なり。②その国、日の辺にあるを以て、故に日本を以て、名となす。あるいはいう、③倭国自らその名の雅ならざるを悪み、改めて日本となす。あるいはいう、④日本は、旧くは小国なれども、倭国の地を併せたり」とある。

ここには、複雑なことが述べられているように感じる。それは当然とも言える。複雑にならざるをえない経緯があったことをこの文は如実に物語っているのだろう。これら個々の記述について、私の解釈を述べてみたい。

「①日本国は、倭国の別種なり」とはどういうことか。

『日本書紀』が主張するように、日本国の皇統（王統）と倭国の皇統とは同一の皇統である。それなのに別種なりと言うのはどうしてか。奴国朝、邪馬台国朝、貴国朝、筑紫国朝と続き、長期間、九州に中央王権があった。

一方、神武天皇の皇統は邪馬台国朝となった初代「天照大神」の時に分岐し、瓊瓊杵尊以降の日向三代は臣下となって長らく日向国（筑前）を統治し、神武東征以降は大和国（奈良県・大阪府域）の地方王権を統治するようになった。また崇神天皇以降、その領域を近畿に拡大した。筑紫国中央王権と地方王権の近畿王権は別々の王権であったので、別種であると表現しているのであろう。唐では、別々の種類の王権は別々の皇統（王統）だと認識されているのである。日本国と倭国は、領域の上で区分すれば別々の国というよりも、同一の領域の国であり、どちらも「ヤマト」と呼称し、文字は「倭国」や「日本国」の漢字があてられ使用されてきた。早い時期から日本国を使用していたが、国外ではその呼称及び漢字がなかなか倭国から日本国へ転換されなかった。

その日本国の統治は、同じ皇統の皇族によるものである。中央王権と地方王権の区別はあるが、地方王権は中央王権に命ぜられ分治しているにすぎない。ここでは最終的に日本国を名乗った近畿王権が直接統治していた近畿の領域を日本国の領域（旧小国）であると唐側は認識した。また唐は、倭国領域が近畿を除く西日本領域と認識しているようだ。

八世紀に入ってから、日本国は、筑紫国朝の王権に替わって近畿の地方王権が近畿で統治するようになったので、別種類の国（皇統の異なる王権）に替わったと、唐は認識しているのである。「唐は隋の別種なり」と言うのと同じ認識で、皇統の異なる隋から唐への移行くらいの認識で倭国の政権移行を捉えていたのである。

また、「②その国、日の辺にあるを以て、故に日本を以て名となす」とは、近畿政権も全国統一を成し遂げて日本国を称したが、倭国の筑紫国中央政権もその前の貴国中央政権も日本国と名乗っていた。近畿中央政権（王権に基づく政権、大和朝廷）の王都が筑紫国朝の王都よりも東に遷っただけであり、これはいずれの王都も中国よりも東にあり、それでいずれの中央政権も日本と称したという意味である。

さらに、「③倭国自らその名の雅ならざるを悪み、改めて日本となす」とは、筑紫国中央政権が倭国という名がよい意味でないことから日本と号したことを言っている。筑紫国朝は元号を使用しはじめた五二二年に成立したが、この王権は成立時期から自らを「日本国」と名乗ったのである。それだけでなく、八世紀以降の大和朝廷も筑紫国中央政権に続いてその名の雅ならざるを悪みと同様の理由で日本国と名乗ったのである。

倭の五王（貴国朝）の時代においても、朝鮮半島で倭国（日本国）の国威は盛んであった。倭国は中国（南北朝）に対して朝鮮半島における百済・新羅の領有権（支配権）を主張していた。

その時期も「倭」が雅でないことを気にして「日本」と名乗っていたと『日本書紀』の三六四年条にも記されている。それでも再度国外に向けて筑紫国朝の五二二年に改めて「日本」と名乗ったと考えられる。

大和朝廷から粟田真人が遣唐使として派遣された七〇三年に、前朝が「日本」を名乗ったことを伝え、自らの国も「日本」と唐人に名乗った時は、王権が替わったのに、なぜまた日本と名乗るのか唐側には理解できなかったであろう。易性革命を常とする中国（唐人）にとって、隋王朝が唐王朝に替わったにもかかわらず、また隋王朝を名乗るような感覚で倭国と日本国の関係を捉えたであろう。日本側には同じ皇統だから、全く易姓革命の感覚がないのである。

また、「④日本は旧くは小国なれども、倭国の地を併せたり」の解釈は次のとおりである。

近畿王権の母胎となった国域は、初代から九代までが奈良県・大阪府域（大和、旧狗奴国）などである。近畿王権のもともとは邪馬台国朝の四代目天照大神（台与）によって東征の命があり、奈良・大阪の地域を支配するようになった一地方王権にすぎなかった。倭国の三十余国の構成国の中の一国を支配しているにすぎない小国であって、それが近畿王権となり、北陸王権と合流し次第に大きくなって七世紀末には筑紫国中央政権が支配していた倭国の地をも併せて支配するようになったのである。ただ、筑紫国中央政権に服していた津軽蝦夷や麁蝦夷は大和朝廷に反旗を翻し、侏儒国からは沖縄本島が離脱した。大和朝廷は唐との中継地となる奄美と改めて関係を築いている。

その奈良・大阪域の小国は支配領域が拡大する過程を経ている。十代の崇神天皇から二十五代武烈天皇までの支配領域は、小国の地方政権としての統治領域から近畿地方の領域へと拡大した。その時代の大王は貴国中央政権の命によってその近畿地域を支配していたにすぎなかったのである。

さらにその地方王権は二十六代継体天皇の時、近畿・北陸地方までを支配するほどその統治領域を拡大した。

白村江の戦い以後、日本国（倭国）の筑紫国中央政権が衰退して、近畿王権は九州の地をも支配していき、筑紫国中央政権が支配していた関東、東海、吉備、四国などへも近畿王権の支配が浸透していくことで、倭国の地を併せたことを述べていると解する。

『旧唐書』日本伝に記された大和朝廷（近畿朝）が支配するようになった日本国の領域は、「東西五カ月行（東西一五〇〇㎞余り）、南北三カ月行（南北一五〇〇㎞余り）」である。それ以前の『隋書』倭国伝でも「その国境は東西五カ月行、南北三カ月行」とあり、大和朝廷による支配領域と筑紫国中央政権による倭国支配領域とは同一領域である。

筑紫中央政権やそれを継承した大和朝廷の支配領域は同じであるが、それは支配者が交代しただけでなく、王都の位置も大きく変化している。『隋書』倭国伝では「その（王都の）地勢は東が高く西が下り、邪摩堆に都す」とあり、東の著名な山は阿蘇山となっている。

筑紫国朝の王都の位置は、『魏志』倭人伝に記された邪馬台国の王都とほぼ同じ位置（阿蘇山の西）にあると言っている。

この王都の位置は六〇八年に裴世清が倭国に遣使されて以降のことである。それまで倭国の王都は福岡県太宰府市の地にあったが、以降の筑紫国朝では遷都があり、王都（大津宮）は熊本県熊本市あるいは菊池郡大津町付近に遷り、ここをもとに王都の地勢が書かれているのである。

『隋書』大業三年（六〇七年）遣隋使の国書にいう「日出ずる処の天子、書を日没する処の天子に致す、恙なきや、云云」とあるが、この時の王都は福岡県太宰府市にある。王都は日本の中の西にあるものの、隋に比較すると筑紫国朝が支配する日本の領域は日の辺にあるから、このように表現できるのである。

近畿王権に権力が移行するにしたがって、その王都は九州熊本から近畿近江に遷され、壬申の乱の時に一時九州に戻ったが、再び七〇一年の大和朝廷成立とともに藤原京へと遷された。

筑紫国中央政権から大和朝廷へ政権が移り、王都が西から東へ遷っても、その国域は唐の東の位置にあることには変わりないのである。

日本国号には三六四年に成立した貴国朝の第一次「日本国」と、五二二年に成立した筑紫国朝の第二次「日本国」と、大和朝廷が成立した七〇一年からの第三次「日本国」がある。

『三国史記』新羅本紀文武王十年（六七〇年）十二月の条で、「倭国は国号を日本に改めた。自ら日の出る所に近いといって、名とした」とある。

新羅が筑紫国朝から近畿王権に交渉相手を正式に移したのは、この頃である。六六七年三月には肥後大津宮から近江大津に遷都が行われた。一時的に九州から近畿に日本の王都が遷された。中大兄皇子は、この時、近江で栗前王（格下げ後、栗隈王）王を担ぎ出したのである。

六七一年六月には栗隈王を筑紫率として降格させたことで、天智天皇は王権の大義を失い壬申の乱を招くことになった。その直前には、『日本書紀』の天智天皇九年（六七〇年）九月の条に、近畿王権は阿曇連頰垂《つらたり》を新羅に遣わしたとの記事があるが、国号との関連は今ひとつはっきりしない。

しかし、天智天皇が大和朝廷誕生への道を急いでいたのと軌を一にしているので、新羅が天智天皇政権と直接結びつきを深めようと模索していた時期である。この時期、新羅が天智天皇政権側に交渉相手を移した、とみれば、天智天皇の時「日本に国号を改めた」という記載は、誤った記事が載せられたと断定することはできないだろう。

ここで新羅が白村江の戦いで対戦した倭国の旧政権を離れて、新たに全国を支配しつつある近畿王権を倭国の交渉窓口として認め、この倭国が日本と改めたことを記述しているのであろうと推察できる。

その後、天智天皇政権は壬申の乱に敗れ、この国号の改めも実際は先送りとなり、大和朝廷が名実ともに整う七〇一年を待つことになるのである。

このことがさらに複雑さに拍車をかけていることにもなるのである。『旧唐書』日本伝は、上記に続けて「その人、入朝する者、多く自ら矜大、実を以て対えず」とあるが、遣唐使の粟田真人は、旧筑紫政権が「日本国」を名乗っても、中国代々の王朝の梁、隋、唐などが同じ九州を王都とする政権をずっと倭国と呼び続けたので、同じ轍を踏まないように、尊大に粘り強く、倭国とは異なる政権であることを主張し、自らの国は「日本国」であり、この「日本国」を唐でも呼称するように説得したのであろう。

あるいは、前述したことを繰り返すが、前王朝も日本国と名乗ったのに、また新たな政権も日本国と名乗って、唐王朝が疑問を持ったことも考えられるのである。

名実ともに大和朝廷（近畿中央政権）が整うとは、皇統の正当な移行、独自の暦法の使用（儀鳳暦の併用）、遷都、改元（大宝元号）ができるようになることである。

新益京（藤原京）の造営と遷都

大和に中央政府を遷そうとし、都城を大和三山のある位置に建設しようとする計画は天武天皇の頃からあったが、その新益京（藤原京）建設が完成したのは持統八年（六九四年）頃であった。

持統四年（六九〇年）正月に持統皇后は皇位につき、持統八年（六九四年）十二月六日、持統天皇は藤原宮に移った。この時は、近江京遷都の時のように筑紫国朝の皇族を擁立することもなかった。持統天皇は、九州の筑紫国朝の本家の皇統の断絶によって皇位が廃せられるのを待って、その後、本格的に自らの手による最高権威者を誕生させようとしていた。

これは天武天皇の方針を受けてのことであろう。高市皇子は父が天武天皇であり、母は筑紫国朝の血筋を引いていた。持統四年七月、持統天皇は高市皇子を太政大臣、丹比嶋真人を右大臣とし、八省の官人、大宰、国司などを選任させ、全国の実権を握ることになった。

天智天皇の子である持統天皇と天武天皇の子である高市皇子の勢力は協力関係であると同時に、大化の改新・壬申の乱以降の対立関係にもなりうる関係であった。全国支配の実権を収めつつある近畿王権内の政権争いの底流には、筑紫国朝の影響が及んでいた。大化の改新以来、より強く筑紫国朝に反感を抱きつづける旧天智天皇勢力は、近畿王権内では近畿朝への移行を見定めつつ、協力と対立が併存することになる。また、この後は藤原不比等が政局の中心に台頭してくる時期でもある。

結局、持統十年（六九六年）七月十日に高市皇子が薨じたので、翌年の六九七年八月一日に持統天皇は子の草壁皇子（父は天武天皇）の子である軽皇子に皇位を譲った。

この時点でも、筑紫国朝の「天子」を廃した訳でなく、文武天皇が日本国の最高権力者になった訳でもない。形式的には、まだ文武天皇は単に近畿王権の大王《おおきみ》の皇位を継承したにすぎない。筑紫国朝の王は、まだ、九州に存命していたと考えられるのである。

これまで近畿王権の皇位継承も筑紫国朝の権威の下で行われていたが、文武天皇の時には近畿王権主導で自らの王権の皇位継承が行われたに違いない。

ここで近畿王権は文武天皇へと引き継がれ、筑紫国朝の血筋も刻々と断絶する時期が迫ろうとしていた。言い替えれば、近畿朝（大和朝廷）誕生への流れが起きていたのである。その場所が新益京（藤原京）である。政権中央の舞台は、九州太宰府や肥後大津宮の地から、近畿大和三山の地にまさに移ろうとしていた。

七〇〇年に筑紫国朝の最後の王である筑紫君薩野馬が崩御したのであろう。そのため、一年の喪が明けるとともに、九州から近畿へと再度遷都が実行され、新益京が日本の都となったのである。この近畿への遷都は、天智天皇が栗前王を擁立して肥後大津宮から近江大津に遷都して以来の出来事であった。

七〇一年に大和朝廷（近畿朝中央政権）によってようやく本格的な政権が営まれるようになって、その核である文武天皇が日本唯一、皇統を継承する統一の国王（天皇）となった。王朝の特権でもある元号を建元し、日本の国号をも定めた。この年は、名実ともに大和朝廷が誕生した年と言ってもよい。

また、対外的に日本の領域は海峡国家から列島国家となり、中央政権の中心地は近畿地方に移った。近畿王権の周縁にあった紀伊・播磨・丹波・若狭・近江・伊勢は七道の起点となり、それぞれ南海道・山陽道・山陰道・北陸道・東海道と呼称され、九州には大宰府をそのまま活用し、西海道が置かれ、全国は畿内七道の行政区分に分けられた。その下に行政機関として国・郡・里が置かれ、大和朝廷の全国組織が形成された。

大宝建元と大和朝廷の成立

大宝の元号は、七〇一年三月二十一日に対馬から金が貢上されたのを祝い、建元された。大宝とは金を指している。

近畿王権は、これ以前に大倭国忍海《おしみ》郡の人である三田首五瀬《みたのおびといつせ》を対馬に遣わして、黄金を精錬させていた。しかし、三月二十一日に貢上された金は、対馬で精錬されたものではなかったらしく、八月七日には五瀬の精錬が詐欺であることが発覚したという。

七〇一年正月十五日に薨じた贈右大臣の大伴宿禰御行《みゆき》は、生前に五瀬に騙されていたことが判明したとある。

対馬が直接近畿王権の影響を受けるようになったのは、白村江の戦いのあとである。この戦いで大敗した筑紫国中央政権の実権を代行して、近畿王権は六六四年対馬に防人などを置き、六六七年十一月には金田城を修復した。

日本にとって危機的な情勢を利用して近畿王権はこの地の支配権を強めていった。さらに対馬に対する近畿王権の影響が強まったのは壬申の乱を経たあとである。その頃、『日本書紀』に銀が奉じられたことが記述されている。その銀は六七四年三月七日に奉じられ、対馬国司の守忍海造大国《おしみのみやつこおおくに》が対馬から産出したと記述されている。奉られた先は太宰府の栗隈王（もしくは筑紫君薩野馬）の下であろう。栗隈王を介してであろうが、あらゆる神々にそれを奉ったとある。当然、天武天皇の下へも奉られたのであろう。

この時、「銀は倭国ではじめて産出された」とある。このように、金銀をはじめとする鉱産物が発見あるいは貢納されたと記録されているのは、支配権が筑紫国中央政権や東北王権から近畿王権へ移行する情勢にあったからである。近畿王権によって支配されるようになって、その支配下ではじめて銀が産出されたという意味であろう。筑紫国朝の支配下で銀は産出されていなかったのかと問われれば、産出されていた可能性は高い。

近畿王権の支配領域には精錬の技術者もほとんどいなかったのかもしれないが、筑紫国中央政権の支配する日本全域とすれば、金銀が産出されたことがなかったとは考えられない。近畿王権は対馬に影響を及ぼすようになって、銀山も精錬技術者も得ることができるようになり、自らの手で銀を産出した。このことは近畿王権にとって画期的なことであったと捉えるべきであろう。

筑紫国中央政権までもがそれまで銀山や技術者がいなかったと断定することは早計すぎるだろう。大和朝廷にとってはじめてづくしの事柄の記述は、日本にそれまで技術者やその技術によって生み出されたものがないように解釈され、大陸や朝鮮半島からそれらすべてが流入したと解釈される土壌が生み出されることにもなる。

金が貢上された頃と詐欺が発覚した頃は『日本書紀』を編纂している時でもあり、編纂当時も金銀に対する関心も高かったであろうことは想像がつく。その銀の延長上に金の詐欺問題もあると考えられる。大伴宿禰御行は七〇一年正月十五日に薨じているので、五瀬の派遣を命じた当人は五瀬が金を貢上する時には、既にこの世にはいなかった。

このことから五瀬は金の精錬技術を持っていないのに、大伴宿禰御行に対して金の精錬ができるかのような素振りをしていたことになる。大伴宿禰は五瀬の先祖もしくは忍海《おしぬみ》郡に住む技術者の先祖が対馬で銀を精錬してそれを奉ったことに敬意を払い、その子孫もしくは技術者である五瀬を信頼して対馬に金の精錬のために派遣したのであろう。同じ頃三月十五日、陸奥にも凡海宿禰《おおあまのすくね》麁鎌《あらかま》を遣わし自らの王権（朝廷）主導により金を精錬させようとしていた。

結局、五瀬は精錬された金をどこからか持ってきて貢上したことになり、対馬で原料を発掘し精錬した訳ではなかったことになるのである。しかし、これもどこまで信じていいかわからない点もある。これにはケチをつけた側の劇的な台頭があるからである。

金が献上された同じ日に藤原不比等らが昇格したのに、贈右大臣の大伴宿禰御行の弟である安麻呂は昇格からはずされている。筑紫国朝や高市皇子に近かった人が遠ざけられるようになっていた。藤原不比等らが金山の権益を自らの勢力（派閥）を拡大する過程で得たのち、前権力者の影響下にあった人を排除するため、ケチをつけたのかもしれない。その後、対馬金山の権益も大伴宿禰御行主導から不比等らの主導で統治されるようになったのであろう。このケチの付いた大宝建元も大和朝廷が誕生したため継承できたことである。大和朝廷にとって、はじめての建元であった。

いずれにしろ、これ以降、近畿朝の下で代々元号を制定できるようになったのである。大宝の元号は九州年号の最後の年号でもあり、筑紫国朝の権威の下でまだ制定されていたのではないかとする疑いがかけられそうではあるが、その真偽は薩野馬の喪期間のできごとであり、実質的には近畿王権側から奏上したとしても、微妙な両王権の関係の中で生まれたと想像するしかない。

ここで、元号の建元は中央王権の最高の国事行為でもあるので、大和朝廷の体制が整う過程をたどってみようと思う。

大化の元号は、近畿王権が筑紫国中央政権に反旗を翻して建元しようとしたものであり、それが失敗したために、その後の元号が途絶えてしまったのである。そのことで、中大兄皇子は近畿王権内でも長らく政権のトップにつけない状況に至った。白村江の戦いの転機によって近畿王権の皇位を継承できたものの、結局、壬申の乱で大海人皇子に敗れている。近畿王権にとって大宝は大化以来の建元であったが、この時は筑紫国朝に対する反乱にはならない状態で推移したと考えられる。

大海人皇子は栗隈王（もしくは筑紫君薩野馬）によって、皇位継承をようやく承認された。六七六年に栗隈王が病で亡くなってから、唐から人質解放された筑紫君薩野馬が筑紫王朝の権威を受け継いでいたと考えられる。弱体化した筑紫王朝は近畿王権の持統天皇の皇位継承においても躊躇している。近畿王権内の力関係を観察して、その勝ち馬に乗れるように権威を及ぼすという不安定な時期にあった。

そのような中で、高市皇子が亡くなって、持統天皇は軽皇子に天皇の位を譲り、六九七年八月一日に文武天皇が皇位についた。近畿王権の力が強くなって強行に近畿王権の皇位を継承し、自ら承認したとも言える。しかし、筑紫国朝の力をすべて無視できる状態に至っている訳でもなかった。

ここに転機が訪れたのは、七〇〇年八月二十二日ではないだろうか。この日、もしくは、この日以前に筑紫国朝の最後の王筑紫君薩野馬が崩じたと考えられる。九州朝の終焉である。近畿王権は全国に赦免を命じた。この日から一年ほどは、筑紫国朝最後の王の喪期間とも言える。

藤原京の大極殿は、将来筑紫国朝に替わって自らの勢力が全国の統治を行うために持統天皇が造ったものと考えられる。七〇一年元旦には、それまでとは異なり、筑紫君がこの世にいないため、文武天皇自身がこの国の唯一の王として朝賀を受けたのではないだろうか。正月四日に祥瑞を受けた様子は、唯一の王が実施するような告朔の儀式のようであったとしている。

この喪の期間は筑紫国朝から近畿朝への移行期間になっている。近畿王権は関東・東北・九州をも支配しつつあり、各地の鉱山の権益を支配下に置こうとしたのもこの時期であった。

この期間に大和朝廷が全国を支配する体制が整う。大和朝廷は、このあとに近畿朝の核になっていくのである。この年の三月二十二日は、元号が制定され大宝元年となったと同時に、大宝令に基づいて、国を統治するにふさわしい官名と位号の制が改正されている。

左大臣が多治比真人嶋、右大臣が阿倍朝臣御主人《みうし》、藤原朝臣不比等と紀朝臣麻呂らを大納言に任じている。九州から東北南部までを実質的に支配した筑紫君の世が終焉したことで、文武天皇を頂点とする近畿朝の基幹となる大和朝廷の体制が完成し、元号を建元する大義も得ることとなった。この元号は大宝から慶雲、和銅と現在の平成、令和まで続くことになる。

七〇七年六月、文武天皇が崩御し、首皇子《おびとのみこ》は幼少のため、祖母の元明天皇が即位した。七〇八年正月十一日、武蔵国秩父郡から発見された和銅献上の儀が挙行された。「天皇」号の正式使用は、大化の改新の時、筑紫国朝が「天子」号を使用していたのに対抗して「天皇」を用いて筑紫朝から自立しようとして以来のことであった。また、神武、崇神、天武、持統などの漢風諡号（死後の贈り名）は、淡海三船が天平宝字六年（七六二年）から同八年頃に撰定したものである。持統天皇の以前の出来事を漢風諡号と「天皇」の号を用いて表記するのは矛盾するが、簡略で便利であるので、自分も多用した。国風諡号も存在するが、長くて不便であるのでほとんど用いていない。

政権移行に伴う軍事・行政の変化

白村江の戦い後、筑紫国朝の九州主力軍が壊滅し、日本国内の軍事バランスは崩れ、近畿王権主導の政策が取られるようになった。

近畿王権は新羅からほぼ無傷の近畿・北陸軍を帰還させ、この軍団を用いて九州支配に乗り出し、筑紫国中央政権の出先機関である太宰府を占領した。その近畿王権による太宰府地区の占領は、新羅・唐連合軍の攻撃から九州を防御するということがその名目であった。近畿勢力は、九州残存勢力の一部を自らの陣営に順次取り込みながら九州支配を強化していったのである。

六六四年には、防人・烽火を設置し水城を修復したとされる。六六五年には、基肄城・大野城などの山城の修復がはじまった。

それまでこれら山城は、筑紫国朝の王都あるいはその出先機関の防御施設として使用されていた。これらの構築物は新たな占領軍の移駐のために修復が必要になったのである。近畿王権が直接太宰府の地を占領し移駐すると反発を招くおそれがあったため、あくまでも大陸からの防衛目的を理由に大野城・基肄城を修復し、ここに近畿勢力を移駐したのが真相であろう。

近畿王権は軍の力を背景に太宰府での行政に浸透を強め、九州支配を着々と進めていったと考えられる。

六六七年十一月に唐はいまだ筑紫国中央政権を交渉相手としていた。唐は、百済を占領統治していた占領軍司令官の劉仁願を通じて、筑紫都督府に遣いを送ってきている。

太宰府は、またの名を筑紫都督府とも呼ばれ、「都府楼」と現地の人が呼ぶのは、ここに筑紫国中央政権の都督府の建物があったからである。日本の急激な内政の変化を探るとともに、高句麗の蓋蘇文が病死して長年高句麗遠征を目標にしていた唐にとって好機が到来し、日本にも援助を取りつけにきたと考えられる。唐が筑紫国中央政権を交渉相手としているのは、日本国の前国王（天子）を唐が人質にしていたことを忘れてはならない。

六六九年、近畿王権は栗前王の権威の下で、筑紫師を任ずる権限を得た。天智天皇は蘇我赤兄臣をその役に任じた。これによって近畿王権は軍事上も行政上も九州統治を強めることになったのである。

次第に近畿王権の力が強くなると、六七一年に天智天皇は大友皇子を太政大臣に任じ、蘇我赤兄を左大臣に任じた。その上六月になると栗隈王を筑紫率に実質格下げして九州に追いやった。

太宰府の地においては前筑紫師であった蘇我赤兄らの主導で、近畿王権による軍事・行政が組織的にある程度浸透し、九州勢が単独でことを起こす状況にないとみていたのかもしれない。

しかし、筑紫国朝の権威を無視したこの行為は、近畿王権の天智天皇が存在する大義が失われることを意味していた。日本国の権力争いは既に近畿王権に集約されており、これが天智天皇と大海人皇子（天武天皇）の対立となり、六七二年の壬申の乱に突入していったのである。

この対立の中で、筑紫大宰府には、白村江の戦いで唐の捕虜となっていた日本の国王筑紫君薩野馬が百済占領軍の唐の司令官によって戻されてきた。唐は日本側に高句麗攻撃のための何らかの要求をしてきたのであろう。この時、唐が日本に攻撃するような情勢でないことは近畿王権がよく知っていた。

天智天皇が崩御すると、大友皇子側は筑紫や吉備からも軍兵を徴発するため、筑紫太宰率栗隈王の所に遣いを送ってきたが、もともと栗隈王は大海人皇子と通じていたので、「筑紫国はもともと辺境を外敵から守ることを任務としている」というこれまで近畿王権が名目的にしていた理由を持ち出して、筑紫太宰率は筑紫の軍を動かそうとしなかったのである。

両軍の戦いは大海人皇子の側に軍配が上がり、筑紫国朝の権威を立てて、六七三年二月天武天皇は即位した。六七六年六月、栗隈王は病で亡くなったが、次の筑紫太宰の屋垣王は旧王筑紫君薩野馬の復帰を画策したためかどうか判明しないが、罪を着せられ土佐に流されている。

天武天皇になっても太宰府の主導権は筑紫国朝に戻ることはなく、新たな政権となった近畿王権が実質的な権力を握ることになった。

六七七年、種子島の人々を飛鳥寺の西で饗応したと記録され、種子島の有力者の協力を獲得しようとした。六七九年十一月二十三日には近畿王権側からも使を遣わしている。そして六八一年八月に種子島に遣わされた使者たちが帰朝し、距離、風俗、産物を報告している。

六八二年七月には大隅隼人と阿多隼人が相撲をとったことが記されているが、近畿王権はこの地域の支配のためにも協力者を獲得しようとしていた。

この月の二十五日には種子島、屋久島、奄美大島の人に禄物を賜ったとあり、二十七日には隼人らに禄物を賜ったとある。また、沖縄本島は奄美大島と一体の国で侏儒国を構成していたと思うが、その沖縄本島が奄美と分離したため、先島諸島（裸国）とともに筑紫国中央政権時代に比べ、大和朝廷時代は、その王都の遠さ故に大和朝廷との関係が薄れていったと考えられる。

六八七年、天武天皇の殯宮で大隅・阿多隼人らも誄《しのびごと》したとある。天武天皇崩御後、筑紫君の意向を受けた筑紫太宰帥は持統天皇に対して長らく皇位継承の承認を出さなかった。筑紫君に力があって単に承認しなかったのでなく近畿王権内の権力バランスを窺って勝ち馬に乗ろうとしていたにすぎないためであろう。

近畿王権からは有能な太宰帥らを次々と送り込んだ。六八九年、筑紫太宰帥粟田真人朝臣らは、隼人一七四人と布・牛・鹿を奉ったとあり、近畿王権は有力な隼人の一部を取り込み、その関係強化が稔りつつあることがわかる。

六九〇年になってようやく持統天皇は即位できることになった。天皇は功のあった筑紫太宰師丹比真人嶋を右大臣とし、高市皇子を太政大臣にしている。高市皇子は母方が筑紫国朝の血縁につながる宗像君の出身であり、筑紫国朝の懐柔にうってつけであったのであろう。近畿王権は六九二年には僧侶を大隅・阿多に遣わし、仏教を伝える名目で、この地域と関係強化を強めると同時に情報収集の態勢を築きつつあった。

近畿王権は文武天皇による九州支配を確実にするため、六九八年五月には大野城・基肄城に加え鞠智城をも修理させ、攻勢に出ようとしていた。鞠智城の修築後は、肥後地区の支配も確立し、九州北部で収穫された穀物をここに集めて、隼人征伐の兵站基地にもなりつつあった。

六九八年四月には、文忌寸《ふみのいみき》博士ら八人を南嶋（西南諸島）に遣わし、隼人との離隔を図ろうと近畿王権は彼らに武器を支給している。近畿王権は南島覓国使《くにまぎのつかさ》を派遣し、南九州における令制国設置と南島への版図の拡大及び、遣唐使の入唐航路として南島路の開拓を進めようとした。七九九年には、種子島、屋久島、奄美大島、徳之島を隼人から切り離すのに成功し、同年に日向隼人地域に三野《みの》城を、大隅隼人地域に稲城城を築き、薩摩（阿多）隼人への攻撃態勢を整えている。

七〇〇年六月には、近畿王権が派遣した覓国使と隼人諸勢力との抗争があり、近畿王権は筑紫惣領に命じて、覓国使らを脅して物を奪おうとしたということで隼人らを罰している。

七〇二年四月の条には、筑紫の七カ国（筑前・筑後・豊前・豊後・肥前・肥後・日向）とあることから、この時点で大和朝廷は九州を七つに分国して統治しつつあり、最も南の日向国の統治には手を焼いている様子が見て取れる。八月には、薩摩・種子島が政令に逆らったとして、大和朝廷は兵を送って征討し、戸口を調べ、役人（国司）を配置したとある。

大和朝廷は日向国から薩摩国を分割統治しようとしていた。分割後の日向国は大和朝廷に従順に従ったが、薩摩国地域の人は最後まで抵抗しようとしている。日向国地域と薩摩国地域の抵抗の差は、日向国地域が既に大和朝廷が支配する地域との交易が深かったのに比べ、薩摩国地域は西南地域や九州・朝鮮半島との交易が深かったことが関係している。

この時期、大和朝廷は薩摩隼人を征討した軍士に勲位が授けられている。七〇二年十月、唱更《はやひと》国（薩摩国の前身）の国司らが「国内の要害の地に、柵を建てて兵士と武器を置き、占有した地を守りたい」と言上したので許可したとある。

七〇九年十月には薩摩国の隼人の郡司以下一八八人が朝廷に参入し、現地でも統治階層に隼人を登用し融和を図っていることがわかる。

七一三年に日向国はさらに肝坏《きもつき》・曽於《そお》・大隅・始良《あいら》の四郡を割いて大隅国が設置され、大和朝廷は日向を分割統治して中央集権化を推進している。

この時期、大隅国の隼人が背いたため、征討軍を派遣して鎮圧し、翌年豊前国の民二百戸を移住させ隼人を勧導させるとある。また薩摩国の高城には肥後国から移住が行われている。

筑紫国朝と同盟関係にあった日向国を大和朝廷自らが統治するため、分割統治施策、融和施策、武力投入施策、移住施策などを組み合わせながら、次第に軍事及び行政を浸透させる方向に動いていきつつあることが見て取れる。

七二〇年に隼人が大隅国守陽侯史麻呂《やこのふひとまろ》を殺害したが、大和朝廷は大伴旅人を征隼人持節将軍として、ほか二名を副将軍に立てて隼人を鎮圧したのである。七二一年七月、副将軍らが帰還、隼人の斬首・獲得捕虜合計千四百余人とある。

九州は、筑紫が六カ国に分国され、日向国の隼人地域が日向国、薩摩国、大隅国などに分国され、大和朝廷によって統治されるようになっていった。

『日本書紀』

『日本書紀』の名称は日本国にちなんでつけられている。

ところで、『日本書紀』は当時「日本紀」とも呼ばれている。『続日本紀』の養老四年（七二〇年）の五月の条に「一品舎人親王、勅を奉じて日本紀をおさむ」とある。

また、『万葉集』の左注に「日本書紀」とあることから、この書物の名称は両方が平行して使用されていたようである。

いずれにせよ、この書の名称には国号の「日本」が使用されている。これは七〇一年に大和朝廷が成立し、その朝廷が日本国を継承したので、この国号を称するようになったためである。

日本国を継承する前の歴史を「日本紀」、あるいは、「日本書紀」と呼ぶのは、どうしてだろうかという問題も残る。

普通に呼ぶとすれば、「日本前紀」なのであろうが、日本国を継承する文武天皇の政権の正統性を主張し、それにつながる自らの王権及び血統の歴史のみを編年体で記述したのが、『日本書紀』である。

大和朝廷は「天御中主尊」皇統の流れを引き継いだ筑紫本家皇統の系譜、吉備分家皇統、尾張分家皇統、夷(関東)分家皇統のそれぞれの系譜の記述を後世に全く遺そうとしなかったのである。「天御中主尊」皇統の日本を新たに継承したのは、我々の血統(神武天皇の系譜)であるというのを明確に主張しているのが『日本書紀』なのである。

対外的に、この近畿朝が新たに日本国と呼称したのは、大和朝廷が遣唐使を派遣した時からである。

近畿王権時代には、近畿王権の使者は、筑紫国朝による遣唐使派遣の一員として行動することが多かったと思われるが、大和朝廷が日本国を統治するようになって、はじめて主導して遣唐使一行を派遣したのは七〇二年六月二十九日のことである。

筑紫国朝によって遣唐使が派遣されて以来、三十一年ぶりのことであった。今度は近畿朝主導の下に粟田真人が派遣されることになった。

七〇四年七月の条に、唐国(大周)の人にどこの使人か尋ねられた時、「日本国の使者である」と答えたことが記されている。この時、唐人は海東に「大倭国があり、君主国ともいい、人民は豊で楽しんでおり、礼儀も良く行われていると、しばしば聞いてきた」と現地で私的(俗に)に語られている風聞が記述されている。

『日本書紀』は、最終的に日本国成立に基づき編纂されている。この日本国の前時代の国史編纂の必要があり、天武天皇の頃から編纂を手がけていたものを完成させたものだ。

この編纂には大きな特徴がある。それは大和朝廷成立以前について、自らの近畿王権の事柄を中心に記述している。それまで、九州に王都があった奴国朝、邪馬台国朝、貴国朝、筑紫国朝が記述した歴史資料が存在し、そのうち、近畿朝に関係する部分だけが残ったのである。それは近畿王権が自らの歴史を記述するために、結果的にそこだけが残ったが、今となっては貴重な記述である。

残念なのは、前朝の歴史資料をもって自らの王権と同等の王権の歴史を記述しなかったことである。筑紫国朝などの歴史をも記述せず、多く遺されていた歴史記述をも焚書し、ただ自らの直系の血統の歴史に関することだけを編纂しているのである。

中国の司馬遷が前王朝の歴史をすべて遺そうとしたこととは対照的である。『日本書紀』編纂時期の編纂企画者が司馬遷のような考え方を持っていたら、奴国王朝以降の歴史記述はもっと豊富なものになっていたであろうことは容易に理解できる。

『日本書紀』の暦日は、卑弥呼の時代にはその当時世界一精度の高い太陰太陽暦が使用されている。この時代以降の史実は、編纂時期に儀鳳暦によって再編纂しているので、これを卑弥呼が生存していた当時の暦法である月読暦になおすことで、我々はかなり正確な史実が確認できるようになったのである。それによって、次の段階に進むこともできる。『日本書紀』には神武東征や卑弥呼の終末期以前の史実も記述されていることから、さらに神武天皇の先祖に遡る歴史を確認することができる。

『日本書紀』では、奴国朝時代の歴史は神話・伝説的な記述となって描かれている。歴史が神話・伝説化された結果であると考えられる。『日本書紀』が神武天皇以前の記述をそのように神話・伝説的な描き方をしているのは、編纂時期に詳細な時間軸が失われていたためでもある。いずれにせよ、神武天皇の先祖は天照大神と関係が深い。邪馬台国朝時代初期に、二代目天照大神（卑弥呼）の命により、混乱した奴国に天孫（初代天照大神（伊奘諾尊）の孫）の瓊瓊杵尊《ににぎのみこと》を降臨させ、日向国（筑前）の統治を命じたのである。

神武天皇は、その先祖（瓊瓊杵尊）による奴国（日向国）統治からのカリスマ性がある。それに加えて神話化、伝説化されたので、そのカリスマ性は『日本書紀』によって唯一のものとなっているのである。

しかし、そこには神武天皇以前の「天御中主尊」の皇統が長い期間育んできた伝統があり、その精神は縄文・弥生文化に支えられている。

■ 略年表

西暦	日本列島・朝鮮半島	西暦	中国大陸
BC三五〇〇年頃～二〇〇〇年頃まで	三内丸山遺跡（大規模な集落出現）D2系主体	BC三〇〇〇年頃	黄河文明おこる
BC一〇〇〇年頃～八〇〇年頃まで	九州北部で水田稲作がはじまる（菜畑遺跡、板付遺跡）。C3・D2系にO2b系が加わる	BC一一五六年	夏王朝成立
		BC九八一年頃	殷王朝成立
BC七三〇年頃	君主国が九州・中国・四国に建国される	BC六七二年	周王朝成立
		BC五四七年	周の平王、洛邑に東遷
BC四〇〇年頃～三〇〇年頃まで	君主国領域が周辺に拡大（西日本・韓国南部三十余国、黄海道・京畿道に中小五十四カ国、江原道・忠清道に中小二十四カ国）	BC四〇二年	孔子没（BC四三八年～）
		BC三九九年	越王勾践、呉を滅ぼす
		BC三八九年	晋が韓・魏・趙に分かれる
	列島：C3・D2・O2b系にO3系が加わる		
	半島：C3・O2b系に渡海のO3系が加わる		
BC三六〇年頃～三〇〇年頃	君主国と蓋国・大人国が国境を接する	BC三二四年頃	戦国各国が順次一倍暦を使用
BC三世紀	前王朝の時「君主国が百余国で構成されていた」という（『漢書』）	BC二五六年	秦、周を侵し、周滅ぶ
		BC二二一年	秦、全国を統一し、皇帝を称す
		BC二〇二年	漢王劉邦皇帝の位に即く
BC二世紀	北部九州で鉄器生産が盛んになる	BC一九四年	衛満、箕準を追い、衛氏朝鮮成立

BC二世紀	青銅器が副葬される
BC一世紀	前漢の四郡設置に伴い濊貊の難民が君主国北部に流入（朝鮮半島中央部が韓族化）
五七年	倭の奴国王が漢に朝貢、金印を授受
一〇七年	倭の面足尊が師升らを遣使として派遣
一六八年～一七八年	倭国大いに乱れる（伊弉冉尊没～）
一六九年頃	三貴子の序列決定、豊葦原の中つ国（＝奴国）に火国を編入し、やまとの台（第一）国（＝邪馬台国）となる
一七八年頃	伊弉諾尊崩御、素戔嗚尊に不彌国を分割
一八三年	卑弥呼（天照大神二代目）を倭国王に共立
一八六年	日向国（筑前・奴国）に瓊瓊杵尊を封じる。 狗奴国に饒速日命を封じる
二一六年	山幸が奴国王、海幸が不彌国王として統治

BC一〇八年	遼寧省に楽浪・真番・臨屯郡を設置
BC一〇七年	吉林省に玄菟郡を設置
BC一〇五年	太初暦を使用
BC八二年	真番・臨屯郡の二郡を廃止
BC七五年	楽浪・玄菟・遼東郡など郡の再編
八年	王莽、自ら皇帝を称す
八五年	四分暦（元和暦）を使用
一〇五年	高句麗王宮（撫順）が遼東に侵入
一六九年	遼東郡に逃れている玄菟郡太守耿臨が高句麗を討つ
二〇五年頃	公孫康、帯方郡を設置
二二〇年	魏、文帝洛陽に都す
二三二年	魏、遼東を討つ
二三三年	魏、公孫淵を楽浪公に封ず

二三八年	卑弥呼、魏に難升米を遣使
二四三年	卑弥呼、魏に遣使、月読暦（三倍暦）使用
二四五年	魏使、難升米、魏より黄撞を授けられる
二四八年	卑弥呼死し、径百余歩の塚を作る
二四九年	大国主尊立つも国中服せず
二五〇年頃	倭国王、台与立つ
二五五年	台与、神武東征命じる
二六〇年	神武天皇即位
二六六年	台与、晋に遣使
三五一年	『三国史記』高句麗・百済がこれ以降一倍暦使用
三六四年	貴国中央政権成立
三六七年	日本と百済の交渉はじまる
三六八年	大市（桜井市北部）に箸墓を造築
三六九年	大駕羅国が任那と加羅に分国
三七四年	『三国史記』新羅が一倍暦を使用
四〇〇年	高句麗軍、新羅（忠清南道）に進軍
四〇二年	新羅の実聖王、未斯欣を人質として倭に送る

二三八年	司馬懿、公孫淵を討ち、魏、帯方郡を支配
二六五年	司馬炎、魏を滅ぼし西晋を建国
二八〇年	西晋、呉を滅ぼし中原を統一
三一三年	高句麗、楽浪郡を滅ぼす
三一七年	司馬叡、東晋を建国
三八四年	摩羅難蛇、東晋より百済（遼東半島）に至り、百済仏法おこる。
三九一年	高句麗、広開土王即位

四〇四年	高句麗軍、倭軍を帯方界で撃退		
四一三年	倭国、東晋に遣使		
四二一年	倭王讃、宋に遣使	四二〇年	劉裕、宋を建国
四二五年	倭王讃、司馬曹達を宋に派遣		
四三〇年	倭国王、宋に遣使		
四三八年	倭王珍、宋に遣使	四三九年	北魏、北涼を滅ぼし華北を統一
四四三年	倭王済、宋に遣使	四五一年	宋、倭王済に六国諸軍事（倭国と朝鮮半島）安東将軍倭国王の称号を付与
四六二年	倭王興、宋に遣使	四六一年	百済、昆支君を倭国に遣わす
四七一年	船山古墳出土大刀にワカタケル大王の称号	四七五年	高句麗、百済の王都（蓋州市）を陥落
四七七年	武自ら七国諸軍事（倭国と朝鮮半島）と称す		
四七八年	倭王武、宋に遣使、上表文を送る		
四七九年	百済王没し、末多王を送還。百済王に東城王	四七九年	宋が滅亡、斉興る
		四九三年	北魏、洛陽に遷都
五〇九年	百済に遣使。任那に逃げ入った百姓の子孫を百済に送還	五〇二年	南斉滅び梁成立。梁の武帝、武を征東将軍に進号
五二二年	筑紫国中央政権成立		
五二七年	筑紫国造磐井の乱、百済に任那四県を割譲		
五二八年	百済に己汶・帯沙を割譲		
五三〇年	物部連が率いる倭国軍が伴跛国軍に敗れる		
五三一年	初代天子、皇子が揃って亡くなる		

五三二年	北陸王権と近畿王権が合流（継体天皇即位）
五三七年	大伴連狭手彦と磐の兄弟を朝鮮半島に出兵させる
五六二年	任那日本府、新羅に滅ぼされる
五七二年	高句麗の使節が入京
五八七年	蘇我氏、物部氏を亡ぼす
五九一年	任那復興の詔を下す
六〇〇年	新羅、任那を再攻撃
六〇七年	国書を隋の煬帝に送る
六四五年	中大兄皇子、中臣鎌足らと蘇我入鹿を暗殺
六六五年	筑紫の大野城・基肄城を築く
六六七年	近江大津京に東遷
六七二年	壬申の乱
六八一年	記紀編纂開始、『帝紀』、『旧辞』をつくる
六九二年	大隅・阿多地方に僧侶を派遣

五四五〜五四六年	高句麗内乱
五八九年	隋、陳を滅ぼし南北統一
六〇八年	隋、黄河から涿郡までの大運河を開く
六一三〜六一五年	隋、高句麗に侵攻
六一八年	唐、建国
六三一年	唐、高句麗に侵攻
六四三年	新羅、唐に救援を要請
六六三年	唐・新羅連合軍、百済遺民・倭軍を白村江にて破る
六六七年	唐、高句麗侵攻を開始
六六八年	高句麗滅ぶ
六九〇年	則天武后、唐朝を廃し、周朝を建つ

六九四年	藤原京に遷都
七〇一年	粟田真人らを唐に派遣、大宝律令制定
七〇八年	和銅開珎を鋳造
七一〇年	平城京に遷都
七一二年	太安万侶『古事記』を撰上
七二〇年	舎人親王ら『日本書紀』を撰上

六九八年	渤海国建国
七〇五年	則天武后死す

■主要参考文献

『日本書紀　上』井上光貞監訳、中央公論社、一九八七年
『日本書紀　下』井上光貞監訳、中央公論社、一九八七年
『三国史記１』（東洋文庫３７２）金富軾撰、井上秀雄訳注、平凡社、一九八〇年
『三国史記２』（東洋文庫４２５）金富軾撰、井上秀雄訳注、平凡社、一九八三年
『三国史記３』（東洋文庫４５４）金富軾撰、井上秀雄訳注、平凡社、一九八六年
『ＤＮＡが解き明かす日本人の系譜』崎山満著、勉誠出版、二〇〇五年
『新訂　魏志倭人伝　他三篇』（中国正史日本伝１）石原道博編訳、岩波書店、一九五一年
『新訂　旧唐書倭国日本伝　他二篇』（中国正史日本伝２）石原道博編訳、岩波書店、一九五六年
『倭国伝　中国正史に描かれた日本』藤堂明保・竹田晃・景山輝國全訳注、講談社、二〇一〇年
『漢書』巻二十八下（地理志　第八下　燕地、呉地）

資　料

『三国史記』高句麗・百済・新羅国王などの即位年・在位年・即位修正年

高句麗（桂婁部）				
代	王	記載	在位	修正
1	東明聖	BC 37	18	157
2	瑠璃	BC 19	36	166
3	大武神	AD 18	26	184
4	閔中	44	4	197
5	慕本	48	5	199
6	大祖大	53	93	202
7	次大	146	19	248
8	新大	165	14	258
9	故国川	179	18	265
10	山上	197	30	274
11	東川	227	21	289
12	中川	248	22	299
13	西川	270	22	310
14	烽上	292	8	321
15	美川	300	31	325
16	故国原（釗）	331	40	341
17	小獣林	371	13	371
18	故国壌	384	8	
19	広開土	392	21	
20	長寿	413	79	
21	文咨明	492	27	
22	安臧	519	12	
23	安原	531	14	
24	陽原	545	14	
25	平原	559	45	
26	嬰陽	590	28	
27	栄留	618	24	
28	宝臧	642	26	
	滅亡	668		

百済（楽浪→任那）				
代	王	記載	在位	修正
1	温祚	BC 18	45	167
2	多婁	AD 28	49	189
3	己婁	77	51	214
4	蓋婁	128	38	239
5	肖古	166	38	258
6	仇首	214	20	282
7	沙伴	234	1	292
8	古尓	234	52	292
9	責稽	286	12	318
10	汾西	298	6	324
11	比流	304	40	327
12	契	344	2	347
13	近肖古（句）	346	29	348
14	近仇首（須）	375	9	375
15	枕流	384	1	
16	辰斯	385	7	
17	阿莘（暉）	392	7	
18	腆支（映）	405	15	
19	久尓（須）	420	7	
20	毗有（毗）	427	28	
21	蓋鹵（慶）	455	20	
22	文周	475	2	
23	三斤	477	2	
24	東城	479	22	
25	武寧	501	22	
26	聖	523	31	
27	威徳	554	44	
28	恵	598	1	
29	法	599	1	
30	武	600	41	
31	義慈	641	19	
	滅亡	660		

新羅（金城川→春川→忠州）				
代	王	記載	在位	修正
1	赫居世	BC 57	61	230
2	南解次次雄	AD 4	20	250
3	儒理	24	33	257
4	脱解	57	23	268
5	婆娑	80	32	275
6	祇摩	112	22	286
7	逸聖	134	20	293
8	阿達羅	154	30	300
9	伐休	184	12	310
10	奈解	196	34	314
11	助賁	230	15	325
12	沾解	245	17	330
13	味鄒	262	22	336
14	儒礼	284	14	343
15	基臨	298	12	348
16	訖解	310	46	352
17	奈勿	356	46	367
18	実聖	402	15	402
19	訥祇	417	41	
20	慈悲	458	21	
21	炤知	479	21	
22	智證	500	14	
23	法興	514	26	
24	真興	540	36	
25	真智	576	4	
26	真平	579	3	
27	善徳	632	15	
28	真徳	647	7	
29	武烈	654	7	
30	文武	661	20	
31	神文	681	11	
32	孝昭	692	10	

大駕洛				
代	王	記載	在位	修正
1	首露	42	157	263
2	居登	199	54	315
3	麻品	253	38	333
4	居叱弥	291	55	346
5	伊叱品	346	61	364
6	座知	407	14	407
7	吹希	421	30	
8	姪知	451	41	
9	鉗知	492	29	
10	仇衡	521	11	
11	滅亡	532		

小加耶				
代	王	記載	在位	修正
1	未露	148	3	298
2	大阿	151	60	299
3	味鄒	211	54	319
4	小干	265	55	337
5	阿島	310	60	352
6	叱篤	370	24	372
7	車阿	394	39	394
8	達拏	433	41	
9	而衛	472	28	
10	滅亡	500		

涓奴部高句麗		
王	即位	備考
宮	106	121没
遂成	122	
伯固		178没
伊夷模	178	高句麗県
	205	不耐県
		211以後没
発岐	205	佛流水の辺
位宮		238在位
		248没

東夷と陸接する王朝		
河北	開始	終了
前燕	337	370
前秦	370	384
後燕	384	409
北燕	409	436
北魏	436	534
東魏	534	550
北斉	550	577
北周	577	581
隋	581	618
唐	618	907

新羅の王都

・新羅初代金城川沿い
・新羅4代目春川・原州
・新羅13代目忠州
・新羅24代目慶州

1）故国原（釗）と近肖古（句）は中国史に登場、351年以降の高句麗王・百済王から1倍暦。
Y（実年）= 175（西暦元年）+X（編纂年）/ 2
2）新羅の実聖人質 391 年、以降新羅は確実に 1 倍暦。新羅・加羅諸国は当初 3 倍暦、374 年から 1 倍暦

天皇の在位と父子兄弟継承 1

代	天皇	255	260	270	275	280	290	295	300	305	310	315	320	325
1	神武	252	260		279									
		太子	即位		崩御	⑳								
		㊺15	23		42	(127歳)								
2	綏靖		263	276	279	282	289							
			誕生	太子	御年	即位	崩御	⑧	父子継承（神武の第3子）					
			0	13	㊽16	19	26	(84歳)						
3	安寧				278	286	289	297						
					誕生	太子	即位	崩御	⑨	父子継承（綏靖の子）				
					0	㉑8	11	19	(57歳)					
4	懿徳				275		286	297	304					
					誕生		太子	即位	崩御	⑧	兄弟継承（綏靖の子）			
					0		⑯11	22	29	(77歳)				
5	孝昭					284			302	306	311			
						誕生			太子	即位	崩御	⑥		
						0			⑱18	22	27	(114歳)		
6	孝安						291			311	311		324	
							誕生			太子	即位		崩御	⑮
							0			⑳20	20		33	(137歳)
7	孝霊							298					324	326
								誕生					太子	即位
								0					㉖26	28
8	孝元										310			329
											誕生			太子
											0			⑲19
9	開化													
10	崇神													
11	垂仁													
12	景行													
14	仲哀男弟													
	神功摂政													

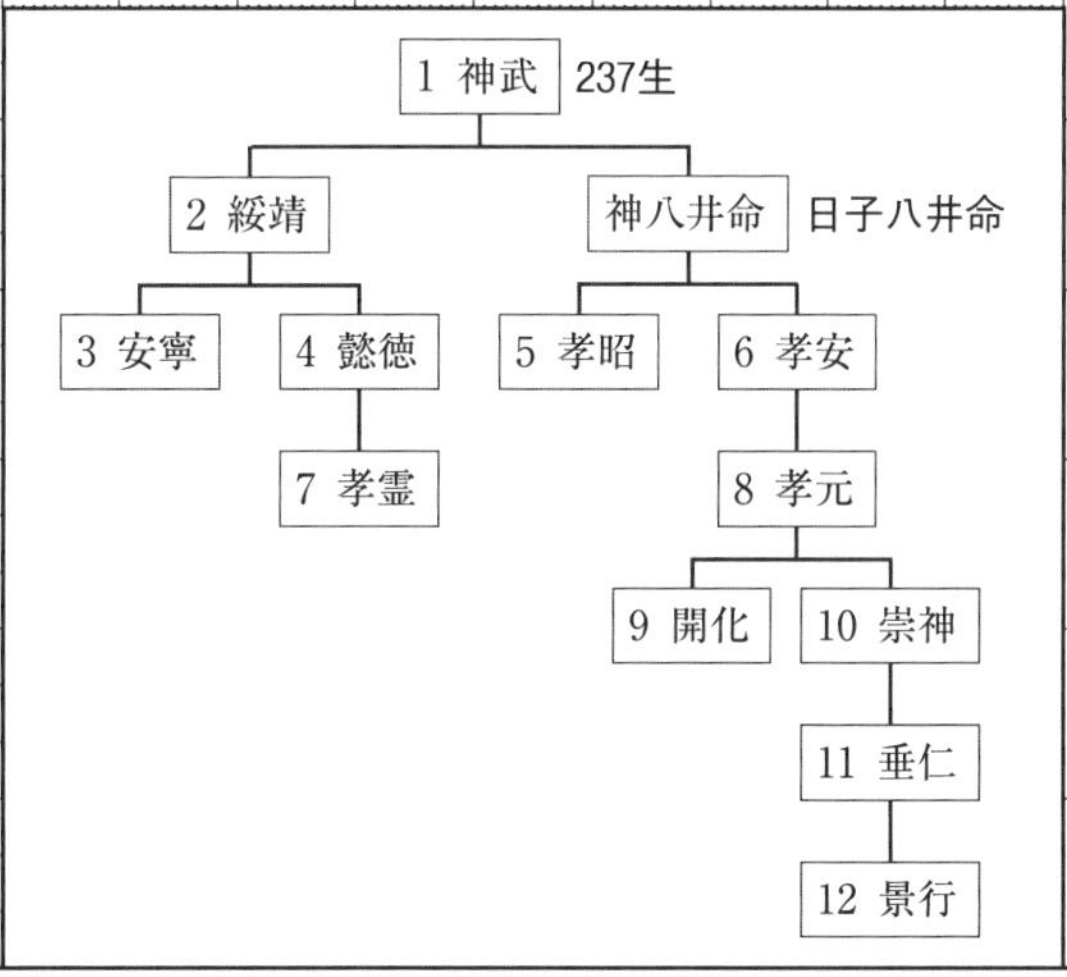

330	340	345	350	360	370	380	385	390	400	410	415	420	425
西暦													
記録	右の○囲み数字は1倍換算の王年、父子か兄弟かの継承区分												
年齢	左の○囲み数字が3倍年齢、その右の数字が1倍年齢、右の（　）内は編纂時解釈年齢												
傍系継承神武天皇第2子（神八井命）の子													
兄弟継承（神八井命の子）													
333													
崩御	⑧	傍系継承（懿徳の子）											
35	（128歳）												
334			350										
即位			崩御	⑰	傍系継承（孝安の子）								
24			40	（116歳）									
329		345	350	358									
誕生		太子	即位	崩御	⑨	父子継承（孝元の子）							
0		⑯16	21	29	（115歳）								
337			356	358			385						
誕生			太子	即位			崩御	㉘	兄弟継承（孝元の子）				
0			⑲19	21			48	（120歳）					
			355		369	380	385		399				
			誕生		太子	男弟	即位		崩御	父子継承（崇神の子）			
			0		㉔14	25	30		44	（140歳）			
					378		385	386	399		415		
					誕生		太子	男弟	即位		崩御	父子継承	
					0		㉑7	8	22		37	（106歳）	
								394	405	409	412		
								誕生	太子	男弟	崩御		
								0	㉛11	15	18	（52歳）	
								390			413	424	
								誕生			摂政	崩御	⑫
								0			23	34	（100歳）

天皇の在位と父子兄弟継承 2

代	天皇	390	400	410	415	420	430	440	450	460	465	470	475	480
13	成務	390 誕生 0	405 太子 ⑳ 10		415 即位 25	422 崩御 32	⑧ (107歳)	父子継承						
15	応神			412 誕生 0	414 太子 2	425 即位 13		449 崩御 37	㉕ (110歳)	傍系継承				
16	仁徳						429 誕生 0	447 男弟 18	449 即位 20				476 崩御 47	㉚
17	履中							446 誕生 0		462 男弟 16		467 崩御 21	(70歳)	
18	反正							448 誕生 0				468 男弟 20	472 崩御 24	
19	允恭							450 誕生 0					475 男弟 25	477 即位 27
20	安康											470 誕生 0		485 男弟 15
21	雄略												472 誕生 0	
22	清寧													
23	顕宗													
24	仁賢													
25	武烈													
26	継体													

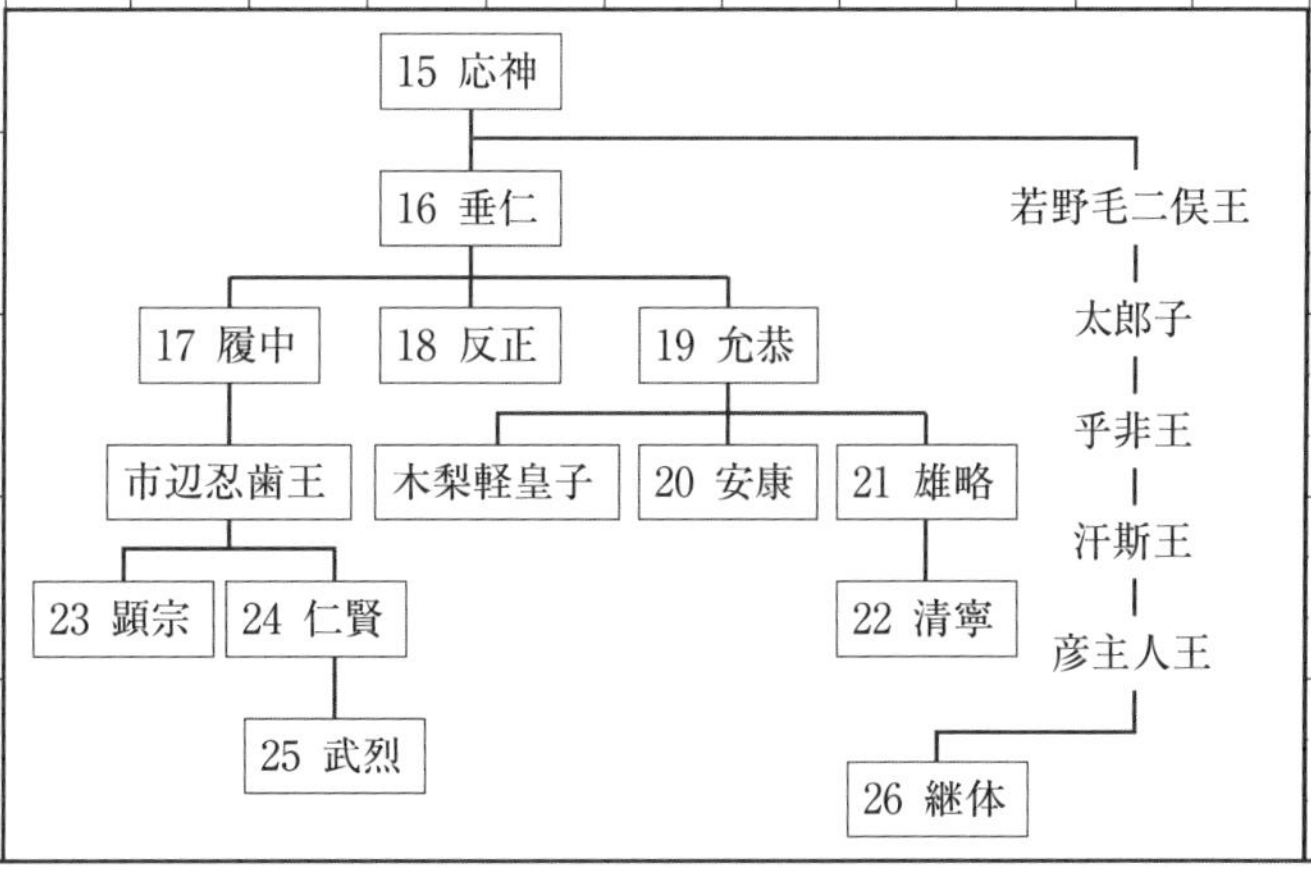

485	490	495	500	505	510	515	520	525	530	535	540	545	550

西暦
記録　右の○囲み数字は1倍換算の王年、父子か兄弟かの継承区分
年齢　左の○囲み数字が3倍年齢、その右の数字が1倍年齢、右の（　）内は編纂時解釈年齢

父子継承													
	494												
	崩御		⑯	父子継承									
	43		（若干）										
487													
崩御													
17													
487	494				510								
男弟	即位				崩御	⑯	父子継承						
15	22				38								
	490			509	511	515							
	誕生			太子	即位	崩御		父子継承					
	0						（若干）						
		495			513	515	518						
		誕生			太子	即位	崩御		傍系継承				
		0											
			500			517	519	529					
			誕生			太子	即位	崩御		兄弟継承			
			0										
				505			524	529	532				
				誕生			太子	即位	崩御		父子継承		
				0									
					511	518			532	534			
					筒城	弟国			即位	崩御		傍系継承	
											（82歳）		

天皇の親子関係（父子・兄弟継承）

<table>
<tr><th rowspan="2">代</th><th rowspan="2">天皇</th><th colspan="3">天皇・傍系の</th><th rowspan="2">皇后、妃の父（兄）</th></tr>
<tr><th>父</th><th>母</th><th>皇后、妃</th></tr>
<tr><td rowspan="2">1</td><td rowspan="2">神武</td><td rowspan="2">彦波瀲武鸕鷀草葺不合尊</td><td rowspan="2">玉依姫</td><td>吾平津媛</td><td></td></tr>
<tr><td>媛蹈鞴五十鈴媛命</td><td>事代主神（父）</td></tr>
<tr><td rowspan="3">2</td><td rowspan="3">綏靖</td><td rowspan="5">神武</td><td rowspan="5">媛蹈鞴
五十鈴媛命</td><td>五十鈴依媛</td><td>事代主神（父）</td></tr>
<tr><td>川派媛</td><td>磯城県主</td></tr>
<tr><td>③渟名底仲媛命</td><td>事代主神（祖父）
鴨王（父）</td></tr>
<tr><td rowspan="2"></td><td rowspan="2">神八井命</td><td>④天豊津媛命</td><td>息石耳命（兄）</td></tr>
<tr><td>⑤世襲足媛</td><td>沖津与襲（兄）</td></tr>
<tr><td>3</td><td>安寧</td><td rowspan="3">綏靖</td><td>五十鈴依媛</td><td>川津媛</td><td>磯城県主葉江（父）</td></tr>
<tr><td rowspan="2">4</td><td rowspan="2">懿徳</td><td rowspan="2">渟名底仲媛命</td><td>泉媛</td><td>磯城県主葉江（父）</td></tr>
<tr><td>⑥押媛</td><td>天足彦国押人（父）</td></tr>
<tr><td>5</td><td>孝昭</td><td rowspan="3">神八井命</td><td>天豊津媛命</td><td>⑦渟名城津媛</td><td>磯城県主葉江</td></tr>
<tr><td rowspan="2">6</td><td rowspan="2">孝安</td><td rowspan="2">世襲足媛</td><td>細媛</td><td>十市県主の祖大目（父）</td></tr>
<tr><td>長媛</td><td>磯城県主葉江（父）</td></tr>
<tr><td rowspan="2">7</td><td rowspan="2">孝霊</td><td rowspan="2">懿徳</td><td rowspan="2">押媛</td><td>倭国香媛</td><td></td></tr>
<tr><td>蝿伊呂杼</td><td></td></tr>
<tr><td rowspan="3">8</td><td rowspan="3">孝元</td><td rowspan="3">孝安</td><td rowspan="3">細媛命</td><td>鬱色謎命</td><td>穂積臣遠祖鬱色雄命（兄）</td></tr>
<tr><td>伊香色謎命</td><td>大綜麻杵（父）</td></tr>
<tr><td>埴安媛</td><td>青玉繋（父）</td></tr>
<tr><td rowspan="2">9</td><td rowspan="2">開化</td><td rowspan="2">孝元</td><td rowspan="2">鬱色謎命</td><td>竹野媛</td><td></td></tr>
<tr><td>姥津媛</td><td>姥津命（兄:和珥臣遠祖）</td></tr>
</table>

天皇・傍系の皇子、姫	皇位継承		備考
	記紀	修正	
手研耳命 神八井命 神淳名川耳尊（綏靖）	父子	父子	
磯城津彦玉手看尊（安寧） 息石耳命 天豊津媛命 大日本彦鋤友（懿徳） 磯城津彦命（猪使連始祖）	父子	父子	
観松彦香殖稲（孝昭） 天足彦国押人命 日本足彦国押人（孝安）			
	父子	父子	
 大日本根子彦太瓊（孝霊）	父子	兄弟	綏靖の子（安寧、懿徳は異母兄弟）
	父子	傍系	孝昭は神八井命の子
大日本根子彦国牽（孝元） 	父子	兄弟	神八井命の子（孝昭、孝安は異母兄弟）
倭迹迹日襲姫命 彦五十狭芹彦命（吉備津彦） 倭迹迹稚屋姫命 彦狭嶋命 稚武彦命（吉備臣の始祖）	父子	傍系	孝霊は懿徳の子 吉備津彦（四道将軍）
大彦命（七族の始祖） 稚日本根子彦大日日（開化） 倭迹迹姫命 御間城入彦五十瓊埴（崇神） 彦太忍命（武内宿禰の祖父） 武埴安彦命	父子	傍系	孝元は孝安の子 大彦命（四道将軍） 武淳川別（四道将軍、大彦命の子）
彦湯産隅命 彦坐王	父子	父子	丹波道主王（四道将軍）

代	天皇	天皇・傍系の			皇后、妃の父（兄）
		父	母	皇后、妃	
10	崇神	孝元	伊香色謎命	御間城姫	大彦命（父）
				遠津年魚眼眼妙媛	荒河戸畔（父）
				尾張大海媛	
11	垂仁	崇神	御間城姫	狭穂姫	狭穂彦王（兄）
				日葉酢媛	丹波道主王（父）
				淳葉田瓊入媛	

天皇・傍系の皇子、姫	皇位継承		備考
	記紀	修正	
活目入彦五十狭茅（垂仁） 彦五十狭茅命	父子	兄弟	孝元の子（開化、崇神は異母兄弟）
国方姫命 千千衝倭姫命 倭彦命 五十日鶴彦命 豊城入彦命 豊鍬入姫命 八坂入彦命 渟名城入姫命 十市瓊入姫命	父子	兄弟	孝元の子（開化、崇神は異母兄弟）
誉津別命 五十瓊敷入彦命 大足彦尊（景行） 大中姫命 倭姫命 稚城瓊入彦命 鐸石別命 胆香足姫命	父子	父子	

この表は母子関係を変えずに皇后の配置を変えた場合、皇位継承関係がどう変化するかを考えるためのものである。配置を変更する場合、○囲みの数字は元の天皇の代数を示す。「③渟名底仲姫命」は『日本書紀』の元の記録が3代目の天皇の皇后であることを示す。

皇位継承の列は、その代の天皇が前の天皇の子であり、父子関係の系譜で記録されている。ここで、皇后の配置を変えた場合、どのような皇位継承の関係になるか修正したものである。

天皇（男兄王と男弟王）の在位年・年齢など

本国	期間	代	天皇	男兄王							
				即位		崩御		在位年	誕生年	年齢	
				年	月日	年	月日			紀	修正
邪馬台国朝	180〜363	1	神武	260	10.1	279	2.11	19	237	127	42
		2	綏靖	282	12.8	289	7.10	7	263	84	26
		3	安寧	289	9.3	297	1.6	8	279	57	18
		4	懿徳	297	3.4	304	12.8	8	283	77	21
		5	孝昭	306	5.9	311	5.5	5	284	114	27
		6	孝安	311	10.27	324	12.9	14	291	137	33
		7	孝霊	326	1.12	333	11.8	8	298	128	35
		8	孝元	334	9.14	350	3.3	16	310	116	40
		9	開化	350	5.12	358	1.9	8	329	115	29
		10	崇神	358	9.13	385	4.5	27	337	120	48
貴国朝	364〜521	11	垂仁	386	2.7	399	2.1	13	355	140	44
		12	景行	399	2.1	415	2.7	15	378	106	37
		13	成務	415	4.5	422	12.11	7	390	107	32
		14	仲哀			412	1.6		394	52	18
		15	応神	425	2.1	449	8.15	24	412	110	37
		16	仁徳	450	7.6	476	7.16	27	429	87以上	47
		17	履中			467	2.15		446	70	21
		18	反正			472	3.16		448		24
		19	允恭	477	9.9	494	4.14	16	450	若干	44
		20	安康			487	7.9		470		17
		21	雄略	494	5.3	510	8.7	16	472		38
		22	清寧	511	1.15	515	2.16	4	490	若干	25
		23	顕宗	515	12.1	518	3.25	3	495		23
		24	仁賢	519	1.5	529	8.8	10	500		29
筑紫国朝	522〜700	25	武烈	529	12月	532	9.8	3			27
		26	継体	532	11.4	534	1月	2		82	
		27	安閑	534	1月	535	12.17	1		70	
		28	宣化	535	12月	539	2.10	4		73	
		29	欽明	539	12.5	571	4月	32	533	若干	38

男兄王皇太子			男弟王				男弟王皇太子		備考
	立太子	年齢（紀・1倍年修正）	男弟王	即位		在位年	立太子		
年	月日			年	月日		年	月日	
254		㊺・15							
276	1.3	13							神武崩御時㊽・16
286	4.7	㉑・7							
294	2.1	⑯・11							3代から5代まで同世代
302	10.12	⑱・18							
311	4.14	⑳・20							
324	9.5	㉖・26							
329	11.1	⑲・19							
345	5.14	⑯・16							
356	10.5	⑲・19	垂仁	380	1.19	6			垂仁355.閏10.1誕生
369	11.2	㉔・14	景行	386	10.11	13			垂仁立太子→男弟王→男兄王
385	3.1	㉑・7	仲哀	409	1.11	3			景行立太子→男弟王→男兄王
405	10.4	⑳・10	神功	413	9.2	11			神功皇后崩御424.5.17（34）
							405	7.1	仲哀男弟王立太子㉛・11
			仁徳	447	6.3	2	414	12.3	応神男弟王立太子
			履中	462	1.1	6			
			反正	468	2.2	4	463	2.4	反正男弟王立太子
			允恭	475	12.1	2			
467	閏1.15	21							
			安康	485	1.14	2			市辺皇子を殺す487.9.1
			雄略	487	12.13	7	491	1.7	木梨軽男兄立太子491.1.7、自殺494
509	2.1	19							
513	3.7	18							
517	9.1	17							
524	11.3	19							

1）天皇の平均在位年（神武天皇から欽明天皇まで）の男兄のみ25代を算定すると約12年：(571－260) ÷25＝12．44

2）雄略は男弟王の安康を 487.7.9 に殺し男弟王となる。更に男兄立太子が予定されている市辺皇子を殺し、その次の男兄王皇太子候補である木梨皇子が立つと、謀略で追い落し自殺に至らせ、允恭天皇崩御後、雄略自らが 494 年に天皇に即位する。応神天皇以前は月読暦。仁徳天皇以降は元嘉暦に基づく。

3）○囲みの数字は『日本書紀』編纂時解釈年齢

景行紀（月読暦解釈年月日）

1倍年換算		月読暦		紀の編纂記述		
西暦年	景行紀	紀の暦日	月日	西暦年	紀編纂年	月日
386年	景行男弟元年	己巳朔己卯	10月11日	71年	景行元年	7月11日
387年	景行男弟2年	丙寅朔戊辰	4月3日	72年	景行2年	3月3日
388年	景行男弟3年	庚寅朔	5月1日	73年	景行3年	2月1日
389年	景行男弟4年	甲寅朔甲子	5月11日	74年	景行4年	2月11日
390年	景行男弟5年	庚辰朔	2月1日			11月1日
392年	景行男弟7年		7月	82年	景行12年	7月
		乙未朔己酉	8月15日			8月15日
243年	邪馬台国	甲子朔戊辰	1月9日			9月5日
			2月			10月
			3月			11月
392年	景行男弟7年	癸巳朔丁酉	2月5日			12月5日
			5月	83年	景行13年	5月
247年	邪馬台国	戊戌朔己酉	5月12日	87年	景行17年	3月12日
393年	景行男弟8年		3月	88年	景行18年	3月
248年	邪馬台国	壬戌朔甲子	6月3日			4月3日
		壬辰朔	7月1日			5月1日
		辛酉朔癸亥	8月3日			6月3日
		辛卯朔甲午	9月4日			7月4日
			10月			8月
394年	景行男弟9年	甲申朔癸卯	11月20日	89年	景行19年	9月20日
395年	景行男弟10年	辛巳朔甲申	4月4日	90年	景行20年	2月4日
400年	景行元年	庚辰朔壬午	6月3日	95年	景行25年	7月3日
401年	景行2年	辛丑朔壬子	12月12日	97年	景行27年	2月12日
402年	景行3年		4月			8月
		丁酉朔己酉	8月13日			10月13日
			10月			12月
403年	景行4年	乙丑朔	1月1日	98年	景行28年	2月1日
404年	景行5年		6月	110年	景行40年	6月
405年	景行6年	癸未朔戊戌	1月16日			7月16日
		壬子朔己丑	2月2日			10月2日
		壬午朔戊子	3月7日	121年	景行51年	1月7日
		己酉朔壬子	10月4日			8月4日

紀の編纂記述	備考
摘要	
景行即位	垂仁男兄王即位386.2.7
播磨皇后	
紀伊国行幸	
美濃行幸	
美濃より還幸	
熊襲が叛く	
筑紫に行幸	
周防の佐波	卑弥呼、大国主尊
硯田国に至る	卑弥呼、大国主尊
日向国高屋宮	卑弥呼、大国主尊
熊襲討伐協議	
襲国を平定	
児湯県に行幸	卑弥呼、大国主尊
筑紫巡幸	
熊県	卑弥呼、大国主尊
火国	卑弥呼、大国主尊
高来県	卑弥呼、大国主尊
筑紫後国	卑弥呼、大国主尊
的邑に至る	卑弥呼、大国主尊
日向より帰還	
五百野皇女	
武内宿禰	垂仁男兄王崩御399.2.1
武内東国から帰る	
熊襲が叛く	
日本武尊、熊襲撃つ	
日本武尊、熊襲到着	
日本武尊、熊襲平定	
東夷が叛く	
東国	
日本武尊出発	
宴	
成務を皇太子	

1倍年換算		月読暦		紀の編纂記述		
西暦年	景行紀	紀の暦日	月日	西暦年	紀編纂年	月日
406年	景行7年	甲辰朔丁未	8月4日	122年	景行52年	5月4日
		癸卯朔己酉	10月7日			7月7日
407年	景行8年	丁卯朔	10月1日	123年	景行53年	8月1日
			10月			8月
			11月			10月
			12月			12月
408年	景行9年	辛卯朔己酉	11月19日	124年	景行54年	9月19日
409年	景行10年	戊子朔壬辰	5月5日	125年	景行55年	8月5日
410年	景行11年		8月	126年	景行56年	8月
411年	景行12年		9月	127年	景行57年	9月
412年	景行13年	辛丑朔辛亥	5月11日	128年	景行58年	2月11日
415年	景行16年	乙酉朔辛卯	2月7日	130年	景行60年	11月7日

紀の編纂記述	備考
摘要	
皇后崩じる	
八坂入媛命	
小碓	
伊勢行幸	
上総国	
東国から帰国、伊勢綺宮におられた	
伊勢から纏向	
彦狭嶋王	仲哀男弟王即位409.1.11
御諸別王	
坂手池	
近江国	仲哀男弟王崩御412.1.6
景行崩じる	忍熊王を攻撃413.2.5

神功皇后紀（月読暦解釈年月日と史料源）

1倍年換算		月読暦		紀の編纂記述		
西暦年	神功摂政年	紀の暦日	月日	西暦年	紀編纂年	月
412年	前記	癸卯朔丁未	1月5日	200年	前記（神功前1年）	2月
		壬申朔	2月1日			3月
		壬寅朔甲辰	3月3日			4月
		庚午朔己卯	6月10日			9月
		巳亥朔辛丑	9月3日			10月
		戊戌朔辛亥	閏10月14日			12月
413年	神功元年			201年	神功元年	2月
		丙申朔庚子	2月5日			3月
		癸亥朔甲子	9月2日			10月
414年	神功2年	丁亥朔庚午	10月8日	202年	神功2年	11月
		丙戌朔戊子	12月3日	203年	神功3年	1月
417年	神功5年	癸卯朔己酉	2月7日	205年	神功5年	3月
419年	神功7年	丁巳朔甲子	12月8日	213年	神功13年	2月
239年	邪馬台国			239年	神功39年	6月
240年				240年	神功40年	
243年				243年	神功43年	
364年	日本貴国			364年	神功45年	7月
365年		乙亥朔	2月1日	365年	神功46年	3月
366年				366年	神功47年	4月
368年				368年	神功49年	3月
369年				369年	神功50年	2月
370年				370年	神功51年	3月
371年		丁卯朔丙子	9月10日	371年	神功52年	9月
375年				375年	神功55年	
376年					神功56年	
382年				381年	神功62年	
384年				383年	神功64年	
385年				384年	神功65年	
266年	邪馬台国			266年	神功66年	10月
424年	神功12年	辛酉朔丁丑	5月17日	269年	神功69年	4月
		戊午朔壬申	11月15日			10月

1）神功皇后元年（413年）を書紀編纂者は辛巳年とその干支年を解釈したが、月読暦で解釈すれば、この年は癸丑年である

2）邪馬台国時代は西暦180年頃～363年、貴国時代は364～521年、神功皇后の生存は390～

紀の編纂記述 摘要	挿入史料源、紀年関連、その他
仲哀崩じる (橿日宮)	
斉宮（小山田邑）	
肥前松浦県玉嶋里	
戦争準備、船舶を集める	
和珥津を出発	
応神を生む（宇美町）	
穴門豊浦宮へ移る	
数万の軍で忍熊王を攻撃	
皇后を皇太后	編纂者はこの年を辛巳年（201年）と解釈
仲哀を葬る	
誉田別皇子（応神）の立太子	神功の皇太子、磐余に都
葛城襲津彦を新羅に遣わす	新羅王19代目訥祇王（417年）朝貢
角鹿に参拝	
難斗米等を遣わす	『魏志』景初3年巳未年（239年）
倭国に詣らしむ	『魏志』正始元年庚申年（240年）
8人を遣わす	『魏志』正始四年癸亥年（243年）
百済が卓淳国へ	百済史、百済王13代目近肖古王甲子年（364年）
斯摩宿禰を卓淳国へ	斯摩宿禰は貴国の人
宿禰の従者を百済へ	3月の直後
百済、久氐らを貴国に遣わす	
荒田別、卓淳国に集結	
荒田別ら帰還	
百済近肖古王が遣わす	
七支刀を献上	
近肖古王没375年11月	百済史、肖古王没年375年11月
近仇首即位375年	
襲津彦を遣わし新羅討伐	百済史、壬午年（382年）
近仇首王没	百済史、干支年384年4月
沈流王没	百済史、干支年385年2月
倭の女王訳を重ねて貢献せしむ	晋起居注、泰初（泰始）2年（266年）
神功皇后崩御	
神功皇后葬る	編纂者はこの年を己丑年（269年）と解釈

424年である

3）神功皇后69年（424年）を書紀編纂者は己丑年とその干支年を解釈したが、月読暦で解釈すれば、この年は甲子年である

応神紀（月読暦解釈年月日と史料源）

<table>
<tr><th colspan="2">1倍年換算</th><th colspan="2">月読暦</th><th colspan="3">紀の編纂記述</th></tr>
<tr><th>西暦年</th><th>応神年</th><th>紀の暦日</th><th>月日</th><th>西暦年</th><th>紀編纂年</th><th>月</th></tr>
<tr><td>425年</td><td>応神元年</td><td>丁亥朔</td><td>2月1日</td><td>270年</td><td>応神元年</td><td>1月</td></tr>
<tr><td>426年</td><td>応神2年</td><td>庚戌朔</td><td>3月3日</td><td>271年</td><td>応神2年</td><td>3月</td></tr>
<tr><td>427年</td><td>応神3年</td><td>辛未朔癸酉</td><td>10月3日</td><td rowspan="2">272年</td><td rowspan="2">応神3年</td><td>10月</td></tr>
<tr><td>385年</td><td>貴国</td><td></td><td></td><td></td></tr>
<tr><td>429年</td><td>応神5年</td><td>庚寅朔壬寅</td><td>9月13日</td><td>274年</td><td>応神5年</td><td>8月</td></tr>
<tr><td rowspan="2">430年</td><td rowspan="2">応神6年</td><td></td><td></td><td>275年</td><td>応神6年</td><td>2月</td></tr>
<tr><td></td><td></td><td>276年</td><td>応神7年</td><td>9月</td></tr>
<tr><td>392年</td><td>貴国</td><td></td><td></td><td>277年</td><td>応神8年</td><td>3月</td></tr>
<tr><td>431年</td><td>応神7年</td><td></td><td></td><td>278年</td><td>応神9年</td><td>4月</td></tr>
<tr><td>432年</td><td>応神8年</td><td></td><td></td><td>280年</td><td>応神11年</td><td>10月</td></tr>
<tr><td>433年</td><td>応神9年</td><td></td><td></td><td>282年</td><td>応神13年</td><td>9月</td></tr>
<tr><td rowspan="2">434年</td><td rowspan="2">応神10年</td><td></td><td></td><td>283年</td><td>応神14年</td><td>2月</td></tr>
<tr><td>壬戌朔丁卯</td><td>2月7日</td><td>284年</td><td>応神15年</td><td>8月</td></tr>
<tr><td>435年</td><td>応神11年</td><td></td><td></td><td rowspan="2">285年</td><td rowspan="2">応神16年</td><td>2月</td></tr>
<tr><td>405年</td><td>貴国</td><td></td><td></td><td></td></tr>
<tr><td>438年</td><td>応神14年</td><td>戊戌朔</td><td>8月1日</td><td>288年</td><td>応神19年</td><td>10月</td></tr>
<tr><td>439年</td><td>応神15年</td><td></td><td></td><td>289年</td><td>応神20年</td><td>9月</td></tr>
<tr><td rowspan="2">441年</td><td rowspan="2">応神17年</td><td>甲申朔戊子</td><td>1月5日</td><td rowspan="2">291年</td><td rowspan="2">応神22年</td><td>3月</td></tr>
<tr><td>辛巳朔丙戌</td><td>7月6日</td><td>9月</td></tr>
<tr><td>420年</td><td>貴国</td><td></td><td></td><td>294年</td><td>応神25年</td><td></td></tr>
<tr><td>442年</td><td>応神18年</td><td></td><td></td><td>297年</td><td>応神28年</td><td>9月</td></tr>
<tr><td>443年</td><td>応神19年</td><td></td><td></td><td>300年</td><td>応神31年</td><td>8月</td></tr>
<tr><td>445年</td><td>応神21年</td><td>戊午朔</td><td>7月1日</td><td>306年</td><td>応神37年</td><td>2月</td></tr>
<tr><td>420年</td><td>貴国</td><td></td><td></td><td>308年</td><td>応神39年</td><td>2月</td></tr>
<tr><td>447年</td><td>仁徳男弟王元年</td><td>丁丑朔己卯</td><td>2月3日</td><td>313年</td><td>仁徳元年</td><td>1月</td></tr>
<tr><td rowspan="2">448年</td><td>仁徳男弟王2年</td><td>辛未朔戊寅</td><td>3月8日</td><td>314年</td><td>仁徳2年</td><td>3月</td></tr>
<tr><td>応神24年</td><td>辛丑朔戊申</td><td>6月8日</td><td>309年</td><td>応神40年</td><td>1月</td></tr>
<tr><td>449年</td><td>応神25年</td><td>甲午朔戊申</td><td>8月15日</td><td>310年</td><td>応神41年</td><td>2月</td></tr>
</table>

紀の編纂記述	備考	
摘要	挿入史料源	修正等
皇太子即位（12歳）	太歳庚寅年	乙丑年
仲姫を皇后		
東の蝦夷が朝貢		
辰斯王在位	百済記、垂仁紀	辰斯王385 ~ 392年在位
海人・山守部を定めた		
近江国に行幸		
高麗・百済・任那・新羅		
阿華王在位、王子直支を遣わす	百済記、景行紀	阿華王392 ~ 405年在位
武内宿禰を筑紫に遣わす		
剣池・軽池		
髪長媛が日向より来る		応神39年（420年）の出来事であろう
百済、縫衣工女		
百済、阿直岐遣わす		
王仁来朝		
直支王在位	百済記、景行紀	直支王405 ~ 420年在位
吉野に行幸		
阿知使主		
難波行幸		
淡路嶋で狩		
直支王薨じ久爾辛立つ	百済記、景行紀	久爾辛420 ~ 427年在位
高麗王使を遣わし朝貢		
枯野の官船		
阿知使主を呉に遣わす		
直支王が妹の新斉都媛を遣わす	百済記、景行紀	直支王405 ~ 420年在位
仁徳即位		
磐之媛を皇后		
大山守・大鷦鷯尊を召す		
明宮で崩ず（37歳）	110歳	

1）447年に仁徳男弟王即位（17歳）。その翌年に、応神天皇は大山守・大鷦鷯尊を召し、後継男兄王に問い菟道稚郎子を皇太子に立てた。しかし、449年応神天皇が崩じて、皇太子が即位を辞退したため、450年仁徳男弟王（20歳）が男兄王（天皇）に即位した。

2）応神生誕412年10月14日 / 応神即位425年2月1日 / 応神崩御449年8月15日

仁徳（男兄・男弟王）と履中・反正・允恭（男弟王）天皇紀
（元嘉暦解釈年月日と史料源）

1倍年換算		元嘉暦		紀の編纂記述		
西暦年	天皇年・男弟年	紀の暦日	月日	紀編纂年	西暦年	月
447年	仁徳男弟元年	丁丑朔己卯	6月3日	仁徳元年	313年	1月
448年	仁徳男弟2年	辛未朔戊寅	5月8日	仁徳2年	314年	3月
	応神24年	辛丑朔戊申	6月8日	応神40年	309年	1月
449年	応神25年	甲午朔戊申	8月15日	応神41年	310年	2月
450年	仁徳元年	己未朔甲子	7月6日	仁徳4年	316年	2月
		己丑朔己酉	8月21日			3月
453年	仁徳3年	辛未朔	8月1日	仁徳7年	319年	4月
		己巳朔丁丑	12月9日			8月
	仁徳 x 年		10月	仁徳10年	322年	10月
457年	仁徳8年	戊寅朔甲午	8月17日	仁徳11年	323年	4月
458年	仁徳9年	辛未朔癸酉	10月3日	仁徳12年	324年	7月
		庚子朔己酉	12月4日			8月
	仁徳 x 年			仁徳14年	326年	11月
462年	履中男弟元年	壬午朔	1月1日	履中元年	400年	2月
		辛巳朔丁酉	3月17日			4月
		己酉朔壬子	8月4日			7月
	仁徳13年	戊寅朔	9月1日	仁徳16年	328年	7月
463年	履中男弟2年	丙午朔己酉	2月4日	履中2年	401年	1月
	仁徳14年		9月	仁徳17年	329年	9月
464年	履中男弟3年	丙寅朔辛未	10月6日	履中3年	402年	11月
	仁徳 x 年			仁徳22年	334年	
465年	履中男弟4年	辛卯朔戊戌	10月8日	履中4年	403年	8月
466年	履中男弟5年	戊午朔	4月1日	履中5年	404年	3月
		乙酉朔壬寅	9月18日			9月
	仁徳17年	乙卯朔乙丑	10月11日	仁徳30年	342年	9月
		甲申朔	11月1日			10月
		甲寅朔庚申	12月15日			11月
467年	履中男弟6年	癸未朔戊子	1月6日	履中6年	405年	1月
		癸丑朔	閏1月1日			2月
	仁徳18年	癸丑朔丁卯	閏1月	仁徳31年	343年	1月
	履中男弟6年	壬午朔丙申	2月15日	履中6年	405年	3月

紀の編纂記述	挿入史料源
摘　要	
仁徳（男弟王）即位	
磐之媛を皇后	
大山守・大鷦鷯尊を召す	
明宮で崩ず（37歳）	
高台、煙が国中に上がっていない	
3年課役をやめる	
高台、煙が立ち上がっていた	
壬生部を定めた	
宮室の完成	
池・堤の必要性	
高麗国が鉄盾の的を貢上	
高麗の客を饗応	
京に大道を作った	辛丑年など
磐余稚桜宮で履中即位	
安曇連浜子を召し詔す	
黒媛を皇妃	
宮人の桑田玖賀媛	
瑞歯別皇子を皇太子	
的臣の祖である砥田宿禰を新羅に遣わす	
両枝船を磐余池に浮かべ遊ぶ	
皇后と不仲	
諸国に国史を置く	
筑紫の御柱の神が宮中に現る	
淡路嶋にて狩猟	
皇后紀国に遊行	
口持臣を遣わす	
浮江で山背に行幸	
草香幡梭皇女を皇后	
後宮に二人の嬪	
大兄去来穂別尊を皇太子	
稚桜宮で崩ず	

1倍年換算		元嘉暦		紀の編纂記述		
西暦年	天皇年・男弟年	紀の暦日	月日	紀編纂年	西暦年	月
467年	履中男弟6年	己酉朔壬子	9月4日	履中6年	405年	10月
	仁徳 x 年			仁徳35年	347年	6月
468年	反正男弟元年	丁丑朔戊寅	2月2日	反正元年	406年	1月
	仁徳24年	甲戌朔乙酉	8月15日	仁徳37年	349年	11月
	反正男弟元年	甲辰朔己酉	9月6日	反正元年	406年	8月
						10月
	仁徳25年	癸酉朔戊寅	10月6日	仁徳38年	350年	
			11月	仁徳41年	353年	3月
469年	仁徳26年	庚子朔	5月1日	仁徳43年	355年	9月
470年	仁徳27年	壬辰朔丙申	8月5日	仁徳50年	362年	3月
				仁徳55年	367年	
			5月	仁徳58年	370年	5月
			10月	仁徳60年	372年	10月
471年	仁徳28年		5月	仁徳62年	374年	5月
				仁徳65年	377年	
472年	反正男弟5年	甲申朔丙午	2月23日	反正5年	410年	1月
	仁徳29年	庚辰朔甲申	9月5日	仁徳67年	379年	10月
475年	允恭男弟2年	丙申朔己酉	2月14日	允恭元年	412年	2月
		辛酉朔	12月1日	允恭3年	414年	1月
476年	仁徳33年	戊子朔癸卯	7月16日	仁徳87年	399年	1月
477年	仁徳34年	癸未朔己丑	5月7日	仁徳87年	399年	10月
	允恭元年	辛巳朔己丑	9月9日	允恭4年	415年	9月

紀の編纂記述	挿入史料源
摘　要	
百舌鳥耳原陵に葬る	
皇后磐之媛命が筒木宮で薨じる	
即位	
皇后を乃羅山に葬る	
津野媛を皇夫人	
丹比に都	
八田皇女を皇后に立てる	
紀角宿禰を百済に遣わす	
阿弭古が鳥を献上	
茨田堤に雁が子を産む	
田道を遣わし蝦夷を討伐	
荒陵に櫪木が生えた	
白鳥陵の守陵を指名	
遠江国司が上表	
飛騨国	
正殿で崩ず	
河内の石津原に陵地を定める	
忍坂大中姫を皇后に立てる	
医師を新羅に求める	
仁徳崩じる	
百舌鳥野陵に葬る	
詔、「氏姓の偽りを正せ」	

「仁徳Ｘ年」は複数の推定年となり、特定できないため、前後の記述から判断する

允恭（男弟・男兄王）と雄略（男弟・男兄王）天皇紀
（元嘉暦解釈年月日と史料源）

1倍年換算		元嘉暦		紀の編纂記述		
西暦年	天皇年・男弟年	紀の暦日	月日	紀編纂年	西暦年	月
475年	允恭男弟2年	丙申朔己酉	2月14日	允恭2年	413年	2月
		辛酉朔	12月1日	允恭3年	414年	1月
476年	仁徳33年	戊子朔癸卯	7月16日	仁徳87年	399年	1月
477年	允恭元年	辛巳朔己丑	9月9日	允恭4年	415年	9月
478年	允恭2年	丙子朔己丑	8月14日	允恭5年	416年	8月
		甲戌朔甲申	12月11日			12月
481年	允恭5年	壬戌朔	1月1日	允恭7年	418年	12月
484年	允恭8年	癸卯朔丙午	4月4日	允恭11年	422年	3月
485年	安康男弟元年	己巳朔壬午	1月14日	安康前年	454年	12月
486年	安康男弟2年	癸巳朔巳酉	閏1月17日	安康2年	455年	1月
	允恭11年	戊午朔	10月12日	允恭14年	425年	9月
487年	安康男弟3年	甲申朔壬辰	7月9日	安康3年	456年	8月
	雄略男弟前年	壬子朔甲子	12月13日	雄略前年	456年	11月
488年	雄略男弟元年	庚戌朔壬子	4月3日	雄略元年	457年	3月
489年	雄略男弟2年		7月	雄略2年	458年	7月
		辛未朔癸酉	10月3日			10月
491年	允恭15年	甲午朔庚子	1月7日	允恭23年	434年	3月
	雄略男弟4年	辛卯朔戊申	7月18日	雄略4年	460年	8月
492年	雄略男弟5年		4月	雄略5年	461年	4月
461年	貴国		4月			4月
		丙戌朔	6月1日			6月
			7月			7月
493年	雄略男弟6年	壬子朔乙卯	1月4日	雄略6年	462年	2月
		辛巳朔丁亥	4月7日			3月
494年	允恭18年	乙亥朔戊子	4月14日	允恭42年	453年	1月
	雄略元年	甲戌朔丙子	5月6日	雄略7年	463年	7月
495年	允恭19年	庚午朔己卯	3月10日	允恭42年	453年	10月
496年	雄略3年	甲子朔	3月1日	雄略9年	465年	2月
		壬辰朔	8月1日			7月
497年	雄略4年	乙酉朔戊子	9月4日	雄略10年	466年	9月
		乙卯朔辛酉	10月7日			10月

紀の編纂記述	挿入史料
摘要	
忍坂大中姫を皇后に立てる	
医師を新羅に求める	
仁徳崩じる	
詔、「氏姓の偽りを正せ」	
玉田宿禰	
瑞歯別皇子を耳原陵に葬る	
新室で宴会	
茅渟宮に行幸	
(男弟王) 即位	
中帯姫命を皇后	
淡路嶋にて猟	
眉輪王に殺される	
雄略(男弟王)即位	
草香幡梭姫皇女を皇后に立てる	
池津媛の密通(489年、己巳年7月)	百済新撰己巳年
吉野行幸	
木梨軽皇子を皇太子	
吉野行幸	
加須利君は池津媛が焼き殺されたことを聞く	百済新撰
軍君が加須利君から倭国で仕える命を受ける	
加唐島(唐津市鎮西町)で武寧王生まれる	
軍君は大倭(貴国)に参内し天皇(天照大神)に仕える	
泊瀬の小野に遊ばれて歌をよむ	
皇后に桑を摘ませる	
允恭天皇崩ず	
小子部連蜾蠃に詔	463年、田狭を任那国司に
河内の長野原陵に葬る	
凡河内香賜と采女とを遣わし胸方神を祀る	
河内国より言上がある	
呉が献上	
水間君が献じた養鳥人らを2カ所の村に置く	

1倍年換算		元嘉暦		紀の編纂記述		
西暦年	雄略年	紀の暦日	月日	紀編纂年	西暦年	月
498年	雄略5年	辛亥朔	6月1日	雄略11年	467年	5月
499年	雄略6年	丙子朔巳卯	5月4日	雄略12年	468年	4月
		癸酉朔壬午	10月10日			10月
500年	雄略7年	丙寅朔戊寅	12月13日	雄略14年	470年	1月
501年	雄略8年	甲午朔	5月1日			4月
504年	雄略11年	丁丑朔戊寅	4月2日	雄略17年	473年	3月
505年	雄略12年	己亥朔戊申	8月10日	雄略18年	474年	8月
506年	雄略13年	丙寅朔戊寅	3月13日	雄略19年	475年	3月
475年	貴国		冬			冬
476年			冬	雄略20年	476年	冬
477年			3月	雄略21年	477年	3月
509年	雄略16年	己酉朔	2月1日	雄略22年	478年	1月
479年	貴国		4月	雄略23年	479年	4月
510年	雄略17年	辛丑朔	6月1日			7月
		庚午朔丙子	8月7日			8月

紀の編纂記述	挿入史料
摘要	
近江国栗太郎から言上がある	
身狭村主青らを呉に遣わす	
木工の闘鶏御田に命じて楼閣を造らす	
身狭村主青らが住吉津に碇泊	
根使主が逃げ隠れ日根で稲城を造って対戦	
土師連らに詔	
物部莵代宿袮、物部目連らを遣わし伊勢朝日郎を討たせた	
穴穂部を置く	
蓋鹵王の乙卯年冬に狛の大軍が来て大城を7日7晩攻撃	百済記
高麗王、軍兵を発して百済を攻撃し滅ぼす	
久麻那利（熊津）を文周王に賜る	
白髪皇子を皇太子とす	
百済の文斤王が薨じ、末多王（東城王）を百済に護送	百済記
天皇は病気、皇太子にゆだねた	
雄略天皇大殿で崩じる	百済新撰

1）『百済新撰』からの引用で、雄略2年の条に「乙巳に蓋婁王が立つ」とある。本来の雄略2年は489年（己巳年）のことで、蓋鹵王が立ったのは『三国史』の通り455年であろう。池津媛は蓋鹵王（455～475年在位）時代の人ではなく、東城王（479～501年在位）時代であろう。加須利君は蓋鹵王時代から東城王の時代に百済の政権にいた百済の王族（王弟、武寧王の父）であろう。

2）軍君・昆支君は筑紫国中央政権に、実質的に人質として仕えた百済の王族であり、昆支君は熊津で百済を再興するため、帰国して間もなく亡くなっている。軍君は加須利君の弟であり、東城王の父である。

継体紀（元嘉暦解釈年月日と史料源）

1倍年換算（解釈年）		元嘉暦		紀の編纂記述		
西暦年	男大迹年、天子年	朔干支	月日	西暦年	継体年	月
508年	男大2年		12月	508年	継体2年	12月
509年	男大3年		2月	509年	継体3年	2月
511年	男大5年		10月	511年	継体5年	10月
513年	男大7年	癸未朔	8月26日	513年	継体7年	8月
			9月			9月
		辛巳朔	12月			12月
514年	男大8年		正月	514年	継体8年	1月
518年	男大12年	丙辰朔	3月9日	518年	継体12年	3月
523年	男大17年		5月	523年	継体17年	5月
524年	男大18年		1月	524年	継体18年	1月
526年	男大20年	丁酉朔	9月	526年	継体20年	9月
527年	男大21年	壬辰朔	6月	527年	継体21年	6月
		辛卯朔	8月			8月
	天子6年	辛酉朔	9月6日	512年	継体6年	4月
			12月			12月
528年	天子7年		6月	513年	継体7年	6月
528年	男大22年	甲寅朔	11月11日	528年	継体22年	11月
			12月			12月
529年	天子8年	甲午年	3月	514年	継体8年	3月
	男大23年		3月	529年	継体23年	3月
		壬午朔	4月7日			4月
	天子8年	辛亥朔	7月5日	513年	継体7年	11月
530年	男大24年	丁未朔	2月1日	530年	継体24年	2月
	天子9年	甲戌朔	9月4日	515年	継体9年	2月
	男大24年		9月	530年	継体24年	9月
			10月			10月
531年	男大25年	辛丑朔	2月7日	531年	継体25年	2月
	天子10年		5月	516年	継体10年	5月

紀の編纂記述 摘要	挿入史料源（干支年）
耽羅人が百済に使を送った	百済本記戊子年
久羅麻致支弥が日本から来た	百済本記己丑年
任那の村々に住む浮浪百済人を返す	百済本記己丑年
北陸王権が都を山背筒城に移した	辛卯年
百済太子淳陀薨ず	
安閑（勾大兄皇子）が仁賢皇女（春日皇女）を妻問う	
皇位を勾大兄皇太子（安閑）に期待	
春日皇女、屯倉賜う	
北陸王権が弟国（京都府乙訓郡）に遷都	
百済、武寧王薨ず（墓誌に同じ）	百済本記癸卯年
百済、聖明王即位	甲辰年
北陸王権が磐余玉穂に遷都	
近江毛野臣6万の軍の将、筑紫へ	
物部大連に磐井を討たせる	
穂積臣押山を百済に使いす	壬辰年→丁未年
百済は上表して、任那四県を賜ることを請う	壬辰年→丁未年
哆唎国守穂積臣押山は四県併合に同意	
大伴金村は四県併合に同調、物部は棄権	
百済は文貴将軍らを遣わし、伴跛へ国が略奪した己汶の返還を請う	百済本記 （継体7年→天子7年）
物部、磐井交戦	
葛子、屯倉を献上、死罪免除	
伴跛国が子呑・帯沙に城を築き満渓と結ぶ	継体8年→天子8年
下哆唎国守に多沙津賜りたい。押山臣が要請を奏上	
任那王己能末多干岐が来朝	
文貴将軍らを召集し、己汶帯沙を百済に賜う	継体7年→天子8年
国政について詔	
百済の文貴将軍らが帰国を請う	継体9年→天子9年
近江毛野臣、国政を怠っている（2年間）	
調吉士、任那から帰国	
天皇、太子、皇子亡くなる（安閑紀）（ある本、28年甲寅）	百済本記辛亥年
物部連らを己汶に迎える	継体10年→天子10年

1倍年換算（解釈年）		元嘉暦		紀の編纂記述		
西暦年	男大迹年、天子年	朔干支	月日	西暦年	継体年	月
531年	天子10年		9月	516年	継体10年	9月
532年	継体元年	辛酉朔	10月4日	507年	継体元年	1月
		辛卯朔	11月4日			2月
		庚申朔	12月1日			3月
534年	継体3年	甲申朔	正月	534年		
		辛亥朔	8月3日	509年	継体3年	8月
	安閑元年	甲寅年	正月	534年	安閑元年	1月
537年	宣化2年	丙申朔	3月5日	531年	継体25年	12月

紀の編纂記述	挿入史料源（干支年）
摘要	
百済、己汶を賜るを感謝	継体10年→天子10年
男大王に皇位を勧め、12日樟葉宮に到着	
大伴金村大連、鏡剣を奉ず	
5日手白香皇女（仁賢天皇の皇女）を皇后とす	
534年正月甲申朔丁未継体天皇崩御	甲寅年
武烈天皇を葬る	
都を勾金橋に遷す	
継体天皇を藍野陵に葬る	

1）安閑の最初の記事が534年正月、次が3月癸未朔（534年3月）、この直前に継体が崩御とすれば、甲寅朔（2月）、もしくは甲申朔（正月）。

2）531年に崩御（辛丑朔丁未531年2月7日）したのは筑紫国朝の初代天子。

【結論】

継体天皇はある本に534年の甲寅年に崩御したとあることから、継体天皇が正月に崩御したので、安閑天皇はその月に都を遷し即位し、3月皇后を迎えたと考えられる。その後、継体天皇陵を築き、葬ったのは537年3月5日。九州の初代天子と同じ丁未日に崩御したのであれば、534年1月24日である。

継体（北陸王権）と清寧・顕宗・仁賢・武烈（近畿王権）の合流

1倍年換算		元嘉暦		紀編纂記述			
西暦年	天皇年、天子年	朔干支	月	西暦年	天皇年		月
508年	男大2年		12月	508年	継体2年		12月
509年	男大3年		2月	509年	継体3年		2月
			2月				2月
511年	清寧元年	戊戌朔	1月	480年		清寧元年	1月
	男大5年		10月	511年	継体5年		10月
	清寧元年		11月	480年		清寧元年	10月
513年	清寧3年	丙辰朔	2月	482年		清寧3年	1月
		乙酉朔	3月				4月
	男大7年	癸未朔	8月	513年	継体7年		8月
	清寧3年	壬子朔	9月	482年		清寧3年	9月
	男大7年		9月	513年	継体7年		9月
	清寧3年	壬午朔	10月	482年		清寧3年	10月
		辛亥朔	11月				11月
	男大7年	辛巳朔	12月	513年	継体7年		12月
514年	清寧4年	庚戌朔	1月	483年		清寧4年	1月
	男大8年		1月	514年	継体8年		
	清寧4年	丁未朔	7月	483年		清寧4年	8月
		丙子朔	10月				9月
515年	清寧5年	甲戌朔	2月	484年		清寧5年	1月
		庚午朔	10月				11月
	顕宗元年	己巳朔	12月	485年		顕宗元年	1月
516年	顕宗2年	戊戌朔	2月				2月
		丁酉朔	4月				4月
517年	顕宗3年	己未朔	9月	486年		顕宗2年	8月
		戊午朔	11月				10月
518年	顕宗4年	丁未朔	1月	487年		顕宗3年	2月
	男大12年	丙辰朔	3月	518年	継体12年		3月
	顕宗4年	丙辰朔	3月	487年		顕宗3年	4月
519年	仁賢元年	辛巳朔	1月	488年		仁賢元年	1月
		辛亥朔	2月				2月
		丁未朔	10月				10月
521年	仁賢3年	己巳朔	3月	490年		仁賢3年	2月

紀編纂記述 摘要	挿入史料源（干支年）
耽羅人が百済に使を送った	百済本記戊子年
久羅麻致支弥が日本から来た	百済本記己丑年
任那の村々に住む浮浪百済人を返す	
清寧天皇即位	
都を山背筒城に移した	辛卯年
雄略天皇を丹比高鷲原陵に葬る	
小楯らは、億計・弘計を奉じて摂津国に至った	
億計王を皇太子とし、弘計王を皇子とした	
百済太子淳陀薨ず	
臣連を遣わし風俗を巡視させた	
安閑（勾大兄皇子）が仁賢皇女（春日皇女）を妻問う	癸巳年
献上物の制限	
臣連を召して大庭で宴会を催した	
皇位を勾大兄皇太子（安閑）に期待	
海外の国々の使者のために朝堂で宴を催す	
春日皇女、屯倉賜う	甲午年
天皇自ら因徒を取り調べ	
天皇射殿に出かける	
清寧天皇宮で崩じる	
河内坂門原陵に葬る	
大臣と大連は顕宗天皇の即位承諾	
詔「先王のお骨を求めたい」	
詔「国家興隆の方法」	
天皇、皇太子の億計に雄略天皇陵破壊を話す	
群臣のために宴催す	
阿閉臣事代を任那に遣わされる	
弟国（京都府乙訓郡）に遷都	
顕宗天皇崩御	
仁賢天皇、石上広高宮で即位	
春日大娘皇女を皇后とす	
顕宗天皇を傍丘磐杯陵に葬る	
石上部舎人を置く	

1倍年換算		元嘉暦		紀編纂記述			
西暦年	天皇年、天子年	朔干支	月	西暦年	天皇年		月
523年	仁賢5年	丁亥朔	3月	492年		仁賢5年	2月
	男大17年		5月	523年	継体17年		5月
524年	男大18年		1月	524年	継体18年		1月
	仁賢6年	己酉朔	7月	493年		仁賢6年	9月
		丁未朔	11月			仁賢7年	1月
526年	男大20年	丁酉朔	9月	526年	継体20年		9月
527年	男大21年	壬辰朔	6月	527年	継体21年		6月
		辛卯朔	8月				8月
	天子6年	辛酉朔	9月	512年	継体6年		4月
	天子6年		12月		継体6年		12月
528年	天子7年		6月	513年	継体7年		6月
	男大22年	甲寅朔	11月	528年	継体22年		11月
			12月				12月
529年	天子8年		3月	514年	継体8年		3月
	男大23年		3月	529年	継体23年		
		壬辰朔	4月				
	仁賢11年	庚戌朔	8月	498年		仁賢11年	8月
		己酉朔	10月				10月
	天子8年	辛亥朔	7月	513年	継体7年		11月
	武烈元年	戊寅朔	11月	499年		仁賢11年	11月
			12月				12月
530年	武烈2年	丁丑朔	1月	500年		武烈元年	3月
	男大24年	丁未朔	2月	530年	継体24年		2月
	武烈2年	乙巳朔	6月	500年		武烈6年	
	天子9年	甲戌朔	7月	515年	継体9年		2月
			9月				4月
	男大24年		9月	530年	継体24年		9月
			10月				10月
531年	男大25年	辛丑朔	2月	531年	継体25年		2月

紀編纂記述	備考
摘要	挿入史料源（干支年）
国郡に散亡していた佐伯部を求めた	
百済、武寧王薨ず（墓誌に同じ）	百済本記癸卯年
百済、聖明王即位	百済本記甲辰年
日鷹吉士を高麗に派遣	
武烈を皇太子に立てる	
磐余玉穂に遷都	
近江毛野臣6万の軍の将、筑紫へ	
物部大連に磐井を討たせる	
穂積臣押山を百済に使いす	壬辰年→丁未年
百済は上表して、任那4県を賜ることを請う	
哆唎国守穂積臣押山は4県併合に同意	壬辰年→丁未年
大伴金村は4県併合に同調、物部は棄権	
百済文貴将軍らを遣わす、伴へ国が略奪した己汶の返還請う	百済本記 （継体7年→天子7年）
物部、磐井交戦	
葛子、屯倉を献上、死罪免除	
伴跛国が子呑・帯沙に城を築き満渓と結ぶ	継体8年→天子8年
下哆唎国守に多沙津賜りたいと押山臣に	
任那王己能末多干岐が来朝	
仁賢天皇崩御	
仁賢天皇を埴生坂本陵に葬る	
文貴将軍ら召集し、己汶帯沙を百済に賜う	継体7年→天子8年
大伴金村が太子に真鳥の賊を撃つように申し上げる	
武烈天皇即位	
春日娘子を皇后	
国政について詔	
詔「小泊瀬舎人を置く」	
百済の文貴将軍らが帰国を請う	継体9年→天子9年
伴跛国が物部連らを攻める	
近江毛野臣、国政を怠っている（2年間）	
調吉士、任那から帰国	
天皇、太子、皇子亡くなる。丁未日に崩ず	百済本記辛亥年

1倍年換算		元嘉暦		紀編纂記述			
西暦年	天皇年、天子年	朔干支	月	西暦年	天皇年		月
531年	天子10年		5月	516年	継体10年		5月
			9月				9月
532年	武烈4年	壬辰朔	9月	502年		武烈8年	
	継体元年	辛酉朔	10月	507年	継体元年		1月
		辛卯朔	11月				2月
		庚申朔	12月				3月
534年	継体3年	甲申朔	1月	534年			
			1月		継体3年	安閑元年	1月
	安閑元年	癸未朔	3月			安閑元年	3月
		癸丑朔	4月				4月
		辛巳朔	7月				7月
		辛亥朔	8月				8月
		庚戌朔	10月				10月
		己卯朔	閏12月				閏12月
535年	安閑2年	戊申朔	1月	535年		安閑2年	1月
		丁丑朔	4月				4月
		丙午朔	5月				5月
		乙亥朔	8月				8月
		甲辰朔	9月				9月
		己酉朔	12月				12月
			12月				12月
536年	宣化元年	壬申朔	2月	536年		宣化元年	2月
		壬寅朔	3月				3月
		辛丑朔	5月				5月
537年	宣化2年	丙申朔	3月	537年		宣化2年	3月
		壬辰朔	10月				10月
539年	宣化4年	乙酉朔	2月	539年		宣化4年	2月
		庚戌朔	11月				11月

紀編纂記述	備考
摘要	挿入史料源（干支年）
物部連らを己汶に迎える	継体10年→天子10年
百済、己汶を賜るを感謝	
武烈天皇、列城宮で崩御	
樟葉宮に到着	
大伴金村大連、鏡剣を奉ず	
手白香皇女（仁賢天皇の皇女）を皇后とす	
(534年甲寅年正月甲申朔丁未継体天皇崩御)	
都を勾金橋に遷す	甲寅年
継体天皇崩御（ある本、28年甲寅）	辛丑朔丁未（531年2月）日付は継体と合致せず、筑紫国朝の出来事
春日山田皇女（仁賢天皇の皇女）を迎えて皇后とす	
内膳卿膳臣麻呂は勅命を受けて使を遣わす	
屯倉の地を皇后にあてその名を後代に伝えさせる	
武烈天皇を葬る	
大伴大連金村に勅する	
三嶋に行幸、大伴大連金村が従った	
詔「このところ毎年豊作で辺境にも心配事がない」	
勾靫部を置く	
各国に屯倉を置く	
犬養部を置く	
桜井田部連らに屯倉の税のことを管掌させた	
安閑天皇崩御	
安閑天皇を旧市高屋丘陵に葬る。宣化天皇即位	
大伴金村大連をもとどおり大連とする	
皇后を立てる（橘仲皇女）	
那津（福岡市）のほとりに官家を建てよ	
継体、藍野陵に葬る	
新羅が任那を侵略したため大伴大連金村に詔	
宣化天皇崩ず	
宣化天皇、身狭桃花鳥坂上陵に葬る	

六十干支

周王朝が正暦を定めて以降、甲子から癸亥までの六十干支を1日に1つずつ干支を順に繰り返しながら、1つも欠けることなく何巡も絶えず使用されてきた。戦国列強の秦が作った1倍暦の顓頊暦以来、日付干支は、朔日干支が加えられ、その月の日付干支は朔日の干支から何番目であるかがわかる表記となった。また、月は閏月を含む正月から12カ月の序数が示されるようになった。例えば正月甲子朔丙子（3日）は1月3日を示している。

この同じ日付干支が月読暦にも取り入れられている。それ以来、後漢王朝が丙子の日であれば邪馬台国（倭国）もその日は同じ丙子の日となっているのである。奴国朝の時、太初暦や元和暦を後漢から107年に持ち帰ったものを天象の観測の結果によって改良されて、世界でも当時最も精度の高い太陰太陽暦となった。

月読暦の暦法の平均朔望月は29. 530612日である。天象の平均朔望月が29. 530589日であるのに対して太初暦は29. 530864日、元和暦が29. 530851日である。

暦法に基づく朔日の干支予測の精度は月読暦が最も高くなり、作成後、邪馬台国朝は呉にこれを開示し、さらに17連月を挿入し精度を高める余地があることを教えたのであろう。これがその後の呉や魏など歴代王朝の暦法の作成の基準ともなったと考えられる。

この月読暦で日付が記録されるようになって、2代目天照大神から応神天皇までは月読暦に基づく日付資料によって『日本書紀』が編纂されたと考えられる。この暦法は3倍年（1太陽年が3単位年）で記録されていて、王年や年齢、在年数がその時期の平均と考えられる年数の3倍近くになっている。

この暦には、朔干支の暦順がほぼ5年、10年で同様な暦順が巡ってくる特性がある。その結果、5年間は細かく順序よく並んでいるが、3倍歴の年齢や王年に全体の年数を合わせるため、突然5年の倍数年の記録が飛んだように編纂されることになる。暦法の暦順に合致しないところは、その分だけ月日を古く遡ることになるのである。我々が西暦年を用いて解釈年を示すと同様に、干支年は試行錯誤の解釈の結果編纂者が示しているものであって、編纂前の源史料にあったものではない。

■ 干支順位表

1	2	3	4	5	6	7	8	9	10
甲子《カッシ》	乙丑《イッチュウ》	丙寅《ヘイイン》	丁卯《テイボウ》	戊辰《ボシン》	己巳《キシ》	庚午《コウゴ》	辛未《シンビ》	壬申《ジンシン》	癸酉《キユウ》
11	12	13	14	15	16	17	18	19	20
甲戌《コウジュツ》	乙亥《イツガイ》	丙子《ヘイシ》	丁丑《テイチュウ》	戊寅《ボイン》	己卯《キボウ》	庚辰《コウシン》	辛巳《シンシ》	壬午《ジンゴ》	癸未《キビ》
21	22	23	24	25	26	27	28	29	30
甲申《コウシン》	乙酉《イツユウ》	丙戌《ヘイジュツ》	丁亥《テイガイ》	戊子《ボシ》	己丑《キチュウ》	庚寅《コウイン》	辛卯《シンボウ》	壬辰《ジンシン》	癸巳《キシ》
31	32	33	34	35	36	37	38	39	40
甲午《コウゴ》	乙未《イツビ》	丙申《ヘイシン》	丁酉《テイユウ》	戊戌《ボジュツ》	己亥《キガイ》	庚子《コウシ》	辛丑《シンチュウ》	壬寅《ジンイン》	癸卯《キボウ》
41	42	43	44	45	46	47	48	49	50
甲辰《コウシン》	乙巳《イツシ》	丙午《ヘイゴ》	丁未《テイビ》	戊申《ボシン》	己酉《キユウ》	庚戌《コウジュツ》	辛亥《シンガイ》	壬子《ジンシ》	癸丑《キチュウ》
51	52	53	54	55	56	57	58	59	60
甲寅《コウイン》	乙卯《イツボウ》	丙辰《ヘイシン》	丁巳《テイシ》	戊午《ボゴ》	己未《キビ》	庚申《コウシン》	辛酉《シンユウ》	壬戌《ジンジュツ》	癸亥《キガイ》

十九年七閏法

月読暦を3単位年に戻せばかえって年月日がわかりにくくなるので、元嘉暦と同じ「十九年七閏」と「西暦年」を月読暦の朔干支の順序に基づきこれに付記した。すなわち、これによって元嘉暦以前に日本で使用されていた月読暦の暦順（暦法）を再現した。

これは、月読暦に西暦と19年7閏を付記し1倍年暦として表示したものである。閏月などによって1月や12月の一部が太陽暦である西暦年と日付にずれが生じる。しかし、概略の日付を知るには便利である。もし、ユリウス暦で日付を表示する場合は、別に算定する必要がある。また、その日の天象上の特徴（月・太陽・すい星の位置）が重なった場合はその前後の年代特定が確かであることを証明するかもしれない。

日本では同時代に月読暦とは別の2倍暦が併用されていた。それは『古事記』に記載されている太陽暦の日付である。1カ月が15日までとなる1太陽年24カ月の暦法である。これは二十四節気にもつながっていく暦法である。1太陽年は365.25日ほどであるので、1カ月15日だけでは1太陽年が360日なってしまうので、15日には時々閏月があって、それが閏15日となる。その調整が行われているのであろう。『古事記』の天皇の崩御年月日に15日と記されている数が多いのはそのためと考えられる。

用明天皇からは、その暦が1カ月30日か31日（閏日）の1倍暦の太陽暦となったのであろう。『日本書紀』と『古事記』とも干支年と月の序数が同じだからである。ただ、天皇の崩御日は同じ日にもかかわらず、記紀で日付の記載が異なるのは太陽暦と太陰太陽暦のそれぞれの暦を使用しているためである。加えて、『古事記』の崩御日は実際に亡くなられた日よりも遅れている場合が多い。これは、時期大王（天皇）を誰にするのか決定に要した日数が関連しているのであろう。

また、敏達天皇以前の干支年が記紀で異なるのは、どちらも編纂者が編纂の過程で試行錯誤の結果、解釈した年干支である。記紀の干支年はどちらも全くあてにできない。それは編纂前の源史料とは無関係の干支年である。この干支年にこだわると徒労に終わるだけである。

■ 十九年七閏法を元嘉暦以前の倭国月頭暦へ適用した場合

閏年	3年	6年	9年	11年	14年	17年	19年
月数累計	33+4/7	67+1/7	100+5/7	134+2/7	167+6/7	201+3/7	234+7/7
閏月	閏8月	閏5月	閏正月	閏10月	閏6月	閏3月	閏11月
	閏9月	閏6月	閏2月	閏11月	閏7月	閏4月	閏12月
置閏年（西暦）	233	236	239	241	244	247	249
	252	255	258	260	263	266	268
	271	274	277	279	282	285	287
	290	293	296	298	301	304	306
	309	312	315	317	320	323	325
	328	331	334	336	339	342	344
	347	350	353	355	358	361	363
	366	369	372	374	377	380	382
	385	388	391	393	396	399	401
	404	407	410	412	415	418	420
	423	426	429	431	434	437	439
	442	445	448	450	453	456	458

置閏位置を分数で示すと月数累計欄の通りであり、その年に巡ってくる閏月は上欄か下欄のいずれかとなる。この閏月の上欄を月読暦に適用する

月読暦

月頭干支は、2940 朔望月で一巡する。1 月の平均朔望月は、29. 5306122 日。月読暦の暦元は、AD 124 年 2 月。暦の使用期間は、その痕跡から AD 243 年から 455 年までの可能性が高い。

左の欄外の番号は、17 連月が 2 つ、15 連月が 1 つをもって合計 49 カ月で 1 セットである。各連月の上段が下の干支番号、中段が月はじめとなる朔日の干支、下段が月の序数である。1 月となるべき欄には西暦年を付した。閏がつけられた月はその前の月と同じ序数の月となる。

	1	2	3	4	5	6	7	8	9	10	11	12	13	14	15	16	17
	大	小	大	小	大	小	大	小	大	小	大	小	大	小	大	大	小
1	1	31	60	30	59	29	58	28	57	27	56	26	55	25	54	24	54
	甲子	甲午	癸亥	癸巳	壬戌	壬辰	辛酉	辛卯	庚申	庚寅	己未	己丑	戊午	戊子	丁巳	丁亥	丁巳
	2	3	4	5	6	7	8	9	10	11	12	125	閏	2	3	4	5
	23	53	22	52	21	51	20	50	19	49	18	48	17	47	16	46	16
	丙戌	丙辰	乙酉	乙卯	甲申	甲寅	癸未	癸丑	壬午	壬子	辛巳	辛亥	庚辰	庚戌	己卯	己酉	己卯
	6	7	8	9	10	11	12	126	2	3	4	5	6	7	8	9	10
			45	15	44	14	43	13	42	12	41	11	40	10	39	9	39
			戊申	戊寅	丁未	丁丑	丙午	丙子	乙巳	乙亥	甲辰	甲戌	癸卯	癸酉	壬寅	壬申	壬寅
			11	12	127	2	3	4	5	6	7	8	9	10	閏	11	12
2	8	38	7	37	6	36	5	35	4	34	3	33	2	32	1	31	1
	辛未	辛丑	庚午	庚子	己巳	己亥	戊辰	戊戌	丁卯	丁酉	丙寅	丙申	乙丑	乙未	甲子	甲午	甲子
	128	2	3	4	5	6	7	8	9	10	11	12	129	2	3	4	5
	30	60	29	59	28	58	27	57	26	56	25	55	24	54	23	53	23
	癸巳	癸亥	壬辰	壬戌	辛卯	辛酉	庚寅	庚申	己丑	己未	戊子	戊午	丁亥	丁巳	丙戌	丙辰	丙戌
	6	7	8	9	10	11	12	130	2	3	4	5	6	閏	7	8	9
			52	22	51	21	50	20	49	19	48	18	47	17	46	16	46
			乙卯	乙酉	甲寅	甲申	癸丑	癸未	壬子	壬午	辛亥	辛巳	庚戌	庚辰	己酉	己卯	己酉
			10	11	12	131	2	3	4	5	6	7	8	9	10	11	12

3	15	45	14	44	13	43	12	42	11	41	10	40	9	39	8	38	8
	戊寅	戊申	丁丑	丁未	丙子	丙午	乙亥	乙巳	甲戌	甲辰	癸酉	癸卯	壬申	壬寅	辛未	辛丑	辛未
	132	2	3	4	5	6	7	8	9	10	11	12	133	2	3	閏	4
	37	7	36	6	35	5	34	4	33	3	32	2	31	1	30	60	30
	庚子	庚午	己亥	己巳	戊戌	戊辰	丁酉	丁卯	丙申	丙寅	乙未	乙丑	甲午	甲子	癸巳	癸亥	癸巳
	5	6	7	8	9	10	11	12	134	2	3	4	5	6	7	8	9
			59	29	58	28	57	27	56	26	55	25	54	24	53	23	53
			壬戌	壬辰	辛酉	辛卯	庚申	庚寅	己未	己丑	戊午	戊子	丁巳	丁亥	丙辰	丙戌	丙辰
			10	11	12	135	2	3	4	5	6	7	8	9	10	11	閏
4	22	52	21	51	20	50	19	49	18	48	17	47	16	46	15	45	15
	乙酉	乙卯	甲申	甲寅	癸未	癸丑	壬午	壬子	辛巳	辛亥	庚辰	庚戌	己卯	己酉	戊寅	戊申	戊寅
	12	136	2	3	4	5	6	7	8	9	10	11	12	137	2	3	4
	44	14	43	13	42	12	41	11	40	10	39	9	38	8	37	7	37
	丁未	丁丑	丙午	丙子	乙巳	乙亥	甲辰	甲戌	癸卯	癸酉	壬寅	壬申	辛丑	辛未	庚子	庚午	庚子
	5	6	7	8	9	10	11	12	138	2	3	4	5	6	7	8	閏
			6	36	5	35	4	34	3	33	2	32	1	31	60	30	60
			己巳	己亥	戊辰	戊戌	丁卯	丁酉	丙寅	丙申	乙丑	乙未	甲子	甲午	癸亥	癸巳	癸亥
			9	10	11	12	139	2	3	4	5	6	7	8	9	10	11
5	29	59	28	58	27	57	26	56	25	55	24	54	23	53	22	52	22
	壬辰	壬戌	辛卯	辛酉	庚寅	庚申	己丑	己未	戊子	戊午	丁亥	丁巳	丙戌	丙辰	乙酉	乙卯	乙酉
	12	140	2	3	4	5	6	7	8	9	10	11	12	141	2	3	4
	51	21	50	20	49	19	48	18	47	17	46	16	45	15	44	14	44
	甲寅	甲申	癸丑	癸未	壬子	壬午	辛亥	辛巳	庚戌	庚辰	己酉	己卯	戊申	戊寅	丁未	丁丑	丁未
	5	閏	6	7	8	9	10	11	12	142	2	3	4	5	6	7	8
			13	43	12	42	11	41	10	40	9	39	8	38	7	37	7
			丙子	丙午	乙亥	乙巳	甲戌	甲辰	癸酉	癸卯	壬申	壬寅	辛未	辛丑	庚午	庚子	庚午
			9	10	11	12	143	2	3	4	5	6	7	8	9	10	11
6	36	6	35	5	34	4	33	3	32	2	31	1	30	60	29	59	29
	己亥	己巳	戊戌	戊辰	丁酉	丁卯	丙申	丙寅	乙未	乙丑	甲午	甲子	癸巳	癸亥	壬辰	壬戌	壬辰
	12	144	閏	2	3	4	5	6	7	8	9	10	11	12	145	2	3
	58	28	57	27	56	26	55	25	54	24	53	23	52	22	51	21	51
	辛酉	辛卯	庚申	庚寅	己未	己丑	戊午	戊子	丁巳	丁亥	丙辰	丙戌	乙卯	乙酉	甲寅	甲申	甲寅
	4	5	6	7	8	9	10	11	12	146	2	3	4	5	6	7	8
			20	50	19	49	18	48	17	47	16	46	15	45	14	44	14
			癸未	癸丑	壬午	壬子	辛巳	辛亥	庚辰	庚戌	己卯	己酉	戊寅	戊申	丁丑	丁未	丁丑
			9	10	閏	11	12	147	2	3	4	5	6	7	8	9	10

7	43	13	42	12	41	11	40	10	39	9	38	8	37	7	36	6	36
	丙午	丙子	乙巳	乙亥	甲辰	甲戌	癸卯	癸酉	壬寅	壬申	辛丑	辛未	庚子	庚午	己亥	己巳	己亥
	11	12	148	2	3	4	5	6	7	8	9	10	11	12	149	2	3
	5	35	4	34	3	33	2	32	1	31	60	30	59	29	58	28	58
	戊辰	戊戌	丁卯	丁酉	丙寅	丙申	乙丑	乙未	甲子	甲午	癸亥	癸巳	壬戌	壬辰	辛酉	辛卯	辛酉
	4	5	6	閏	7	8	9	10	11	12	150	2	3	4	5	6	7
			27	57	26	56	25	55	24	54	23	53	22	52	21	51	21
			庚寅	庚申	己丑	己未	戊子	戊午	丁亥	丁巳	丙戌	丙辰	乙酉	乙卯	甲申	甲寅	甲申
			8	9	10	11	12	151	2	3	4	5	6	7	8	9	10
8	50	20	49	19	48	18	47	17	46	16	45	15	44	14	43	13	43
	癸丑	癸未	壬子	壬午	辛亥	辛巳	庚戌	庚辰	己酉	己卯	戊申	戊寅	丁未	丁丑	丙午	丙子	丙午
	11	12	152	2	3	閏	4	5	6	7	8	9	10	11	12	153	2
	12	42	11	41	10	40	9	39	8	38	7	37	6	36	5	35	5
	乙亥	乙巳	甲戌	甲辰	癸酉	癸卯	壬申	壬寅	辛未	辛丑	庚午	庚子	己巳	己亥	戊辰	戊戌	戊辰
	3	4	5	6	7	8	9	10	11	12	154	2	3	4	5	6	7
			34	4	33	3	32	2	31	1	30	60	29	59	28	58	28
			丁酉	丁卯	丙申	丙寅	乙未	乙丑	甲午	甲子	癸巳	癸亥	壬辰	壬戌	辛卯	辛酉	辛卯
			8	9	10	11	閏	12	155	2	3	4	5	6	7	8	9
9	57	27	56	26	55	25	54	24	53	23	52	22	51	21	50	20	50
	庚申	庚寅	己未	己丑	戊午	戊子	丁巳	丁亥	丙辰	丙戌	乙卯	乙酉	甲寅	甲申	癸丑	癸未	癸丑
	10	11	12	156	2	3	4	5	6	7	8	9	10	11	12	157	2
	19	49	18	48	17	47	16	46	15	45	14	44	13	43	12	42	12
	壬午	壬子	辛巳	辛亥	庚辰	庚戌	己卯	己酉	戊寅	戊申	丁丑	丁未	丙子	丙午	乙亥	乙巳	乙亥
	3	4	5	6	7	8	閏	9	10	11	12	158	2	3	4	5	6
			41	11	40	10	39	9	38	8	37	7	36	6	35	5	35
			甲辰	甲戌	癸卯	癸酉	壬寅	壬申	辛丑	辛未	庚子	庚午	己亥	己巳	戊戌	戊辰	戊戌
			7	8	9	10	11	12	159	2	3	4	5	6	7	8	9
10	4	34	3	33	2	32	1	31	60	30	59	29	58	28	57	27	57
	丁卯	丁酉	丙寅	丙申	乙丑	乙未	甲子	甲午	癸亥	癸巳	壬戌	壬辰	辛酉	辛卯	庚申	庚寅	庚申
	10	11	12	160	2	3	4	5	閏	6	7	8	9	10	11	12	161
	26	56	25	55	24	54	23	53	22	52	21	51	20	50	19	49	19
	己丑	己未	戊子	戊午	丁亥	丁巳	丙戌	丙辰	乙酉	乙卯	甲申	甲寅	癸未	癸丑	壬午	壬子	壬午
	2	3	4	5	6	7	8	9	10	11	12	162	2	3	4	5	6
			48	18	47	17	46	16	45	15	44	14	43	13	42	12	42
			辛亥	辛巳	庚戌	庚辰	己酉	己卯	戊申	戊寅	丁未	丁丑	丙午	丙子	乙巳	乙亥	乙巳
			7	8	9	10	11	12	163	閏	2	3	4	5	6	7	8

11	11	41	10	40	9	39	8	38	7	37	6	36	5	35	4	34	4
	甲戌	甲辰	癸酉	癸卯	壬申	壬寅	辛未	辛丑	庚午	庚子	己巳	己亥	戊辰	戊戌	丁卯	丁酉	丁卯
	9	10	11	12	164	2	3	4	5	6	7	8	9	10	11	12	165
	33	3	32	2	31	1	30	60	29	59	28	58	27	57	26	56	26
	丙申	丙寅	乙未	乙丑	甲午	甲子	癸巳	癸亥	壬辰	壬戌	辛卯	辛酉	庚寅	庚申	己丑	己未	己丑
	2	3	4	5	6	7	8	9	10	閏	11	12	166	2	3	4	5
			55	25	54	24	53	23	52	22	51	21	50	20	49	19	49
			戊午	戊子	丁巳	丁亥	丙辰	丙戌	乙卯	乙酉	甲寅	甲申	癸丑	癸未	壬子	壬午	壬子
			6	7	8	9	10	11	12	167	2	3	4	5	6	7	8
12	18	48	17	47	16	46	15	45	14	44	13	43	12	42	11	41	11
	辛巳	辛亥	庚辰	庚戌	己卯	己酉	戊寅	戊申	丁丑	丁未	丙子	丙午	乙亥	乙巳	甲戌	甲辰	甲戌
	9	10	11	12	168	2	3	4	5	6	閏	7	8	9	10	11	12
	40	10	39	9	38	8	37	7	36	6	35	5	34	4	33	3	33
	癸卯	癸酉	壬寅	壬申	辛丑	辛未	庚子	庚午	己亥	己巳	戊戌	戊辰	丁酉	丁卯	丙申	丙寅	丙申
	169	2	3	4	5	6	7	8	9	10	11	12	170	2	3	4	5
			2	32	1	31	60	30	59	29	58	28	57	27	56	26	56
			乙丑	乙未	甲子	甲午	癸亥	癸巳	壬戌	壬辰	辛酉	辛卯	庚申	庚寅	己未	己丑	己未
			6	7	8	9	10	11	12	171	2	3	閏	4	5	6	7
13	25	55	24	54	23	53	22	52	21	51	20	50	19	49	18	48	18
	戊子	戊午	丁亥	丁巳	丙戌	丙辰	乙酉	乙卯	甲申	甲寅	癸未	癸丑	壬午	壬子	辛巳	辛亥	辛巳
	8	9	10	11	12	172	2	3	4	5	6	7	8	9	10	11	12
	47	17	46	16	45	15	44	14	43	13	42	12	41	11	40	10	40
	庚戌	庚辰	己酉	己卯	戊申	戊寅	丁未	丁丑	丙午	丙子	乙巳	乙亥	甲辰	甲戌	癸卯	癸酉	癸卯
	173	2	3	4	5	6	7	8	9	10	11	閏	12	174	2	3	4
			9	39	8	38	7	37	6	36	5	35	4	34	3	33	3
			壬申	壬寅	辛未	辛丑	庚午	庚子	己巳	己亥	戊辰	戊戌	丁卯	丁酉	丙寅	丙申	丙寅
			5	6	7	8	9	10	11	12	175	2	3	4	5	6	7
14	32	2	31	1	30	60	29	59	28	58	27	57	26	56	25	55	25
	乙未	乙丑	甲午	甲子	癸巳	癸亥	壬辰	壬戌	辛卯	辛酉	庚寅	庚申	己丑	己未	戊子	戊午	戊子
	8	9	10	11	12	176	2	3	4	5	6	7	8	閏	9	10	11
	54	24	53	23	52	22	51	21	50	20	49	19	48	18	47	17	47
	丁巳	丁亥	丙辰	丙戌	乙卯	乙酉	甲寅	甲申	癸丑	癸未	壬子	壬午	辛亥	辛巳	庚戌	庚辰	庚戌
	12	177	2	3	4	5	6	7	8	9	10	11	12	178	2	3	4
			16	46	15	45	14	44	13	43	12	42	11	41	10	40	10
			己卯	己酉	戊寅	戊申	丁丑	丁未	丙子	丙午	乙亥	乙巳	甲戌	甲辰	癸酉	癸卯	癸酉
			5	6	7	8	9	10	11	12	179	2	3	4	5	閏	6

15	39	9	38	8	37	7	36	6	35	5	34	4	33	3	32	2	32
	壬寅	壬申	辛丑	辛未	庚子	庚午	己亥	己巳	戊戌	戊辰	丁酉	丁卯	丙申	丙寅	乙未	乙丑	乙未
	7	8	9	10	11	12	180	2	3	4	5	6	7	8	9	10	11
	1	31	60	30	59	29	58	28	57	27	56	26	55	25	54	24	54
	甲子	甲午	癸亥	癸巳	壬戌	壬辰	辛酉	辛卯	庚申	庚寅	己未	己丑	戊午	戊子	丁巳	丁亥	丁巳
	12	181	2	3	4	5	6	7	8	9	10	11	12	182	閏	2	3
			23	53	22	52	21	51	20	50	19	49	18	48	17	47	17
			丙戌	丙辰	乙酉	乙卯	甲申	甲寅	癸未	癸丑	壬午	壬子	辛巳	辛亥	庚辰	庚戌	庚辰
			4	5	6	7	8	9	10	11	12	183	2	3	4	5	6
16	46	16	45	15	44	14	43	13	42	12	41	11	40	10	39	9	39
	己酉	己卯	戊申	戊寅	丁未	丁丑	丙午	丙子	乙巳	乙亥	甲辰	甲戌	癸卯	癸酉	壬寅	壬申	壬寅
	7	8	9	10	11	12	184	2	3	4	5	6	7	8	9	10	閏
	8	38	7	37	6	36	5	35	4	34	3	33	2	32	1	31	1
	辛未	辛丑	庚午	庚子	己巳	己亥	戊辰	戊戌	丁卯	丁酉	丙寅	丙申	乙丑	乙未	甲子	甲午	甲子
	11	12	185	2	3	4	5	6	7	8	9	10	11	12	186	2	3
			30	60	29	59	28	58	27	57	26	56	25	55	24	54	24
			癸巳	癸亥	壬辰	壬戌	辛卯	辛酉	庚寅	庚申	己丑	己未	戊子	戊午	丁亥	丁巳	丁亥
			4	5	6	7	8	9	10	11	12	187	2	3	4	5	6
17	53	23	52	22	51	21	50	20	49	19	48	18	47	17	46	16	46
	丙辰	丙戌	乙卯	乙酉	甲寅	甲申	癸丑	癸未	壬子	壬午	辛亥	辛巳	庚戌	庚辰	己酉	己卯	己酉
	閏	7	8	9	10	11	12	188	2	3	4	5	6	7	8	9	10
	15	45	14	44	13	43	12	42	11	41	10	40	9	39	8	38	8
	戊寅	戊申	丁丑	丁未	丙子	丙午	乙亥	乙巳	甲戌	甲辰	癸酉	癸卯	壬申	壬寅	辛未	辛丑	辛未
	11	12	189	2	3	4	5	6	7	8	9	10	11	12	190	2	3
			37	7	36	6	35	5	34	4	33	3	32	2	31	1	31
			庚子	庚午	己亥	己巳	戊戌	戊辰	丁酉	丁卯	丙申	丙寅	乙未	乙丑	甲午	甲子	甲午
			閏	4	5	6	7	8	9	10	11	12	191	2	3	4	5
18	60	30	59	29	58	28	57	27	56	26	55	25	54	24	53	23	53
	癸亥	癸巳	壬戌	壬辰	辛酉	辛卯	庚申	庚寅	己未	己丑	戊午	戊子	丁巳	丁亥	丙辰	丙戌	丙辰
	6	7	8	9	10	11	12	192	2	3	4	5	6	7	8	9	10
	22	52	21	51	20	50	19	49	18	48	17	47	16	46	15	45	15
	乙酉	乙卯	甲申	甲寅	癸未	癸丑	壬午	壬子	辛巳	辛亥	庚辰	庚戌	己卯	己酉	戊寅	戊申	戊寅
	11	閏	12	193	2	3	4	5	6	7	8	9	10	11	12	194	2
			44	14	43	13	42	12	41	11	40	10	39	9	38	8	38
			丁未	丁丑	丙午	丙子	乙巳	乙亥	甲辰	甲戌	癸卯	癸酉	壬寅	壬申	辛丑	辛未	辛丑
			3	4	5	6	7	8	9	10	11	12	195	2	3	4	5

19	7	37	6	36	5	35	4	34	3	33	2	32	1	31	60	30	60
	庚午	庚子	己巳	己亥	戊辰	戊戌	丁卯	丁酉	丙寅	丙申	乙丑	乙未	甲子	甲午	癸亥	癸巳	癸亥
	6	7	8	閏	9	10	11	12	196	2	3	4	5	6	7	8	9
	29	59	28	58	27	57	26	56	25	55	24	54	23	53	22	52	22
	壬辰	壬戌	辛卯	辛酉	庚寅	庚申	己丑	己未	戊子	戊午	丁亥	丁巳	丙戌	丙辰	乙酉	乙卯	乙酉
	10	11	12	197	2	3	4	5	6	7	8	9	10	11	12	198	2
			51	21	50	20	49	19	48	18	47	17	46	16	45	15	45
			甲寅	甲申	癸丑	癸未	壬子	壬午	辛亥	辛巳	庚戌	庚辰	己酉	己卯	戊申	戊寅	戊申
			3	4	5	閏	6	7	8	9	10	11	12	199	2	3	4
20	14	44	13	43	12	42	11	41	10	40	9	39	8	38	7	37	7
	丁丑	丁未	丙子	丙午	乙亥	乙巳	甲戌	甲辰	癸酉	癸卯	壬申	壬寅	辛未	辛丑	庚午	庚子	庚午
	5	6	7	8	9	10	11	12	200	2	3	4	5	6	7	8	9
	36	6	35	5	34	4	33	3	32	2	31	1	30	60	29	59	29
	己亥	己巳	戊戌	戊辰	丁酉	丁卯	丙申	丙寅	乙未	乙丑	甲午	甲子	癸巳	癸亥	壬辰	壬戌	壬辰
	10	11	12	201	閏	2	3	4	5	6	7	8	9	10	11	12	202
			58	28	57	27	56	26	55	25	54	24	53	23	52	22	52
			辛酉	辛卯	庚申	庚寅	己未	己丑	戊午	戊子	丁巳	丁亥	丙辰	丙戌	乙卯	乙酉	乙卯
			2	3	4	5	6	7	8	9	10	11	12	203	2	3	4
21	21	51	20	50	19	49	18	48	17	47	16	46	15	45	14	44	14
	甲申	甲寅	癸未	癸丑	壬午	壬子	辛巳	辛亥	庚辰	庚戌	己卯	己酉	戊寅	戊申	丁丑	丁未	丁丑
	5	6	7	8	9	10	閏	11	12	204	2	3	4	5	6	7	8
	43	13	42	12	41	11	40	10	39	9	38	8	37	7	36	6	36
	丙午	丙子	乙巳	乙亥	甲辰	甲戌	癸卯	癸酉	壬寅	壬申	辛丑	辛未	庚子	庚午	己亥	己巳	己亥
	9	10	11	12	205	2	3	4	5	6	7	8	9	10	11	12	206
			5	35	4	34	3	33	2	32	1	31	60	30	59	29	59
			戊辰	戊戌	丁卯	丁酉	丙寅	丙申	乙丑	乙未	甲子	甲午	癸亥	癸巳	壬戌	壬辰	壬戌
			2	3	4	5	6	閏	7	8	9	10	11	12	207	2	3
22	28	58	27	57	26	56	25	55	24	54	23	53	22	52	21	51	21
	辛卯	辛酉	庚寅	庚申	己丑	己未	戊子	戊午	丁亥	丁巳	丙戌	丙辰	乙酉	乙卯	甲申	甲寅	甲申
	4	5	6	7	8	9	10	11	12	208	2	3	4	5	6	7	8
	50	20	49	19	48	18	47	17	46	16	45	15	44	14	43	13	43
	癸丑	癸未	壬子	壬午	辛亥	辛巳	庚戌	庚辰	己酉	己卯	戊申	戊寅	丁未	丁丑	丙午	丙子	丙午
	9	10	11	12	209	2	3	閏	4	5	6	7	8	9	10	11	12
			12	42	11	41	10	40	9	39	8	38	7	37	6	36	6
			乙亥	乙巳	甲戌	甲辰	癸酉	癸卯	壬申	壬寅	辛未	辛丑	庚午	庚子	己巳	己亥	己巳
			210	2	3	4	5	6	7	8	9	10	11	12	211	2	3

23	35	5	34	4	33	3	32	2	31	1	30	60	29	59	28	58	28
	戊戌	戊辰	丁酉	丁卯	丙申	丙寅	乙未	乙丑	甲午	甲子	癸巳	癸亥	壬辰	壬戌	辛卯	辛酉	辛卯
	4	5	6	7	8	9	10	11	閏	12	212	2	3	4	5	6	7
	57	27	56	26	55	25	54	24	53	23	52	22	51	21	50	20	50
	庚申	庚寅	己未	己丑	戊午	戊子	丁巳	丁亥	丙辰	丙戌	乙卯	乙酉	甲寅	甲申	癸丑	癸未	癸丑
	8	9	10	11	12	213	2	3	4	5	6	7	8	9	10	11	12
			19	49	18	48	17	47	16	46	15	45	14	44	13	43	13
			壬午	壬子	辛巳	辛亥	庚辰	庚戌	己卯	己酉	戊寅	戊申	丁丑	丁未	丙子	丙午	丙子
			214	2	3	4	5	6	7	8	閏	9	10	11	12	215	2
24	42	12	41	11	40	10	39	9	38	8	37	7	36	6	35	5	35
	乙巳	乙亥	甲辰	甲戌	癸卯	癸酉	壬寅	壬申	辛丑	辛未	庚子	庚午	己亥	己巳	戊戌	戊辰	戊戌
	3	4	5	6	7	8	9	10	11	12	216	2	3	4	5	6	7
	4	34	3	33	2	32	1	31	60	30	59	29	58	28	57	27	57
	丁卯	丁酉	丙寅	丙申	乙丑	乙未	甲子	甲午	癸亥	癸巳	壬戌	壬辰	辛酉	辛卯	庚申	庚寅	庚申
	8	9	10	11	12	217	2	3	4	5	閏	6	7	8	9	10	11
			26	56	25	55	24	54	23	53	22	52	21	51	20	50	20
			己丑	己未	戊子	戊午	丁亥	丁巳	丙戌	丙辰	乙酉	乙卯	甲申	甲寅	癸未	癸丑	癸未
			12	208	2	3	4	5	6	7	8	9	10	11	12	219	2
25	49	19	48	18	47	17	46	16	45	15	44	14	43	13	42	12	42
	壬子	壬午	辛亥	辛巳	庚戌	庚辰	己酉	己卯	戊申	戊寅	丁未	丁丑	丙午	丙子	乙巳	乙亥	乙巳
	3	4	5	6	7	8	9	10	11	12	220	閏	2	3	4	5	6
	11	41	10	40	9	39	8	38	7	37	6	36	5	35	4	34	4
	甲戌	甲辰	癸酉	癸卯	壬申	壬寅	辛未	辛丑	庚午	庚子	己巳	己亥	戊辰	戊戌	丁卯	丁酉	丁卯
	7	8	9	10	11	12	221	2	3	4	5	6	7	8	9	10	11
			33	3	32	2	31	1	30	60	29	59	28	58	27	57	27
			丙申	丙寅	乙未	乙丑	甲午	甲子	癸巳	癸亥	壬辰	壬戌	辛卯	辛酉	庚寅	庚申	庚寅
			12	222	2	3	4	5	6	7	8	9	10	閏	11	12	223
26	56	26	55	25	54	24	53	23	52	22	51	21	50	20	49	19	49
	己未	己丑	戊午	戊子	丁巳	丁亥	丙辰	丙戌	乙卯	乙酉	甲寅	甲申	癸丑	癸未	壬子	壬午	壬子
	2	3	4	5	6	7	8	9	10	11	12	224	2	3	4	5	6
	18	48	17	47	16	46	15	45	14	44	13	43	12	42	11	41	11
	辛巳	辛亥	庚辰	庚戌	己卯	己酉	戊寅	戊申	丁丑	丁未	丙子	丙午	乙亥	乙巳	甲戌	甲辰	甲戌
	7	8	9	10	11	12	225	2	3	4	5	6	閏	7	8	9	10
			40	10	39	9	38	8	37	7	36	6	35	5	34	4	34
			癸卯	癸酉	壬寅	壬申	辛丑	辛未	庚子	庚午	己亥	己巳	戊戌	戊辰	丁酉	丁卯	丁酉
			11	12	226	2	3	4	5	6	7	8	9	10	11	12	227

27	3	33	2	32	1	31	60	30	59	29	58	28	57	27	56	26	56
	丙寅	丙申	乙丑	乙未	甲子	甲午	癸亥	癸巳	壬戌	壬辰	辛酉	辛卯	庚申	庚寅	己未	己丑	己未
	2	3	4	5	6	7	8	9	10	11	12	228	2	3	閏	4	5
	25	55	24	54	23	53	22	52	21	51	20	50	19	49	18	48	18
	戊子	戊午	丁亥	丁巳	丙戌	丙辰	乙酉	乙卯	甲申	甲寅	癸未	癸丑	壬午	壬子	辛巳	辛亥	辛巳
	6	7	8	9	10	11	12	229	2	3	4	5	6	7	8	9	10
			47	17	46	16	45	15	44	14	43	13	42	12	41	11	41
			庚戌	庚辰	己酉	己卯	戊申	戊寅	丁未	丁丑	丙午	丙子	乙巳	乙亥	甲辰	甲戌	甲辰
			11	12	230	2	3	4	5	6	7	8	9	10	11	閏	12
28	10	40	9	39	8	38	7	37	6	36	5	35	4	34	3	33	3
	癸酉	癸卯	壬申	壬寅	辛未	辛丑	庚午	庚子	己巳	己亥	戊辰	戊戌	丁卯	丁酉	丙寅	丙申	丙寅
	231	2	3	4	5	6	7	8	9	10	11	12	232	2	3	4	5
	32	2	31	1	30	60	29	59	28	58	27	57	26	56	25	55	25
	乙未	乙丑	甲午	甲子	癸巳	癸亥	壬辰	壬戌	辛卯	辛酉	庚寅	庚申	己丑	己未	戊子	戊午	戊子
	6	7	8	9	10	11	12	233	2	3	4	5	6	7	8	閏	9
			54	24	53	23	52	22	51	21	50	20	49	19	48	18	48
			丁巳	丁亥	丙辰	丙戌	乙卯	乙酉	甲寅	甲申	癸丑	癸未	壬子	壬午	辛亥	辛巳	辛亥
			10	11	12	234	2	3	4	5	6	7	8	9	10	11	12
29	17	47	16	46	15	45	14	44	13	43	12	42	11	41	10	40	10
	庚辰	庚戌	己卯	己酉	戊寅	戊申	丁丑	丁未	丙子	丙午	乙亥	乙巳	甲戌	甲辰	癸酉	癸卯	癸酉
	235	2	3	4	5	6	7	8	9	10	11	12	236	2	3	4	5
	39	9	38	8	37	7	36	6	35	5	34	4	33	3	32	2	32
	壬寅	壬申	辛丑	辛未	庚子	庚午	己亥	己巳	戊戌	戊辰	丁酉	丁卯	丙申	丙寅	乙未	乙丑	乙未
	閏	6	7	8	9	10	11	12	237	2	3	4	5	6	7	8	9
			1	31	60	30	59	29	58	28	57	27	56	26	55	25	55
			甲子	甲午	癸亥	癸巳	壬戌	壬辰	辛酉	辛卯	庚申	庚寅	己未	己丑	戊午	戊子	戊午
			10	11	12	238	2	3	4	5	6	7	8	9	10	11	12
30	24	54	23	53	22	52	21	51	20	50	19	49	18	48	17	47	17
	丁亥	丁巳	丙戌	丙辰	乙酉	乙卯	甲申	甲寅	癸未	癸丑	壬午	壬子	辛巳	辛亥	庚辰	庚戌	庚辰
	239	閏	2	3	4	5	6	7	8	9	10	11	12	240	2	3	4
	46	16	45	15	44	14	43	13	42	12	41	11	40	10	39	9	39
	己酉	己卯	戊申	戊寅	丁未	丁丑	丙午	丙子	乙巳	乙亥	甲辰	甲戌	癸卯	癸酉	壬寅	壬申	壬寅
	5	6	7	8	9	10	11	12	241	2	3	4	5	6	7	8	9
			8	38	7	37	6	36	5	35	4	34	3	33	2	32	2
			辛未	辛丑	庚午	庚子	己巳	己亥	戊辰	戊戌	丁卯	丁酉	丙寅	丙申	乙丑	乙未	乙丑
			10	閏	11	12	242	2	3	4	5	6	7	8	9	10	11

31	31	1	30	60	29	59	28	58	27	57	26	56	25	55	24	54	24
	甲午	甲子	癸巳	癸亥	壬辰	壬戌	辛卯	辛酉	庚寅	庚申	己丑	己未	戊子	戊午	丁亥	丁巳	丁亥
	12	243	2	3	4	5	6	7	8	9	10	11	12	244	2	3	4
	53	23	52	22	51	21	50	20	49	19	48	18	47	17	46	16	46
	丙辰	丙戌	乙卯	乙酉	甲寅	甲申	癸丑	癸未	壬子	壬午	辛亥	辛巳	庚戌	庚辰	己酉	己卯	己酉
	5	6	閏	7	8	9	10	11	12	245	2	3	4	5	6	7	8
			15	45	14	44	13	43	12	42	11	41	10	40	9	39	9
			戊寅	戊申	丁丑	丁未	丙子	丙午	乙亥	乙巳	甲戌	甲辰	癸酉	癸卯	壬申	壬寅	壬申
			9	10	11	12	246	2	3	4	5	6	7	8	9	10	11
32	38	8	37	7	36	6	35	5	34	4	33	3	32	2	31	1	31
	辛丑	辛未	庚子	庚午	己亥	己巳	戊戌	戊辰	丁酉	丁卯	丙申	丙寅	乙未	乙丑	甲午	甲子	甲午
	12	247	2	3	閏	4	5	6	7	8	9	10	11	12	248	2	3
	60	30	59	29	58	28	57	27	56	26	55	25	54	24	53	23	53
	癸亥	癸巳	壬戌	壬辰	辛酉	辛卯	庚申	庚寅	己未	己丑	戊午	戊子	丁巳	丁亥	丙辰	丙戌	丙辰
	4	5	6	7	8	9	10	11	12	249	2	3	4	5	6	7	8
			22	52	21	51	20	50	19	49	18	48	17	47	16	46	16
			乙酉	乙卯	甲申	甲寅	癸未	癸丑	壬午	壬子	辛巳	辛亥	庚辰	庚戌	己卯	己酉	己卯
			9	10	11	閏	12	250	2	3	4	5	6	7	8	9	10
33	45	15	44	14	43	13	42	12	41	11	40	10	39	9	38	8	38
	戊申	戊寅	丁未	丁丑	丙午	丙子	乙巳	乙亥	甲辰	甲戌	癸卯	癸酉	壬寅	壬申	辛丑	辛未	辛丑
	11	12	251	2	3	4	5	6	7	8	9	10	11	12	252	2	3
	7	37	6	36	5	35	4	34	3	33	2	32	1	31	60	30	60
	庚午	庚子	己巳	己亥	戊辰	戊戌	丁卯	丁酉	丙寅	丙申	乙丑	乙未	甲子	甲午	癸亥	癸巳	癸亥
	4	5	6	7	8	閏	9	10	11	12	253	2	3	4	5	6	7
			29	59	28	58	27	57	26	56	25	55	24	54	23	53	23
			壬辰	壬戌	辛卯	辛酉	庚寅	庚申	己丑	己未	戊子	戊午	丁亥	丁巳	丙戌	丙辰	丙戌
			8	9	10	11	12	254	2	3	4	5	6	7	8	9	10
34	52	22	51	21	50	20	49	19	48	18	47	17	46	16	45	15	45
	乙卯	乙酉	甲寅	甲申	癸丑	癸未	壬子	壬午	辛亥	辛巳	庚戌	庚辰	己酉	己卯	戊申	戊寅	戊申
	11	12	255	2	3	4	5	閏	6	7	8	9	10	11	12	256	2
	14	44	13	43	12	42	11	41	10	40	9	39	8	38	7	37	7
	丁丑	丁未	丙子	丙午	乙亥	乙巳	甲戌	甲辰	癸酉	癸卯	壬申	壬寅	辛未	辛丑	庚午	庚子	庚午
	3	4	5	6	7	8	9	10	11	12	257	2	3	4	5	6	7
			36	6	35	5	34	4	33	3	32	2	31	1	30	60	30
			己亥	己巳	戊戌	戊辰	丁酉	丁卯	丙申	丙寅	乙未	乙丑	甲午	甲子	癸巳	癸亥	癸巳
			8	9	10	11	12	258	閏	2	3	4	5	6	7	8	9

35	59	29	58	28	57	27	56	26	55	25	54	24	53	23	52	22	52
	壬戌	壬辰	辛酉	辛卯	庚申	庚寅	己未	己丑	戊午	戊子	丁巳	丁亥	丙辰	丙戌	乙卯	乙酉	乙卯
	10	11	12	259	2	3	4	5	6	7	8	9	10	11	12	260	2
	21	51	20	50	19	49	18	48	17	47	16	46	15	45	14	44	14
	甲申	甲寅	癸未	癸丑	壬午	壬子	辛巳	辛亥	庚辰	庚戌	己卯	己酉	戊寅	戊申	丁丑	丁未	丁丑
	3	4	5	6	7	8	9	10	閏	11	12	261	2	3	4	5	6
			43	13	42	12	41	11	40	10	39	9	38	8	37	7	37
			丙午	丙子	乙巳	乙亥	甲辰	甲戌	癸卯	癸酉	壬寅	壬申	辛丑	辛未	庚子	庚午	庚子
			7	8	9	10	11	12	262	2	3	4	5	6	7	8	9
36	6	36	5	35	4	34	3	33	2	32	1	31	60	30	59	29	59
	己巳	己亥	戊辰	戊戌	丁卯	丁酉	丙寅	丙申	乙丑	乙未	甲子	甲午	癸亥	癸巳	壬戌	壬辰	壬戌
	10	11	12	263	2	3	4	5	6	閏	7	8	9	10	11	12	264
	28	58	27	57	26	56	25	55	24	54	23	53	22	52	21	51	21
	辛卯	辛酉	庚寅	庚申	己丑	己未	戊子	戊午	丁亥	丁巳	丙戌	丙辰	乙酉	乙卯	甲申	甲寅	甲申
	2	3	4	5	6	7	8	9	10	11	12	265	2	3	4	5	6
			50	20	49	19	48	18	47	17	46	16	45	15	44	14	44
			癸丑	癸未	壬子	壬午	辛亥	辛巳	庚戌	庚辰	己酉	己卯	戊申	戊寅	丁未	丁丑	丁未
			7	8	9	10	11	12	266	2	3	閏	4	5	6	7	8
37	13	43	12	42	11	41	10	40	9	39	8	38	7	37	6	36	6
	丙子	丙午	乙亥	乙巳	甲戌	甲辰	癸酉	癸卯	壬申	壬寅	辛未	辛丑	庚午	庚子	己巳	己亥	己巳
	9	10	11	12	267	2	3	4	5	6	7	8	9	10	11	12	268
	35	5	34	4	33	3	32	2	31	1	30	60	29	59	28	58	28
	戊戌	戊辰	丁酉	丁卯	丙申	丙寅	乙未	乙丑	甲午	甲子	癸巳	癸亥	壬辰	壬戌	辛卯	辛酉	辛卯
	2	3	4	5	6	7	8	9	10	11	閏	12	289	2	3	4	5
			57	27	56	26	55	25	54	24	53	23	52	22	51	21	51
			庚申	庚寅	己未	己丑	戊午	戊子	丁巳	丁亥	丙辰	丙戌	乙卯	乙酉	甲寅	甲申	甲寅
			6	7	8	9	10	11	12	270	2	3	4	5	6	7	8
38	20	50	19	49	18	48	17	47	16	46	15	45	14	44	13	43	13
	癸未	癸丑	壬午	壬子	辛巳	辛亥	庚辰	庚戌	己卯	己酉	戊寅	戊申	丁丑	丁未	丙子	丙午	丙子
	9	10	11	12	271	2	3	4	5	6	7	8	閏	9	10	11	12
	42	12	41	11	40	10	39	9	38	8	37	7	36	6	35	5	35
	乙巳	乙亥	甲辰	甲戌	癸卯	癸酉	壬寅	壬申	辛丑	辛未	庚子	庚午	己亥	己巳	戊戌	戊辰	戊戌
	272	2	3	4	5	6	7	8	9	10	11	12	273	2	3	4	5
			4	34	3	33	2	32	1	31	60	30	59	29	58	28	58
			丁卯	丁酉	丙寅	丙申	乙丑	乙未	甲子	甲午	癸亥	癸巳	壬戌	壬辰	辛酉	辛卯	辛酉
			6	7	8	9	10	11	12	274	2	3	4	5	閏	6	7

39	27	57	26	56	25	55	24	54	23	53	22	52	21	51	20	50	20
	庚寅	庚申	己丑	己未	戊子	戊午	丁亥	丁巳	丙戌	丙辰	乙酉	乙卯	甲申	甲寅	癸未	癸丑	癸未
	8	9	10	11	12	275	2	3	4	5	6	7	8	9	10	11	12
	49	19	48	18	47	17	46	16	45	15	44	14	43	13	42	12	42
	壬子	壬午	辛亥	辛巳	庚戌	庚辰	己酉	己卯	戊申	戊寅	丁未	丁丑	丙午	丙子	乙巳	乙亥	乙巳
	276	2	3	4	5	6	7	8	9	10	11	12	277	閏	2	3	4
			11	41	10	40	9	39	8	38	7	37	6	36	5	35	5
			甲戌	甲辰	癸酉	癸卯	壬申	壬寅	辛未	辛丑	庚午	庚子	己巳	己亥	戊辰	戊戌	戊辰
			5	6	7	8	9	10	11	12	278	2	3	4	5	6	7
40	34	4	33	3	32	2	31	1	30	60	29	59	28	58	27	57	27
	丁酉	丁卯	丙申	丙寅	乙未	乙丑	甲午	甲子	癸巳	癸亥	壬辰	壬戌	辛卯	辛酉	庚寅	庚申	庚寅
	8	9	10	11	12	279	2	3	4	5	6	7	8	9	10	閏	11
	56	26	55	25	54	24	53	23	52	22	51	21	50	20	49	19	49
	己未	己丑	戊午	戊子	丁巳	丁亥	丙辰	丙戌	乙卯	乙酉	甲寅	甲申	癸丑	癸未	壬子	壬午	壬子
	12	280	2	3	4	5	6	7	8	9	10	11	12	281	2	3	4
			18	48	17	47	16	46	15	45	14	44	13	43	12	42	12
			辛巳	辛亥	庚辰	庚戌	己卯	己酉	戊寅	戊申	丁丑	丁未	丙子	丙午	乙亥	乙巳	乙亥
			5	6	7	8	9	10	11	12	282	2	3	4	5	6	閏
41	41	11	40	10	39	9	38	8	37	7	36	6	35	5	34	4	34
	甲辰	甲戌	癸卯	癸酉	壬寅	壬申	辛丑	辛未	庚子	庚午	己亥	己巳	戊戌	戊辰	丁酉	丁卯	丁酉
	7	8	9	10	11	12	283	2	3	4	5	6	7	8	9	10	11
	3	33	2	32	1	31	60	30	59	29	58	28	57	27	56	26	56
	丙寅	丙申	乙丑	乙未	甲子	甲午	癸亥	癸巳	壬戌	壬辰	辛酉	辛卯	庚申	庚寅	己未	己丑	己未
	12	284	2	3	4	5	6	7	8	9	10	11	12	285	2	3	閏
			25	55	24	54	23	53	22	52	21	51	20	50	19	49	19
			戊子	戊午	丁亥	丁巳	丙戌	丙辰	乙酉	乙卯	甲申	甲寅	癸未	癸丑	壬午	壬子	壬午
			4	5	6	7	8	9	10	11	12	286	2	3	4	5	6
42	48	18	47	17	46	16	45	15	44	14	43	13	42	12	41	11	41
	辛亥	辛巳	庚戌	庚辰	己酉	己卯	戊申	戊寅	丁未	丁丑	丙午	丙子	乙巳	乙亥	甲辰	甲戌	甲辰
	7	8	9	10	11	12	287	2	3	4	5	6	7	8	9	10	11
	10	40	9	39	8	38	7	37	6	36	5	35	4	34	3	33	3
	癸酉	癸卯	壬申	壬寅	辛未	辛丑	庚午	庚子	己巳	己亥	戊辰	戊戌	丁卯	丁酉	丙寅	丙申	丙寅
	閏	12	288	2	3	4	5	6	7	8	9	10	11	12	289	2	3
			32	2	31	1	30	60	29	59	28	58	27	57	26	56	26
			乙未	乙丑	甲午	甲子	癸巳	癸亥	壬辰	壬戌	辛卯	辛酉	庚寅	庚申	己丑	己未	己丑
			4	5	6	7	8	9	10	11	12	290	2	3	4	5	6

43	55	25	54	24	53	23	52	22	51	21	50	20	49	19	48	18	48
	戊午	戊子	丁巳	丁亥	丙辰	丙戌	乙卯	乙酉	甲寅	甲申	癸丑	癸未	壬子	壬午	辛亥	辛巳	辛亥
	7	8	閏	9	10	11	12	291	2	3	4	5	6	7	8	9	10
	17	47	16	46	15	45	14	44	13	43	12	42	11	41	10	40	10
	庚辰	庚戌	己卯	己酉	戊寅	戊申	丁丑	丁未	丙子	丙午	乙亥	乙巳	甲戌	甲辰	癸酉	癸卯	癸酉
	11	12	292	2	3	4	5	6	7	8	9	10	11	12	293	2	3
			39	9	38	8	37	7	36	6	35	5	34	4	33	3	33
			壬寅	壬申	辛丑	辛未	庚子	庚午	己亥	己巳	戊戌	戊辰	丁酉	丁卯	丙申	丙寅	丙申
			4	5	閏	6	7	8	9	10	11	12	294	2	3	4	5
44	2	32	1	31	60	30	59	29	58	28	57	27	56	26	55	25	55
	乙丑	乙未	甲子	甲午	癸亥	癸巳	壬戌	壬辰	辛酉	辛卯	庚申	庚寅	己未	己丑	戊午	戊子	戊午
	6	7	8	9	10	11	12	295	2	3	4	5	6	7	8	9	10
	24	54	23	53	22	52	21	51	20	50	19	49	18	48	17	47	17
	丁亥	丁巳	丙戌	丙辰	乙酉	乙卯	甲申	甲寅	癸未	癸丑	壬午	壬子	辛巳	辛亥	庚辰	庚戌	庚辰
	11	12	296	閏	2	3	4	5	6	7	8	9	10	11	12	297	2
			46	16	45	15	44	14	43	13	42	12	41	11	40	10	40
			己酉	己卯	戊申	戊寅	丁未	丁丑	丙午	丙子	乙巳	乙亥	甲辰	甲戌	癸卯	癸酉	癸卯
			3	4	5	6	7	8	9	10	11	12	298	2	3	4	5
45	9	39	8	38	7	37	6	36	5	35	4	34	3	33	2	32	2
	壬申	壬寅	辛未	辛丑	庚午	庚子	己巳	己亥	戊辰	戊戌	丁卯	丁酉	丙寅	丙申	乙丑	乙未	乙丑
	6	7	8	9	10	閏	11	12	299	2	3	4	5	6	7	8	9
	31	1	30	60	29	59	28	58	27	57	26	56	25	55	24	54	24
	甲午	甲子	癸巳	癸亥	壬辰	壬戌	辛卯	辛酉	庚寅	庚申	己丑	己未	戊子	戊午	丁亥	丁巳	丁亥
	10	11	12	300	2	3	4	5	6	7	8	9	10	11	12	301	2
			53	23	52	22	51	21	50	20	49	19	48	18	47	17	47
			丙辰	丙戌	乙卯	乙酉	甲寅	甲申	癸丑	癸未	壬子	壬午	辛亥	辛巳	庚戌	庚辰	庚戌
			3	4	5	6	閏	7	8	9	10	11	12	302	2	3	4
46	16	46	15	45	14	44	13	43	12	42	11	41	10	40	9	39	9
	己卯	己酉	戊寅	戊申	丁丑	丁未	丙子	丙午	乙亥	乙巳	甲戌	甲辰	癸酉	癸卯	壬申	壬寅	壬申
	5	6	7	8	9	10	11	12	303	2	3	4	5	6	7	8	9
	38	8	37	7	36	6	35	5	34	4	33	3	32	2	31	1	31
	辛丑	辛未	庚子	庚午	己亥	己巳	戊戌	戊辰	丁酉	丁卯	丙申	丙寅	乙未	乙丑	甲午	甲子	甲午
	10	11	12	304	2	3	閏	4	5	6	7	8	9	10	11	12	305
			60	30	59	29	58	28	57	27	56	26	55	25	54	24	54
			癸亥	癸巳	壬戌	壬辰	辛酉	辛卯	庚申	庚寅	己未	己丑	戊午	戊子	丁巳	丁亥	丁巳
			2	3	4	5	6	7	8	9	10	11	12	306	2	3	4

47	23	53	22	52	21	51	20	50	19	49	18	48	17	47	16	46	16
	丙戌	丙辰	乙酉	乙卯	甲申	甲寅	癸未	癸丑	壬午	壬子	辛巳	辛亥	庚辰	庚戌	己卯	己酉	己卯
	5	6	7	8	9	10	11	閏	12	307	2	3	4	5	6	7	8
	45	15	44	14	43	13	42	12	41	11	40	10	39	9	38	8	38
	戊申	戊寅	丁未	丁丑	丙午	丙子	乙巳	乙亥	甲辰	甲戌	癸卯	癸酉	壬寅	壬申	辛丑	辛未	辛丑
	9	10	11	12	308	2	3	4	5	6	7	8	9	10	11	12	309
			7	37	6	36	5	35	4	34	3	33	2	32	1	31	1
			庚午	庚子	己巳	己亥	戊辰	戊戌	丁卯	丁酉	丙寅	丙申	乙丑	乙未	甲子	甲午	甲子
			2	3	4	5	6	7	8	閏	9	10	11	12	310	2	3
48	30	60	29	59	28	58	27	57	26	56	25	55	24	54	23	53	23
	癸巳	癸亥	壬辰	壬戌	辛卯	辛酉	庚寅	庚申	己丑	己未	戊子	戊午	丁亥	丁巳	丙戌	丙辰	丙戌
	4	5	6	7	8	9	10	11	12	311	2	3	4	5	6	7	8
	52	22	51	21	50	20	49	19	48	18	47	17	46	16	45	15	45
	乙卯	乙酉	甲寅	甲申	癸丑	癸未	壬子	壬午	辛亥	辛巳	庚戌	庚辰	己酉	己卯	戊申	戊寅	戊申
	9	10	11	12	312	2	3	4	5	閏	6	7	8	9	10	11	12
			14	44	13	43	12	42	11	41	10	40	9	39	8	38	8
			丁丑	丁未	丙子	丙午	乙亥	乙巳	甲戌	甲辰	癸酉	癸卯	壬申	壬寅	辛未	辛丑	辛未
			313	2	3	4	5	6	7	8	9	10	11	12	314	2	3
49	37	7	36	6	35	5	34	4	33	3	32	2	31	1	30	60	30
	庚子	庚午	己亥	己巳	戊戌	戊辰	丁酉	丁卯	丙申	丙寅	乙未	乙丑	甲午	甲子	癸巳	癸亥	癸巳
	4	5	6	7	8	9	10	11	12	315	閏	2	3	4	5	6	7
	59	29	58	28	57	27	56	26	55	25	54	24	53	23	52	22	52
	壬戌	壬辰	辛酉	辛卯	庚申	庚寅	己未	己丑	戊午	戊子	丁巳	丁亥	丙辰	丙戌	乙卯	乙酉	乙卯
	8	9	10	11	12	316	2	3	4	5	6	7	8	9	10	11	12
			21	51	20	50	19	49	18	48	17	47	16	46	15	45	15
			甲申	甲寅	癸未	癸丑	壬午	壬子	辛巳	辛亥	庚辰	庚戌	己卯	己酉	戊寅	戊申	戊寅
			317	2	3	4	5	6	7	8	9	10	閏	11	12	318	2
50	44	14	43	13	42	12	41	11	40	10	39	9	38	8	37	7	37
	丁未	丁丑	丙午	丙子	乙巳	乙亥	甲辰	甲戌	癸卯	癸酉	壬寅	壬申	辛丑	辛未	庚子	庚午	庚子
	3	4	5	6	7	8	9	10	11	12	319	2	3	4	5	6	7
	6	36	5	35	4	34	3	33	2	32	1	31	60	30	59	29	59
	己巳	己亥	戊辰	戊戌	丁卯	丁酉	丙寅	丙申	乙丑	乙未	甲子	甲午	癸亥	癸巳	壬戌	壬辰	壬戌
	8	9	10	11	12	320	2	3	4	5	6	閏	7	8	9	10	11
			28	58	27	57	26	56	25	55	24	54	23	53	22	52	22
			辛卯	辛酉	庚寅	庚申	己丑	己未	戊子	戊午	丁亥	丁巳	丙戌	丙辰	乙酉	乙卯	乙酉
			12	321	2	3	4	5	6	7	8	9	10	11	12	322	2

51	51	21	50	20	49	19	48	18	47	17	46	16	45	15	44	14	44
	甲寅	甲申	癸丑	癸未	壬子	壬午	辛亥	辛巳	庚戌	庚辰	己酉	己卯	戊申	戊寅	丁未	丁丑	丁未
	3	4	5	6	7	8	9	10	11	12	323	2	3	閏	4	5	6
	13	43	12	42	11	41	10	40	9	39	8	38	7	37	6	36	6
	丙子	丙午	乙亥	乙巳	甲戌	甲辰	癸酉	癸卯	壬申	壬寅	辛未	辛丑	庚午	庚子	己巳	己亥	己巳
	7	8	9	10	11	12	324	2	3	4	5	6	7	8	9	10	11
			35	5	34	4	33	3	32	2	31	1	30	60	29	59	29
			戊戌	戊辰	丁酉	丁卯	丙申	丙寅	乙未	乙丑	甲午	甲子	癸巳	癸亥	壬辰	壬戌	壬辰
			12	325	2	3	4	5	6	7	8	9	10	11	閏	12	326
52	58	28	57	27	56	26	55	25	54	24	53	23	52	22	51	21	51
	辛酉	辛卯	庚申	庚寅	己未	己丑	戊午	戊子	丁巳	丁亥	丙辰	丙戌	乙卯	乙酉	甲寅	甲申	甲寅
	2	3	4	5	6	7	8	9	10	11	12	327	2	3	4	5	6
	20	50	19	49	18	48	17	47	16	46	15	45	14	44	13	43	13
	癸未	癸丑	壬午	壬子	辛巳	辛亥	庚辰	庚戌	己卯	己酉	戊寅	戊申	丁丑	丁未	丙子	丙午	丙子
	7	8	9	10	11	12	328	2	3	4	5	6	7	8	閏	9	10
			42	12	41	11	40	10	39	9	38	8	37	7	36	6	36
			乙巳	乙亥	甲辰	甲戌	癸卯	癸酉	壬寅	壬申	辛丑	辛未	庚子	庚午	己亥	己巳	己亥
			11	12	329	2	3	4	5	6	7	8	9	10	11	12	330
53	5	35	4	34	3	33	2	32	1	31	60	30	59	29	58	28	58
	戊辰	戊戌	丁卯	丁酉	丙寅	丙申	乙丑	乙未	甲子	甲午	癸亥	癸巳	壬戌	壬辰	辛酉	辛卯	辛酉
	2	3	4	5	6	7	8	9	10	11	12	331	2	3	4	5	閏
	27	57	26	56	25	55	24	54	23	53	22	52	21	51	20	50	20
	庚寅	庚申	己丑	己未	戊子	戊午	丁亥	丁巳	丙戌	丙辰	乙酉	乙卯	甲申	甲寅	癸未	癸丑	癸未
	6	7	8	9	10	11	12	332	2	3	4	5	6	7	8	9	10
			49	19	48	18	47	17	46	16	45	15	44	14	43	13	43
			壬子	壬午	辛亥	辛巳	庚戌	庚辰	己酉	己卯	戊申	戊寅	丁未	丁丑	丙午	丙子	丙午
			11	12	333	2	3	4	5	6	7	8	9	10	11	12	334
54	12	42	11	41	10	40	9	39	8	38	7	37	6	36	5	35	5
	乙亥	乙巳	甲戌	甲辰	癸酉	癸卯	壬申	壬寅	辛未	辛丑	庚午	庚子	己巳	己亥	戊辰	戊戌	戊辰
	閏	2	3	4	5	6	7	8	9	10	11	12	335	2	3	4	5
	34	4	33	3	32	2	31	1	30	60	29	59	28	58	27	57	27
	丁酉	丁卯	丙申	丙寅	乙未	乙丑	甲午	甲子	癸巳	癸亥	壬辰	壬戌	辛卯	辛酉	庚寅	庚申	庚寅
	6	7	8	9	10	11	12	336	2	3	4	5	6	7	8	9	10
			56	26	55	25	54	24	53	23	52	22	51	21	50	20	50
			己未	己丑	戊午	戊子	丁巳	丁亥	丙辰	丙戌	乙卯	乙酉	甲寅	甲申	癸丑	癸未	癸丑
			閏	11	12	337	2	3	4	5	6	7	8	9	10	11	12

55	19	49	18	48	17	47	16	46	15	45	14	44	13	43	12	42	12
	壬午	壬子	辛巳	辛亥	庚辰	庚戌	己卯	己酉	戊寅	戊申	丁丑	丁未	丙子	丙午	乙亥	乙巳	乙亥
	338	2	3	4	5	6	7	8	9	10	11	12	339	2	3	4	5
	41	11	40	10	39	9	38	8	37	7	36	6	35	5	34	4	34
	甲辰	甲戌	癸卯	癸酉	壬寅	壬申	辛丑	辛未	庚子	庚午	己亥	己巳	戊戌	戊辰	丁酉	丁卯	丁酉
	6	閏	7	8	9	10	11	12	340	2	3	4	5	6	7	8	9
			3	33	2	32	1	31	60	30	59	29	58	28	57	27	57
			丙寅	丙申	乙丑	乙未	甲子	甲午	癸亥	癸巳	壬戌	壬辰	辛酉	辛卯	庚申	庚寅	庚申
			10	11	12	341	2	3	4	5	6	7	8	9	10	11	12
56	26	56	25	55	24	54	23	53	22	52	21	51	20	50	19	49	19
	己丑	己未	戊子	戊午	丁亥	丁巳	丙戌	丙辰	乙酉	乙卯	甲申	甲寅	癸未	癸丑	壬午	壬子	壬午
	342	2	3	閏	4	5	6	7	8	9	10	11	12	343	2	3	4
	48	18	47	17	46	16	45	15	44	14	43	13	42	12	41	11	41
	辛亥	辛巳	庚戌	庚辰	己酉	己卯	戊申	戊寅	丁未	丁丑	丙午	丙子	乙巳	乙亥	甲辰	甲戌	甲辰
	5	6	7	8	9	10	11	12	344	2	3	4	5	6	7	8	9
			10	40	9	39	8	38	7	37	6	36	5	35	4	34	4
			癸酉	癸卯	壬申	壬寅	辛未	辛丑	庚午	庚子	己巳	己亥	戊辰	戊戌	丁卯	丁酉	丁卯
			10	11	閏	12	345	2	3	4	5	6	7	8	9	10	11
57	33	3	32	2	31	1	30	60	29	59	28	58	27	57	26	56	26
	丙申	丙寅	乙未	乙丑	甲午	甲子	癸巳	癸亥	壬辰	壬戌	辛卯	辛酉	庚寅	庚申	己丑	己未	己丑
	12	346	2	3	4	5	6	7	8	9	10	11	12	347	2	3	4
	55	25	54	24	53	23	52	22	51	21	50	20	49	19	48	18	48
	戊午	戊子	丁巳	丁亥	丙辰	丙戌	乙卯	乙酉	甲寅	甲申	癸丑	癸未	壬子	壬午	辛亥	辛巳	辛亥
	5	6	7	8	閏	9	10	11	12	348	2	3	4	5	6	7	8
			17	47	16	46	15	45	14	44	13	43	12	42	11	41	11
			庚辰	庚戌	己卯	己酉	戊寅	戊申	丁丑	丁未	丙子	丙午	乙亥	乙巳	甲戌	甲辰	甲戌
			9	10	11	12	349	2	3	4	5	6	7	8	9	10	11
58	40	10	39	9	38	8	37	7	36	6	35	5	34	4	33	3	33
	癸卯	癸酉	壬寅	壬申	辛丑	辛未	庚子	庚午	己亥	己巳	戊戌	戊辰	丁酉	丁卯	丙申	丙寅	丙申
	12	350	2	3	4	5	閏	6	7	8	9	10	11	12	351	2	3
	2	32	1	31	60	30	59	29	58	28	57	27	56	26	55	25	55
	乙丑	乙未	甲子	甲午	癸亥	癸巳	壬戌	壬辰	辛酉	辛卯	庚申	庚寅	己未	己丑	戊午	戊子	戊午
	4	5	6	7	8	9	10	11	12	352	2	3	4	5	6	7	8
			24	54	23	53	22	52	21	51	20	50	19	49	18	48	18
			丁亥	丁巳	丙戌	丙辰	乙酉	乙卯	甲申	甲寅	癸未	癸丑	壬午	壬子	辛巳	辛亥	辛巳
			9	10	11	12	353	閏	2	3	4	5	6	7	8	9	10

59	47	17	46	16	45	15	44	14	43	13	42	12	41	11	40	10	40
	庚戌	庚辰	己酉	己卯	戊申	戊寅	丁未	丁丑	丙午	丙子	乙巳	乙亥	甲辰	甲戌	癸卯	癸酉	癸卯
	11	12	354	2	3	4	5	6	7	8	9	10	11	12	355	2	3
	9	39	8	38	7	37	6	36	5	35	4	34	3	33	2	32	2
	壬申	壬寅	辛未	辛丑	庚午	庚子	己巳	己亥	戊辰	戊戌	丁卯	丁酉	丙寅	丙申	乙丑	乙未	乙丑
	4	5	6	7	8	9	10	閏	11	12	356	2	3	4	5	6	7
			31	1	30	60	29	59	28	58	27	57	26	56	25	55	25
			甲午	甲子	癸巳	癸亥	壬辰	壬戌	辛卯	辛酉	庚寅	庚申	己丑	己未	戊子	戊午	戊子
			8	9	10	11	12	357	2	3	4	5	6	7	8	9	10
60	54	24	53	23	52	22	51	21	50	20	49	19	48	18	47	17	47
	丁巳	丁亥	丙辰	丙戌	乙卯	乙酉	甲寅	甲申	癸丑	癸未	壬子	壬午	辛亥	辛巳	庚戌	庚辰	庚戌
	11	12	358	2	3	4	5	6	閏	7	8	9	10	11	12	359	2
	16	46	15	45	14	44	13	43	12	42	11	41	10	40	9	39	9
	己卯	己酉	戊寅	戊申	丁丑	丁未	丙子	丙午	乙亥	乙巳	甲戌	甲辰	癸酉	癸卯	壬申	壬寅	壬申
	3	4	5	6	7	8	9	10	11	12	360	2	3	4	5	6	7
			38	8	37	7	36	6	35	5	34	4	33	3	32	2	32
			辛丑	辛未	庚子	庚午	己亥	己巳	戊戌	戊辰	丁酉	丁卯	丙申	丙寅	乙未	乙丑	乙未
			8	9	10	11	12	361	2	3	閏	4	5	6	7	8	9

	1	2	3	4	5	6	7	8	9	10	11	12	13	14	15	16	17
	大	小	大	小	大	小	大	小	大	小	大	小	大	小	大	大	小
1	1	31	60	30	59	29	58	28	57	27	56	26	55	25	54	24	54
	甲子	甲午	癸亥	癸巳	壬戌	壬辰	辛酉	辛卯	庚申	庚寅	己未	己丑	戊午	戊子	丁巳	丁亥	丁巳
	10	11	12	362	2	3	4	5	6	7	8	9	10	11	12	363	2
	23	53	22	52	21	51	20	50	19	49	18	48	17	47	16	46	16
	丙戌	丙辰	乙酉	乙卯	甲申	甲寅	癸未	癸丑	壬午	壬子	辛巳	辛亥	庚辰	庚戌	己卯	己酉	己卯
	3	4	5	6	7	8	9	10	11	閏	12	364	2	3	4	5	6
			45	15	44	14	43	13	42	12	41	11	40	10	39	9	39
			戊申	戊寅	丁未	丁丑	丙午	丙子	乙巳	乙亥	甲辰	甲戌	癸卯	癸酉	壬寅	壬申	壬寅
			7	8	9	10	11	12	365	2	3	4	5	6	7	8	9

2	8	38	7	37	6	36	5	35	4	34	3	33	2	32	1	31	1
	辛未	辛丑	庚午	庚子	己巳	己亥	戊辰	戊戌	丁卯	丁酉	丙寅	丙申	乙丑	乙未	甲子	甲午	甲子
	10	11	12	366	2	3	4	5	6	7	8	閏	9	10	11	12	367
	30	60	29	59	28	58	27	57	26	56	25	55	24	54	23	53	23
	癸巳	癸亥	壬辰	壬戌	辛卯	辛酉	庚寅	庚申	己丑	己未	戊子	戊午	丁亥	丁巳	丙戌	丙辰	丙戌
	2	3	4	5	6	7	8	9	10	11	12	368	2	3	4	5	6
			52	22	51	21	50	20	49	19	48	18	47	17	46	16	46
			乙卯	乙酉	甲寅	甲申	癸丑	癸未	壬子	壬午	辛亥	辛巳	庚戌	庚辰	己酉	己卯	己酉
			7	8	9	10	11	12	369	2	3	4	5	閏	6	7	8
3	15	45	14	44	13	43	12	42	11	41	10	40	9	39	8	38	8
	戊寅	戊申	丁丑	丁未	丙子	丙午	乙亥	乙巳	甲戌	甲辰	癸酉	癸卯	壬申	壬寅	辛未	辛丑	辛未
	9	10	11	12	370	2	3	4	5	6	7	8	9	10	11	12	371
	37	7	36	6	35	5	34	4	33	3	32	2	31	1	30	60	30
	庚子	庚午	己亥	己巳	戊戌	戊辰	丁酉	丁卯	丙申	丙寅	乙未	乙丑	甲午	甲子	癸巳	癸亥	癸巳
	2	3	4	5	6	7	8	9	10	11	12	372	閏	2	3	4	5
			59	29	58	28	57	27	56	26	55	25	54	24	53	23	53
			壬戌	壬辰	辛酉	辛卯	庚申	庚寅	己未	己丑	戊午	戊子	丁巳	丁亥	丙辰	丙戌	丙辰
			6	7	8	9	10	11	12	373	2	3	4	5	6	7	8
4	22	52	21	51	20	50	19	49	18	48	17	47	16	46	15	45	15
	乙酉	乙卯	甲申	甲寅	癸未	癸丑	壬午	壬子	辛巳	辛亥	庚辰	庚戌	己卯	己酉	戊寅	戊申	戊寅
	9	10	11	12	374	2	3	4	5	6	7	8	9	10	閏	11	12
	44	14	43	13	42	12	41	11	40	10	39	9	38	8	37	7	37
	丁未	丁丑	丙午	丙子	乙巳	乙亥	甲辰	甲戌	癸卯	癸酉	壬寅	壬申	辛丑	辛未	庚子	庚午	庚子
	375	2	3	4	5	6	7	8	9	10	11	12	376	2	3	4	5
			6	36	5	35	4	34	3	33	2	32	1	31	60	30	60
			己巳	己亥	戊辰	戊戌	丁卯	丁酉	丙寅	丙申	乙丑	乙未	甲子	甲午	癸亥	癸巳	癸亥
			6	7	8	9	10	11	12	377	2	3	4	5	6	閏	7
5	29	59	28	58	27	57	26	56	25	55	24	54	23	53	22	52	22
	壬辰	壬戌	辛卯	辛酉	庚寅	庚申	己丑	己未	戊子	戊午	丁亥	丁巳	丙戌	丙辰	乙酉	乙卯	乙酉
	8	9	10	11	12	378	2	3	4	5	6	7	8	9	10	11	12
	51	21	50	20	49	19	48	18	47	17	46	16	45	15	44	14	44
	甲寅	甲申	癸丑	癸未	壬子	壬午	辛亥	辛巳	庚戌	庚辰	己酉	己卯	戊申	戊寅	丁未	丁丑	丁未
	379	2	3	4	5	6	7	8	9	10	11	12	380	2	3	閏	4
			13	43	12	42	11	41	10	40	9	39	8	38	7	37	7
			丙子	丙午	乙亥	乙巳	甲戌	甲辰	癸酉	癸卯	壬申	壬寅	辛未	辛丑	庚午	庚子	庚午
			5	6	7	8	9	10	11	12	381	2	3	4	5	6	7

6	36	6	35	5	34	4	33	3	32	2	31	1	30	60	29	59	29
	己亥	己巳	戊戌	戊辰	丁酉	丁卯	丙申	丙寅	乙未	乙丑	甲午	甲子	癸巳	癸亥	壬辰	壬戌	壬辰
	8	9	10	11	12	382	2	3	4	5	6	7	8	9	10	11	閏
	58	28	57	27	56	26	55	25	54	24	53	23	52	22	51	21	51
	辛酉	辛卯	庚申	庚寅	己未	己丑	戊午	戊子	丁巳	丁亥	丙辰	丙戌	乙卯	乙酉	甲寅	甲申	甲寅
	12	383	2	3	4	5	6	7	8	9	10	11	12	384	2	3	4
			20	50	19	49	18	48	17	47	16	46	15	45	14	44	14
			癸未	癸丑	壬午	壬子	辛巳	辛亥	庚辰	庚戌	己卯	己酉	戊寅	戊申	丁丑	丁未	丁丑
			5	6	7	8	9	10	11	12	385	2	3	4	5	6	7
7	43	13	42	12	41	11	40	10	39	9	38	8	37	7	36	6	36
	丙午	丙子	乙巳	乙亥	甲辰	甲戌	癸卯	癸酉	壬寅	壬申	辛丑	辛未	庚子	庚午	己亥	己巳	己亥
	8	閏	9	10	11	12	346	2	3	4	5	6	7	8	9	10	11
	5	35	4	34	3	33	2	32	1	31	60	30	59	29	58	28	58
	戊辰	戊戌	丁卯	丁酉	丙寅	丙申	乙丑	乙未	甲子	甲午	癸亥	癸巳	壬戌	壬辰	辛酉	辛卯	辛酉
	12	387	2	3	4	5	6	7	8	9	10	11	12	388	2	3	4
			27	57	26	56	25	55	24	54	23	53	22	52	21	51	21
			庚寅	庚申	己丑	己未	戊子	戊午	丁亥	丁巳	丙戌	丙辰	乙酉	乙卯	甲申	甲寅	甲申
			5	閏	6	7	8	9	10	11	12	389	2	3	4	5	6
8	50	20	49	19	48	18	47	17	46	16	45	15	44	14	43	13	43
	癸丑	癸未	壬子	壬午	辛亥	辛巳	庚戌	庚辰	己酉	己卯	戊申	戊寅	丁未	丁丑	丙午	丙子	丙午
	7	8	9	10	11	12	390	2	3	4	5	6	7	8	9	10	11
	12	42	11	41	10	40	9	39	8	38	7	37	6	36	5	35	5
	乙亥	乙巳	甲戌	甲辰	癸酉	癸卯	壬申	壬寅	辛未	辛丑	庚午	庚子	己巳	己亥	戊辰	戊戌	戊辰
	12	391	閏	2	3	4	5	6	7	8	9	10	11	12	392	2	3
			34	4	33	3	32	2	31	1	30	60	29	59	28	58	28
			丁酉	丁卯	丙申	丙寅	乙未	乙丑	甲午	甲子	癸巳	癸亥	壬辰	壬戌	辛卯	辛酉	辛卯
			4	5	6	7	8	9	10	11	12	393	2	3	4	5	6
9	57	27	56	26	55	25	54	24	53	23	52	22	51	21	50	20	50
	庚申	庚寅	己未	己丑	戊午	戊子	丁巳	丁亥	丙辰	丙戌	乙卯	乙酉	甲寅	甲申	癸丑	癸未	癸丑
	7	8	9	10	閏	11	12	394	2	3	4	5	6	7	8	9	10
	19	49	18	48	17	47	16	46	15	45	14	44	13	43	12	42	12
	壬午	壬子	辛巳	辛亥	庚辰	庚戌	己卯	己酉	戊寅	戊申	丁丑	丁未	丙子	丙午	乙亥	乙巳	乙亥
	11	12	395	2	3	4	5	6	7	8	9	10	11	12	396	2	3
			41	11	40	10	39	9	38	8	37	7	36	6	35	5	35
			甲辰	甲戌	癸卯	癸酉	壬寅	壬申	辛丑	辛未	庚子	庚午	己亥	己巳	戊戌	戊辰	戊戌
			4	5	6	閏	7	8	9	10	11	12	397	2	3	4	5

10	4	34	3	33	2	32	1	31	60	30	59	29	58	28	57	27	57
	丁卯	丁酉	丙寅	丙申	乙丑	乙未	甲子	甲午	癸亥	癸巳	壬戌	壬辰	辛酉	辛卯	庚申	庚寅	庚申
	6	7	8	9	10	11	12	398	2	3	4	5	6	7	8	9	10
	26	56	25	55	24	54	23	53	22	52	21	51	20	50	19	49	19
	己丑	己未	戊子	戊午	丁亥	丁巳	丙戌	丙辰	乙酉	乙卯	甲申	甲寅	癸未	癸丑	壬午	壬子	壬午
	11	12	399	2	3	閏	4	5	6	7	8	9	10	11	12	400	2
			48	18	47	17	46	16	45	15	44	14	43	13	42	12	42
			辛亥	辛巳	庚戌	庚辰	己酉	己卯	戊申	戊寅	丁未	丁丑	丙午	丙子	乙巳	乙亥	乙巳
			3	4	5	6	7	8	9	10	11	12	401	2	3	4	5
11	11	41	10	40	9	39	8	38	7	37	6	36	5	35	4	34	4
	甲戌	甲辰	癸酉	癸卯	壬申	壬寅	辛未	辛丑	庚午	庚子	己巳	己亥	戊辰	戊戌	丁卯	丁酉	丁卯
	6	7	8	9	10	11	12	閏	402	2	3	4	5	6	7	8	9
	33	3	32	2	31	1	30	60	29	59	28	58	27	57	26	56	26
	丙申	丙寅	乙未	乙丑	甲午	甲子	癸巳	癸亥	壬辰	壬戌	辛卯	辛酉	庚寅	庚申	己丑	己未	己丑
	10	11	12	403	2	3	4	5	6	7	8	9	10	11	12	404	2
			55	25	54	24	53	23	52	22	51	21	50	20	49	19	49
			戊午	戊子	丁巳	丁亥	丙辰	丙戌	乙卯	乙酉	甲寅	甲申	癸丑	癸未	壬子	壬午	壬子
			3	4	5	6	7	8	閏	9	10	11	12	405	2	3	4
12	18	48	17	47	16	46	15	45	14	44	13	43	12	42	11	41	11
	辛巳	辛亥	庚辰	庚戌	己卯	己酉	戊寅	戊申	丁丑	丁未	丙子	丙午	乙亥	乙巳	甲戌	甲辰	甲戌
	5	6	7	8	9	10	11	12	406	2	3	4	5	6	7	8	9
	40	10	39	9	38	8	37	7	36	6	35	5	34	4	33	3	33
	癸卯	癸酉	壬寅	壬申	辛丑	辛未	庚子	庚午	己亥	己巳	戊戌	戊辰	丁酉	丁卯	丙申	丙寅	丙申
	10	11	12	407	2	3	4	5	閏	6	7	8	9	10	11	12	408
			2	32	1	31	60	30	59	29	58	28	57	27	56	26	56
			乙丑	乙未	甲子	甲午	癸亥	癸巳	壬戌	壬辰	辛酉	辛卯	庚申	庚寅	己未	己丑	己未
			2	3	4	5	6	7	8	9	10	11	12	409	2	3	4
13	25	55	24	54	23	53	22	52	21	51	20	50	19	49	18	48	18
	戊子	戊午	丁亥	丁巳	丙戌	丙辰	乙酉	乙卯	甲申	甲寅	癸未	癸丑	壬午	壬子	辛巳	辛亥	辛巳
	5	6	7	8	9	10	11	12	410	閏	2	3	4	5	6	7	8
	47	17	46	16	45	15	44	14	43	13	42	12	41	11	40	10	40
	庚戌	庚辰	己酉	己卯	戊申	戊寅	丁未	丁丑	丙午	丙子	乙巳	乙亥	甲辰	甲戌	癸卯	癸酉	癸卯
	9	10	11	12	411	2	3	4	5	6	7	8	9	10	11	12	412
			9	39	8	38	7	37	6	36	5	35	4	34	3	33	3
			壬申	壬寅	辛未	辛丑	庚午	庚子	己巳	己亥	戊辰	戊戌	丁卯	丁酉	丙寅	丙申	丙寅
			2	3	4	5	6	7	8	9	10	閏	11	12	413	2	3

14	32	2	31	1	30	60	29	59	28	58	27	57	26	56	25	55	25
	乙未	乙丑	甲午	甲子	癸巳	癸亥	壬辰	壬戌	辛卯	辛酉	庚寅	庚申	己丑	己未	戊子	戊午	戊子
	4	5	6	7	8	9	10	11	12	414	2	3	4	5	6	7	8
	54	24	53	23	52	22	51	21	50	20	49	19	48	18	47	17	47
	丁巳	丁亥	丙辰	丙戌	乙卯	乙酉	甲寅	甲申	癸丑	癸未	壬子	壬午	辛亥	辛巳	庚戌	庚辰	庚戌
	9	10	11	12	415	2	3	4	5	6	閏	7	8	9	10	11	12
			16	46	15	45	14	44	13	43	12	42	11	41	10	40	10
			己卯	己酉	戊寅	戊申	丁丑	丁未	丙子	丙午	乙亥	乙巳	甲戌	甲辰	癸酉	癸卯	癸酉
			416	2	3	4	5	6	7	8	9	10	11	12	417	2	3
15	39	9	38	8	37	7	36	6	35	5	34	4	33	3	32	2	32
	壬寅	壬申	辛丑	辛未	庚子	庚午	己亥	己巳	戊戌	戊辰	丁酉	丁卯	丙申	丙寅	乙未	乙丑	乙未
	4	5	6	7	8	9	10	11	12	418	2	3	閏	4	5	6	7
	1	31	60	30	59	29	58	28	57	27	56	26	55	25	54	24	54
	甲子	甲午	癸亥	癸巳	壬戌	壬辰	辛酉	辛卯	庚申	庚寅	己未	己丑	戊午	戊子	丁巳	丁亥	丁巳
	8	9	10	11	12	419	2	3	4	5	6	7	8	9	10	11	12
			23	53	22	52	21	51	20	50	19	49	18	48	17	47	17
			丙戌	丙辰	乙酉	乙卯	甲申	甲寅	癸未	癸丑	壬午	壬子	辛巳	辛亥	庚辰	庚戌	庚辰
			420	2	3	4	5	6	7	8	9	10	11	12	閏	421	2
16	46	16	45	15	44	14	43	13	42	12	41	11	40	10	39	9	39
	己酉	己卯	戊申	戊寅	丁未	丁丑	丙午	丙子	乙巳	乙亥	甲辰	甲戌	癸卯	癸酉	壬寅	壬申	壬寅
	3	4	5	6	7	8	9	10	11	12	422	2	3	4	5	6	7
	8	38	7	37	6	36	5	35	4	34	3	33	2	32	1	31	1
	辛未	辛丑	庚午	庚子	己巳	己亥	戊辰	戊戌	丁卯	丁酉	丙寅	丙申	乙丑	乙未	甲子	甲午	甲子
	8	9	10	11	12	423	2	3	4	5	6	7	8	閏	9	10	11
			30	60	29	59	28	58	27	57	26	56	25	55	24	54	24
			癸巳	癸亥	壬辰	壬戌	辛卯	辛酉	庚寅	庚申	己丑	己未	戊子	戊午	丁亥	丁巳	丁亥
			12	424	2	3	4	5	6	7	8	9	10	11	12	425	2
17	53	23	52	22	51	21	50	20	49	19	48	18	47	17	46	16	46
	丙辰	丙戌	乙卯	乙酉	甲寅	甲申	癸丑	癸未	壬子	壬午	辛亥	辛巳	庚戌	庚辰	己酉	己卯	己酉
	3	4	5	6	7	8	9	10	11	12	426	2	3	4	5	閏	6
	15	45	14	44	13	43	12	42	11	41	10	40	9	39	8	38	8
	戊寅	戊申	丁丑	丁未	丙子	丙午	乙亥	乙巳	甲戌	甲辰	癸酉	癸卯	壬申	壬寅	辛未	辛丑	辛未
	7	8	9	10	11	12	427	2	3	4	5	6	7	8	9	10	11
			37	7	36	6	35	5	34	4	33	3	32	2	31	1	31
			庚子	庚午	己亥	己巳	戊戌	戊辰	丁酉	丁卯	丙申	丙寅	乙未	乙丑	甲午	甲子	甲午
			12	428	2	3	4	5	6	7	8	9	10	11	12	429	2

18	60	30	59	29	58	28	57	27	56	26	55	25	54	24	53	23	53
	癸亥	癸巳	壬戌	壬辰	辛酉	辛卯	庚申	庚寅	己未	己丑	戊午	戊子	丁巳	丁亥	丙辰	丙戌	丙辰
	3	閏	4	5	6	7	8	9	10	11	12	430	2	3	4	5	6
	22	52	21	51	20	50	19	49	18	48	17	47	16	46	15	45	15
	乙酉	乙卯	甲申	甲寅	癸未	癸丑	壬午	壬子	辛巳	辛亥	庚辰	庚戌	己卯	己酉	戊寅	戊申	戊寅
	7	8	9	10	11	12	431	2	3	4	5	6	7	8	9	10	11
			44	14	43	13	42	12	41	11	40	10	39	9	38	8	38
			丁未	丁丑	丙午	丙子	乙巳	乙亥	甲辰	甲戌	癸卯	癸酉	壬寅	壬申	辛丑	辛未	辛丑
			12	閏	432	2	3	4	5	6	7	8	9	10	11	12	433
19	7	37	6	36	5	35	4	34	3	33	2	32	1	31	60	30	60
	庚午	庚子	己巳	己亥	戊辰	戊戌	丁卯	丁酉	丙寅	丙申	乙丑	乙未	甲子	甲午	癸亥	癸巳	癸亥
	2	3	4	5	6	7	8	9	10	11	12	434	2	3	4	5	6
	29	59	28	58	27	57	26	56	25	55	24	54	23	53	22	52	22
	壬辰	壬戌	辛卯	辛酉	庚寅	庚申	己丑	己未	戊子	戊午	丁亥	丁巳	丙戌	丙辰	乙酉	乙卯	乙酉
	7	8	9	閏	10	11	12	435	2	3	4	5	6	7	8	9	10
			51	21	50	20	49	19	48	18	47	17	46	16	45	15	45
			甲寅	甲申	癸丑	癸未	壬子	壬午	辛亥	辛巳	庚戌	庚辰	己酉	己卯	戊申	戊寅	戊申
			11	12	436	2	3	4	5	6	7	8	9	10	11	12	437
20	14	44	13	43	12	42	11	41	10	40	9	39	8	38	7	37	7
	丁丑	丁未	丙子	丙午	乙亥	乙巳	甲戌	甲辰	癸酉	癸卯	壬申	壬寅	辛未	辛丑	庚午	庚子	庚午
	2	3	4	5	6	閏	7	8	9	10	11	12	438	2	3	4	5
	36	6	35	5	34	4	33	3	32	2	31	1	30	60	29	59	29
	己亥	己巳	戊戌	戊辰	丁酉	丁卯	丙申	丙寅	乙未	乙丑	甲午	甲子	癸巳	癸亥	壬辰	壬戌	壬辰
	6	7	8	9	10	11	12	439	2	3	4	5	6	7	8	9	10
			58	28	57	27	56	26	55	25	54	24	53	23	52	22	52
			辛酉	辛卯	庚申	庚寅	己未	己丑	戊午	戊子	丁巳	丁亥	丙辰	丙戌	乙卯	乙酉	乙卯
			11	12	440	2	閏	3	4	5	6	7	8	9	10	11	12
21	21	51	20	50	19	49	18	48	17	47	16	46	15	45	14	44	14
	甲申	甲寅	癸未	癸丑	壬午	壬子	辛巳	辛亥	庚辰	庚戌	己卯	己酉	戊寅	戊申	丁丑	丁未	丁丑
	441	2	3	4	5	6	7	8	9	10	11	12	442	2	3	4	5
	43	13	42	12	41	11	40	10	39	9	38	8	37	7	36	6	36
	丙午	丙子	乙巳	乙亥	甲辰	甲戌	癸卯	癸酉	壬寅	壬申	辛丑	辛未	庚子	庚午	己亥	己巳	己亥
	6	7	8	9	10	11	閏	12	443	2	3	4	5	6	7	8	9
			5	35	4	34	3	33	2	32	1	31	60	30	59	29	59
			戊辰	戊戌	丁卯	丁酉	丙寅	丙申	乙丑	乙未	甲子	甲午	癸亥	癸巳	壬戌	壬辰	壬戌
			10	11	12	444	2	3	4	5	6	7	8	9	10	11	12

22	28	58	27	57	26	56	25	55	24	54	23	53	22	52	21	51	21
	辛卯	辛酉	庚寅	庚申	己丑	己未	戊子	戊午	丁亥	丁巳	丙戌	丙辰	乙酉	乙卯	甲申	甲寅	甲申
	445	2	3	4	5	閏	6	7	8	9	10	11	12	446	2	3	4
	50	20	49	19	48	18	47	17	46	16	45	15	44	14	43	13	43
	癸丑	癸未	壬子	壬午	辛亥	辛巳	庚戌	庚辰	己酉	己卯	戊申	戊寅	丁未	丁丑	丙午	丙子	丙午
	5	6	7	8	9	10	11	12	447	2	3	4	5	6	7	8	9
			12	42	11	41	10	40	9	39	8	38	7	37	6	36	6
			乙亥	乙巳	甲戌	甲辰	癸酉	癸卯	壬申	壬寅	辛未	辛丑	庚午	庚子	己巳	己亥	己巳
			10	11	12	448	閏	2	3	4	5	6	7	8	9	10	11
23	35	5	34	4	33	3	32	2	31	1	30	60	29	59	28	58	28
	戊戌	戊辰	丁酉	丁卯	丙申	丙寅	乙未	乙丑	甲午	甲子	癸巳	癸亥	壬辰	壬戌	辛卯	辛酉	辛卯
	12	449	2	3	4	5	6	7	8	9	10	11	12	450	2	3	4
	57	27	56	26	55	25	54	24	53	23	52	22	51	21	50	20	50
	庚申	庚寅	己未	己丑	戊午	戊子	丁巳	丁亥	丙辰	丙戌	乙卯	乙酉	甲寅	甲申	癸丑	癸未	癸丑
	5	6	7	8	9	10	閏	11	12	451	2	3	4	5	6	7	8
			19	49	18	48	17	47	16	46	15	45	14	44	13	43	13
			壬午	壬子	辛巳	辛亥	庚辰	庚戌	己卯	己酉	戊寅	戊申	丁丑	丁未	丙子	丙午	丙子
			9	10	11	12	452	2	3	4	5	6	7	8	9	10	11
24	42	12	41	11	40	10	39	9	38	8	37	7	36	6	35	5	35
	乙巳	乙亥	甲辰	甲戌	癸卯	癸酉	壬寅	壬申	辛丑	辛未	庚子	庚午	己亥	己巳	戊戌	戊辰	戊戌
	12	453	2	3	4	5	6	閏	7	8	9	10	11	12	454	2	

元嘉暦（移行期）

宋では445年に施行され、日本では456年6月から696年まで使用か。1月の平均朔望月は29.5305851日。17月の挿入は第1回目455年5月～456年8月、第2回目516年2月～517年6月。

	1	2	3	4	5	6	7	8	9	10	11	12	13	14	15	16	17
	大	小	大	小	大	小	大	小	大	小	大	小	大	小	大	大	小
	29	59	28	58	27	57	26	56	25	55	24	54	23	53	22	52	22
	壬辰	壬戌	辛卯	辛酉	庚寅	庚申	己丑	己未	戊子	戊午	丁亥	丁巳	丙戌	丙辰	乙酉	乙卯	乙酉
			445	2	3	4	5	閏	6	7	8	9	10	11	12	446	2
			51	21	50	20	49	19	48	18	47	17	46	16	45	15	45
			甲寅	甲申	癸丑	癸未	壬子	壬午	辛亥	辛巳	庚戌	庚辰	己酉	己卯	戊申	戊寅	戊申
			3	4	5	6	7	8	9	10	11	12	447	2	3	4	5
20	14	44	13	43	12	42	11	41	10	40	9	39	8	38	7	37	7
	丁丑	丁未	丙子	丙午	乙亥	乙巳	甲戌	甲辰	癸酉	癸卯	壬申	壬寅	辛未	辛丑	庚午	庚子	庚午
	6	7	8	9	10	11	12	448	2	閏	3	4	5	6	7	8	9
	36	6	35	5	34	4	33	3	32	2	31	1	30	60	29	59	29
	己亥	己巳	戊戌	戊辰	丁酉	丁卯	丙申	丙寅	乙未	乙丑	甲午	甲子	癸巳	癸亥	壬辰	壬戌	壬辰
	10	11	12	449	2	3	4	5	6	7	8	9	10	11	12	450	2
			58	28	57	27	56	26	55	25	54	24	53	23	52	22	52
			辛酉	辛卯	庚申	庚寅	己未	己丑	戊午	戊子	丁巳	丁亥	丙辰	丙戌	乙卯	乙酉	乙卯
			3	4	5	6	7	8	9	10	閏	11	12	451	2	3	4
21	21	51	20	50	19	49	18	48	17	47	16	46	15	45	14	44	14
	甲申	甲寅	癸未	癸丑	壬午	壬子	辛巳	辛亥	庚辰	庚戌	己卯	己酉	戊寅	戊申	丁丑	丁未	丁丑
	5	6	7	8	9	10	11	12	452	2	3	4	5	6	7	8	9
	43	13	42	12	41	11	40	10	39	9	38	8	37	7	36	6	36
	丙午	丙子	乙巳	乙亥	甲辰	甲戌	癸卯	癸酉	壬寅	壬申	辛丑	辛未	庚子	庚午	己亥	己巳	己亥
	10	11	12	453	2	3	4	5	6	閏	7	8	9	10	11	12	454
			5	35	4	34	3	33	2	32	1	31	60	30	59	29	59
			戊辰	戊戌	丁卯	丁酉	丙寅	丙申	乙丑	乙未	甲子	甲午	癸亥	癸巳	壬戌	壬辰	壬戌
			2	3	4	5	6	7	8	9	10	11	12	455	2	3	4

＊白文字の部分は、月読暦がこの時期も使用されていた場合、元嘉暦の朔干支が月読暦の朔干支と異なる月にあたる

	17連月挿入　455年5月																
	辛卯	辛酉	庚寅	庚申	己丑	己未	戊子	戊午	丁亥	丁巳	丙戌	丙辰	乙酉	乙卯	甲申	甲寅	甲申
	5	6	7	8	9	10	11	12	456	2	3	閏	4	5	6	7	8
	仁徳天皇																
8	癸丑	癸未	壬子	壬午	辛亥	辛巳	庚戌	庚辰	己酉	己卯	戊申	戊寅	丁未	丁丑	丙午	丙子	丙午
	9	10	11	12	457	2	3	4	5	6	7	8	9	10	11	12	458
	仁徳天皇																
												池・堤					
	乙亥	乙巳	甲戌	甲辰	癸酉	癸卯	壬申	壬寅	辛未	辛丑	庚午	庚子	己巳	己亥	戊辰	戊戌	戊辰
	2	3	4	5	6	7	8	9	10	11	閏	12	459	2	3	4	5
	仁徳天皇																
									盾と的								
			丁酉	丁卯	丙申	丙寅	乙未	乙丑	甲午	甲子	癸巳	癸亥	壬辰	壬戌	辛卯	辛酉	辛卯
			6	7	8	9	10	11	12	460	2	3	4	5	6	7	8
			仁徳天皇														
									高麗								
9	庚申	庚寅	己未	己丑	戊午	戊子	丁巳	丁亥	丙辰	丙戌	乙卯	乙酉	甲寅	甲申	癸丑	癸未	癸丑
	9	10	11	12	461	2	3	4	5	6	7	8	閏	9	10	11	12
	仁徳天皇																
	壬午	壬子	辛巳	辛亥	庚辰	庚戌	己卯	己酉	戊寅	戊申	丁丑	丁未	丙子	丙午	乙亥	乙巳	乙亥
	462	2	3	4	5	6	7	8	9	10	11	12	463	2	3	4	5
	仁徳天皇																
									桑田								
	履中男弟王																
	即位		入墨					黒姫						皇太子			
			甲辰	甲戌	癸卯	癸酉	壬寅	壬申	辛丑	辛未	庚子	庚午	己亥	己巳	戊戌	戊辰	戊戌
			6	7	8	9	10	11	12	464	2	3	4	5	閏	6	7
			仁徳天皇														
			履中男弟王														

10	丁卯	丁酉	丙寅	丙申	乙丑	乙未	甲子	甲午	癸亥	癸巳	壬戌	壬辰	辛酉	辛卯	庚申	庚寅	庚申
	8	9	10	11	12	465	2	3	4	5	6	7	8	9	10	11	12
	仁徳天皇																
	履中男弟王																
			両枝船											国史			
	己丑	己未	戊子	戊午	丁亥	丁巳	丙戌	丙辰	乙酉	乙卯	甲申	甲寅	癸未	癸丑	壬午	壬子	壬午
	466	2	3	4	5	6	7	8	9	10	11	12	467	閏	2	3	4
	仁徳天皇																
										紀国 口持臣 浮江				皇太子			
	履中男弟王																
				三柱の神					淡路島			黒姫	皇后	後宮	崩ずる		
			辛亥	辛巳	庚戌	庚辰	己酉	己卯	戊申	戊寅	丁未	丁丑	丙午	丙子	乙巳	乙亥	乙巳
			5	6	7	8	9	10	11	12	468	2	3	4	5	6	7
			仁徳天皇														
			履中男弟王									反正男弟王					
							葬る					即位					
11	甲戌	甲辰	癸酉	癸卯	壬申	壬寅	辛未	辛丑	庚午	庚子	己巳	己亥	戊辰	戊戌	丁卯	丁酉	丁卯
	8	9	10	11	12	469	2	3	4	5	6	7	8	9	10	11	閏
	仁徳天皇																
	乃羅山		八田							依網屯倉							
	反正男弟王																
		津野媛															
	丙申	丙寅	乙未	乙丑	甲午	甲子	癸巳	癸亥	壬辰	壬戌	辛卯	辛酉	庚寅	庚申	己丑	己未	己丑
	12	470	2	3	4	5	6	7	8	9	10	11	12	471	2	3	4
	仁徳天皇																
									河内人								
	反正男弟王																
			戊午	戊子	丁巳	丁亥	丙辰	丙戌	乙卯	乙酉	甲寅	甲申	癸丑	癸未	壬子	壬午	壬子
			5	6	7	8	9	10	11	12	472	2	3	4	5	6	7
			仁徳天皇														
			反正男弟王														
												崩じる					

12	辛巳	辛亥	庚辰	庚戌	己卯	己酉	戊寅	戊申	丁丑	丁未	丙子	丙午	乙亥	乙巳	甲戌	甲辰	甲戌
	閏	8	9	10	11	12	473	2	3	4	5	6	7	8	9	10	11
	仁徳天皇																
			石津原														
	癸卯	癸酉	壬寅	壬申	辛丑	辛未	庚子	庚午	己亥	己巳	戊戌	戊辰	丁酉	丁卯	丙申	丙寅	丙申
	12	474	2	3	4	5	6	7	8	9	10	11	12	475	2	3	閏
	仁徳天皇																
	允恭男弟王																
															皇后		
			乙丑	乙未	甲子	甲午	癸亥	癸巳	壬戌	壬辰	辛酉	辛卯	庚申	庚寅	己未	己丑	己未
			4	5	6	7	8	9	10	11	12	476	2	3	4	5	6
			仁徳天皇														
			允恭男弟王														
											医師						
13	戊子	戊午	丁亥	丁巳	丙戌	丙辰	乙酉	乙卯	甲申	甲寅	癸未	癸丑	壬午	壬子	辛巳	辛亥	辛巳
	7	8	9	10	11	12	477	2	3	4	5	6	7	8	9	10	11
	仁徳天皇														允恭天皇		
	崩御										百舌鳥				詔		
	允恭男弟王																
	庚戌	庚辰	己酉	己卯	戊申	戊寅	丁未	丁丑	丙午	丙子	乙巳	乙亥	甲辰	甲戌	癸卯	癸酉	癸卯
	12	閏	478	2	3	4	5	6	7	8	9	10	11	12	479	2	3
	允恭天皇																
										玉田				耳原陵			
			壬申	壬寅	辛未	辛丑	庚午	庚子	己巳	己亥	戊辰	戊戌	丁卯	丁酉	丙寅	丙申	丙寅
			4	5	6	7	8	9	10	11	12	480	2	3	4	5	6
			允恭天皇														
14	乙未	乙丑	甲午	甲子	癸巳	癸亥	壬辰	壬戌	辛卯	辛酉	庚寅	庚申	己丑	己未	戊子	戊午	戊子
	7	8	9	閏	10	11	12	481	2	3	4	5	6	7	8	9	10
	允恭天皇																
			皇太子					宴会									

丁巳	丁亥	丙辰	丙戌	乙卯	乙酉	甲寅	甲申	癸丑	癸未	壬子	壬午	辛亥	辛巳	庚戌	庚辰	庚戌
11	12	482	2	3	4	5	6	7	8	9	10	11	12	483	2	3
允恭天皇																

		己卯	己酉	戊寅	戊申	丁丑	丁未	丙子	丙午	乙亥	乙巳	甲戌	甲辰	癸酉	癸卯	癸酉
		4	5	閏	6	7	8	9	10	11	12	484	2	3	4	5
		允恭天皇														
															茅渟宮	

15

壬寅	壬申	辛丑	辛未	庚子	庚午	己亥	己巳	戊戌	戊辰	丁酉	丁卯	丙申	丙寅	乙未	乙丑	乙未
6	7	8	9	10	11	12	485	2	3	4	5	6	7	8	9	10
允恭天皇																
							安康男弟王									
							即位		大草香							

甲子	甲午	癸亥	癸巳	壬戌	壬辰	辛酉	辛卯	庚申	庚寅	己未	己丑	戊午	戊子	丁巳	丁亥	丁巳
11	12	486	閏	2	3	4	5	6	7	8	9	10	11	12	487	2
允恭天皇																
安康男弟王																
			皇后													

		丙戌	丙辰	乙酉	乙卯	甲申	甲寅	癸未	癸丑	壬午	壬子	辛巳	辛亥	庚辰	庚戌	庚辰
		3	4	5	6	7	8	9	10	11	12	488	2	3	4	5
		允恭天皇														
		安康男弟王						雄略男弟王								
						殺さる		射殺			即位				皇后	

16

己酉	己卯	戊申	戊寅	丁未	丁丑	丙午	丙子	乙巳	乙亥	甲辰	甲戌	癸卯	癸酉	壬寅	壬申	壬寅
6	7	8	9	10	閏	11	12	489	2	3	4	5	6	7	8	9
允恭天皇																
雄略男弟王																

辛未	辛丑	庚午	庚子	己巳	己亥	戊辰	戊戌	丁卯	丁酉	丙寅	丙申	乙丑	乙未	甲子	甲午	甲子
10	11	12	490	2	3	4	5	6	7	8	9	10	11	12	491	2
允恭天皇																
雄略男弟王																
行幸																

癸巳	癸亥	壬辰	壬戌	辛卯	辛酉	庚寅	庚申	己丑	己未	戊子	戊午	丁亥	丁巳	丁亥
3	4	5	6	7	閏	8	9	10	11	12	492	2	3	4
允恭天皇														
雄略男弟王														
				行幸										

17

丙辰	丙戌	乙卯	乙酉	甲寅	甲申	癸丑	癸未	壬子	壬午	辛亥	辛巳	庚戌	庚辰	己酉	己卯	己酉
5	6	7	8	9	10	11	12	493	2	3	4	5	6	7	8	9
允恭天皇																
雄略男弟王																
								小野					桑			
戊寅	戊申	丁丑	丁未	丙子	丙午	乙亥	乙巳	甲戌	甲辰	癸酉	癸卯	壬申	壬寅	辛未	辛丑	辛未
10	11	12	494	2	3	4	閏	5	6	7	8	9	10	11	12	495
允恭天皇								雄略天皇								
						崩御		詔								
雄略男弟王																

庚子	庚午	己亥	己巳	戊戌	戊辰	丁酉	丁卯	丙申	丙寅	乙未	乙丑	甲午	甲子	甲午
2	3	4	5	6	7	8	9	10	11	12	496	2	3	4
雄略天皇														
													胸方神	

18

癸亥	癸巳	壬戌	壬辰	辛酉	辛卯	庚申	庚寅	己未	己丑	戊午	戊子	丁巳	丁亥	丙辰	丙戌	丙辰
5	6	7	8	9	10	11	12	閏	497	2	3	4	5	6	7	8
雄略天皇																
			河内国													
乙酉	乙卯	甲申	甲寅	癸未	癸丑	壬午	壬子	辛巳	辛亥	庚辰	庚戌	己卯	己酉	戊寅	戊申	戊寅
9	10	11	12	498	2	3	4	5	6	7	8	9	10	11	12	499
雄略天皇																
		水間君							近江国							

丁未	丁丑	丙午	丙子	乙巳	乙亥	甲辰	甲戌	癸卯	癸酉	壬寅	壬申	辛丑	辛未	辛丑
2	3	4	5	6	7	8	閏	9	10	11	12	500	2	3
雄略天皇														
			呉						楼閣		住吉津			

19	庚午	庚子	己巳	己亥	戊辰	戊戌	丁卯	丁酉	丙寅	丙申	乙丑	乙未	甲子	甲午	癸亥	癸巳	癸亥
	4	5	6	7	8	9	10	11	12	501	2	3	4	5	6	7	8
	雄略天皇																
														稲城			
	壬辰	壬戌	辛卯	辛酉	庚寅	庚申	己丑	己未	戊子	戊午	丁亥	丁巳	丙戌	丙辰	乙酉	乙卯	乙酉
	9	10	11	12	502	2	3	4	5	閏	6	7	8	9	10	11	12
	雄略天皇																
			甲寅	甲申	癸丑	癸未	壬子	壬午	辛亥	辛巳	庚戌	庚辰	己酉	己卯	戊申	戊寅	戊申
			503	2	3	4	5	6	7	8	9	10	11	12	504	2	3
			雄略天皇														
20	丁丑	丁未	丙子	丙午	乙亥	乙巳	甲戌	甲辰	癸酉	癸卯	壬申	壬寅	辛未	辛丑	庚午	庚子	庚午
	4	5	6	7	8	9	10	11	12	505	2	閏	3	4	5	6	7
	雄略天皇																
	清器																
	己亥	己巳	戊戌	戊辰	丁酉	丁卯	丙申	丙寅	乙未	乙丑	甲午	甲子	癸巳	癸亥	壬辰	壬戌	壬辰
	8	9	10	11	12	506	2	3	4	5	6	7	8	9	10	11	12
	雄略天皇																
	朝日郎							詔									
			辛酉	辛卯	庚申	庚寅	己未	己丑	戊午	戊子	丁巳	丁亥	丙辰	丙戌	乙卯	乙酉	乙卯
			507	2	3	4	5	6	7	8	9	10	閏	11	12	508	2
			雄略天皇														
21	甲申	甲寅	癸未	癸丑	壬午	壬子	辛巳	辛亥	庚辰	庚戌	己卯	己酉	戊寅	戊申	丁丑	丁未	丁丑
	3	4	5	6	7	8	9	10	11	12	509	2	3	4	5	6	7
	雄略天皇																
												皇太子					
	丙午	丙子	乙巳	乙亥	甲辰	甲戌	癸卯	癸酉	壬寅	壬申	辛丑	辛未	庚子	庚午	己亥	己巳	己亥
	8	9	10	11	12	510	2	3	4	5	6	閏	7	8	9	10	11
	雄略天皇																
											病気			崩御			

中村隆之（なかむら・たかゆき）

1956年、鹿児島県に生まれる。防衛大学校卒業。

2011年、陸上自衛隊を退官。現在、鹿児島県在住。

【著書】

『邪馬台国は九州にあった――一支国放射状方式による読解法』（海鳥社、2010年）

君主国《くんしゅこく》・倭国《わこく》・日本国《にほんこく》　海峡《かいきょう》国家《こっか》から列島《れっとう》国家《こっか》へ

■

2020年4月30日　第1刷発行

■

著　者　中村隆之
発行者　杉本雅子
発行所　有限会社海鳥社
〒812-0023　福岡市博多区奈良屋町13番4号
電話092(272)0120　FAX092(272)0121
http://www.kaichosha-f.co.jp
印刷・製本　シナノ書籍印刷株式会社
［定価は表紙カバーに表示］
ISBN 978-4-86656-075-5